Contabilidade Básica

2ª edição

Contabilidade Básica

2ª edição

Nelson Gouveia
Professor universitário da disciplina
Contabilidade Introdutória
Sócio-diretor de Nelson Gouveia e Associados
Auditores Independentes e Consultores de Empresas
Autor dos livros *"Contabilidade"*, *"Demonstração das Origens e Aplicações de Recursos"* e *"110 Exercícios de Contabilidade"*
Técnico da empresa de auditoria, consultoria e treinamento Price Waterhouse por 16 anos

NELSON GOUVEIA E ASSOCIADOS
CONSULTORES DE EMPRESAS
AUDITORES INDEPENDENTES

editora HARBRA ltda.

Direção Geral: Julio E. Emöd
Supervisão Editorial: Maria Pia Castiglia
Revisão de Estilo: Maria Lúcia G. Leite Rosa
Revisão de Provas: Regina A. Ferreira de Souza
Composição: PRÓDICA Gráfica Editora Ltda.
Fotolitos: STAP Stúdio Gráfico Ltda.
Capa: Mônica Roberta Suguiyama
Impressão e Acabamento: PAYM Gráfica e Editora Ltda.

Rua Joaquim Távora, 629 – Vila Mariana
04015-001 – São Paulo – SP
Promoção: (011) 5084-2482 e 5571-1122. Fax: (011) 5575-6876
Vendas: (011) 5549-2244, 5084-2403 e 5571-0276. Fax: (011) 5571-9777

Impresso no Brasil *Printed in Brazil*

Conteúdo

Introdução à segunda edição

Entre 1974 e 1975, escrevi meu primeiro livro sobre Contabilidade. O motivo para escrevê-lo foi simples: como professor universitário dessa matéria, não conseguia indicar aos meus alunos qualquer livro de Contabilidade existente na praça que se adaptasse à minha sistemática de ensino.

O problema maior era "por onde" começar o ensino introdutório da Contabilidade, de forma que o fluxo de informações recebidas pelo aluno fosse coerente e seqüencialmente adequado, através de uma linguagem coloquial e familiar, com o mínimo de expressões técnicas possível.

O sucesso do livro "*Contabilidade*", publicado em 1976, traduziu-se pela sua adoção nas maiores e melhores escolas e universidades brasileiras, demonstrando que minha sistemática de ensino estava correta.

Em 1982 saiu a atualização do "*Contabilidade*" e, em 1984, publiquei uma versão mais simples, denominada "*Contabilidade Básica*".

Objetivando facilitar ainda mais a compreensão dos alunos, esta segunda edição do "*Contabilidade Básica*" traz mudanças significativas na obra e as atualizações necessárias ao ensino dessa disciplina, sempre tão dinâmica.

Cientes de nossa responsabilidade, procuramos de forma clara e detalhada transmitir os ensinamentos que transformarão os alunos em profissionais competentes.

Nelson Gouveia

Introdução à primeira edição (1984)

"*Contabilidade Básica*" é, fundamentalmente, um livro para iniciantes. Mediante utilização de linguagem fácil e direta, destina-se a estudantes ou profissionais de qualquer carreira, interessados em adquirir noções sólidas sobre contabilidade, mas que não necessitam ou não desejam, ao menos presentemente, estudar com maior profundidade a matéria.

Embora o exercício da profissão seja da competência do profissional do ramo, em praticamente todas as atividades empresariais modernas é de extrema valia o conhecimento do mecanismo básico da contabilidade, o saber compreender o significado das demonstrações financeiras, representando um poderoso instrumento de acesso a informações normalmente não disponíveis aos inteiramente desconhecedores do assunto.

Neste livro é adotado um método de ensino pelo qual os assuntos vão sendo apresentados de forma contínua e inter-relacionados entre si, permitindo ao leitor, autodidata ou não, sair do grau zero de conhecimento contábil e atingir o nível necessário à compreensão e leitura de demonstrações financeiras (balanço patrimonial, demonstração do resultado, etc.), sempre através de exercícios práticos cuja resolução é apresentada no apêndice da obra.

"*Contabilidade Básica*" representa um desdobramento de outro livro do autor, "*Contabilidade*" (2ª edição, 1982), este maior e mais completo, pois que, iniciando pelo nível introdutório atinge detalhadamente o grau intermediário de complexidade contábil. Tal extensão não é realmente necessária àqueles a quem "*Contabilidade Básica*" se destina, tendo sido mantida, porém, uma grande parte da fase básica do conteúdo do livro original, dado à excelente aceitação que obteve.

Esta nova obra não é, entretanto, em qualquer hipótese, um trabalho de "recorte-e-colagem" do livro original: a partir da base, criou "alma" própria, tendo início, meio e fim cuidadosamente planejados para abranger todos os assuntos do nível a que se destina. Assim é que muitos exercícios do livro original foram mantidos inalterados, outros foram adaptados para o nível introdutório e muitos outros foram especialmente criados.

Nelson Gouveia

1
A contabilidade: conceito, objetivos e generalidades

1.1 – CONCEITO E OBJETIVOS

Para melhor entender o conceito e os objetivos da contabilidade, vamos admitir que você, um profissional de empresas, tenha sido convidado para a diretoria de uma companhia. Ao assumir o cargo de diretor financeiro, você verifica que quase todos os homens-chaves da empresa se demitiram, solidários com o diretor demissionário. Como você reagiria a essa situação?

Certamente, seu primeiro passo seria a coleta de informações e dados, para que, conhecedor da situação econômico-financeira da companhia, você pudesse tomar as primeiras decisões. Seu ponto de partida seriam, naturalmente, os registros e relatórios econômico-financeiros de seu antecessor, até a data em que ele deixou a companhia. E é nesse ponto que entra a contabilidade.

Contabilidade é um sistema muito bem idealizado que permite *registrar* as transações de uma entidade que possam ser expressas em termos monetários, e *informar* os reflexos dessas transações na situação econômico-financeira dessa entidade em uma determinada data.

A importância de registrar as transações de uma companhia é proveniente de uma série de fatores, como por exemplo: o dinamismo das empresas, com mudança dos seus dirigentes e do pessoal que as opera (como na situação hipotética colocada); a necessidade de comprovar, com registros e documentos, a veracidade das transações ocorridas; a possibilidade de reconstituir, com detalhes, transações ocorridas muitos anos antes; a necessidade de registrar as dívidas contraídas, os bens adquiridos, ou o capital que os proprietários investiram no negócio. E, ainda, informar os reflexos que as transações provocam na situação econômico-financeira de uma companhia para que os diversos interessados em seu passado, presente ou futuro tenham conhecimento do seu progresso, estagnação financeira ou retrocesso.

1.2 – GENERALIDADES

1.2.1 – Contabilidade como instrumento de decisão

Agora que você já conhece o conceito de contabilidade, bem como seus objetivos, vejamos quem, além de você, é claro, também está interessado nos objetivos da contabilidade de uma empresa.

1.2.1.1 – Os proprietários de empresas

Digamos que você seja o maior acionista de uma empresa, mas, por terem seu tempo ocupado com outras atividades, você e os outros elegeram uma diretoria para administrar a firma com autonomia completa. No final de um determinado período, você e os outros acionistas desejarão saber como a diretoria está gerindo os negócios da sociedade. A empresa está apresentando resultados satisfatórios, de forma que vocês possam receber bons dividendos? Ou está apresentando prejuízo? Neste caso, a diretoria pode ser culpada pelo fracasso, ou foi vítima das circunstâncias? Será que não é preciso começar a pensar em vender suas ações, por "motivo de viagem" ou "mudança de ramo"?

Enfim, você obterá essas informações nos relatórios e prestações de contas apresentados pela diretoria, encaminhados para a aprovação dos acionistas ou proprietários da empresa, que são grandes interessados nas informações que a contabilidade fornece, utilizando-as como instrumento para a tomada de decisões.

1.2.1.2 – Os administradores de empresas

Enquanto os proprietários se preocupam com seus respectivos investimentos, você, administrador, gerente, etc. da empresa, também está interessado nesses investimentos. Mas, seus interesses são outros: você sabe que quanto melhores forem os resultados apresentados, mais elevados serão seus honorários, salários e gratificações; se estes não aumentarem, pelo menos seu prestígio como administrador aumentará; mas, se isso também não ocorrer, resta o consolo da realização profissional atingida e a esperança de um bom convite para mudar de emprego.

Os administradores de empresas vivem permanentemente cercados de problemas, e de suas realizações dependem os resultados da companhia. Através dos dados fornecidos pela contabilidade, você pode estar normalmente munido de informações que lhe responderão a uma série de perguntas com vistas às tomadas de decisões. O lucro diminuiu: foi devido à redução real nas vendas? Ou os custos é que se elevaram desproporcionalmente? Os estoques estão nivelados em quantidades adequadas, ou estão excessivos? Esses problemas já ocorreram no passado? Pelos mesmos motivos? Ou as circunstâncias mudaram? Essas e outras informações fornecidas pela contabilidade permitirão a você medir os resultados da empresa e avaliar seu próprio desempenho na administração dos negócios que lhe foram confiados.

1.2.1.3 – Os fornecedores de empresas

Coloque-se, agora, no lugar do gerente de crédito para vendas a prazo de uma empresa, e suponha que ela seja fornecedora de uma determinada companhia, a qual lhe oferece um vultoso contrato de compra de mercadorias, contanto que você aceite o pagamento parcelado. Obviamente você solicitaria a essa companhia o seu último relatório econômico-financeiro, com o objetivo de esclarecer algumas questões: a companhia tem condições de pagar a sua compra? Ou seu nível de endividamento atual é tão elevado que dificilmente conseguirá honrar a dívida? O crédito deve ser concedido?

Certamente, os relatórios econômico-financeiros das companhias, obtidos de suas respectivas contabilidades, não serão as únicas fontes de informações de que você disporá. Mas representam um valioso instrumento para tomar a decisão de conceder ou não o crédito que lhe foi pedido.

1.2.1.4 – Os financiadores de empresas

Da mesma maneira que os fornecedores, os financiadores (financeiras, bancos comerciais e de desenvolvimento, etc.) de uma empresa também estão extremamente interessados nos seus relatórios econômico-financeiros, por motivos bastante claros.

Quem empresta dinheiro ou financia operações de terceiros tem, basicamente, o lucro como objetivo. Os relatórios econômico-financeiros representam um instrumento básico para que os financiadores decidam sobre a conveniência ou não de conceder empréstimos, visto que sua análise é uma ótima fonte de informações sobre a capacidade da companhia em liquidar dívidas.

Observe que os relatórios econômico-financeiros, embora interessem tanto aos proprietários e administradores de empresas como aos financiadores, poderão representar uma faca de dois gumes: se sua empresa estiver em reais dificuldades financeiras e econômicas, o mais provável é que sua situação piore, porque os relatórios contábeis indicarão que poderá haver riscos para os financiadores concederem empréstimos a ela; mas, se o contrário suceder, e sua empresa apresentar, pelos relatórios contábeis, uma situação momentânea difícil, mas um futuro claramente invejável, nesse caso os financiadores irão decidir que emprestar dinheiro a você é um ótimo negócio. Não se esqueça, porém, de que os relatórios econômico-financeiros representam nada mais que a expressão, em termos monetários, do resultado das atividades da administração de uma empresa. Portanto, se após a análise dos relatórios contábeis de sua empresa, o financiador recusar o empréstimo que você desejava, não culpe nem o financiador, nem os relatórios.

1.2.1.5 – O governo

O imposto de renda de pessoas jurídicas é calculado, na maioria dos casos, a partir do lucro contábil apresentado pelos seus relatórios econômico-financeiros (observe que até o momento *não falamos em balanço nem em demonstração de resultado*: não se apresse, pois veremos esse assunto mais adiante). A partir desse lucro contábil, são necessários alguns ajustes até chegar ao lucro real, ou seja, aquele sobre o qual incidirá a alíquota do imposto. Partindo desse princípio, não é absolutamente difícil entender por que o governo federal é uma das partes altamente interessadas na contabilidade das empresas.

Os governos estadual e municipal também têm interesse na contabilidade. Entretanto, não é somente para fins de tributação que a contabilidade é útil ao governo. Não devemos nos esquecer de que ele é, também, o "proprietário" de inúmeros órgãos públicos, os quais lhe prestam contas através de relatórios econômico-financeiros. Embora o sistema utilizado por essas entidades seja um pouco diferente (contabilidade pública) daquele usado nas sociedades de particulares (contabilidade de empresas privadas), o mecanismo e os fins são os mesmos, apenas a forma difere um pouco.

Em nosso caso específico, vamos nos dedicar apenas à contabilidade de empresas privadas não-industriais.

Finalmente, há outro motivo de interesse, por parte do governo, na contabilidade. É que, se considerarmos as empresas privadas e as entidades públicas como um todo, elas representam a própria essência da economia nacional. Assim sendo, a análise dos dados e informes tomados em conjunto fornece bases sólidas para estudos estatísticos de natureza econômica, que também são utilizados como fontes imprescindíveis para tomadas de decisão por parte do governo.

1.2.2 – Especializações dentro da área contábil

Através dos tempos, a área contábil vem criando novas especializações e, conseqüentemente, emprego para muita gente.

1.2.2.1 – Contabilidade de empresas privadas

Embora o mecanismo contábil seja o mesmo, dentro da contabilidade de empresas privadas existe uma variedade de tratamentos contábeis diferentes, cuja aplicação depende dos problemas peculiares à natureza de negócios em que as empresas atuam. Os principais são:

Contabilidade de empresas não-industriais

Representa o sistema utilizado pelas companhias exclusivamente comerciais (compra e venda de mercadorias) e de prestação de serviços, geralmente chamado de *contabilidade geral*.

Contabilidade de empresas industriais

As empresas industriais utilizam-se de um misto de contabilidade geral com contabilidade de custos, que se convencionou chamar de *contabilidade industrial*. A *contabilidade de custos* representa o sistema que permite às companhias conhecer e controlar seus custos unitários de produção, custos departamentais e outros desejados, cuja análise fornece à administração excelentes informações para tomadas de decisão.

Como a empresa industrial também tem tipos de transações iguais aos das empresas comerciais (compra de matéria-prima para transformar em produtos acabados, vendas de seus produtos, etc.), ela se utiliza também da contabilidade geral.

Contabilidade de empresas agrícolas e/ou pecuárias

Como já foi dito, o mecanismo básico da contabilidade é o mesmo para todos os tipos de empresas. Entretanto, devido ao fato de as empresas agrícolas e/ou pecuárias terem problemas de natureza bem diferente daqueles das empresas comerciais (preparação de terreno para plantio, colheitas, etc.), elas têm também soluções particulares. E por causa dessas particularidades de procedimentos contábeis sua contabilidade é chamada de *agropecuária*.

Contabilidade de instituições financeiras e de empresas seguradoras

Da mesma forma que as empresas agrícolas, as instituições financeiras têm também problemas que as empresas de outros ramos não enfrentam. No Brasil, tais problemas foram solucionados pelo próprio governo, que padronizou o sistema de contabilidade dessas instituições, oferecendo o tratamento contábil adequado aos problemas peculiares a cada tipo de instituição financeira: bancos comerciais, bancos de desenvolvimento, sociedades de crédito imobiliário, etc.

Também as empresas seguradoras têm características peculiares às suas operações, sendo seu sistema de contabilidade padronizado por órgãos do governo.

1.2.2.2 – Contabilidade pública

A contabilidade pública é aquela utilizada pelos órgãos criados pelo governo, tendo as mesmas finalidades da contabilidade de empresas privadas, ou seja, registrar e informar.

Entretanto, existem diferenças fundamentais entre os órgãos públicos e as empresas privadas. A principal delas é que as empresas privadas têm o lucro como objetivo primordial, o que não ocorre com os órgãos públicos, cujo objetivo básico é o desenvolvimento sócio-econômico do país.

Também precisa ser considerado o grande número de órgãos que o governo deve controlar. Todos os órgãos estão obrigados à preparação de orçamentos que são aprovados oficialmente, devendo a contabilidade pública registrar as transações em função deles, atuando como seu instrumento de acompanhamento. Isso equivale a dizer que a contabilidade pública é o principal instrumento de controle e fiscalização que o governo tem sobre seus órgãos. Por isso mesmo, o registro das transações é feito de forma rigorosamente padronizada em todos os órgãos, bem como padronizados também são seus relatórios econômico-financeiros. A contabilidade de empresas privadas, por sua vez, é mais livre na sua forma de registrar e informar, embora em muitos aspectos esteja subordinada às determinações governamentais ou a uma legislação específica.

1.2.2.3 – Auditoria interna

Conforme já foi dito, a contabilidade tem por objetivos registrar as transações e informar os reflexos destas na situação econômico-financeira das empresas. Devido à grande expansão e ao crescimento de algumas empresas, seus administradores passaram a sentir necessidade de utilizar outro tipo de profissional, para obter maior segurança nas suas operações. Assim, surgiu a auditoria interna, que tem por objetivo básico a prevenção ou a descoberta de possíveis fraudes, através da avaliação da eficiência e do cumprimento do sistema de controles internos utilizado por uma empresa. Como o sistema de controles internos tem por objetivo principal a salvaguarda dos ativos da companhia, os quais, por sua vez, são basicamente controlados pela contabilidade, os auditores internos atuam principalmente através de seus registros e relatórios.

Devido à sua importância e natureza de atividade, os auditores internos, dentro de uma companhia, representam verdadeiros agentes de segurança, devendo ficar subordinados diretamente apenas aos escalões mais altos da administração.

1.2.2.4 – Auditoria externa

Da mesma forma que os administradores de empresas sentiram a necessidade de contratar auditores internos, como agentes interessados basicamente na salvaguarda dos bens da companhia, também julgaram necessário contratar outro tipo de profissional atuante na área contábil: os auditores independentes, também conhecidos por auditores externos.

A diferença básica entre os auditores internos e os externos é que estes prestam seus serviços às empresas em geral, não estando restritos a uma só companhia. Dessa forma, enquanto os auditores externos são independentes em sua opinião, julgamento e procedimentos, os auditores internos, de certa forma, são dependentes das organizações onde trabalham.

A maior parte dos serviços dos auditores externos corresponde ao exame das demonstrações financeiras de empresas, para verificar se elas apresentam adequadamente a posição econômico-financeira e o resultado das respectivas operações do período examinado, bem como se essas demonstrações foram elaboradas atendendo aos princípios fundamentais de contabilidade (mais adiante veremos o conceito de demonstrações financeiras, princípios contábeis e períodos contábeis).

Por outro lado, os auditores externos prestam também outros tipos de serviços relacionados à área contábil, tais como: avaliação do valor patrimonial de ações, investigações para descoberta de fraudes, orientação fiscal, etc.

No Brasil, os auditores independentes têm ampliado suas atividades, pelo aumento cada vez maior do número de empresas que necessitam dos seus serviços, compulsória* ou espontaneamente e pelo reconhecimento de que a opinião dos auditores independentes sobre as demonstrações financeiras das companhias concede a elas maior credibilidade como fonte de informação para os investidores, do que as demonstrações não auditadas. Isso porque a prática tem comprovado que nem sempre a boa situação econômico-financeira demonstrada no relatório publicado por uma empresa reflete a realidade, visto que a contabilidade é passível de manipulação inescrupulosa, fato que pode ser evitado por uma auditoria externa criteriosa.

---

* No Brasil, o exame das demonstrações financeiras por auditores independentes é obrigatório para as instituições autorizadas a funcionar pelo Banco Central do Brasil (responsável pela fiscalização do mercado financeiro) e para as companhias que têm valores mobiliários negociados no mercado de capitais, estas fiscalizadas pela Comissão de Valores Mobiliários – CVM.

Anexo 1*

Questionário de compreensão de conceitos

1. Quais os objetivos da contabilidade nas empresas?
2. Quem são os principais interessados na contabilidade como um instrumento de tomada de decisões? Descrever os motivos.
3. Em que a contabilidade de empresas não-industriais é diferente daquela feita nas empresas industriais?
4. Se a contabilidade é um mecanismo básico para todas as entidades, por que existem diferenças entre a contabilidade utilizada em um banco comercial e aquela empregada em uma empresa agrícola e/ou pecuária?
5. Qual o objetivo básico da auditoria interna em uma empresa?
6. Qual a principal diferença entre os auditores internos e externos?
7. Quais os objetivos do exame de demonstrações financeiras por auditores independentes?
8. A situação econômico-financeira apresentada pelos relatórios de uma empresa representa sempre a verdadeira situação dessa empresa? Por quê?
9. Por que o governo tornou compulsória a auditoria das demonstrações financeiras de empresas que atuam nos mercados financeiros e de capitais?
10. Em sua opinião, qual a importância que a contabilidade tem para os administradores de empresa?

* As respostas a esse questionário devem ser extraídas da própria leitura do texto, não sendo fornecidas no Apêndice deste livro.

2
Os componentes básicos da contabilidade

2.1 – TRANSAÇÕES BÁSICAS DE UMA EMPRESA

2.1.1 – A constituição da empresa

Como é óbvio, o primeiro ato de existência de uma empresa é sua constituição. Para isso, é necessário determinar qual será sua forma jurídica, cuja escolha dependerá principalmente do relacionamento entre seus proprietários e da natureza da atividade que a sociedade vai desenvolver ("objeto social").

2.1.1.1 – Forma jurídica das empresas

A forma jurídica de constituição de uma sociedade determina a maneira pela qual ela será tratada pela legislação comercial e, ainda, o seu relacionamento jurídico com terceiros.

O Direito Comercial Brasileiro admite diversas formas jurídicas para as sociedades coletivas*. No entanto, por não ser objeto deste livro, citamos apenas as formas jurídicas mais comumente adotadas, que são:

— Sociedades por ações (ou companhias);
— Sociedades por quotas.

* Uma empresa é considerada *firma individual* quando o comerciante exerce individualmente sua atividade, possuindo a firma o nome pessoal (por extenso ou abreviadamente) do seu proprietário. A pessoa física confunde-se com a firma individual. A firma é *coletiva* quando a atividade é exercida por duas ou mais pessoas, possuindo personalidade jurídica própria, distinta dos seus sócios.

Sociedades por ações ou companhia

Também conhecidas como sociedades anônimas, seu instrumento de constituição denomina-se *estatuto social* e seus sócios são conhecidos por *acionistas,* uma vez que cada um possui partes não identificáveis da empresa, representadas por títulos de propriedades chamados de *ações* (ver Tópico 2.1.1.2) por eles adquiridas. A responsabilidade de cada acionista perante terceiros, em razão de atos perpetrados pelos administradores da sociedade em seu nome, é limitada ao valor nominal das ações que ele possui.

A forma jurídica desse tipo de sociedade é evidenciada em sua denominação social pelo termo "sociedade anônima" (abreviadamente "S.A."), ou pela utilização da palavra "Companhia".

Os estatutos sociais das sociedades anônimas devem estabelecer (resumidamente):

— A denominação social*;
— O objeto social (atividade a que se propõe);
— A sede social (domicílio da sociedade);
— O valor do capital social (ver Tópico 2.1.1.2);
— O prazo de duração (que pode ser indeterminado);
— A forma de administração da sociedade;
— As regras de partilha dos lucros e prejuízos;
— Os direitos dos acionistas, principalmente os relacionados a voto nas deliberações sociais, e seus deveres e obrigações.

Sociedades por quotas

Essas sociedades são constituídas através de *contrato social,* o qual, de uma maneira geral, deve conter dispositivos e regras similares aos estabelecidos pelos estatutos das sociedades anônimas.

Cada sócio é denominado de *quotista* e possui a quantidade de quotas (ou "cotas") do capital social (veja o próximo tópico) que adquiriu constante do contrato. Essas quotas representam títulos de posse sobre partes não identificáveis da empresa.

A responsabilidade de todos os quotistas perante terceiros é solidária entre si, mas limitada à importância total do capital social: por isso mesmo, na firma ou denominação social deverá obrigatoriamente, constar a palavra "Limitada" ("Ltda.", abreviadamente). Se houver omissão da cláusula "limitada", os gerentes ou quotistas responderão solidária e ilimitadamente pelas obrigações que contraírem.

---

* A "denominação social" de uma sociedade anônima é constituída por um nome de fantasia. No entanto, as sociedades por quotas podem, no lugar de denominação (o que é vedado às sociedades anônimas), adotar "firma" ou "razão social" quando esta é composta com os nomes dos seus sócios (e não por um nome de fantasia).

2.1.1.2 – Capital social inicial

O capital social inicial de uma sociedade representa o valor que os proprietários se comprometem a aplicar na empresa, quando de sua constituição.

Esse montante é entregue ao responsável indicado para administrar a empresa, que normalmente abre uma conta bancária em nome da sociedade e nela deposita o valor.

Quando o valor total do capital social é entregue à empresa, diz-se que o capital está totalmente "integralizado". Quando apenas parte do valor estabelecido para o capital social é entregue, o saldo é referido como capital *a integralizar.*

O capital social é dividido em partes iguais chamadas de *ações* (no caso de sociedades anônimas) ou de *quotas* (sociedades por quotas), cada uma delas possuindo um mesmo valor nominal. Temos, por exemplo, um capital social de $ 100.000*, formado por 100.000 ações de $ 1 cada (ou 50.000 ações de $ 2 cada).

Após a constituição da empresa, o capital social pode ser aumentado por deliberação dos acionistas ou quotistas; nesse caso é necessário promover uma alteração correspondente nos estatutos ou no contrato social.

O capital social está mais detalhadamente explicado nos Tópicos 7.12.1 e 7.12.2.2.

2.1.2 – Transações básicas: comprar e vender

Seja com referência a mercadorias ou a serviços, as transações de uma empresa constituem basicamente a compra e a venda, obviamente visando ao lucro.

Esse ato de compra ou venda é formalizado pelas partes, através da emissão da conhecida "nota fiscal", a qual desencadeia um processo representado por *comprar e pagar,* para uma parte, e *vender e receber,* para a outra parte. Vejamos alguns detalhes desse processo.

2.1.2.1 – Conceito de nota fiscal, fatura e duplicatas

Nota fiscal

Por exigência legal, para toda e qualquer venda de bens é necessário emitir uma nota fiscal de venda, documento sujeito à fiscalização do governo,

* Para fins de simplificação, neste livro nossa moeda será sempre representada por $.

principalmente porque é com base nele que as empresas calculam e pagam seus impostos.

No caso de empresas que vendem serviços, é exigida a emissão de nota fiscal de prestação de serviços.

Fatura

A fatura representa um documento emitido pela empresa vendedora de mercadorias ou serviços, destinado a *facilitar a cobrança* da nota fiscal de venda anteriormente emitida. O valor da fatura pode incluir apenas uma nota fiscal, ou agregar várias notas fiscais para cobrança conjunta, através do mesmo documento. A emissão da fatura não é obrigatória para a cobrança da nota fiscal de venda.

Nota fiscal-fatura

Algumas empresas preferem emitir um documento fiscal único chamado nota fiscal-fatura, que tem as mesmas finalidades da nota fiscal e da fatura, quando emitidas isoladamente. Nesse caso, não é possível agregar, como é óbvio, várias notas fiscais em uma mesma fatura.

Duplicatas

Conforme mencionado acima, a fatura destina-se a facilitar a cobrança de uma ou mais notas fiscais. Representa, assim, a expressão do direito que o vendedor tem de cobrar do comprador, na data acertada entre ambos, o valor da venda.

Por outro lado, a data da emissão da fatura não significa, necessariamente, a data de vencimento da dívida. O vendedor pode ter concedido prazo para o comprador pagar a compra. Esse prazo pode representar um ou mais vencimentos se sua compra foi combinada para pagamento parcelado.

Assim, para permitir a cobrança da venda, o vendedor emite "cópias" da fatura chamadas, por isso mesmo, de *duplicatas*. Essas duplicatas têm a mesma data de emissão da fatura, porém, podem (o que na maioria das vezes ocorre) ter valores diferentes, significando que houve desdobramento da fatura em duplicatas, cuja soma tem que ser igual ao valor da fatura. Da mesma forma, cada duplicata pode ter uma data de vencimento diferente, de forma a permitir a cobrança parcelada da fatura.

Portanto, a duplicata representa um título de crédito do vendedor, concedido ao comprador, pagável no vencimento estampado na face do documento. A duplicata, por outro lado, pode ser negociada pelo vendedor com terceiros, significando uma cessão de crédito a uma terceira parte, independentemente da vontade do comprador, o qual terá que promover o pagamento do título ao detentor da posse da duplicata, quando do vencimento (esse assunto será abordado nos Tópicos 7.4.4.1 e 7.4.4.2).

Cópias de duplicatas

Por ser um instrumento de crédito, a duplicata pode ser emitida com cópias, tantas quantas a empresa considerar necessárias, para fins de *controle interno contábil e administrativo* das vendas. Esse controle envolve procedimentos destinados a assegurar que a venda será corretamente registrada na contabilidade; que os títulos serão guardados com segurança e cobrados no vencimento; que o valor cobrado será adequadamente recebido e contabilizado pela empresa; e que os administradores da sociedade receberão informações sobre esse processo, corretas e em tempo oportuno à sua utilização como instrumento de gerência da atividade.

2.1.2.2 – O ciclo de vender e receber

Para quem vende mercadorias, o ciclo relativamente completo que forma a transação comumente consiste em:

— Possuir estoque disponível das mercadorias (que precisou ser anteriormente comprado), guardado em local apropriado, que pode ter sido construído pela empresa, bem como adquirido ou alugado de terceiros;
— Emitir a nota fiscal e registrar a venda;
— Emitir a fatura e suas duplicatas, registrando o valor a receber do comprador;
— Entregar as mercadorias vendidas, e registrar a baixa de estoques;
— Apurar o valor das mercadorias que foram vendidas, e registrar o custo dessa venda;
— Cobrar, no vencimento, as duplicatas relativas à venda, e depositar o dinheiro em conta bancária;
— Efetuar a baixa do controle de valores a receber, registrando a cobrança das duplicatas;
— Escriturar os livros fiscais da empresa e apurar o valor dos impostos incidentes sobre a venda;
— Emitir a guia de recolhimento dos impostos e registrar o valor a pagar ao governo;
— Registrar a despesa com o imposto;
— Emitir cheque para o pagamento dos impostos e registrar o valor que saiu da conta bancária;
— Efetuar a baixa do controle de valores a pagar, registrando o recolhimento dos impostos devidos.

Embora esse ciclo não esteja descrito necessariamente na seqüência em que as ações ocorrem, evidencia a enorme quantidade de componentes e elementos que se escondem atrás das simples palavras "vender e comprar".

2.1.2.3 – O ciclo de comprar e pagar

Se houve uma transação de venda em uma empresa, também houve uma transação de compra em outra. Para quem compra, o ciclo mais ou menos completo em que se constitui a transação normalmente é:

— Possuir espaço disponível para estocar as mercadorias compradas;
— Selecionar o fornecedor de quem a mercadoria será comprada;
— Receber as mercadorias compradas e registrar a entrada no estoque;
— Receber a nota fiscal do fornecedor e registrar a compra das mercadorias;
— Receber a fatura e as duplicatas do fornecedor, e registrar o valor a pagar;
— Escriturar os livros fiscais da empresa e apurar o valor dos impostos pagos na compra (embutidos no preço) e que será recuperado (abatido) dos impostos incidentes, quando da venda dessas mesmas mercadorias a terceiros;
— Registrar o valor dos impostos a recuperar;
— Emitir cheques para o pagamento das duplicatas (no vencimento) e registrar o valor que saiu da conta bancária;
— Efetuar a baixa do controle de valores a pagar, registrando o pagamento da compra ao fornecedor.

Portanto, da mesma forma que ocorre no ciclo de vender e receber, são inúmeros os componentes e elementos que fazem parte do ciclo de comprar e pagar.

2.1.2.4 – A importância de registrar as transações comerciais

Os dois ciclos mencionados acima – comprar e pagar, vender e receber – referiram-se a uma única operação de compra de mercadorias para uma empresa, e de venda, para outra.

Na prática, uma empresa tem transações de compra e de venda, o que implica possuir os dois ciclos. Além disso, esses ciclos se repetem diariamente, dezenas, centenas e até milhares de vezes, dependendo do porte da empresa.

Agora, imagine se não houvesse uma forma de registrar cada uma dessas transações, chamada de *contabilidade!* O que você acha que aconteceria ao final do primeiro período de operações de uma empresa, após a sua constituição?

Alguns efeitos prováveis são que a empresa não saberia:

— Qual o volume das compras efetuadas;
— Quanto dinheiro tem no banco;
— Quanto tem em estoque, e onde estão as mercadorias;
— Quais os bens que possui (além dos estoques);
— Qual o valor das vendas;
— Quanto tem a receber de clientes;
— Quanto tem a pagar a fornecedores;
— Quanto pagou e/ou tem a pagar de impostos;
— Se as operações estão ou não dando lucro.

Com a continuidade, na hipótese de inexistência da contabilidade, a empresa se transformaria num verdadeiro caos.

Vale repetir, portanto, o objetivo da contabilidade:

> Registrar todas as transações de uma entidade que possam ser expressas em termos monetários, e informar os reflexos dessas transações na situação econômico-financeira dessa entidade em uma determinada data.

2.2 – COMPONENTES BÁSICOS DA CONTABILIDADE

Registrar e *informar* são, portanto, os objetivos da contabilidade. Vamos, agora, explicar quais os *componentes* básicos da contabilidade. O mais importante de tudo é que você não procure *decorar* as definições, mas sim que entenda o que representam esses componentes. Lembre-se, também, de que *este início é importantíssimo para o aprendizado da técnica contábil.* Sem entender os conceitos que serão agora explicados, será difícil acompanhar os assuntos posteriores. Portanto, somente passe para os capítulos seguintes se você tiver compreendido perfeitamente o exposto neste capítulo.

São três os componentes básicos (veja Tópico 2.2.4): o *ativo*, o *passivo exigível* e o *patrimônio líquido.* Vejamos o que representa cada um deles.

2.2.1 – Ativo

O ativo representa todos os bens, direitos e valores a receber de uma entidade.

Se você adquire um veículo, este representa um *bem* de sua propriedade, portanto, um *ativo.* Por outro lado, se uma empresa paga determinada quantia, digamos, pela patente* de uma invenção, ela passa a ter o direito sobre essa patente. Assim, uma patente representa um *direito*; logo é um *ativo.* Digamos, agora, que essa empresa tenha vendido uma patente de sua propriedade (que representava um ativo) e que, como pagamento, a companhia tenha recebido notas promissórias com diversos vencimentos. A companhia passa a ter, assim, títulos a receber *(valores a receber)*, que representam também *ativos.* Dessa forma, o ativo de uma empresa é o conjunto de bens, direitos e valores a receber que ela possui.

Exemplos:

— Dinheiro guardado no banco;
— Duplicatas a receber, provenientes de vendas a prazo;
— Estoques de produtos para venda;
— Móveis para uso da empresa;
— Veículos (carros, caminhões, etc.);
— Edifícios;
— Terrenos;
— Máquinas.

2.2.2 – Passivo exigível

O passivo exigível representa todas as obrigações financeiras que uma empresa tem para com terceiros.

É tudo aquilo que a empresa deve: são as dívidas que ela contraiu.

Assim, se uma empresa adquire um veículo para pagamento a prazo, a *posse* dele representa um *ativo.* Mas, por outro lado, a empresa passa a ter uma obrigação para com a pessoa ou companhia que vendeu o veículo. Assim ela passa a ter também uma *obrigação*, que representa um *passivo exigível.*

* Quando alguém inventa um processo inédito de fazer alguma coisa, e registra oficialmente (no INPI – Instituto Nacional de Propriedade Industrial) esse processo como sendo de sua autoria, passa a ter o *direito de patente* sobre esse processo, e ninguém mais poderá se utilizar dele sem a autorização do detentor da patente, a qual pode, entretanto, ser transferida ou vendida.

Da mesma forma, se a companhia compra a prazo mercadorias para revender, a propriedade da mercadoria representa um ativo. Mas, ao mesmo tempo, a obrigação de pagar as duplicatas representativas da dívida constitui-se em um passivo exigível para a companhia.

Exemplos:
— Duplicatas a pagar;
— Salários a pagar;
— Aluguéis a pagar;
— Encargos sociais a pagar;
— Empréstimos a pagar;
— Juros a pagar;
— Impostos a pagar.

2.2.3 – Patrimônio líquido

> O patrimônio líquido representa o registro do valor que os proprietários de uma empresa têm aplicado no negócio.

Para ilustrar, vamos admitir que você e um sócio decidiram abrir uma empresa. Mas, para iniciar as atividades, a empresa necessita de um capital inicial de $ 20.000, que vocês entregam ao gerente da firma. No momento em que a empresa recebe o dinheiro, a *posse* deste representa um *ativo*. Mas, por outro lado, a empresa deve registrar que seus proprietários (os sócios) aplicaram no negócio uma determinada quantia, o *capital*, que representa o *patrimônio líquido* da companhia.

Neste ponto, uma dúvida comum costuma surgir. Nós aprendemos que os bens de uma empresa representam o seu patrimônio. Por que, de repente, o patrimônio passa a ser chamado de *ativo* e o valor que os proprietários aplicaram no negócio é denominado *patrimônio líquido*?

A resposta é simples. Suponhamos que sua empresa recém-constituída decida comprar um veículo; porém, uma parte da compra será financiada. Assim, temos:

	$
Valor do veículo	10.000
Valor pago à vista	(4.000)
Valor a pagar	6.000

Agora observe: a *posse* do veículo representa para sua empresa um patrimônio chamado de *ativo*. Ao mesmo tempo, o valor que ficou devendo representa uma *obrigação* e, conseqüentemente, um *passivo exigível*. Dessa forma, se ela tem um patrimônio no valor de $ 10.000, mas ainda está devendo $ 6.000 referentes à sua compra, o valor *líquido* de seu ativo é $ 4.000. O que equivale a dizer que seu *patrimônio líquido* monta a $ 4.000, como abaixo:

	$
Valor total do veículo	10.000
Valor da obrigação assumida na compra do veículo (passivo exigível)	(6.000)
Valor líquido do veículo ou patrimônio líquido	4.000

Se, nesse momento, sua empresa fizer um levantamento de situação patrimonial, vai apurar o seguinte:

	$
Ativo "dinheiro em caixa"	16.000
Ativo "veículos"	10.000
Total do ativo (patrimônio)	26.000
Passivo exigível "obrigação a pagar"	(6.000)
Patrimônio líquido	20.000

Dissemos, no início deste tópico, que o patrimônio líquido representa o valor que os proprietários de uma empresa têm aplicado no negócio. Verifique agora se esse conceito não se aplica perfeitamente ao exemplo acima.

Nota: Para maior treinamento sobre a classificação de ativo, passivo exigível e patrimônio líquido, resolva o Exercício nº 1, no Anexo 2.

2.2.4 – Passivo exigível + patrimônio líquido = passivo

A separação dos componentes básicos da contabilidade em três grupos é, na realidade, um procedimento didático. Tecnicamente, existem apenas o *ativo* e o *passivo*, este último abrangendo o passivo exigível e o patrimônio líquido, conforme veremos adiante.

2.3 – A EQUAÇÃO BÁSICA DA CONTABILIDADE

Agora que já sabemos classificar ativos, passivos exigíveis e patrimônio líquido, vejamos a equação básica da contabilidade, que é bem simples:

ATIVO = PASSIVO EXIGÍVEL + PATRIMÔNIO LÍQUIDO

Embora simples, essa equação é fundamental para se aprender contabilidade. Na realidade, ela diz respeito aos reflexos que as transações ocorridas provocam na situação econômico-financeira das empresas. Se uma companhia compra uma máquina a prazo, essa transação tem reflexos em dois componentes básicos da contabilidade: a posse da máquina (que é um ativo) aumenta o valor total do ativo da companhia. Mas, ao mesmo tempo, desde que a compra tenha sido a prazo, a companhia também contraiu a obrigação (passivo exigível) de pagar a máquina, o que aumenta o total de seu passivo exigível. Em resumo, a compra a prazo de uma máquina provocou um aumento no ativo e no passivo exigível. Supondo que a máquina tenha custado $ 10.000, essa transação, colocada em forma de equação, seria assim representada:

Ativo (A)	=	Passivo exigível (PE)	+	Patrimônio líquido (PL)
Máquina – $ 10.000		Duplicatas a pagar – $ 10.000		Sem movimento $ 000

Para fixação dessa equação, vejamos quais as variações que algumas transações provocam no ativo, passivo exigível e patrimônio líquido.

Transação nº 1

Duas pessoas resolvem abrir uma empresa com o capital inicial de $ 20.000, cada uma entrando com $ 10.000. O dinheiro é depositado no banco.

Variações

No ativo: O dinheiro depositado no banco representa um bem que a empresa passou a ter. Logo, dinheiro é um ativo. E o dinheiro recebido provocou um aumento no ativo.

No passivo exigível: Desde que a companhia não contraiu dívidas com essa transação, não houve qualquer variação no passivo exigível.

No patrimônio líquido:	De um lado, a empresa recebeu o dinheiro, aumentando o ativo. Mas, por outro lado, a empresa tem que registrar que os sócios aplicaram $ 10.000 cada um no negócio, ou seja, registrar o capital dos proprietários. Assim, essa transação provoca um aumento no patrimônio líquido.

A equação ficaria, pois:

A	=	PE	+	PL
Dinheiro – $ 20.000		Sem movimento – $ 000		Capital – $ 20.000

Transação nº 2

A empresa compra móveis no valor de $ 2.000, para pagamento a prazo.

Variações

No ativo:	Os móveis passaram a ser bens da empresa; portanto, são ativos. Como a companhia já tinha o ativo "dinheiro" (transação nº 1), a compra dos móveis provocou um aumento no ativo total, que passou agora a ser de $ 22.000.
No passivo exigível:	Por outro lado, sendo a compra a prazo, a empresa contraiu uma dívida de $ 2.000. Como as obrigações para com terceiros representam passivos exigíveis, o valor total do passivo exigível que era zero passou a ser de $ 2.000.
No patrimônio líquido:	Como os proprietários não investiram mais nada no negócio, o patrimônio líquido não sofreu alteração, continuando a ser de $ 20.000.

A essa altura, a igualdade da equação continua mantida, da seguinte forma:

A		=	PE		+	PL	
Dinheiro	$ 20.000		Contas a pagar	$ 2.000		Capital	$ 20.000
Móveis	$ 2.000						
Totais	$ 22.000			$ 2.000			$ 20.000

Transação nº 3

A companhia adquiriu à vista mercadorias no valor de $ 6.000.

Variações

No ativo: Mercadorias são bens da empresa; logo, são ativos. Assim, o valor total do ativo aumentou em $ 6.000. Mas, uma nova circunstância apareceu: a compra foi paga em dinheiro, que é um ativo. Assim, o ato de pagar a compra representa uma diminuição do ativo "dinheiro". Então, uma mesma transação provocou duas variações no ativo: um aumento em "mercadorias" e uma diminuição em "dinheiro".

No passivo exigível: Não houve variação.

No patrimônio líquido: Não houve variação.

A igualdade agora seria a seguinte:

A		=	PE		+	PL	
Dinheiro	$ 14.000		Contas a pagar	$ 2.000		Capital	$ 20.000
Móveis	$ 2.000						
Mercadorias	$ 6.000						
Totais	$ 22.000			$ 2.000			$ 20.000

Transação nº 4

A companhia pagou $ 2.000 que estava devendo pela compra dos móveis.

Variações

No ativo: Nesta transação, a empresa pagou em dinheiro $ 2.000 que estava devendo. Como dinheiro é um ativo e houve uma diminuição no total em dinheiro que a empresa possuía, ocorreu uma diminuição do ativo.

No passivo exigível: Como a companhia pagou a dívida que tinha, ela diminuiu suas obrigações, reduzindo, portanto, o passivo exigível.

No patrimônio líquido: Não houve variação.

A equação, agora, está igualada da seguinte forma:

A		=	PE		+	PL	
Dinheiro	$ 12.000		Contas a pagar	$ 000		Capital	$ 20.000
Móveis	$ 2.000						
Mercadorias	$ 6.000						
Totais	$ 20.000			$ 000			$ 20.000

A equação que vimos nos exemplos acima é chamada de "equação do balanço", porque consiste em balancear o total do ativo com o total obtido pela soma do passivo exigível mais o patrimônio líquido.

Nota: Para treinamento, estude a resolução dos exercícios apresentados no Anexo 2.

2.4 – DESPESAS, RECEITAS E RESULTADO

2.4.1 – Despesas

Despesas de uma companhia são os gastos por ela desembolsados ou devidos, necessários ao desenvolvimento de suas operações.

Observe que fizemos distinção entre gastos desembolsados e devidos. Os *gastos devidos* são aqueles que ainda não foram desembolsados, mas que já ocorreram. Exemplo: as despesas de gasolina que você faz durante o mês, no Posto Gasol, e cujas notas lhe serão apresentadas para pagamento no final do mês, representam um gasto não desembolsado, mas já devido. Quando você pagar a conta do posto, então o gasto passará a ser *desembolsado*.

Outro tipo de confusão muito comum entre os principiantes de contabilidade é feita entre "desembolso" e "despesa". O desembolso significa entregar dinheiro a alguém, por algum motivo. Por exemplo, o desembolso que você faz ao comprar um automóvel à vista não representa uma despesa: você passa a ter um ativo, visto que representa um bem para seu uso, e venda posterior. Porém, a gasolina que você paga para abastecer seu carro representa uma despesa.

Dessa forma, a diferença básica entre desembolso e despesa repousa no seguinte critério: *se o desembolso provocar um aumento do ativo, ou uma redução do passivo exigível, não será uma despesa*. Não sendo esse o caso, então, representará uma despesa.*

* Mais adiante veremos os casos específicos de desembolsos efetuados com despesas (antecipadas e diferidas), que aumentam o ativo apesar de serem despesas, e de recebimentos (receitas diferidas) que aumentam o passivo, apesar de serem receitas.

Exemplos:
— Salários dos empregados;
— Aluguel de salas;
— Gastos com material de limpeza;
— Gastos com material de escritório;
— Juros sobre empréstimos;
— Comissões de vendedores;
— Gastos com propaganda.

Repare que em nenhum dos exemplos acima o desembolso de numerário correspondente representa um aumento do ativo ou uma diminuição do passivo exigível.

2.4.2 – Receitas

Considera-se como receita de uma companhia o dinheiro que ela recebe ou tem direito a receber, proveniente de suas operações.

Digamos que você seja um corretor de imóveis, e tenha vendido o apartamento de um cliente, fazendo jus a uma comissão de $ 5.000 sobre a venda. O valor dessa comissão representa uma receita para você. Por outro lado, ao receber o dinheiro, este representará um aumento no seu ativo. Resumindo: o dinheiro que aumentou seu ativo é proveniente de uma receita. Na hipótese de você não ter recebido a comissão no ato da venda do apartamento, você terá direito de receber o dinheiro posteriormente, direito este também originado de uma receita.

Não faça confusão, porém, entre os recebimentos provenientes de receitas e aqueles originários de outras fontes. Por exemplo: o dinheiro que você recebeu a título de empréstimo do banco representa uma obrigação e não uma receita. Analogamente ao explicado no Tópico 2.4.1, a diferença básica entre recebimentos e receitas repousa no seguinte critério: *se o recebimento provocar diminuição do ativo, ou aumento do passivo exigível, não será uma receita. Não sendo esse o caso, então, representará uma receita.*

Exemplos:
— Receita de serviços prestados;
— Receita de aluguel;
— Receita de juros;
— Receita de vendas.

Observe que em nenhum dos exemplos acima o recebimento de numerário correspondente representa uma diminuição do ativo ou um aumento do passivo exigível.

2.4.3 – Resultado

Agora que já conhecemos o conceito de despesas e de receitas, é simples chegar à *definição* de resultado:

> Representa a diferença entre as despesas e receitas de um determinado período*.

– *Lucro*: o resultado é chamado lucro quando o total de receitas é superior ao total de despesas;

– *Prejuízo*: a empresa passa a ter um prejuízo quando a soma das despesas é maior que a soma das receitas.

Exemplos:

		$			$
a)	Receitas	500	b)	Receitas	600
	Despesas	(200)		Despesas	(700)
	Lucro	300		Prejuízo	(100)

2.4.4 – A influência do resultado entre despesas e receitas no patrimônio líquido

Vimos, no Tópico 2.2.3, que o patrimônio líquido representa o registro do valor que os proprietários de uma empresa têm aplicado no negócio.

Suponhamos que, no final de um determinado período, uma empresa apure o resultado entre suas despesas e receitas, verificando que houve lucro. Se os proprietários da empresa investiram seu capital no negócio, a quem pertence o lucro gerado pelas operações da empresa? Certamente, aos proprietários. Dessa forma, vemos que o lucro apurado por uma empresa deve aumentar seu patrimônio líquido, ou seja, os proprietários aplicaram x e agora têm $x + y$, o que lhes proporcionou um aumento nos seus investimentos.

* No Capítulo 3 veremos os conceitos de período contábil e exercício social.

Analogamente, se uma empresa acusar um prejuízo, esse fato representa uma diminuição em seu patrimônio líquido. Ou, em outras palavras, os proprietários aplicam x e agora têm $x - y$, o que lhes proporcionou uma perda no capital investido.

Em resumo, temos:

Os lucros aumentam o patrimônio líquido de uma empresa;

Os prejuízos diminuem o patrimônio líquido de uma empresa.

Exemplos:

		$
a)	Patrimônio líquido antes da apuração do resultado do período	500
	Resultado do período (lucro)	100
	Valor atual do patrimônio líquido	600
b)	Patrimônio líquido antes da apuração do resultado do período	500
	Resultado do período (prejuízo)	(200)
	Valor atual do patrimônio líquido	300

Vamos, agora, raciocinar de outra forma: se o lucro ou prejuízo de uma empresa for o resultado entre suas despesas e receitas, então podemos dizer que:

— As receitas aumentam o patrimônio líquido;

— As despesas diminuem o patrimônio líquido.

Exemplo:

	$	
Patrimônio líquido antes das despesas e receitas	1.000	
Despesas do período	(300)	$ 200 = lucro
Patrimônio líquido após as despesas e antes das receitas	700	
Receitas do período	500	
Patrimônio líquido após as despesas e receitas	1.200	

O exemplo acima também poderia ser demonstrado mais simplesmente:

	$
PL antes da apuração do resultado do período	1.000
Lucro do período	200
Valor atual do PL	1.200

Anexo 2

Exercício nº 1

Classificação de ativo, passivo exigível e patrimônio líquido.

Escrever no espaço em branco se os itens do lado esquerdo são representativos de ativos (A), passivos exigíveis (PE) ou patrimônio líquido (PL).

Títulos	Classificação
1. Títulos a pagar	....
2. Dinheiro no cofre da empresa	....
3. Letras de câmbio (adquiridas pela empresa como investimento)	....
4. Contas a receber de diretores	....
5. Capital que os sócios investiram no negócio	....
6. Veículos comprados	....
7. Ordenados a pagar	....
8. Dinheiro depositado em banco	....
9. Ações de outras companhias	....
10. Imposto de renda a pagar	....
11. Estoque de mercadorias	....
12. Máquina de contabilidade	....
13. Terrenos	....
14. Duplicatas a receber	....
15. Empréstimos bancários a pagar	....
16. Encargos sociais a pagar	....

Títulos	Classificação
17. Patentes adquiridas	....
18. Gratificações a pagar	....
19. Contas a pagar	....
20. Comissões a pagar	....
21. Equipamentos	....
22. Empréstimos concedidos a empregados	....
23. Títulos a receber	....
24. Depósitos bancários a prazo fixo	....
25. Edifícios	....

Exercício nº 2

Alterações no ativo, passivo exigível e patrimônio líquido, provocadas por transações ocorridas.

Informar quais variações as transações abaixo provocam no ativo, passivo exigível ou patrimônio líquido. Usar os sinais: (+) para aumentos, (–) para diminuições e (SV), que significa sem variação, no caso de a transação NÃO gerar variação em algum dos componentes.

Lembre-se de que uma transação também pode provocar variações somente em um dos três componentes.

	A	PE	PL
1. Compra a prazo de máquina de somar	....	....	....
2. Compra à vista de mercadoria para vender	....	....	....
3. Pagamento da compra (transação nº 1)	....	....	....
4. Duas pessoas formam uma sociedade e entregam o capital inicial ao gerente da firma	....	....	....
5. Recebimento de dinheiro referente a prestação de serviços	....	....	....
6. Compra de um veículo à vista	....	....	....
7. Pagamento de aluguel	....	....	....

	A	PE	PL
8. Prestação de serviços a terceiros, que a firma deverá receber posteriormente	....	....	....
9. Compra de gasolina para o veículo, para pagamento no final do mês	....	....	....
10. Recebimento do valor de um empréstimo tomado ao banco	....	....	....
11. Pagamento da despesa de gasolina (transação nº 9)	....	....	....
12. Venda de mercadoria à vista	....	....	....
13. Pagamento de comissões aos vendedores	....	....	....
14. Compra a prazo de material de escritório (despesa)	....	....	....
15. Pagamento do empréstimo que tomou (transação nº 10)	....	....	....
16. Aumento do capital da firma, conforme decisão dos sócios, entregando o valor ao gerente	....	....	....
17. Recebimento de comissão por serviços de corretagem	....	....	....
18. Compra a prazo de mercadorias para vender	....	....	....
19. Recebimento do valor pelo serviço prestado (transação nº 8)	....	....	....
20. Pagamento da compra (transação nº 18)	....	....	....

Exercício nº 3

Explicar quais transações ocorreram de uma equação de balanço para outra, nos demonstrativos a seguir (lembre-se de que pode ter ocorrido mais de uma transação).

	A		=	PE		+	PL	
1.	Dinheiro	$ 15.000		Empréstimos bancários	$ 5.000		Capital	$ 10.000
2.	Dinheiro	$ 13.000		Empréstimos bancários	$ 5.000		Capital	$ 10.000
	Empréstimos a empregados	$ 2.000						
		$ 15.000			$ 5.000			$ 10.000
3.	Dinheiro	$ 8.000		Empréstimos bancários	$ 5.000		Capital	$ 10.000
	Empréstimos a empregados	$ 2.000		Contas a pagar	$ 3.000			
	Veículos	$ 5.000						
	Mercadorias	$ 3.000						
		$ 18.000			$ 8.000			$ 10.000
4.	Dinheiro	$ 14.000		Empréstimos bancários	$ 5.000		Capital	$ 16.000
	Empréstimos a empregados	$ 2.000		Contas a pagar	$ 3.000		Receita de serviços	$ 1.000
	Veículos	$ 5.000						
	Mercadorias	$ 3.000						
	Contas a receber	$ 1.000						
		$ 25.000			$ 8.000			$ 17.000
5.	Dinheiro	$ 7.000		Contas a pagar	$ 1.000		Capital	$ 16.000
	Empréstimos a empregados	$ 1.000					Receita de serviços	$ 1.000
	Veículos	$ 5.000					Despesas de salários	($ 700)
	Mercadorias	$ 3.000					Despesas de aluguel	($ 300)
	Contas a receber	$ 1.000						
		$ 17.000			$ 1.000			$ 16.000
6.	Dinheiro	$ 9.000		Contas a pagar	$ 3.000		Capital	$ 16.000
	Veículos	$ 5.000					Receita de serviços	$ 4.000
	Mercadorias	$ 5.000					Despesas de salários	($ 700)
	Contas a receber	$ 3.000					Despesas de aluguel	($ 300)
		$ 22.000			$ 3.000			$ 19.000
7.	Dinheiro	$ 18.000		Contas a pagar	$ 3.000		Capital	$ 16.000
	Veículos	$ 5.000		Empréstimos bancários	$ 6.000		Lucro do período	$ 3.000
	Mercadorias	$ 5.000						
		$ 28.000			$ 9.000			$ 19.000

Exercício nº 4

Determinar qual variação corresponde a cada transação, colocando na seqüência adequada. Na indicação das variações, (+) significa aumento, (–) representa diminuição e (SV) indica sem variação no ativo (A), passivo exigível (PE) ou patrimônio líquido (PL).

Variações

nº de ordem	A	PE	PL
1	(–)	(–)	(SV)
2	(–)	(SV)	(–)
3	(+)	(SV)	(+)
4	(+)	(+)	(SV)
5	(SV)	(+)	(–)
6	(+) (–)	(SV)	(SV)

Transações

nº de ordem	Descrição
________	Recebimento de um empréstimo
________	Cobrança de conta a receber de cliente
________	Pagamento de uma conta a pagar a fornecedor
________	Pagamento de despesa de aluguel
________	Registro de despesa de salários a pagar
________	Recebimento de numerário por prestação de serviços (receita)

Exercício nº 5

Indicar outros exemplos de transações que provocam as mesmas variações apresentadas pelos sinais (+), (–) e (SV) no Exercício nº 4.

nº de ordem	Transação
1	________________
2	________________
3	________________
4	________________
5	________________
6	________________

3
O sistema contábil

3.1 – INTRODUÇÃO

Nos capítulos anteriores vimos o conceito e objetivos da contabilidade; as transações básicas de uma empresa; aprendemos o conceito de ativo, passivo exigível e patrimônio líquido, bem como a equação do balanço; e vimos, também, como as diversas transações provocam alterações nos componentes básicos da contabilidade.

O perfeito entendimento desses assuntos é fundamental para a aprendizagem de contabilidade. Se você não compreendeu qualquer um deles, é preferível que volte para o capítulo anterior até ganhar a base necessária para os próximos capítulos.

Vejamos, pois, como e onde as transações ocorridas devem ser registradas. Para melhor compreensão, sugerimos que você leia os Tópicos 3.2 e 3.3 uma primeira vez e, depois, faça nova leitura.

3.2 – O REGISTRO DE TRANSAÇÕES

3.2.1 – Meio de registro: contas

Suponhamos que você vá ao banco e efetue um depósito em seu próprio nome. Sendo correntista do banco, você terá uma *conta* aberta em seu nome. O que significa dizer que o valor depositado vai ser anotado em sua conta, que é um registro destinado a demonstrar todas as suas transações com o banco.

Da mesma forma que o banco, as empresas utilizam contas para registrar as transações ocorridas.

Exemplos:

— Todas as entradas e saídas de dinheiro em uma firma são registradas na conta "caixa";

— O valor dos móveis comprados por uma companhia é registrado na conta "móveis";

— As obrigações de uma empresa são registradas em contas chamadas "duplicatas a pagar", "empréstimos a pagar", "contas a pagar", etc.;

— O valor que os proprietários de uma firma aplicam nela deve ser registrado numa conta denominada "capital social".

Você já deve ter percebido que a denominação de uma conta indica o tipo de transação que deve ser registrada nela. E deve indicar também se a conta é de ativo, passivo exigível ou patrimônio líquido.

Exemplos:

— A conta "caixa" registra a movimentação de dinheiro de uma firma; dinheiro é um ativo;

— A conta "empréstimos a pagar" registra a quantia que a firma deve ao banco; se a firma deve, tem uma obrigação para com terceiros, que representa um passivo exigível;

— A conta "capital social" registra o valor do investimento dos proprietários na firma, o que vale dizer que essa é uma conta de patrimônio líquido.

Dessa forma, os ativos de uma companhia são registrados em contas que especificam o tipo e o valor de cada ativo. A soma dos valores registrados em cada conta de ativo representa o total do ativo de uma companhia.

Analogamente, a soma dos valores registrados em cada conta do passivo exigível demonstra o total do passivo exigível de uma companhia. O mesmo ocorre com as contas do patrimônio líquido.

Exemplo:

A		=	PE		+	PL	
Contas	**Valor $**		**Contas**	**Valor $**		**Contas**	**Valor $**
Caixa	1.000		Contas a pagar	2.500		Capital	1.500
Móveis	2.000					Receitas	2.500
Contas a receber	1.500					Despesas	(2.000)
Total	4.500		Total	2.500		Total	2.000

3.2.2 – Guia de registro: lançamentos

Quando se deseja fazer o registro de uma transação em uma conta, o guia utilizado é chamado de lançamento.

Assim, se você efetua um depósito no banco em seu nome, o banco irá registrar a transação em sua conta, ou fará o *lançamento* do valor depositado em sua conta. Os lançamentos são resumidos nos "vouchers" ou "fichas de lançamento", indicando as contas que sofrerão alterações, o valor delas, bem como um breve histórico da transação.

3.2.3 – Convenções para registro: débito e crédito

Débito e crédito são palavras convencionadas para indicar se uma transação aumenta ou diminui o ativo, o passivo exigível e o patrimônio líquido de uma companhia.

Como o total de cada um desses componentes é formado pela soma de diversas contas, temos que os débitos e créditos indicam se o saldo de uma conta deve ser aumentado ou diminuído em função de uma transação.

Essas palavras também podem ser usadas em forma de verbo: debitar e creditar representam, respectivamente, registrar um débito e registrar um crédito nas contas devidas.

Resumindo:

As transações são registradas nas *contas* através de *lançamentos* de *débito* e de *crédito*.

3.2.4 – Onde registrar: livro diário geral

Já vimos, pois, o meio de registro (contas), o guia de registro (lançamentos) e as convenções para registro (débito e crédito). Indicaremos agora onde devem ser registradas as transações de uma companhia.

O registro oficial legal das transações de uma companhia é o *livro diário geral*. Nele devem ser registradas todas as transações da empresa que possam ser expressas em termos monetários.

As informações básicas que o livro diário deve registrar são:

— Data da transação, ou data em que ela está sendo registrada no livro diário;
— Nome das contas que estão sendo debitadas e creditadas;
— O valor dos débitos e créditos em cada conta;
— Histórico da transação, descrito de forma resumida.

No Tópico 3.3.5 veremos um modelo de página do livro diário geral, bem como a forma pela qual ele deve ser escriturado.

3.2.5 – Controle de contas individuais: razão

Já dissemos que o livro diário geral é o registro oficial das transações de uma companhia. Entretanto, as empresas utilizam-se também de um outro registro complementar, de grande utilidade em contabilidade: o *razão*.

O razão representa um sistema pelo qual se controla a movimentação ocorrida individualmente em cada conta.

A sua escrituração pode ser feita através de um livro, ou pela utilização de fichas escrituradas mecânica ou eletronicamente, cada página ou ficha representando uma conta.

Enquanto o livro diário geral registra as transações em todas as contas, o razão demonstra os registros efetuados em cada conta, individualmente.

As informações básicas que devem constar no razão são:

— Nome da conta que está sendo representada pela ficha de razão;
— Data da transação, ou data em que ela está sendo registrada no livro diário;
— Histórico da transação, descrito de forma resumida;
— Colunas para débitos e créditos, onde serão registrados os valores representativos de cada transação; e a coluna para saldo, que demonstra a diferença acumulada entre os totais de débitos e créditos lançados na conta;
— Coluna para indicar se o saldo da conta é devedor ou credor.

No Tópico 3.3.6 veremos um modelo de ficha de razão, bem como a forma pela qual ela deve ser escriturada.

3.3 – COMO FAZER O REGISTRO DAS TRANSAÇÕES

Uma vez que sabemos o que representa o registro das transações, vejamos como fazê-lo.

3.3.1 – As transações documentadas

Sabemos que todas as transações feitas por uma empresa que possam ser expressas em termos monetários, devem ser registradas no livro diário geral, bem como nas fichas de razão.

Entretanto, todas as transações ocorridas devem ser devidamente comprovadas através de documentos.

Exemplos:

— Se uma empresa efetua uma venda de mercadorias, deve emitir uma nota fiscal, que é o documento comprovante da transação;

— Quando uma empresa paga salários, deve exigir dos empregados o recibo que comprovará o pagamento efetuado.

É com base nesses documentos, comprovantes das transações, que a contabilidade prepara as fichas de lançamento que, por sua vez, são o guia para o registro no livro diário geral e no razão.

3.3.2 – O método de partidas dobradas

O método de partidas dobradas é bem simples: para cada um ou mais lançamentos de débito efetuados, deve corresponder um ou mais lançamentos de crédito, de forma que o valor total de débitos seja sempre igual ao valor total dos créditos em cada lançamento.

Esse procedimento será demonstrado e mais bem entendido no tópico seguinte.

3.3.3 – Como determinar quais contas serão debitadas ou creditadas no registro de transações

Chegamos, agora, ao ponto que podemos chamar de essencial à aprendizagem da contabilidade: como determinar quais contas devem ser debitadas e creditadas no registro das transações.

Para você entender facilmente o mecanismo que orienta essa determinação, é importante que domine o conceito de ativo, passivo exigível e patrimônio líquido, bem como as alterações que cada transação provoca nesses componentes básicos da contabilidade (aumentos e diminuições).

A partir daí, basta lembrar-se do mecanismo de variação fornecido pela tabela a seguir:

Componentes	Variações	
	Aumenta por	**Diminui por**
O ativo	DÉBITOS	CRÉDITOS
O passivo exigível	CRÉDITOS	DÉBITOS
O patrimônio líquido	CRÉDITOS	DÉBITOS

Para melhor memorizar, basta não esquecer que o *ativo aumenta por débitos* (conseqüentemente, diminui por créditos). Nos outros componentes o funcionamento é inverso.

Vejamos agora alguns exemplos de transações que mostram o funcionamento da tabela acima.

Transação nº 1

Duas pessoas formam uma sociedade, cada qual entregando $ 5.000 ao responsável pela firma, que deposita o valor em um banco.

Variações

No ativo: A firma passou a ter a propriedade de $ 10.000, aumentando o ativo. O ativo aumenta por débito (veja a tabela acima); logo, a conta "bancos – conta de movimento" vai ser debitada em $ 10.000.

No passivo exigível: Não houve variação.

No patrimônio líquido: A firma deve registrar o valor investido pelos proprietários, o que representa um aumento no patrimônio líquido; esse aumenta por crédito; logo, a conta "capital social" será creditada em $ 10.000.

Transação nº 2

A firma compra um veículo a prazo, no valor de $ 2.000.

Variações

No ativo: Foi aumentado o ativo da firma; a conta "veículos" será debitada em $ 2.000.

No passivo exigível: A firma constituiu uma dívida, aumentando o passivo exigível; esse aumenta por crédito; logo, a conta "contas a pagar" será creditada em $ 2.000.

No patrimônio líquido: Não houve variação.

Observe que, nos dois exemplos dados, o total de débitos é exatamente igual ao total de créditos, atendendo ao princípio do método de partidas dobradas que, em última análise, assegura a manutenção da equação do balanço.

3.3.4 – Débitos e créditos em contas de despesas e receitas

No Tópico 2.4.4, dissemos que as despesas e receitas provocam, respectivamente, diminuições e aumentos no patrimônio líquido. Desse modo, a determinação dos débitos e créditos nas contas de despesas e receitas é feita da mesma forma que para as contas do patrimônio líquido, observando-se que:

— Um *aumento* nas contas de despesas representa uma *diminuição* no patrimônio líquido; assim, as contas de despesas aumentam por débitos;

— Um *aumento* nas receitas representa um *aumento* no patrimônio líquido, o que significa dizer que as contas de receitas aumentam por créditos.

Uma vez que o funcionamento de débitos e créditos para despesas é inverso ao de receitas, conseqüentemente *o funcionamento das variações nas contas de despesas é igual ao funcionamento das variações nas contas de ativo.*

Exemplos:

Uma firma paga o salário dos empregados, no valor de $ 1.000:

— A conta "despesas de salário" será debitada em $ 1.000 (aumento das despesas; logo, há diminuição do patrimônio líquido);

— A conta "caixa" será creditada em $ 1.000 (diminuição do ativo).

A firma recebe $ 2.000 referentes a serviços prestados:

— A conta "caixa" será debitada (aumento do ativo) em $ 2.000;

— A conta "receita de serviços" será creditada em $ 2.000 (aumento das receitas; logo, o patrimônio líquido também aumenta).

3.3.5 – Como registrar as transações no livro diário geral

Como vimos no Tópico 3.2, o livro diário geral exige algumas informações básicas na sua escrituração. A seguir mostraremos um modelo de página do livro diário geral. Mostraremos, também, como deve ser feito o registro das transações no livro diário. As transações a serem escrituradas são as seguintes:

1. Em 1/05/19XA, os Srs. Alberto Tadeu e Carlos Henrique Costa formaram uma sociedade (Albercosta Ltda.) com o capital inicial de $ 30.000, cada qual entrando com a participação de $ 15.000; o valor total foi depositado em banco.

Variações: A conta de "bancos –conta de movimento" será debitada em $ 30.000 (aumento do ativo) e a de "capital social", creditada no mesmo valor (aumento do patrimônio líquido).

2. Em 5/05, a firma comprou mercadorias a prazo, no valor de $ 10.000. As mercadorias foram compradas do fornecedor "Mercadinho S.A." e vieram acompanhadas da nota fiscal nº 4.724.

Variações: A conta de "mercadorias" será debitada em $ 10.000 (aumento do ativo) e a de "duplicatas a pagar" será creditada pelo mesmo valor (aumento do passivo exigível).

A escrituração dessas transações no livro diário geral deve ser feita da seguinte forma:

Modelo de página de livro diário geral e a escrituração das transações

Data	Histórico	Débito	Crédito
01/05/19XA	Bancos – conta de movimento a Capital Social Recebido dos Srs. Alberto Tadeu ($ 15.000) e Carlos Henrique Costa ($ 15.000), referentes à integralização de 15.000 cotas cada um do capital social, conforme recibo nº 3.927 do Banco Tamborete S.A., documento nº 1.	30.000	 30.000
05/05/19XA	Mercadorias a Duplicatas a pagar Pela compra de mercadorias do Mercadinho S.A., conforme nota fiscal nº 4.724 e duplicata com vencimento em 30/06/19XA, documento nº 2.	10.000	 10.000

Comentários:

— Observe que a coluna de histórico foi escriturada em duas fases: na primeira, colocam-se as contas que sofreram alterações pela transação, seguindo-se a ordem de colocação da conta a ser debitada *antes* daquela a ser creditada, entrepondo-se a preposição "a". Depois, faz-se um breve resumo da transação, seguido do número do documento que se refere a ela (embora esse procedimento não seja obrigatório).

— Note que a coluna de débito está à esquerda e a de crédito à direita. Essa disposição não é eventual, e sim padronizada. Em qualquer demonstrativo, a coluna de débitos aparece sempre à esquerda e a de créditos, à direita.

— A página do livro diário mostrada acima não representa um modelo obrigatório. Outros modelos existem e, também, outras formas de escrituração. Entretanto, as folhas do livro diário devem conter, em sua essência, as informações mostradas no exemplo.

3.3.6 – Como registrar as transações no razão

A escrituração do razão é similar à do livro diário geral. Vejamos como as transações registradas no livro diário, no tópico anterior, são escrituradas no razão.

Modelo de fichas de razão e a escrituração das transações

Albercosta Ltda.					Fl 01
Conta Bancos-Conta de Movimento					
Data	Histórico	Débito	Crédito	Saldo	D/C
19XA 01/05	Depósito ref. à integralização de cotas de Alberto Tadeu e C. H. Costa. $ 15.000 de cada doc. nº 1	30.000		30.000	D

Albercosta Ltda.					Fl 01
Conta Capital Social					
Data	Histórico	Débito	Crédito	Saldo	D/C
19XA 01/05	Registro do capital social inicial da firma, composto de 30.000 cotas de $ 1 cada, integralizadas pelos sócios Alberto Tadeu e Carlos H. Costa, conforme contrato social doc.nº 1		30.000	30.000	C

Albercosta Ltda.					Fl 01
Conta Mercadorias					
Data	Histórico	Débito	Crédito	Saldo	D/C
19XA 01/05	Pela compra de mercadorias, conf. Nota Fiscal nº 4.724 de Mercadinho S/A, doc. nº 2	10.000		10.000	D

Albercosta Ltda.					Fl 01
Conta Duplicatas a pagar					
Data	Histórico	Débito	Crédito	Saldo	D/C
19XA 01/05	Valor da Nota Fiscal nº 4.724, de Mercadinho S/A, duplicata com vencimento em 30/06, doc. nº 2		10.000	10.000	C

Comentários:

— Note que cada conta está representada por uma ficha de razão. Como as duas transações provocaram alterações em quatro contas diferentes, foram necessárias quatro fichas para o registro;

— A coluna de histórico é utilizada apenas para uma breve descrição da transação;

— Observe que a ficha de razão tem duas colunas a mais que a página do livro diário. A coluna de saldo, que demonstra o valor da diferença entre os débitos e créditos na conta, e a coluna D/C, que indica se o saldo é devedor ("D", no caso de a soma de débitos ser superior à de créditos) ou credor ("C", quando ocorre o inverso).

3.3.7 – A necessidade do razão como complemento do livro diário geral

Dissemos que o livro diário geral é o registro oficial legal das transações de uma companhia, e que o razão é um registro complementar, de grande utilidade em contabilidade.

As empresas têm inúmeras transações diárias que provocam alterações nas contas. A conta de "bancos – conta de movimento", por exemplo, registra dezenas de depósitos e saques bancários durante um mês. Agora, observe o livro diário geral, e verifique qual processo teríamos de utilizar para encontrar o saldo dessa conta se não usássemos as fichas de razão. Obviamente, teríamos que percorrer todas as folhas do livro diário escrituradas no mês, somar todos os débitos e créditos lançados nessa conta durante o mês e, pela diferença, encontrar o saldo.

Utilizando as fichas de razão, basta pegar a ficha correspondente à conta "bancos – conta de movimento" e simplesmente olhar o saldo.

3.3.8 – A conta T

O objetivo deste livro é explicar a dinâmica contábil, basicamente através de situações práticas, compreendendo o registro de transações no razão. Mas, se para cada registro tivéssemos que produzir graficamente uma ficha de razão, então necessitaríamos de inúmeros volumes para completar esse objetivo.

Em vista disso, passaremos a utilizar um artifício para representar as fichas de razão em nossos exemplos: a conta T, que tem esse nome justamente pela sua semelhança com essa letra do alfabeto.

Eis um exemplo:

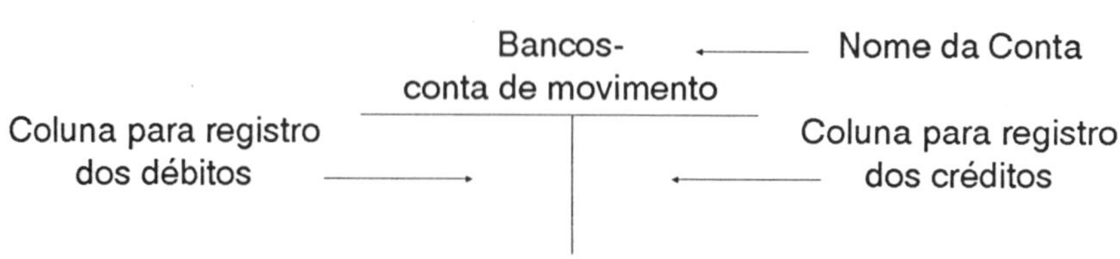

Para melhor ilustrar, vejamos como as transações escrituradas nas fichas do razão, demonstradas no Tópico 3.3.6, seriam registradas em contas T.

Bancos- conta de movimento	
(1) 30.000	

Capital social	
	30.000 (1)

Mercadorias	
(2) 10.000	

Duplicatas a pagar	
	10.000 (2)

Comentários:

— Os números entre parênteses indicam o número da transação que estamos registrando;

— Observe que não há coluna para saldos; esses serão extraídos na própria conta, da forma explicada a seguir:

	Bancos- conta de movimento (débito)	Bancos- conta de movimento (crédito)	
Lançamentos de débito	100 200 1.500	50 300 1.000	Lançamentos de crédito
Soma dos débitos	1.800	1.350	Soma dos créditos
		450	Diferença entre débitos e créditos
	1.800	1.800	
Novo saldo da conta (devedor)	450		

Os passos a serem seguidos para extrair o saldo de uma conta T são os seguintes:

1º – Somar os débitos e créditos, anotando os totais de cada coluna.

2º – Completar a coluna que acusar a menor soma, com o valor correspondente à diferença, de forma a igualar a soma de débitos com a de créditos.

3º – Passar dois traços horizontais paralelos embaixo dos totais de débito e crédito, indicando que todos os lançamentos anteriores foram confrontados, para extração do saldo.

4º – Na coluna oposta àquela em que foi anotada a diferença entre débitos e créditos, anotar o valor do saldo, que será o mesmo valor dessa diferença.

Outros exemplos de extração de saldos (os valores lançados não têm relação entre si):

Contas a receber

Débito	Crédito
* 300	

Duplicatas a pagar

Débito	Crédito
	500
	600
	1.100 **

Caixa

Débito	Crédito
100	100 ***

3.3.9 – O razão auxiliar ou analítico

Existem determinados tipos de contas que controlam as transações com terceiros. A conta duplicatas a receber, por exemplo, registra o *valor total* a receber dos diversos clientes; porém, não indica quanto a companhia tem a receber de *cada cliente*. A conta de bancos registra todas as transações que a empresa mantém com os diversos bancos com os quais opera, e o seu saldo representa *o total das disponibilidades* da companhia em todos os bancos. Porém, não indica qual o montante disponível em *cada banco.*

Para que a companhia possa controlar as transações com cada um dos seus devedores ou credores, a contabilidade utiliza o *razão auxiliar ou analítico*. Esse razão consiste em controlar, através de fichas de razão separadas (uma para cada devedor ou credor), as transações com terceiros.

Assim, todas as transações com o Banco Vermelho são registradas na conta analítica específica "bancos – conta de movimento – Banco Vermelho". E todas as transações com o Banco Azul são anotadas na conta "bancos – conta de movimento – Banco Azul". Porém, todas as transações com ambos os bancos são também registradas no *razão geral ou sintético* da conta "bancos – conta de movimento", que controla o total das disponibilidades da companhia em bancos. Assim, a qualquer momento, a soma do saldo das contas analíticas deve ser exatamente igual ao saldo da conta sintética.

Vejamos alguns exemplos de lançamentos em contas analíticas e sintéticas:

---

* Um só lançamento: o valor é o próprio saldo.

** Dois lançamentos em uma mesma coluna: a soma é o saldo

*** Um lançamento de débito e um de crédito, do mesmo valor: o saldo é zero, bastando passar dois traços paralelos horizontais.

Bancos – conta de movimento
Razão sintético

Débito	Crédito
400	80
470	10
300	30
	50
1.170	170
	1.000 (saldo)
1.170	1.170
1.000	

Bancos – conta de movimento
Banco Azul

Débito	Crédito
470	80
	10
	30
470	120
	350 (saldo)
470	470
350	

Bancos – conta de movimento
Banco Vermelho

Débito	Crédito
400	

Bancos – conta de movimento
Banco Verde

Débito	Crédito
300	50
	250 (saldo)
300	300
250	

Esse mesmo tipo de controle é utilizado para duplicatas a receber, duplicatas a pagar, títulos a pagar, etc. Exemplo de contas sintéticas e analíticas de duplicatas a receber:

Duplicatas a receber
Razão sintético

Débito	Crédito
300	150
250	
500	
1.050	150
	900 (saldo)
1.050	1.050
900	

Duplicatas a receber
Antonio Paulo

Débito	Crédito
500	150
	350 (saldo)
500	500
350	

Duplicatas a receber Parson Person	
300	

Duplicatas a receber José A. Cardoso	
250	

3.3.10 – Lançamentos com mais de um débito ou crédito

O registro de algumas transações requer mais de um débito ou mais de um crédito. Vejamos alguns exemplos.

a) – Compra de veículo no valor de $ 30.000, dos quais 20% são pagos à vista e o valor restante à prestação.

Lançamentos:

		$	$
Débito:	Veículo	30.000	
Créditos:	Bancos – conta de movimento		6.000
	Duplicatas a pagar		24.000
		30.000	30.000

b) – Uma companhia presta serviços de assistência técnica, cobrando $ 10.000, dos quais $ 3.000 são recebidos no ato e depositados em banco, e o valor restante será recebido dentro de 30 dias.

Lançamentos:

		$	$
Débitos:	Bancos – conta de movimento	3.000	
	Duplicatas a receber	7.000	
Crédito:	Receita de serviços		10.000
		10.000	10.000

3.4 – BALANCETES DE VERIFICAÇÃO

3.4.1 – Finalidade dos balancetes

Todas as empresas têm dezenas de transações mensalmente, registradas na contabilidade pelo método de partidas dobradas, ou seja: para cada um ou mais lançamentos de débito efetuados deve corresponder um ou mais lançamentos de crédito, de forma que o valor total de débitos seja sempre igual ao valor total dos créditos em cada lançamento.

> Conseqüentemente, a qualquer momento a soma dos saldos devedores da contabilidade de uma companhia deve ser exatamente igual à soma dos saldos credores. Ao fazer uma verificação desse fato, a companhia prepara um balancete, por isso chamado de *balancete de verificação.*

Outra razão para a preparação de balancetes é que ficaria muito difícil para os administradores de uma empresa analisar a situação em que ela se encontra sem que fosse preparada, periodicamente, uma relação contendo todas as contas utilizadas para registrar as transações, e os respectivos saldos em uma determinada data.

3.4.2 – Como preparar um balancete de verificação

Preparar um balancete consiste em relacionar todas as contas da contabilidade de uma companhia que tenham saldo diferente de zero, colocando em colunas apropriadas o valor do saldo de cada conta.

O formato dos balancetes varia de empresa para empresa, de acordo com as necessidades de informações de cada uma. Na página seguinte, mostramos um modelo de balancete de verificação da Companhia Balanceada em 31/08/19XA.

O saldo que aparece ao lado de cada conta é o mesmo constante da ficha de razão correspondente.

3.4.3 – Quando levantar um balancete de verificação

Os balancetes de verificação podem ser extraídos a qualquer intervalo de tempo. Entretanto, o procedimento mais usual é preparar balancetes mensais, para conhecimento e informação da administração, acerca da posição econômico-financeira da companhia. Algumas empresas preferem preparar balancetes apenas trimestralmente e outras, semestralmente. Em resumo: *quando* levantar um balancete de verificação é uma decisão que depende apenas da administração de uma companhia.

COMPANHIA BALANCEADA
Balancete de verificação
em 31/08/19XA

Contas	Saldos devedores $	Saldos credores $
Caixa	200	
Bancos – conta de movimento	10.000	
Contas a receber	50.000	
Estoque de mercadorias	80.000	
Despesas de salário	15.000	
Móveis e utensílios	20.000	
Capital social		100.000
Salários a pagar		5.000
Duplicatas a pagar		30.000
Títulos a pagar a bancos		40.000
Outras contas a pagar		200
	175.200	175.200

3.4.4 – Exercício social e período contábil

Quando uma empresa é constituída, seus proprietários estabelecem uma determinada data, considerada oficialmente como aquela de encerramento do exercício social, ou seja, aquela data em que a companhia faz um levantamento do seu ativo, passivo exigível e patrimônio líquido, após um período de doze meses de atividades.

Dessa forma, o exercício social corresponde a um período contábil de doze meses, encerrado em determinada data (normalmente no último dia de algum mês). Entretanto, nem sempre o exercício social compreende as atividades de uma companhia durante doze meses. Supondo que uma empresa seja constituída em 1/06/19XA, e que estabeleça como data de encerramento do exercício social 31/12 de cada ano, no primeiro ano de operações o período contábil compreenderá as transações apenas de sete meses. Nos anos subseqüentes, porém, o período contábil de cada exercício terá a duração de doze meses. Um outro exemplo se verifica quando a companhia decide mudar a data de encerramento do exercício social. Nesse caso, o período contábil poderá englobar mais meses ou menos do que o período normal de doze.

No final de seu exercício social, toda empresa deve apurar o resultado entre despesas e receitas obtido no período. Esse resultado irá aumentar (se for lucro) ou diminuir (se for prejuízo) o patrimônio líquido da empresa.

3.4.5 – Balancete de verificação incluindo despesas e receitas de um exercício ou período contábil

Esse tipo de balancete consiste em apresentar os saldos respectivos de todas as contas da contabilidade, inclusive as de despesas e receitas de um determinado exercício ou período contábil, na mesma demonstração.

Vejamos um exemplo:

CIA. FLORADA
Balancete de verificação
em 31/12/19XA

Contas	Saldos devedores $	Saldos credores $
Bancos	100	
Duplicatas a receber	300	
Estoque	350	
Móveis e utensílios	40	
Capital social		400
Lucros acumulados (até o exercício anterior)		27
Fornecedores		300
Contas a pagar		50
Custo das mercadorias vendidas	270	
Despesas de salários	50	
Despesas de aluguel	12	
Despesas diversas	5	
Receitas de vendas		330
Receitas eventuais		20
	1.127	1.127

3.4.6 – Balancete de verificação apresentando apenas o resultado de um exercício ou período contábil

Esse outro tipo de balancete consiste em não apresentar os saldos respectivos das contas de despesas e receitas de um período contábil ou exercício, mas apenas o resultado entre eles. Nesse caso, normalmente o saldo de cada conta de despesa e receita é transferido para uma conta chamada "resultado" ou "conta de resultado".

No exemplo do tópico anterior, as receitas e despesas da Cia. Florada durante o exercício findo em 31/12/19XA eram:

Despesas	**Saldos**
	$
Custo das mercadorias vendidas	270
Despesas de salários	50
Despesas de aluguel	12
Despesas diversas	5
A – Total das despesas	337
Receitas	
Vendas	330
Receitas eventuais	20
B – Total de receitas	350
Resultado do exercício = Lucro (B – A)	13

O balancete de verificação da Cia. Florada, apresentando apenas o resultado do exercício, seria o seguinte:

CIA. FLORADA
Balancete de verificação
em 31/12/19XA

Contas	**Saldos devedores**	**Saldos credores**
	$	$
Bancos	100	
Duplicatas a receber	300	
Estoque	350	
Móveis e utensílios	40	
Capital social		400
Lucros acumulados (até o exercício anterior)		27
Fornecedores		300
Contas a pagar		50
Resultado do exercício – lucro		13
	790	790

3.5 – PLANO DE CONTAS

A contabilização das transações de uma empresa é feita pelo departamento, seção ou setor de contabilidade, o que significa, é óbvio, que fica a cargo de pessoas que são substituídas com o passar do tempo. Ocorre, por outro lado, que as transações das empresas nem sempre são da mesma natureza, variando, portanto, o tipo de conta utilizada para o registro das operações. Por exemplo, uma empresa que somente presta serviços nunca terá uma conta de "venda de mercadorias", mas sim uma conta de "venda (ou receita) de serviços". Da mesma maneira, a nomenclatura das contas varia de acordo com a preferência do responsável pela contabilidade. Enquanto um contador prefere chamar "venda de serviços", outro pode preferir usar uma conta "receita de serviços", que na realidade são a mesma conta com nomenclaturas diferentes. Assim, para assegurar a uniformidade na utilização de contas para o registro das transações, as empresas se utilizam de um *plano de contas*.

Um plano de contas representa a organização das contas usadas pela empresa para o registro das transações, com o objetivo de assegurar a uniformidade na sua utilização.

Dessa forma, na elaboração de um plano, todas as contas têm sua existência e nomenclatura preestabelecidas, de forma que as transações da mesma natureza sejam registradas sempre nas mesmas contas. Com isso, evita-se a duplicação desnecessária de contas com nomes diferentes para a mesma finalidade, facilitando o levantamento de balancetes de verificação.

Um plano de contas pode ser preparado de inúmeras maneiras diferentes, dependendo de cada contador e da natureza das transações da empresa. Normalmente, um plano consiste na separação das contas em quatro grandes grupos, atribuindo códigos numéricos para cada grupo. Por exemplo:

Código		**Contas de**
1.0.00.000	–	Ativo
2.0.00.000	–	Passivo
3.0.00.000	–	Despesas
4.0.00.000	–	Receitas

Assim, toda conta com código iniciado por 1 será uma conta de ativo; por 2, conta de passivo e assim por diante. Os zeros à direita do número destinam-se às subdivisões dos grupos. Como ainda não tratamos de balanço patrimonial e da demonstração de resultado, voltaremos a falar mais especificamente sobre plano de contas nos Capítulos 7 e 8.

3.6 – DEMONSTRAÇÕES FINANCEIRAS

3.6.1 – Conceito e peças contábeis integrantes

Anualmente, na data de encerramento do exercício social, as empresas preparam (para efeitos legais e para apresentação a terceiros interessados) um conjunto de demonstrações chamado de demonstrações financeiras ou contábeis.

As demonstrações básicas englobam as seguintes peças contábeis:

— Balanço patrimonial (levantado em determinada data);
— Demonstração do resultado (para um determinado exercício ou período contábil);
— Demonstração de lucros ou prejuízos acumulados (para um determinado exercício ou período contábil);
— Demonstração das mutações do patrimônio líquido (para um determinado exercício ou período contábil);
— Demonstração das origens e aplicações de recursos (para um determinado exercício ou período contábil);
— Notas explicativas às demonstrações financeiras.

Assim como os balancetes de verificação, essas demonstrações financeiras baseiam-se nos registros contábeis das empresas. Representam um conjunto de demonstrações destinado a apresentar a posição econômico-financeira da empresa em determinada data através do balanço patrimonial, bem como o resultado das operações, as mutações nas contas de lucros (ou prejuízos) acumulados e outras de patrimônio líquido, e as origens e aplicações de recursos do exercício ou período contábil findo na mesma data.

Devido à estrutura deste livro e à seqüência em que os assuntos são apresentados, antes de estudarmos cada uma dessas peças contábeis abordaremos outros assuntos (Capítulos 4, 5 e 6), que servirão de base para o bom entendimento sobre a forma de preparação das referidas demonstrações, explicada nos Capítulos 7, 8, 9 e 10.

3.6.2 – Demonstrações financeiras comparativas

As demonstrações financeiras cumprem o objetivo indicado acima, ou seja, espelham a situação da empresa *em determinada data*. Embora as informações contidas nessas demonstrações sejam fundamentais para a análise da situação da empresa naquela data, isoladamente, sem informações adicionais que possam servir de comparação, torna-se difícil para qualquer analista ou interessado estabelecer uma "tendência" da empresa, bem como verificar se, em relação a uma data anterior, a posição econômico-financeira da empresa melhorou ou piorou.

Dessa forma, para uma melhor apresentação, as demonstrações financeiras normalmente devem indicar as cifras correspondentes às mesmas demonstrações do exercício ou período contábil anterior, ou seja: as demonstrações financeiras devem ser comparativas. Ao final de cada um dos Capítulos 7, 8, 9 e 10, mostramos um exemplo de cada uma dessas peças contábeis, apresentadas na forma comparativa.

3.6.3 – Demonstrações financeiras com correção integral

Ao longo dos anos, em nosso país a inflação tem provocado efeitos devastadores na economia, os quais são sentidos pelas empresas através da defasagem dos valores escriturados em moeda nacional na contabilidade, principalmente quando as demonstrações financeiras são apresentadas de forma comparativa.

Por exemplo: supondo uma inflação de 100% entre 31/12/19XA e 31/12/19XB, a análise de demonstrações financeiras comparativas levantadas em moeda nacional em cada uma dessas datas não leva absolutamente a qualquer conclusão sobre o desempenho ou evolução da empresa.

Para tornar comparativas as cifras dessas duas demonstrações, foi criado um método denominado de *correção monetária integral**. Explicando de forma extremamente resumida, por esse método cada mês as transações do exercício da empresa são registradas em moeda corrente nacional e convertidas cumulativamente para uma moeda forte, que mantém constante o poder aquisitivo de sua expressão monetária, por isso denominada de *moeda constante*. Assim, ao final do exercício, as despesas e receitas incorridas ao longo de doze meses em moeda corrente são corrigidas, nessa moeda, mediante a reconversão dos valores acumulados em moeda constante, para seu valor atual. Esse procedimento é adotado para a data das demonstrações financeiras, mas de uma maneira tal que o lucro apurado em moeda corrente permaneça o mesmo daquele apurado em moeda constante, exceto em alguns casos específicos.

* O método é denominado de correção monetária *integral*, porque complementa a sistemática de correção monetária de balanço estabelecida pela legislação vigente, que prevê a atualização monetária apenas de determinados componentes das demonstrações financeiras, mas não de todos, o que provoca distorções na apresentação das cifras.

Como o processo é contínuo, para tornar as cifras das demonstrações financeiras do exercício anterior comparativas com as do exercício vigente, basta novamente reconverter os valores acumulados em moeda constante naquela data (por exemplo, 31/12/19XA), para o valor corrente dessa mesma moeda, trazendo as cifras para moeda nacional com poder aquisitivo atual (31/12/19XB). Isso torna comparativos os valores de 19XA com os de 19XB, permitindo a adequada análise econômico-financeira das demonstrações financeiras.

A compreensão da sistemática de elaboração de demonstrações financeiras com correção monetária integral exige um bom domínio da técnica contábil, fugindo, por essa razão, do âmbito deste livro.

Anexo 3

Exercício nº 6

Dizer quais lançamentos devem ser feitos após cada uma das transações descritas abaixo, explicando os motivos:

1. Compra de uma máquina, a prazo

Débito: ....

Crédito: ....

Explicação: ....

....

....

....

2. Uma firma corretora de imóveis recebe numerário referente à comissão sobre a venda de um terreno

Débito: ....

Crédito: ....

Explicação: ....

....

....

....

3. Pagamento do salário dos empregados de uma companhia

Débito: ....

Crédito: ....

Explicação: ....

....

....

....

4. Formação de uma sociedade, com a subscrição* de suas ações, porém, sem integralização**

   Débito: ....
   Crédito: ....
   Explicação: ....
   ....
   ....
   ....

5. Recebimento de numerário dos acionistas, referente à integralização de ações subscritas

   Débito: ....
   Crédito: ....
   Explicação: ....
   ....
   ....
   ....

Exercício nº 7

Dizer quais lançamentos devem ser feitos após cada uma das transações descritas abaixo:

1. Pagamento do aluguel de uma sala utilizada para escritório

   Débito: ....
   Crédito: ....

2. Compra de matéria-prima, à vista

   Débito: ....
   Crédito: ....

3. Uma firma presta serviços a outra, passando a ter direito a receber posteriormente o valor faturado

   Débito: ....
   Crédito: ....

* Subscrição: ato de assinar um documento (boletim de subscrição), comprando uma quantidade determinada de ações de uma companhia referente à formação do capital social ou ao seu aumento.

** Integralização: ato de pagar a compra de ações subscritas.

4. Recebimento de uma duplicata a receber
Débito: ....
Crédito: ....

5. Uma firma concede empréstimo a um funcionário
Débito: ....
Crédito: ....

6. Uma companhia obtém um empréstimo bancário, depositando o valor recebido no banco
Débito: ....
Crédito: ....

7. Compra à vista de material de limpeza
Débito: ....
Crédito: ....

8. Pagamento de salário dos empregados
Débito: ....
Crédito: ....

9. Compra a prazo de material de escritório
Débito: ....
Crédito: ....

10. Uma firma paga um empréstimo bancário que havia tomado anteriormente
Débito: ....
Crédito: ....

Exercício nº 8

Com base no enunciado do Exercício nº 3 (Anexo 2), e nas respostas que já devem ter sido conferidas com o Apêndice, dizer quais lançamentos devem ser feitos após cada uma das transações identificadas por você. Considerar todos os pagamentos e recebimentos como tendo sido feitos através de banco (Observação: o número de ordem refere-se ao Exercício nº 3, Anexo 2):

1. a) Débito: ....
   Crédito: ....
   b) Débito: ....
   Crédito: ....

2. Débito: ....
   Crédito: ....

3. a) Débito: ....
   Crédito: ....
   b) Débito: ....
   Crédito: ....

4. a) Débito: ....
   Crédito: ....
   b) Débito: ....
   Crédito: ....

5. a) Débito: ....
   Crédito: ....
   b) Débito: ....
   Crédito: ....
   c) Débito: ....
   Crédito: ....
   d) Débito: ....
   Crédito: ....
   e) Débito: ....
   Crédito: ....

6. a) Débito: ....
   Crédito: ....
   b) Débito: ....
   Crédito: ....
   c) Débito: ....
   Crédito: ....
   d) Débito: ....
   Crédito: ....

7. a) Esse item não representou uma transação, mas um procedimento contábil interno que será estudado adiante, relativo à transferência de despesas e receitas para uma conta de apuração de resultado.
   b) Débito: ....
   Crédito: ....
   c) Débito: ....
   Crédito: ....

Exercício nº 9

INICIANTE & CIA. LTDA.

A firma acima presta serviços de assistência técnica e iniciou suas atividades em 19XA. Até 31/07/19XA ocorreram as transações descritas abaixo. Pede-se: a) explicar cada transação ocorrida; b) escriturar as transações no livro diário geral e no razão (conta T); c) extrair um balancete de verificação.

1. Cinco sócios formaram a sociedade, com a participação de $ 10.000 de cada, integralizada em dinheiro. O valor total foi entregue ao gerente da firma.
2. O dinheiro foi depositado em banco.
3. Foram comprados móveis e utensílios, a prazo, no valor de $ 1.500.
4. A firma prestou serviços, cobrando $ 5.000, depositados em banco.
5. Foram pagos por cheque os salários dos empregados, $ 1.600.
6. A firma prestou serviços a uma companhia, emitindo uma fatura e duplicata de $ 6.000, para recebimento em 30 dias.
7. Pagou 20% da compra dos móveis e utensílios a prazo.

Nota: As datas e históricos dos lançamentos devem ser definidos por você.

Exercício nº 10

CONSULTOR LTDA.

A companhia presta serviços de consultoria administrativa, tendo sido constituída em 01/02/19XA. Até 30/06/19XA ocorreram as transações descritas a seguir. Fazer a sua escrituração no livro diário geral, no razão (conta T) e extrair um balancete de verificação em 30/06/19XA, apresentando apenas o resultado do período.

1. 01/fev – L.K. Martins e P.K. Doris constituíram uma sociedade com o capital inicial de $ 100.000, formado por 50.000 cotas de $ 2 cada e o dinheiro foi depositado em banco.

2. 15/fev – A firma comprou material de escritório, a prazo, no valor de $ 2.000.

3. 01/mar – Compra à vista de 2 máquinas de escrever: $ 2.000 cada.

4. 07/mar – Compra de 1 veículo no valor de $ 20.000, pagando 20% de entrada e o restante a prazo.

5. 08/mar – Pagamento de salário do pessoal: $ 5.000.

6. 09/mar – Pagamento do aluguel da sala do escritório: $ 1.500.

7. 10/abr – Recebeu $ 10.000 referentes à prestação de serviços de consultoria, depositando em banco.

8. 15/abr – Prestou serviços a terceiros, emitindo uma fatura de $ 7.000, a ser recebida em 15 dias.

9. 25/abr – Pagou $ 2.000 que estava devendo, referente à compra de material de escritório (transação nº 2).

10. 30/abr – Pagou uma parcela de $ 2.500 referente à compra do veículo (transação nº 4).

11. 02/mai – Cobrou $ 15.000 por um serviço prestado, recebendo no ato $ 7.500, ficando o restante para ser recebido em 60 dias.

12. 15/mai – Recebeu a fatura mencionada na transação nº 8, depositando o valor em banco.

13. 30/mai – Tomou $ 12.000 emprestado ao banco, emitindo uma nota promissória para pagamento em 60 dias.

14. 05/jun – Retirou $ 1.000 do banco, para manter em caixa.

15. 10/jun – Pagou em dinheiro $ 500 de despesas diversas.

16. 15/jun – Pagou o imposto sobre serviços: $ 1.600.

17. 30/jun – Comprou móveis a prazo, no valor de $ 5.500.

Exercício nº 11

COMPANHIA VERIFICADA

Preparar um balancete de verificação para a Companhia Verificada em 31/07/19XA, quando apresentava os seguintes saldos em suas contas de razão:

	Saldos $
Caixa	3.000
Capital social	200.000
Duplicatas a receber	86.500
Títulos a pagar	33.400
Despesas de salário	13.200
Bancos – conta de movimento	137.300
Receita de serviços	151.800
Despesas com encargos sociais	5.200
Despesas de impostos	21.450
Receita de aluguel	12.000
Imóveis	105.000
Despesas de juros	12.300
Duplicatas a pagar	28.300
Móveis e utensílios	41.550

Nota: No Tópico 3.2.1 – "meio de registro: contas" – dissemos que o nome de uma conta deve indicar se ela é de ativo, passivo exigível ou patrimônio líquido. Deve-se ter sempre em mente esta pequena regra:

Contas de ativo e despesas têm saldos devedores;
Contas de passivo exigível e de patrimônio líquido (inclusive receitas) têm saldos credores.

Com base nessa regra, a preparação de um balancete de verificação torna-se fácil.

Exercício nº 12

EMPRESA BRASILEIRA DE SERVIÇOS S.A.

A firma Empresa Brasileira de Serviços S.A. apresentava os saldos abaixo em suas contas de razão, na data de 28/02/19XA. Preparar um balancete de verificação, apresentando apenas o resultado do período.

	Saldos $
Móveis e utensílios	35.000
Despesas de aluguel	11.000
Receita de serviços	192.300
Caixa	3.700
Despesas de impostos	10.600
Capital social	70.000
Duplicatas a receber	93.100
Duplicatas a pagar	23.100
Veículos	53.000
Despesas de salários	24.000
Despesas de comissões	9.300
Títulos a receber	38.400
Empréstimos a pagar	48.000
Despesas de seguros	4.800
Imóveis	50.500

Exercício nº 13

COMPANHIA DIAMANTE

Preparar um balancete de verificação para a Companhia Diamante em 31/10/19XA, cujas contas de razão apresentavam os saldos abaixo:

	Saldos $
Ações de outras companhias	40.000
Receita de comissões	70.000
Veículos	30.000
Despesas de salários	56.000
Empréstimo bancário	72.000
Edifícios	100.000
Receita de serviços	200.000
Outras contas a receber	22.000
Despesas de propaganda	8.000
Capital social	82.000
Bancos c/ movimento	81.000
Salários a pagar	3.000
Duplicatas a pagar	25.000
Duplicatas a receber	80.000
Despesas com impostos	30.000
Despesas de juros	5.000

4
Contabilização básica de transações comerciais

4.1 – INTRODUÇÃO

Propositalmente, até esta fase os exemplos práticos que fizemos em capítulos anteriores não envolveram transações de compra e venda de mercadorias. Neste capítulo trataremos especificamente da contabilização básica de transações comerciais, inclusive envolvendo mercadorias.

4.2 – COMPRA DE MERCADORIAS

Teoricamente, o valor do custo de uma mercadoria comprada deveria ser aquele constante da nota fiscal do vendedor. Assim, o lançamento contábil de uma compra, cujo valor da nota fiscal fosse $ 1.000, seria:

	$	$
— Sendo compra a prazo		
Débito: Estoque de mercadorias	1.000	
Crédito: Duplicatas a pagar		1.000
— Sendo compra à vista		
Débito: Estoque de mercadorias	1.000	
Crédito: Bancos-conta de movimento		1.000

Ocorre, porém, que não pouco freqüentemente o valor real de custo da mercadoria comprada não é aquele da nota fiscal, em virtude de que uma companhia, para fazer com que as compras cheguem em segurança ao seu armazém ou depósito, precisa fazer mais alguns gastos, que geralmente são:

— Os gastos com o transporte das mercadorias (frete) do armazém do vendedor para o depósito do comprador (Tópico 4.7);
— O valor do prêmio de seguro pago para evitar que a companhia venha a ter prejuízos em caso de acidente, durante o transporte até seu depósito;
— O valor dos gastos alfandegários, no caso de a companhia importar mercadorias para vender, bem como impostos sobre importações.

Dessa forma, o valor correto de custo das mercadorias compradas é a soma de:

— Valor da compra (pela nota fiscal);
— Valor do frete;
— Valor do prêmio de seguro;
— Valor dos impostos sobre importações;
— Valor dos gastos alfandegários (nos caso de mercadorias importadas);
— Valor de outros gastos estritamente necessários para fazer as mercadorias chegarem ao estabelecimento do comprador.

Utilizando as informações abaixo, vejamos como contabilizar uma compra que envolva outros gastos:

	$
Valor da compra (pela nota fiscal) à vista	15.000
Frete sobre a compra (a pagar)	600
Prêmio de seguros (pago)	200
	15.800

O enunciado das transações é o seguinte, pela ordem:

1. Contabilização das mercadorias compradas e recebidas.
2. Registro do frete a pagar, pelo recebimento da fatura da empresa transportadora.
3. Contabilização do valor pago à companhia de seguros.
4. Contabilização do pagamento do frete, quando for efetuado.

Lançamentos:

Estoque		**Bancos - conta de movimento**		**Fretes a pagar**	
(1) 15.000			15.000 (1)	(4) 600	600 (2)
(2) 600			200 (3)		
(3) 200			600 (4)		
15.800			15.800 (*)		

O motivo de registrarmos a obrigação de pagar o frete prende-se ao fato de que, se não o fizéssemos, dois efeitos ocorreriam:

1. O estoque ficaria registrado a menor no valor do frete (até que fosse pago); e
2. A companhia não demonstraria corretamente suas exigibilidades em uma determinada data (aquela em que o frete passou a ser devido, embora ainda não pago).

4.3 – VENDA DE MERCADORIAS

Para registrar contabilmente uma venda, o lançamento é bem simples, como demonstram os exemplos abaixo:

	$	$
— Sendo venda à vista ($ 50.000):		
Débito: Bancos - conta de movimento	50.000	
Crédito: Vendas		50.000
— Sendo venda a prazo ($ 30.000):		
Débito: Duplicatas a receber	30.000	
Crédito: Vendas		30.000
— Sendo venda parte à vista ($ 20.000), e parte a prazo ($ 40.000)		
Débito: Bancos - conta de movimento	20.000	
Duplicatas a receber	40.000	
Crédito: Vendas		60.000

* Não foi considerado o saldo anterior da conta "bancos – conta de movimento".

Como se observa, o débito proveniente de um lançamento de vendas dependerá das condições (a prazo ou à vista) em que ela foi efetuada. O crédito, porém, deverá ser sempre na conta de receita de vendas de mercadorias.

4.4 – VENDA DE SERVIÇOS

		$	$
— Sendo venda de serviços à vista ($ 10.000):			
Débito:	Bancos - conta de movimento	10.000	
Crédito:	Receita de serviços		10.000
— Sendo venda de serviços a prazo ($ 15.000):			
Débito:	Duplicatas a receber	15.000	
Crédito:	Receita de serviços		15.000
— Sendo venda de serviços, parte à vista ($ 5.000) e parte a prazo ($ 25.000):			
Débito:	Bancos - conta de movimento	5.000	
	Duplicatas a receber	25.000	
Crédito:	Receita de serviços		30.000

O procedimento contábil para a venda de serviços, como se nota, é igual àquele para a venda de mercadorias. Usualmente, porém, costuma-se chamar a venda de serviços de "receita" e a venda de mercadorias de "vendas", embora ambos os tipos representem receitas de vendas de uma companhia. Essa diferenciação no título da conta deve-se apenas à conveniência de separar as transações de acordo com a natureza do que está sendo vendido (bens ou serviços).

4.5 – O CUSTO DAS MERCADORIAS VENDIDAS (CMV)

Já vimos que o valor que se paga pelas mercadorias compradas (inclusive fretes e seguros) representa o custo das mercadorias em estoque.

Sabemos, também, que as vendas de mercadorias são realizadas por um preço normalmente maior do que aquele que foi pago por elas, e que é chamado de valor de venda.

Assim, quando se efetua uma venda, dois registros são necessários:
– O registro da venda propriamente dita, pelo seu *preço de venda*, e
– O registro de baixa, da conta de estoque, do valor correspondente ao *preço de custo* da mercadoria que foi vendida.

Para melhor entendimento, vejamos as seguintes transações:

1. Uma companhia compra 50 cadeiras (para revender) ao preço unitário de $ 20 (inclusive o frete e seguro), pagando à vista.

Lançamento:

		$	$
Débito:	Estoque de mercadorias	1.000	
Crédito:	Bancos - conta de movimento		1.000

2. A mesma companhia vende 30 cadeiras, ao preço de $ 40 cada uma, recebendo à vista o valor total.

Lançamentos:

			$	$
1º —	Débito:	Bancos - conta de movimento	1.200	
	Crédito:	Vendas		1.200
2º —	Débito:	Custo das mercadorias vendidas	600	
	Crédito:	Estoque de mercadorias		600

Explicação:

No primeiro lançamento, a companhia registrou o valor da venda (na conta "vendas") e o valor recebido (em "bancos - conta de movimento").

No segundo lançamento, a companhia deu baixa, da conta de estoque de mercadorias, do valor correspondente à venda de 30 cadeiras, mas, *ao preço que lhe custou* (30 x $ 20 = $ 600) e não pelo preço pelo qual as cadeiras foram vendidas, (30 x $ 40 = $ 1.200).

Observe que o valor das cadeiras não vendidas permaneceu registrado na conta de estoques, pelo preço de custo (20 x $ 20 = $ 400), como saldo da conta.

Dessa forma, o custo da mercadoria vendida representa o valor de compra da mercadoria vendida. Por outro lado, a diferença entre o custo e o preço de venda representa o lucro bruto da transação. Para se apurar esse lucro contabilmente, o valor da venda é creditado na conta "vendas" (receita) e o de custo correspondente na conta "custo das mercadorias vendidas" (despesa). A diferença entre os saldos dessas duas contas representa *o lucro bruto sobre as vendas.*

As transações de compra e venda demonstradas acima seriam registradas em conta T, da seguinte forma:

Estoque de mercadorias

Débito	Crédito
(1) 1.000	600 (2a)
	400
1.000	1.000
400	

Bancos - conta de movimento

Débito	Crédito
(2) 1.200	1.000 (1)
	200
1.200	1.200
(*) 200	

CMV

Débito	Crédito
(2a) 600	

Vendas

Débito	Crédito
	1.200 (2)

Observe que:

— O saldo da conta estoque é $ 400 (20 cadeiras a $ 20 cada uma);

— O lucro bruto sobre as vendas é de $ 600, ou seja, a diferença entre o saldo das contas "vendas" e "custo das mercadorias vendidas" (CMV).

4.6 - O CUSTO DOS SERVIÇOS PRESTADOS

No caso da venda de mercadorias, a determinação do custo da mercadoria vendida é feita através dos controles mantidos pela companhia (veja Capítulo 6, específico sobre controle contábil de estoques). No caso de serviços prestados, o custo dos serviços para a companhia também deve ser apurado, e geralmente é composto dos seguintes itens:

— Mão-de-obra diretamente empregada pela companhia, durante a prestação de serviços;

— Encargos sociais sobre o valor pago pela mão-de-obra;

— Valor de custo dos materiais gastos na execução dos serviços prestados;

— Outras despesas diretamente envolvidas na execução do serviço.

Contabilmente, esses itens de gastos vão sendo acumulados em uma ou mais contas específicas e, no encerramento dos serviços, o valor total apurado é transferido para a conta de custo dos serviços prestados.

* Não foi considerado o saldo anterior da conta "bancos – conta de movimento".

O exposto acima representa apenas rudimentos do custeio de serviços, existindo várias publicações a respeito de controle de custos.

4.7 – O TRATAMENTO CONTÁBIL DO FRETE SOBRE MERCADORIAS

4.7.1 – Frete sobre mercadorias compradas

No Tópico 4.2 – compra de mercadorias – vimos que o valor do frete sobre as mercadorias compradas deve ser incorporado ao seu custo, e não ser considerado como uma despesa. Esse tratamento contábil visa evitar:

— Que o valor dos estoques seja demonstrado a menor em montante correspondente ao custo do frete sobre mercadorias ainda não vendidas; e
— Que o montante das despesas de uma companhia, para um determinado período, seja demonstrado a maior pelo valor correspondente ao custo do frete sobre mercadorias que ainda estão em estoque.

Para ilustrar, vejamos quais os efeitos dos diferentes tratamentos (incorporação ao custo da mercadoria adquirida ou despesa) no exemplo abaixo.

— Uma companhia compra 100 mesas de escritório (para revender), ao preço unitário de $ 10;
— O valor do frete pago foi de $ 1 por mesa;
— No final de determinado período, haviam sido vendidas 60 mesas, ao preço de $ 15 cada uma.

Tratamento A

Se considerássemos o frete como custo da mercadoria comprada, teríamos:

— Valor de custo unitário das mesas	= $ 11
— Custo das mercadorias vendidas	= $ 660 (60 mesas a $ 11)
— Saldo em estoque	= $ 440 (40 mesas a $ 11)
— Valor das vendas	= $ 900 (60 mesas a $ 15)
— Despesas de frete	= $ zero (*)
— Lucro (Vendas menos CMV)	= $ 240

* Não há despesa de frete porque o valor pago foi debitado à conta de estoque.

Tratamento B

Se considerássemos o frete como despesa, teríamos:

— Valor de custo unitário das mesas	= $ 10
— Custo das mercadorias vendidas	= $ 600 (60 mesas a $ 10)
— Saldo em estoque	= $ 400 (40 mesas a $ 10)
— Valor das vendas	= $ 900 (60 mesas a $ 15)
— Despesas de frete	= $ 100 (100 mesas a $ 1)
— Lucro (Vendas menos CMV menos despesas de frete)	= $ 200

Comparando os diferentes resultados, teríamos:

	Tratamento		
	A	B	Diferença
Saldo de mercadorias em estoque (pelo custo)	440	400	40
Lucro	240	200	40

Observe que o valor da diferença no saldo em estoque e no lucro, encontrada pela aplicação dos dois procedimentos, é igual ao valor do frete sobre as mesas ainda não vendidas (40 mesas a $ 1 = $ 40) e, portanto, não representa uma despesa até que a venda das mesas restantes se efetive.

4.7.2 – Frete sobre mercadorias vendidas

No caso de frete sobre mercadorias vendidas, este poderá ser da responsabilidade do comprador ou do vendedor, dependendo das condições contratadas.

Sendo o comprador quem pagará o frete, a companhia vendedora não fará qualquer registro contábil, já que sua parte foi apenas a venda das mercadorias. Se o frete, porém, for de responsabilidade da companhia vendedora, o seu valor deverá ser registrado como uma despesa, fazendo-se os lançamentos indicados, a seguir.

— Pelo recebimento da fatura do frete a pagar:
  Débito: Despesas de frete
  Crédito: Fretes a pagar

* Não há despesa de frete porque o valor pago foi debitado à conta de estoque

— Pelo pagamento do frete:
Débito: Fretes a pagar
Crédito: Bancos - conta de movimento

Se o frete fosse pago no ato do recebimento da fatura, ao invés desses lançamentos, teríamos:

Débito: Despesas de frete
Crédito: Bancos - conta de movimento

4.8 – DESCONTOS OBTIDOS E CONCEDIDOS

Nas transações comerciais existem dois tipos de descontos: obtidos e concedidos.

4.8.1 – Descontos obtidos

Os descontos obtidos são aqueles que a companhia recebe de terceiros, em suas transações comerciais, existindo dois tipos: comerciais e financeiros.

4.8.1.1 – Descontos comerciais

São aqueles que a companhia consegue obter sobre o preço de compra (em virtude de grande quantidade comprada ou por outro motivo qualquer), já constando da nota fiscal. Utilizando os dados do exemplo a seguir, vejamos como seria contabilizada uma compra com desconto:

	$
Valor bruto da compra	1.000
Desconto obtido (na nota fiscal)*	150
Valor líquido da compra	850

* Na prática, normalmente o desconto já vem deduzido no preço de venda, não sendo evidenciado na nota fiscal. Esse tipo de desconto também é chamado de "incondicional", porque não depende, como ocorre com o desconto financeiro, de uma decisão do comprador para ser efetivado.

O lançamento seria:

		$	$
Débito:	Estoque	850	
Crédito:	Duplicatas a pagar		850

Em conta T, teríamos:

Estoque	
850	

Duplicatas a pagar	
	850

4.8.1.2 – Descontos financeiros

São aqueles que a companhia consegue através da antecipação do pagamento das compras para uma data anterior à do vencimento, a qual é fixada pelo vendedor. Para melhor compreensão, vejamos o exemplo a seguir.

— Uma companhia compra mercadorias a prazo no valor de $ 9.000, que serão pagas em três parcelas iguais e sucessivas:

	$
Em 30/09/19XA	3.000
Em 31/10/19XA	3.000
Em 30/11/19XA	3.000
	9.000

Entretanto, o vendedor estipula que, se a duplicata com vencimento para 31/10/19XA for paga em 30/09/19XA, o comprador obterá um desconto de 2,5% sobre o seu valor. Da mesma forma, se a última duplicata (vencimento em 30/11/19XA) for paga com antecedência de 30 dias, gozará do mesmo desconto e, se a antecipação for de 60 dias, o desconto aumentará para 5%. Ou seja, o desconto está condicionado a um evento.

Os lançamentos contábeis seriam:

1. Pelo registro da compra

		$	$
Débito:	Estoque	9.000	
Crédito:	Duplicatas a pagar		9.000

2. Pagamento da primeira duplicata, em 30/09/19XA, sem descontos

		Débito	Crédito
Débito:	Duplicatas a pagar	3.000	
Crédito:	Bancos - conta de movimento		3.000

3. Pagamento da segunda duplicata, em 30/09/19XA, obtendo o desconto de 2,5%

		Débito	Crédito
Débito:	Duplicatas a pagar	3.000	
Crédito:	Bancos - conta de movimento		2.925
	Descontos financeiros obtidos		75

4. Pagamento da terceira duplicata, também em 30/09/19XA, obtendo o desconto de 5%

		Débito	Crédito
Débito:	Duplicatas a pagar	3.000	
Crédito:	Bancos - conta de movimento		2.850
	Descontos financeiros obtidos		150

Em conta T, teríamos:

Estoque de mercadorias

Débito	Crédito
(1) 9.000	

Duplicatas a pagar

Débito	Crédito
(2) 3.000	9.000 (1)
(3) 3.000	
(4) 3.000	
9.000	9.000

Bancos - conta de movimento

Débito	Crédito
	3.000 (2)
	2.925 (3)
	2.850 (4)
	8.775 (*)

Descontos financeiros obtidos

Débito	Crédito
	75 (3)
	150 (4)
	225

Comentários:

— Observe que os descontos financeiros divergem, em sua natureza, dos descontos comerciais, pois se originam de pagamentos antecipados, po-

* Não considerado o saldo devedor anterior.

dendo a companhia gozar ou não deles, dependendo da data em que liquidar as duplicatas. Assim, a companhia poderia escolher pagar as duplicatas apenas no vencimento e utilizar esse dinheiro no período até o vencimento para fazer aplicações financeiras, obtendo uma *receita financeira*. Se preferir antecipar o pagamento das duplicatas, entretanto, deverá pagar um valor menor pela mesma mercadoria. Mas essa redução no preço representa uma vantagem financeira, e não um desconto comercial. Em vista desse fato, os descontos financeiros são contabilizados como *receita,* não podendo as mercadorias ser registradas pelo valor efetivamente pago, como no caso dos descontos comerciais.

— Observe também que, no caso de descontos financeiros obtidos, o valor debitado a duplicatas a pagar é o mesmo anteriormente creditado, não podendo ser debitado o valor líquido do pagamento. Supondo que no pagamento das duplicatas fosse debitado o valor líquido efetivamente pago, teríamos a seguinte situação:

Duplicatas a pagar

	Débito	Crédito
Total de débitos ———	8.775	9.000

Verifique que, se fosse esse o procedimento adotado, a conta apresentaria saldo credor, indicando uma obrigação a pagar, enquanto na realidade a dívida estava liquidada e o valor do saldo representaria o desconto obtido pelos pagamentos antecipados.

4.8.2 – Descontos concedidos

Da mesma maneira que uma companhia obtém descontos em suas transações comerciais, também concede descontos que podem ser comerciais ou financeiros.

4.8.2.1 – Descontos comerciais

São aqueles concedidos por uma companhia sobre os preços de venda de suas mercadorias (em função de grande quantidade vendida, para atender a pedidos de clientes especiais, ou por outro motivo qualquer), sendo especificados na nota fiscal de venda.

Há dois tratamentos contábeis distintos para registrar as vendas, em caso de descontos comerciais concedidos, demonstrados a seguir, utilizando os dados indicados:

	$
Valor bruto da venda	2.000
Desconto concedido na nota fiscal	300
Valor líquido da venda	1.700

Tratamento A – pelo valor bruto da venda*

		$	$
Débito:	Duplicatas a receber	1.700	
	Descontos comerciais concedidos (despesa)	300	
Crédito:	Vendas		2.000

Em conta T, teríamos:

Duplicatas a receber		Descontos comerciais concedidos		Vendas	
1.700		300			2.000

Tratamento B – pelo valor líquido da venda*

		$	$
Débito:	Duplicatas a receber	1.700	
Crédito:	Vendas		1.700

Em conta T:

Duplicatas a receber		Vendas	
1.700			1.700

Comentários:

— Note que em ambos os procedimentos o valor de duplicatas a receber e o de vendas líquidas permaneceram os mesmos (no tratamento A, temos uma receita de $ 2.000 e uma despesa de $ 300, resultando em uma receita líquida de $ 1.700).

* Para simplificar, não está sendo apresentado o lançamento de baixa do custo da mercadoria vendida da conta de estoques.

— Como não há diferença final resultante da aplicação de qualquer dos tratamentos expostos, é recomendável a adoção do tratamento A, pois ele acumula o total de descontos comerciais que a empresa vem concedendo, estatística que poderá servir para verificar se a companhia vem conseguindo vender sem conceder descontos exagerados, etc.

Na prática, porém, normalmente o preço da mercadoria constante da nota fiscal já está deduzido do desconto concedido.

4.8.2.2 – Descontos financeiros

São aqueles concedidos como incentivo para que os clientes paguem as duplicatas provenientes de vendas a prazo antes da data estabelecida. Suponhamos que uma companhia efetue uma venda de $ 5.000, emitindo uma duplicata com vencimento dentro de 60 dias, porém oferecendo um desconto de 3% se o pagamento for efetuado dentro de 30 dias. Os lançamentos contábeis seriam:

1. Pelo registro da venda*

		$	$
Débito:	Duplicatas a receber	5.000	
Crédito:	Vendas		5.000

2. Pelo recebimento da duplicata, 30 dias antes do vencimento.

Débito:	Bancos - conta de movimento	4.850	
	Descontos financeiros concedidos (despesa)	150	
Crédito:	Duplicatas a receber		5.000

Em conta T, teríamos:

Duplicatas a receber

Débito	Crédito
(1) 5.000	5.000 (2)

Vendas

Débito	Crédito
	5.000 (1)

* Para simplificar, não está sendo considerado o lançamento de baixa do custo da mercadoria vendida da conta de estoque.

Bancos - conta de movimentos		Descontos financeiros concedidos	
(2) 4.850		(2) 150	

Comentário:

— É interessante notar que, no caso de descontos comerciais concedidos, a companhia tem a opção de contabilizar ou não o desconto (tratamento A, pelo valor bruto, ou B, pelo valor líquido). No caso de descontos financeiros, entretanto, a decisão do cliente da empresa de aproveitar ou não o desconto é de ordem financeira (veja o tópico sobre descontos financeiros obtidos), não podendo modificar o valor líquido da venda realizada. Por isso, o desconto é considerado uma despesa financeira (que veremos no Capítulo 8), e não uma redução do valor da venda.

4.9 – DEVOLUÇÃO DE MERCADORIAS

Além dos descontos obtidos e concedidos, nas transações comerciais são também muito freqüentes as devoluções de mercadorias. Estas podem ocorrer por diversos motivos, sendo os mais comuns:

— A mercadoria não atende às especificações do comprador;

— A mercadoria chega danificada, deteriorada, etc.

A seguir demonstramos quais os procedimentos contábeis quando ocorrem casos de devolução de vendas ou de compras em uma companhia.

4.9.1 – Devolução de Compras

Existem dois tratamentos contábeis distintos para o registro de devolução de compras. Vejamos quais são eles, supondo um caso em que uma companhia efetua uma compra, à vista, no valor de $ 20.000, porém devolve as mercadorias por não atenderem às especificações exigidas.

Tratamento A

		$	$
1. Pela compra da mercadoria			
	Débito: Estoque	20.000	
	Crédito: Bancos - conta de movimento		20.000
2. Pela devolução da mercadoria			
	Débito: Contas a receber*	20.000	
	Crédito: Estoque		20.000
3. Pela reembolso do valor pago			
	Débito: Bancos - conta de movimento	20.000	
	Crédito: Contas a receber		20.000

Os lançamentos em conta T seriam:

Estoque

(1) 20.000	20.000 (2)

Bancos - conta de movimento

(3) 20.000	20.000 (1)

Contas a receber

(2) 20.000	20.000 (3)

Tratamento B

		$	$
1. Pela compra da mercadoria			
	Débito: Estoque de mercadorias	20.000	
	Crédito: Bancos - conta de movimento		20.000
2. Pela devolução da mercadoria			
	Débito: Contas a receber	20.000	
	Crédito: Devolução de compras		20.000
3. Pelo reembolso do valor pago			
	Débito: Bancos - conta de movimento	20.000	
	Crédito: Contas a receber		20.000

* O débito foi feito nessa conta supondo-se que a companhia será reembolsada posteriormente. Se o reembolso fosse imediato, o débito seria em bancos - conta de movimento.

4. No final de determinado período (geralmente no final do mês), para apurar as compras líquidas

Débito:	Devolução de compras	20.000	
Crédito:	Estoque de mercadorias		20.000

Em conta T, os lançamentos são assim apresentados:

Estoque de mercadorias

(1) 20.000	20.000 (4)

Bancos - conta de movimento

(3) 20.000	20.000 (1)

Contas a receber

(2) 20.000	20.000 (3)

Devolução de compras

(4) 20.000	20.000 (2)

Comentário:

— Pelo tratamento B, a companhia utiliza uma conta a mais que pelo tratamento A. O tratamento B é utilizado apenas por algumas empresas, para efeito de estudos estatísticos (a companhia tem informações para conhecer o desempenho de seus fornecedores e de seu departamento de compras), pois, no final, a conta de devolução de compras é anulada pela transferência de seu saldo para crédito da conta de estoques.

4.9.2 – Devolução de vendas

Também para as devoluções de vendas existem dois tratamentos contábeis. Utilizando os dados expostos a seguir, vejamos quais são eles.

Uma companhia efetua uma venda a prazo, no valor de $ 30.000, de mercadorias que lhe custaram $ 18.000. O comprador, porém, devolve 50% ($ 15.000) das mercadorias, por não atenderem às especificações solicitadas. As mercadorias devolvidas retornam ao estoque do vendedor, pelo seu preço de custo ($ 9.000).

Tratamento A

		$	$
1. Pela venda das mercadorias			
a) Registro da venda			
Débito:	Duplicatas a receber	30.000	
Crédito:	Vendas		30.000

b) Registro da baixa do estoque vendido

		Débito	Crédito
Débito:	Custo das mercadorias vendidas	18.000	
Crédito:	Estoque		18.000

2. Pela devolução das mercadorias

a) Registro da anulação da venda

		Débito	Crédito
Débito:	Vendas	15.000	
Crédito:	Duplicatas a receber		15.000

b) Registro da entrada das mercadorias de volta ao estoque

		Débito	Crédito
Débito:	Estoque	9.000	
Crédito:	Custo das mercadorias vendidas		9.000

Os lançamentos em conta T seriam:

Duplicatas a receber

Débito	Crédito
(1) 30.000	15.000 (2)

Vendas

Débito	Crédito
(2) 15.000	30.000 (1)

Estoque*

Débito	Crédito
(2a) 9.000	18.000 (1a)

Custo das mercadorias vendidas

Débito	Crédito
(1a) 18.000	9.000 (2a)

Tratamento B

Esse tratamento difere do anterior apenas quando é feito o registro da anulação da venda, debitando-se uma conta de devolução de vendas ao invés de debitar a própria conta de vendas.

Em conta T, teríamos:

Duplicatas a receber

Débito	Crédito
(1) 30.000	15.000 (2)

Vendas

Débito	Crédito
	30.000 (1)

* Não considerado o saldo anterior da conta, a qual não pode apresentar saldo credor (estoque negativo).

Estoque*

(2a) 9.000	18.000 (1a)

Custo das mercadorias vendidas

(1a) 18.000	9.000 (2a)

Devolução de vendas

(2) 15.000	

Comentário:

— A aplicação de qualquer dos tratamentos leva exatamente aos mesmos resultados. Verifique que, aparentemente, o tratamento B apresenta um saldo da conta de vendas ($ 30.000) maior que aquele apresentado no tratamento A ($ 15.000). Entretanto, se diminuirmos, no tratamento B, o saldo da conta de devolução de vendas (inexistente no tratamento A) do saldo da conta de vendas, obteremos o valor das vendas líquidas igual em ambos os procedimentos.

4.10 – Impostos incidentes sobre vendas

São considerados "impostos incidentes sobre vendas" aqueles que guardam proporcionalidade com o preço de venda ou dos serviços.

Esses encargos estão presentes em praticamente todas as transações comerciais envolvendo compra e venda de mercadorias e serviços, sendo importante o conhecimento do seu tratamento contábil. Entretanto, para evitar a repetição desnecessária de lançamentos contábeis nos exercícios apresentados a partir do Anexo 4, esses impostos serão desconsiderados quando praticarmos a contabilização dessas transações comerciais.

Os impostos incidentes sobre as vendas são:

ICMS – Imposto sobre Operações Relativas à Circulação de Mercadorias e sobre Prestações de Serviços de Transporte Interestadual e Intermunicipal, e de Comunicações
ISS – Imposto sobre Serviços
PIS – Programa de Integração Social
FINSOCIAL – Fundo de Investimento Social

* Não considerado o saldo anterior da conta, a qual não pode apresentar saldo credor (estoque negativo).

4.10.1 – O imposto sobre operações relativas à circulação de mercadorias e sobre prestações de serviços de transporte interestadual e intermunicipal, e de comunicações – ICMS

O nome desse imposto estadual é auto-explicativo e tem uma larga abrangência. Vamos nos limitar, no entanto, ao ICMS sobre mercadorias. Quando uma empresa compra qualquer mercadoria, no preço já está incluso o ICMS. Da mesma forma, quando a mercadoria é vendida, no preço de venda já está incluída uma parcela correspondente a esse imposto, calculada com base em alíquotas estabelecidas pela legislação estadual.

> Assim, toda companhia que transaciona com mercadorias deve pagar o imposto correspondente à diferença entre o ICMS pago na compra da mercadoria e o ICMS cobrado do comprador, quando a mercadoria é vendida.

Para ilustrar, suponhamos que uma companhia compre 500 unidades de uma mercadoria Z, ao preço unitário de $ 20, no valor total de $ 10.000, e que dentro desse valor esteja incluído o montante de $ 1.000 correspondente ao ICMS*. Supondo, agora, que as 500 unidades fossem vendidas ao preço de $ 30 cada uma, o valor total da venda seria de $ 15.000, e o imposto contido nesse montante seria de $ 1.500. Nesse caso, a companhia deveria recolher o imposto no valor de $ 500, que é a diferença entre o ICMS pago na compra das mercadorias ($ 1.000) e o imposto recebido pela venda delas ($ 1.500), incluso no preço de venda.

Essa diferença entre o imposto pago na compra e o imposto pago na venda pode resultar em imposto a recuperar, ao invés de imposto a pagar. Ilustrando, se a companhia acima citada comprasse 1.500 unidades da mercadoria Z (ICMS de 3.000) e vendesse no mesmo mês apenas 500 unidades (gerando um ICMS a pagar de $ 1.500), ela teria o valor de $ 1.500 de ICMS a ser recuperado no futuro com a venda das unidades restantes.

O processo descrito é contínuo, e a apuração do imposto é feita mensalmente. Para que a empresa possa controlar o ICMS nas compras e vendas, a legislação estabeleceu o uso obrigatório de livros fiscais, independentemente dos registros contábeis. Quando a empresa compra, os detalhes da nota fiscal (nº, data, valor total da compra, etc., bem como o valor do ICMS contido no valor de compra) são escriturados em um *livro de registro*

---

* Apenas para efeito de explicação, consideramos uma alíquota aleatória de ICMS.

de entradas (o valor do ICMS referente às entradas representa um crédito fiscal). Quando a companhia vende, os detalhes da nota fiscal de venda são escriturados no *livro de registro de saídas* (o valor do ICMS relativo às saídas representa um débito fiscal). Essa escrituração é feita em bases mensais, registrando as compras e vendas de cada mês. No final de cada mês, os totais, extraídos dos livros de registro de entradas e de registro de saídas, são transcritos no *livro de registro de apuração* do ICMS, encontrando-se, dessa forma, a diferença correspondente ao imposto a pagar ou a recuperar.

4.10.1.1 – O tratamento contábil do ICMS

Os procedimentos contábeis para o ICMS podem ser ilustrados através do exemplo acima mencionado, quando a companhia acusou o imposto a pagar de $ 500.

	Débito $	**Crédito** $
1. Pela compra a prazo das 500 unidades da mercadoria Z		
Estoques	9.000	
ICMS-conta corrente	1.000	
a		
Fornecedores (ou duplicatas a pagar)		10.000
2. Pela venda a prazo das 500 unidades da mercadoria Z		
a) Duplicatas a receber	15.000	
a		
Vendas		15.000
b) ICMS faturado (despesa)	1.500	
a		
ICMS-conta corrente		1.500
c) Custo das mercadorias vendidas	9.000	
a		
Estoques		9.000

Para melhor ilustrar, vejamos os mesmos lançamentos acima em conta T.

Estoques	
(1) 9.000	9.000 (2c)

ICMS - conta corrente	
(1) 1.000	1.500 (2b)
500	
1.500	1.500
	500

Fornecedores	
	10.000 (1)

Duplicatas a receber	
(2a) 15.000	

Vendas	
	15.000 (2a)

CMV	
(2c) 9.000	

ICMS faturado	
(2b) 1.500	

Comentários:

— Na compra da mercadoria, embora o ICMS esteja contido no valor da compra (e destacado ou indicado na nota fiscal), ele é registrado fora dos estoques, em função do estabelecido pela legislação.

— Na venda da mercadoria, o ICMS contido no preço* é registrado como receita de vendas e concomitantemente é feito outro lançamento, registrando o ICMS faturado (despesa) e o valor a recolher. Esse procedimento também é determinado pela legislação.

— A conta ICMS-conta corrente apresenta saldo devedor ou credor, conforme haja imposto a recuperar ou a pagar, respectivamente.

* No caso de indústrias, além do ICMS existe ainda o Imposto sobre Produtos Industrializados – IPI – um imposto federal que incide (com alíquotas diversas, dependendo do produto) sobre o preço de venda da mercadoria. O ICMS é calculado sobre o preço já incluindo o IPI; porém, este não é considerado como sendo um imposto incidente sobre venda, tendo um tratamento contábil diferente: na venda da mercadoria, o imposto é separado do valor da receita e registrado como "IPI a recolher", ficando a receita contabilizada pelo seu valor líquido, ao contrário do ICMS. Por essa razão, não há uma conta de "IPI faturado". Por outro lado, quando a empresa industrial compra matérias-primas e materiais secundários, o valor do IPI contido no preço é registrado fora do estoque, a débito da mesma conta de "IPI a recolher". Portanto, o saldo dessa conta ao final do mês, será a diferença entre o IPI sobre compras e vendas, podendo ser devedor ou credor, conforme haja imposto a recuperar ou a pagar, respectivamente.

4.10.2 – O imposto sobre serviços – ISS

Sem entrar em maiores considerações, o ISS é basicamente um imposto municipal incidente sobre serviços prestados a terceiros, calculado e acrescido à nota fiscal de prestação de serviços.

Consoante a legislação, o ISS é considerado um imposto incidente sobre a venda de serviços e, como tal, integra o valor da receita bruta a ser contabilizada*.

4.10.2.1 – O tratamento contábil do ISS

Suponhamos uma empresa que cobre $ 10.000 por um serviço prestado, preço ao qual é adicionado o ISS ao montante de $ 500. O lançamento contábil é simples:

	Débito $	Crédito $
1. Pela prestação do serviço (a cobrar)		
Duplicatas a receber	10.500	
a		
Vendas (ou receita de serviços)		10.500
2. Pelo registro do imposto		
ISS faturado (despesa)	500	
a		
ISS a recolher		500

Se, ao contrário, uma empresa paga a outra pela prestação de serviços, o custo destes será integralmente registrado como despesa, inclusive o ISS contido na nota fiscal.

4.10.3 – O Programa de Integração Social – PIS

O PIS foi criado em 1970 e tinha por finalidade formar um Fundo de Participação destinado a integrar os empregados no desenvolvimento das

* O ISS é acrescido à nota fiscal de prestação de serviços quando for pago pelo cliente. Quando isso não ocorrer, a própria empresa prestadora do serviço terá esse encargo, calculando o valor do imposto e contabilizando como "despesa com impostos – ISS", a crédito de "bancos - conta de movimento" ou ISS a recolher. A diferença entre os tratamentos é que, no primeiro caso, o ISS é um imposto faturado, sendo apresentado como uma dedução das vendas. No segundo caso, a despesa com impostos é operacional, não sendo apresentada no grupo de impostos incidentes sobre vendas. Essa diferença ficará mais clara no Capítulo 8.

empresas, mediante a distribuição de quotas de participação (em dinheiro) desse fundo.

A Constituição de 1988, porém, alterou o objetivo dessa contribuição, que passou a ser financiar o programa de seguro-desemprego e o abono de um salário-mínimo por ano aos empregados que percebam mensalmente até dois salários-mínimos.

O PIS incide de duas formas:

a) Sobre a receita operacional (aquela relacionada diretamente com o objetivo do negócio do contribuinte*), no caso, falando genericamente, de empresas com fins lucrativos.
b) Sobre a folha de pagamento, no caso de entidades que não realizam habitualmente venda de bens e serviços (sem fins lucrativos).

O PIS sobre a receita operacional mensal é calculado mediante a alíquota de 0,65%; a outra forma de contribuição é com base em 1% sobre o total de folha de pagamento mensal dos empregados.

4.10.3.1 –O tratamento contábil do PIS

A contabilização do PIS (em qualquer das formas de contribuição) é a seguinte, considerando uma empresa com receita operacional mensal de $ 10.000 (PIS = $ 65):

	Débito $	**Crédito** $
— Pela apuração da receita operacional do mês e cálculo do PIS		
Despesa com PIS	65	
a		
PIS a recolher		65
— Pelo pagamento da contribuição		
PIS a recolher	65	
a		
Bancos - conta de movimento		65

* A base de cálculo do PIS-receita operacional é estabelecida pela legislação, a partir de valores contabilizados como receita, base essa que nem sempre coincide com o conceito contábil de receita operacional.

4.10.4 – O fundo de investimento social – FINSOCIAL

Tendo sido criado pelo governo originalmente (1982) com a finalidade de custear investimentos de caráter assistencial em alimentação, habitação popular, saúde, educação e amparo ao pequeno agricultor, a partir de 1990 o FINSOCIAL tem por objetivo financiar a seguridade social.

De uma forma geral, estão sujeitas ao pagamento do FINSOCIAL todas as empresas que vendem mercadorias ou serviços, sendo essa contribuição calculada com base em 2% (a partir de 1991) sobre a receita bruta*.

4.10.4.1 – O Tratamento Contábil do FINSOCIAL

Supondo-se uma receita bruta de vendas de $ 20.000, o FINSOCIAL (2% sobre $ 20.000) seria contabilizado da forma indicada a seguir.

	Débito $	**Crédito** $
— Pela apuração da receita bruta de vendas do mês e cálculo do FINSOCIAL		
Despesa com FINSOCIAL	400	
a		
FINSOCIAL a recolher		400
— Pelo pagamento da contribuição		
FINSOCIAL a recolher	400	
a		
Bancos - conta de movimento		400

* A forma de apuração da receita bruta também é estabelecida pela legislação, a partir dos valores contabilizados como receita de venda de mercadorias ou serviços, incluindo o ICMS e o ISS contidos no preço, excluindo-se, porém, o IPI sobre o valor da venda.

Anexo 4

Exercício nº 14

PENINHA & CIA. LTDA.

1. A companhia foi organizada em 01/08/19XA, com o capital de $ 200.000, composto de 200 cotas de $ 1.000 cada. O dinheiro proveniente da integralização foi depositado no Banco Preto S.A. A companhia tem por objetivo a compra e venda de mercadorias.
2. A companhia comprou mercadorias no valor de $ 50.000, à vista, obtendo um desconto de 5% na nota fiscal.
3. O frete sobre a mercadoria comprada custou $ 1.200, e será pago quando a companhia de transportes apresentar a fatura.
4. Foi paga a quantia de $ 300 como prêmio de seguro para o transporte das mercadorias.
5. A companhia vendeu mercadorias no valor (preço de venda) de $ 30.000, a prazo. As mercadorias haviam custado à companhia $ 15.400 (CMV).
6. Pagou o aluguel (referente ao mês vencido) do armazém de mercadorias e da sala do escritório: $ 2.500.
7. Efetuou uma venda de $ 45.000, recebendo $ 25.000 no ato, faturando o valor restante. A mercadoria vendida custou $ 23.000.
8. Comprou mercadorias no valor de $ 35.000 (inclusive frete e seguro), pagando $ 15.000 no ato e o restante a prestação.
9. Pagou os salários do mês vencido: $ 3.000.
10. Pagou a comissão dos vendedores: $ 1.500.
11. Por não corresponder às especificações, parte das mercadorias compradas no item 8 foi devolvida. A companhia mandou abater o valor ($ 7.000) do saldo que estava devendo ao fornecedor.

Pede-se: a) Registrar todas as transações em conta T.

b) Extrair um balancete de verificação para 31/08/19XA.

Exercício nº 15

ANDORINHA S.A.

A companhia apresentava o seguinte balancete de verificação:

Balancete de verificação em 31/10/19XA

Contas	**Saldos devedores**	**Saldos credores**
	$	**$**
Bancos (conta de movimento)	50.000	
Duplicatas a receber	150.000	
Estoques 75.000		
Despesas de salário	7.000	
Despesas de aluguel	2.000	
Despesas diversas	500	
Custo das mercadorias vendidas	83.000	
Capital		147.500
Títulos a pagar		30.000
Fornecedores (ou duplicatas a pagar)		70.000
Vendas		120.000
	367.500	367.500

Durante os meses de novembro e dezembro de 19XA, ocorreram as transações abaixo relacionadas:

1. Compra de mercadorias no valor de $ 30.000 à vista, obtendo desconto de 2% na nota fiscal.
2. Recebimento de $ 40.000 de duplicatas a receber.
3. Venda de mercadorias à vista, no valor de $ 35.000, dando um desconto de $ 1.000 na nota fiscal. Essas mercadorias haviam custado (CMV) $ 24.500 (contabilizar a venda pelo valor bruto).
4. Devolução das mercadorias compradas no item 1. O valor pago será recebido posteriormente.
5. Pagamento de despesas de comissões: $ 400.
6. Pagamento de salários de novembro: $ 2.000.
7. Pagamento de $ 10.000 de títulos que tinha a pagar.
8. Compra de mercadorias no valor de $ 20.000, sendo $ 8.000 pagos no ato e o restante à prestação.
9. Venda de mercadorias no montante de $ 40.000, a prazo. A mercadoria havia custado $ 28.000.

10. Compra de material de limpeza: $ 200.
11. Parte da venda do item 9 foi devolvida pelo comprador ($ 10.000), tendo a companhia cancelado as duplicatas no valor correspondente (usar a conta "devolução de vendas"). As mercadorias entraram novamente em estoque, pelo seu preço de custo ($ 7.000).
12. Pagamento de $ 15.000 que estava devendo aos fornecedores.
13. Venda de mercadorias à vista no valor de $ 15.000, dando um desconto de $ 500 na nota fiscal. As mercadorias custaram $ 10.500.
14. Pagamento de taxas e impostos diversos no valor de $ 12.000.
15. A venda efetuada no item 13 foi devolvida pelo comprador, e a companhia restituirá posteriormente o dinheiro recebido. As mercadorias voltaram para o estoque.

Pede-se: a) Efetuar todos os lançamentos em conta T.
b) Extrair um balancete de verificação em 31/12/19XA.

Observação: Como primeiro passo para execução do exercício, devem ser registrados nas contas T os saldos constantes do balancete de verificação em 31/10/19XA.

Exercício nº 16

CIA. ALBATROZ

A companhia acima apresentava o seguinte balancete de verificação:

Balancete de verificação
em 30/11/19XA

Contas	Saldos devedores $	Saldos credores $
Caixa	5.000	
Banco Azul S.A.	25.000	
Duplicatas a receber	300.500	
Estoque	500.000	
Imóveis	50.000	
Móveis e utensílios	10.000	
Veículos	12.000	
Marcas e patentes	2.000	
Investimentos em sociedades coligadas	100.000	

Contas	Saldos devedores $	Saldos credores $
Fornecedores		250.000
Títulos a pagar		75.000
Contas a pagar		25.000
Financiamentos bancários		400.000
Capital social		250.000
Custo das mercadorias vendidas	750.000	
Despesas de salários	83.000	
Despesas de comissões	55.000	
Despesas de aluguel	12.000	
Despesas de material de escritório	3.500	
Despesas diversas	5.000	
Vendas		899.500
Receitas de serviços		13.500
	1.913.000	1.913.000

Durante o mês de dezembro de 19XA, ocorreram as seguintes transações:

1. Cobrança de duplicatas no valor de $ 87.000, recebidas em caixa.
2. Depósito de $ 80.000 (que estavam em caixa) no Banco Azul S.A.
3. Compra de $ 110.000 de mercadorias, sendo 50% à vista e o restante a prazo.
4. Pagamento de uma diferença de $ 3.000 de salários pagos a menor em outubro, com dinheiro do caixa.
5. Venda de mercadorias no valor de $ 150.000, sendo 80% a prazo e o restante à vista, depositando em banco a quantia recebida. A mercadoria vendida custou $ 105.000, e foi baixada do estoque.
6. Os diretores decidiram não manter dinheiro em caixa, fazendo todos os pagamentos por banco. O saldo de caixa foi depositado no banco.
7. Venda de mercadorias à vista no valor de $ 200.000, concedendo o desconto de 10% na nota fiscal. A mercadoria vendida custou $ 140.000 para a companhia.
8. Pagamento de uma nota promissória que estava devendo, no valor de $ 50.000.
9. Pagamento de salários no valor de $ 10.000, referentes a novembro, e o aluguel de outubro e novembro ($ 2.000 por mês).
10. Devolução de parte da venda a prazo referida no item 5, no valor de $ 30.000. Esse valor foi baixado de duplicatas a receber. A mercadoria entrou novamente em estoque pelo seu valor de custo, $ 21.000.

11. Compra à vista de material de expediente no valor de $ 4.000.
12. Registro do valor dos salários a pagar referentes a dezembro, no valor de $ 11.000, e também do valor do aluguel a pagar referente ao mesmo mês, no montante de $ 2.000.
13. Pagamento dos salários e do aluguel que haviam sido registrados como a pagar no item 12.
14. Pagamento aos fornecedores de duplicatas no montante de $ 130.000.
15. Compra de mercadorias a prazo, no valor de $ 130.000, obtendo um desconto de 2% na nota fiscal.
16. Recebimento da devolução das mercadorias compradas no item 15, por não estarem em perfeito estado.
17. Compra de mercadorias à vista no valor de $ 120.000, obtendo um desconto de $ 6.000 na nota fiscal.
18. Venda de mercadorias no valor de $ 180.000, sendo 20% à vista e o restante a prazo. A mercadoria foi baixada do estoque pelo seu preço de custo, $ 126.000.
19. Recebimento de duplicatas no montante de $ 150.000.
20. Publicação de uma propaganda no Jornal da Cidade, que custou $ 30.000, pagos à vista.
21. Compra de mercadorias à vista no valor de $ 45.000, obtendo um desconto de $ 1.300 na nota fiscal. Ao mesmo tempo, foi feito o registro do frete a pagar sobre a mercadoria comprada, no valor de $ 2.000.
22. Pagamento de uma fatura de frete sobre as mercadorias vendidas, a qual não havia sido registrada anteriormente, no valor de $ 5.000.
23. Pagamentos através de cheques:
    a) fornecedores: $ 49.000
    b) contas a pagar: $ 15.000
    c) títulos a pagar: $ 5.000
24. Os acionistas decidiram aumentar o capital para $ 300.000, integralizando o valor do aumento ($ 50.000) no ato da subscrição das novas ações.
25. Pagamento de $ 2.500 de despesas diversas.

Pede-se: a) Registrar todas as transações em conta T.
b) Extrair um balancete de verificação para 31/12/19XA.

Exercício nº 17

PELICANO S.A.

A firma é uma empresa comercial que compra e vende sapatos; apresentava o seguinte balancete de verificação:

Balancete de verificação em 31/03/19XA

Contas	Saldos devedores $	Saldos credores $
Bancos	43.000	
Duplicatas a receber	297.000	
Estoque	312.000	
Imóveis	86.000	
Móveis e utensílios	68.000	
Veículos	40.000	
Fornecedores		195.000
Contas a pagar		13.000
Capital social		382.000
Custo das mercadorias vendidas	617.000	
Despesas de salários	40.000	
Despesas de comissões	23.000	
Despesas de viagens	18.000	
Despesas de conservação da loja	2.500	
Honorários da diretoria	36.000	
Despesas de juros	11.500	
Vendas		1.004.000
	1.594.000	1.594.000

Até 30/06/19XA ocorreram as seguintes transações:

1. Aumento de capital social, mediante a subscrição de ações no montante de $ 18.000. Desse valor, $ 3.600 foram integralizados no ato, e o restante foi debitado à conta de acionistas – capital a integralizar.
2. Venda de mercadorias no valor de $ 70.000, sendo 70% à vista e o restante a prazo. A companhia concedeu desconto de $ 1.000 na nota fiscal, abatidos da parte à vista. Baixou a mercadoria do estoque pelo seu preço de custo: $ 42.000.
3. Registro feito pela firma no valor do frete a pagar sobre as mercadorias vendidas: $ 2.800.
4. Compra de mercadorias à vista no valor de $ 35.000, obtendo um desconto de $ 6.000 na nota fiscal.
5. Compra de móveis e utensílios a prazo, no montante de $ 1.500.
6. Conserto feito na loja, o qual custou $ 1.100, pagos à vista.
7. Pagamento de $ 6.000 de salários e $ 2.000 de comissões aos empregados.
8. Cobrança de duplicatas que tinha a receber no valor de $ 28.000.

9. Devolução de mercadorias compradas no valor de $ 10.000, registrando o valor a receber do fornecedor.
10. Pagamento do frete registrado na transação nº 3.
11. Pagamento da compra de móveis e utensílios da transação nº 5.
12. Recebimento de $ 5.000 dos acionistas, a título de integralização de ações.
13. Venda de mercadorias a prazo no valor de $ 48.000. As mercadorias haviam custado $ 29.000 à companhia.
14. Cobrança do valor a receber do fornecedor, referente à devolução de mercadorias (transação nº 9).
15. Pagamento de contas a pagar no valor de $ 3.000.
16. Compra de mercadorias à vista no valor de $ 20.000, pagando mais $ 1.500 a título de seguro e frete.
17. Empréstimo no Banco Azul S.A., no valor de $ 50.000.
18. Pagamento aos fornecedores no montante de $ 54.000.
19. Cobrança do Banco Azul e pagamento de juros no valor de $ 1.600.
20. Parte das mercadorias vendidas na transação nº 13 foi devolvida pelo comprador, a quem a companhia reembolsou o valor: $ 12.000. A mercadoria entrou novamente em estoque pelo seu valor de custo: $ 7.200.

Pede-se: a) Registrar todas as transações em conta T.
b) Extrair um balancete de verificação para 30/06/19XA.

Exercício nº 18

VERDE MAR S.A. – VEMASA

A companhia realizou as seguintes transações com mercadorias durante o mês de maio de 19XB:

1. Aquisição de mercadorias a prazo, pelo preço de $ 100.000, incluindo $ 10.000 de ICMS.
2. Venda das mesmas mercadorias a prazo, pelo preço de $ 250.000, incluindo $ 25.000 de ICMS.
3. Pagamento do ICMS devido sobre as operações acima.

Pede-se contabilizar essas transações em conta T.

Exercício nº 19

AZUL MAR S.A. – AZMASA

A AZMASA prestou um serviço para determinada empresa e os seguintes dados apareciam na nota fiscal de prestação de serviços emitida:

	$
Serviços de manutenção de máquinas	15.000
Imposto sobre serviços-ISS	750
Total da nota fiscal	15.750

Usando a conta T; pede-se:

a) Contabilizar a transação acima, sabendo-se que o valor da nota fiscal foi faturado, devendo a duplicata ser recebida dentro de 60 dias.
b) Contabilizar o pagamento do ISS, feito através de banco.
c) Contabilizar o valor do PIS e do FINSOCIAL a recolher, incidente sobre a receita de serviços ($ 102 e $ 315, respectivamente).

5
Provisões

5.1 – INTRODUÇÃO

A compreensão do significado exato dos termos "resultado do exercício" e "resultado acumulado" é de grande importância no entendimento do assunto deste e dos próximos capítulos. Façamos, portanto, uma breve explanação, visando chegar a uma clara distinção entre eles.

5.1.1 – Resultado do exercício

O exercício social de uma empresa corresponde a um período contábil, geralmente de 12 meses. Ao completá-lo, a empresa deve levantar oficialmente seu balanço patrimonial, apurando o resultado de suas atividades nesse período.

Genericamente, as despesas de um exercício são os gastos, desembolsados ou devidos, necessários ao desenvolvimento das operações de uma empresa e incorridos dentro desse exercício social.

Do mesmo modo, as receitas de um exercício representam o numerário que uma companhia recebe ou tem previsão de receber, proveniente das suas operações e realizadas dentro desse exercício social.

> Finalmente, o resultado do exercício de uma empresa consiste na diferença entre as despesas e receitas inerentes a esse exercício, podendo ser lucro ou prejuízo.

5.1.2 – Resultado acumulado

O resultado acumulado de uma empresa representa o saldo do resultado de exercícios anteriores que não foi apropriado (no caso de lucros acumulados) ou amortizado (no caso de prejuízos acumulados).

Os resultados não apropriados representam o saldo acumulado de lucros* para o qual os proprietários de uma empresa ainda não deram destinação, enquanto que os resultados não amortizados representam o saldo acumulado de prejuízos* que uma companhia não conseguiu compensar ou absorver.

Compreendida a distinção entre o resultado do exercício e o resultado acumulado, vejamos o que são e qual o efeito que as provisões têm sobre o resultado do exercício e sobre o resultado acumulado de uma empresa.

5.2 – CONCEITO DE PROVISÕES

Em contabilidade existe um conceito fundamental** que exige que todas as despesas e receitas de uma companhia sejam contabilizadas dentro do exercício em que se realizaram, mesmo que não tenham sido pagas (despesas) ou recebidas (receitas). É o chamado "conceito de competência de exercícios".

Existe ainda outro conceito fundamental estabelecendo que todas as despesas e possíveis perdas ou prejuízos sejam contabilmente previstos, porém nenhuma receita deve ser antecipadamente reconhecida na contabilidade como tal, se não houver razoável segurança quanto à sua realização. Esse é o chamado "conceito de conservadorismo" na escrituração de transações.

Uma despesa é considerada realizada quando o fato que a gerou já ocorreu. Algumas vezes, porém, por qualquer motivo, a despesa ainda não foi paga. Nesse caso, uma empresa deve prever contabilmente o seu pagamento ou, em outras palavras, deve fazer uma *provisão,* através do registro da dívida na contabilidade.

Exemplos de despesas realizadas mas não pagas:

- Os empregados de uma companhia normalmente recebem seus salários no final do mês. Algumas vezes, porém, os salários são pagos somente no início do mês seguinte. Nesse caso, no final do mês a companhia já tem uma despesa realizada (o fato gerador já ocorreu, ou seja, os empregados já prestaram seus serviços), porém ainda não paga.
- A fatura do frete sobre mercadorias vendidas (quando o frete é de responsabilidade do vendedor), normalmente chega após as mercadorias terem

* Uma companhia pode ter lucro em alguns exercícios e prejuízo em outros; porém, se o saldo acumulado entre esses resultados representar um lucro, ele será chamado de **lucro acumulado.** Sendo a diferença negativa, o saldo representa **prejuízo acumulado**.

** Com respeito aos conceitos ou princípios fundamentais de contabilidade, veja o Capítulo 11.

sido entregues. Essa despesa, ainda que não paga, torna-se realizada no momento em que as mercadorias chegaram ao seu destino.

– O aluguel que uma companhia deve pagar no final do mês, mesmo que não o faça na data devida, é uma despesa realizada.

Dessa forma, todas as despesas já realizadas mas ainda não pagas devem ser registradas, ou seja, devem ser *provisionadas*.

Por outro lado, muitas vezes uma empresa possui ativos cujo valor pelo qual estão registrados na contabilidade é superior ao valor real que a empresa poderia obter, se convertesse esses ativos em numerário. Nesse caso, a empresa deve contabilizar uma provisão de forma a fazer com que o valor contábil dos ativos passe a corresponder ao seu valor de realização.

Exemplo:

– Suponhamos que uma empresa faça um investimento em ações de outra companhia, comprando um lote de 50 ações ao preço de $ 30 cada uma. O valor contábil do investimento é, portanto, de $ 1.500. Suponhamos ainda que tenha havido uma baixa na cotação dessas ações, e que a empresa não consiga mais vendê-las nem mesmo pelo preço de custo. Mas ela verifica que, se oferecer as ações por $ 16 cada uma, nesse caso conseguirá vender o lote. Assim, o valor contábil do ativo "investimento" dessa companhia é de $ 1.500, porém o valor de realização (valor real pelo qual a empresa poderá converter as ações em dinheiro) é apenas de $ 800 (50 ações x $ 16). Nesse caso, a empresa deverá fazer uma provisão para perda provável com o investimento, no valor de $ 700, de forma a fazer com que o valor contábil corresponda ao valor efetivo de realização. Fazendo essa provisão, ela estará prevendo os prejuízos que terá quando acabar de vender todo o lote.

De acordo com o exposto, podemos afirmar que, quanto à natureza, as provisões podem ser de dois tipos:

— Provisões para despesas e perdas, para registrar valores a pagar;
— Provisões para a redução do ativo, para fazer com que o valor contábil de ativos fique adequadamente demonstrado.

5.3 – PROVISÕES PARA DESPESAS E PERDAS

Existem dois tipos básicos de despesas e perdas, tratados a seguir, que são:

– Despesas e perdas certas e conhecidas;
– Despesas e perdas prováveis (ou contingências).

5.3.1 – Despesas e perdas certas e conhecidas

Como a própria denominação já indica, não há dúvidas quanto à existência dessas perdas e despesas, pois elas já são realizadas e seu valor é conhecido; portanto, a provisão é feita apenas porque o pagamento correspondente ainda não foi efetuado.

Assim, as provisões para despesas e perdas certas e conhecidas dizem respeito à contabilização de despesas já realizadas mas não pagas. No decorrer de um exercício, uma empresa deve, mensalmente, fazer provisões para o pagamento dessas despesas realizadas mas não pagas, de forma que seus balancetes mensais estejam sempre demonstrando o total de despesas efetivamente relativas ao mês e o total real de exigibilidades na data do balancete. Algumas empresas, entretanto, não adotam esse procedimento contábil, preferindo registrar essas despesas apenas quando elas são efetivamente pagas, procedimento chamado de *"contabilização em base de caixa"* e que tecnicamente não é correto, porque provoca distorções nas demonstrações financeiras (as despesas de um exercício passam a ser registradas no exercício seguinte, afetando o resultado de ambos).

Outras empresas, entretanto, não adotam o procedimento de provisionar mensalmente as despesas realizadas mas não pagas, preferindo fazer essas provisões apenas uma vez, no último mês do exercício. Embora esse procedimento não seja o mais correto (uma vez que os balancetes mensais são apresentados com distorções), pelo menos o balanço patrimonial (veja o Capítulo 7) é apresentado corretamente, atendendo ao conceito de competência de exercícios.

Os tipos de provisões para despesas e perdas mais freqüentemente encontrados são explicados a seguir:

5.3.1.1 – Provisão para pagamento da folha do pessoal

Quando uma empresa deixa de pagar os salários de seu pessoal dentro do mês de referência, o valor devido deve ser contabilizado, observando-se que normalmente nessa ocasião também são provisionados os encargos sociais sobre a folha de pagamento. O lançamento contábil básico seria:

Débito: Despesas de salários
(valor bruto dos salários)
Despesas com encargos sociais
(referente à parte de responsabilidade da empresa)

Crédito: Salários a pagar
(valor bruto menos os descontos na fonte)
Encargos sociais a recolher
(referente à parte de responsabilidade da empresa e à parte descontada na fonte do salário dos empregados).

Para simplificar, no lançamento que acabamos de descrever foi omitida uma série de provisões encontradas na contabilização de uma folha de pagamento, tais como os tipos de encargos (INSS – Instituto Nacional de Seguridade Social, FGTS – Fundo de Garantia por Tempo de Serviço, imposto de renda descontado dos empregados na fonte, etc.), descontos por adiantamentos concedidos, e outros, que devem ser considerados quando é feita uma provisão para a folha de pagamento.

5.3.1.2 – Provisão para pagamento de 13º salário

Constituição da provisão

O 13º salário do pessoal de uma empresa deve ser pago durante o ano, em parcelas, em datas específicas determinadas pela legislação, vencendo a última em dezembro. Para cada mês trabalhado a partir de janeiro, o empregado adquire o direito de receber 1/12 do salário que estiver ganhando.

Para evitar que a despesa com o 13º salário ainda não pago seja reconhecida na contabilidade apenas na ocasião de seu pagamento, a empresa deverá fazer mensalmente uma provisão para esse encargo, calculada com base em 1/12 do salário do mês em que a provisão estiver sendo contabilizada, da seguinte maneira:

Débito: Despesa com 13º salário
Crédito: Provisão para 13º salário

Ajuste da provisão

Por outro lado, considerando que raramente o empregado ficará sem reajuste salarial por 12 meses, a cada vez que ele tiver aumento de salário, a provisão para o 13º salário, feita em cada um dos meses anteriores (a partir de janeiro) também deverá ser ajustada para o valor atualizado desse benefício a que o empregado tem direito. O lançamento contábil de atualização é idêntico àquele feito para a provisão, ressaltando-se que o ajuste não significa a correção monetária do valor a pagar, mas o reconhecimento contábil do valor correto que o empregado irá receber.

Pagamento do 13º salário ou de sua antecipação

A legislação trabalhista estabelece ainda que o empregado poderá receber antecipadamente até 50% do valor do 13º salário por ocasião das férias e que, se esses 50% não forem recebidos até novembro de cada ano, devem ser pagos nesse mês. O saldo deve ser liquidado em dezembro. A contabilização desses adiantamentos é feita da seguinte maneira:

Débito: Provisão para 13º salário
Crédito: Bancos - conta de movimento

Contabilização idêntica deverá ser feita quando o saldo do 13º salário for pago, em dezembro, zerando o saldo da provisão.

5.3.1.3 – Provisão para férias

Constituição da provisão

Os empregados de uma empresa adquirem o direito a gozar férias após cada doze meses contados da data de sua admissão. Isso significa que, a cada mês trabalhado durante o ano, eles farão jus, a título de férias, a 1/12 do salário mensal, acrescido de mais 1/3 desse salário pago como bonificação de férias (exigência trabalhista). Esse direito adquirido pelo empregado deve ser reconhecido mensalmente como despesa através de uma provisão, considerando-se que, se o empregado se desligar da empresa antes de tirar férias, estas deverão ser pagas (indenizadas) proporcionalmente ao tempo decorrido desde as férias anteriores já quitadas.

A constituição da provisão deve ser contabilizada da seguinte maneira (o cálculo do valor baseia-se no salário do mês da provisão):

Débito: Despesa com férias
Crédito: Provisão para férias

Ajuste da provisão

Da mesma forma que para o 13º salário, a cada aumento salarial concedido ao empregado a provisão para férias deve ser ajustada, repetindo-se o lançamento contábil de constituição.

Pagamento das férias

Quando o pagamento das férias é efetuado ao empregado, o lançamento contábil é o seguinte:

Débito: Provisão para férias
Crédito: Bancos - conta de movimento

5.3.1.4 – Provisão para pagamentos de encargos financeiros

Constituição da provisão e ajuste mensal

Freqüentemente ocorrem casos de empresas que recebem empréstimos ou financiamentos bancários, cujos encargos (despesas) financeiros devem ser pagos periodicamente (a cada trimestre, semestre, etc.). Embora esses encargos tenham data de vencimento prefixada, a sua realização vem se efetivando a cada dia, até a data em que deverão ser pagos.

Exemplo:

Suponhamos que uma empresa tome um empréstimo bancário de $ 100.000 em 30/06/19XA, para pagamento em 365 dias, ou seja, em 30/06/19XB. Os juros de 12% ao ano, referentes ao empréstimo, serão pagos de uma só vez, na mesma data de vencimento do principal*. Assim, em 30/06/19XB, a empresa terá que pagar ao banco $ 100.000 referentes ao principal e $ 12.000 correspondentes aos juros.

Quando o empréstimo é recebido, a companhia faz o seguinte lançamento:

Débito: Bancos - conta de movimento
Crédito: Empréstimos a pagar

Observe que o valor da dívida já fica automaticamente registrado na data do recebimento do empréstimo. Os juros, entretanto, não devem ser contabilizados nessa mesma data, visto que ainda representam despesas não realizadas, que serão efetivadas com o passar de cada dia, até a data estabelecida para o pagamento.

No final do primeiro mês, as despesas de juros realizadas** mas não pagas corresponderão a 1/12 do total a pagar no final de um ano; no final do segundo mês, a 2/12, e assim por diante, até o final do 12º mês, quando a companhia deverá pagar o total dos juros.

Dessa forma, no final do primeiro mês, a companhia deverá registrar a provisão correspondente aos juros de um mês ($ 12.000 ÷ 12 meses = $ 1.000 por mês), fazendo o seguinte lançamento:

		$	$
Débito:	Despesas de juros	1.000	
Crédito:	Juros a pagar		1.000

* Chama-se "principal" o valor efetivamente recebido como empréstimo. O principal mais os encargos financeiros formam o valor total de uma dívida.

** Realizadas porque o dinheiro foi utilizado durante um mês: as despesas já são devidas, porém ainda não venceu o prazo para o pagamento.

Fazendo mensalmente o mesmo lançamento*, em 31/12/19XA (data de encerramento do exercício) os saldos respectivos das contas referentes ao empréstimo serão**:

	Saldo devedor $	Saldo credor $
Despesas de juros	6.000	
Juros a pagar		6.000
Empréstimos a pagar		100.000

Como no final do exercício as contas de despesas e receitas são transferidas para a conta de resultado, para apuração do resultado do exercício (conforme veremos no Capítulo 8) em 31/12/19XA, a conta de despesas de juros passa a ficar com saldo zero. Assim, no balanço patrimonial somente aparecerão as contas de juros a pagar e empréstimos bancários.

Nos primeiros seis meses do exercício seguinte a provisão será novamente contabilizada mensalmente, e na data do vencimento da dívida total as contas relacionadas com o empréstimo terão os seguintes saldos, respectivamente antes do pagamento***:

	Saldo devedor $	Saldo credor $
Despesas de juros	6.000	
Juros a pagar		12.000
Empréstimos a pagar		100.000

Pagamento do empréstimo

Na data do pagamento, os seguintes lançamentos serão efetuados:

		$	$
Débito:	Juros a pagar	12.000	
	Empréstimos a pagar	100.000	
Crédito:	Bancos - conta de movimento		112.000

* Se os lançamentos de provisão não forem efetuados mensalmente, como seria o correto, poderão também ser feitos de uma só vez, no último mês do exercício (débito: despesas de juros-$ 6.000 e crédito: juros a pagar-$ 6.000).

** O saldo da conta de bancos não aparece porque o dinheiro foi utilizado na época do seu recebimento.

*** O tratamento contábil da correção monetária de empréstimos e financiamentos será explicado no Tópico 7.10.2.

Assim, as contas de juros a pagar e empréstimos bancários ficarão com saldo zero, e a conta de despesas de juros permanecerá com o saldo de $ 6.000 até o final do exercício, quando ele será transferido para a conta de resultado do exercício de 19XB.

Observe agora a diferença entre os procedimentos de contabilizar as despesas (fazendo a provisão) dentro do exercício em que elas se realizam (conceito de competência) e contabilizá-las somente quando são efetivamente pagas (em "base de caixa"):

Pelo conceito de competência de exercício:

Despesas de juros do exercício de 19XA	$ 6.000
Despesas de juros do exercício de 19XB	$ 6.000

Pela contabilização em "base de caixa":

Despesas de juros do exercício de 19XA	zero
Despesas de juros do exercício de 19XB	$ 12.000

Sabendo-se que a empresa do exemplo acima utilizou o numerário proveniente do empréstimo durante 6 meses do exercício de 19XA e 6 meses do exercício de 19XB, é lógico que as despesas de juros devem ser apropriadas eqüitativamente entre ambos os exercícios, à medida que a despesa se tornar, gradativamente, realizada.

5.3.1.5 – Provisão para impostos incidentes sobre o lucro do exercício

A legislação tributária brasileira tem sido, nos últimos anos, muito "pródiga" na criação, modificação e extinção de impostos federais, estaduais e municipais. Existe, atualmente, uma parafernália de normas tributárias que atormentam os contribuintes do País e que deixam os contadores das empresas profundamente confusos e irritados, razão de não entrarmos em maiores detalhes sobre o assunto, considerando o nível introdutório deste livro.

O que importa conhecer, neste estágio, é que, assim como existem impostos incidentes sobre as vendas, também há impostos (federais) que incidem sobre o lucro do exercício, que são:

- Contribuição social;
- Imposto de renda sobre o lucro e adicional.

Existe, ainda, outro tipo de imposto, que é o adicional estadual incidente sobre o próprio imposto de renda.

Como esses impostos incidem sobre o lucro contábil (após determinados ajustes realizados para fins fiscais), o lucro líquido do exercício somente pode ser assim considerado após a dedução desses encargos, que constituem despesa para a empresa, pagável no exercício seguinte.

É necessário, portanto, fazer uma provisão para pagamento dessa despesa, da maneira explicada a seguir:

Débito: Despesa com...(contribuição social, imposto de renda, etc.)
Crédito: Provisão para...(contribuição social, imposto de renda, etc.)

5.3.1.6 – Provisão para pagamento de itens repetitivos

Itens repetitivos representam aqueles que a empresa deve pagar todos os meses, ou seja, itens que se repetem a cada mês.

Exemplos:
- Contas de energia elétrica;
- Aluguéis;
- Contas de telefone;
- Contas de água e esgoto.

Caso a empresa não pague essas despesas dentro do mês em que ocorreram, deve fazer a provisão correspondente da seguinte forma:

Débito: Despesas... (telefone, aluguéis, etc.)
Crédito: Contas a pagar (telefone, aluguéis, etc.)

5.3.1.7 – Outras provisões

Considerando-se o conceito de competência de exercícios, podem existir inúmeros outros tipos de provisões para pagamento de despesas. Os aspectos mais importantes a serem lembrados na decisão de contabilizar ou não uma provisão para despesas ou perdas são:

- O fato gerador da despesa ou perda já deve ter ocorrido (a despesa ou perda deve estar realizada);
- A contabilização de uma provisão para despesas ou perdas consiste sempre em debitar uma conta de despesa e creditar uma conta representativa de exigibilidade.

Convém ressaltar, agora, que no início deste tópico falamos em "provisão para despesas e perdas certas e conhecidas" e, desenvolvendo o assunto, referimo-nos basicamente a despesas, não mencionando perdas. Isso é atribuído ao fato de as despesas serem muito mais comuns do que as perdas, cujo tratamento contábil, porém, é idêntico ao exposto acima. Para ilustrar um tipo de perda, podemos mencionar, o exemplo de danos causados a terceiros, de responsabilidade incontestável da companhia (digamos, um veículo da companhia que acidentalmente provoca um prejuízo a terceiros), caso em que o montante da responsabilidade deve ser provisionado até que seja pago.

5.3.2 – Despesas e perdas prováveis (ou contingências)

Durante a gestão normal de uma empresa, determinadas situações podem ocorrer, provocando a possibilidade de uma despesa ou perda incomum vir a se concretizar. Essa situação é chamada contabilmente de contingência.

Dessa forma, uma contingência pode ser definida como uma situação, condição ou conjunto de circunstâncias que surgem para uma empresa, envolvendo incerteza quanto à possibilidade de determinadas despesas ou perdas incomuns virem a se efetivar no futuro, quando um ou mais eventos ocorrerem ou deixarem de ocorrer.

O conceito de contingência é um pouco mais complicado do que parece, e foge do âmbito introdutório deste livro, portanto, não entraremos em maiores detalhes sobre o assunto. O importante, entretanto, é saber que quando uma situação, condição ou conjunto de circunstâncias surge, pode se tornar necessário para uma empresa fazer uma provisão para atender a essa possível perda ou despesa, chamada provisão para contingências.

Exemplos:

- Provisão para pagamentos de fianças ou avais concedidos a terceiros;
- Provisão para litígios contra a companhia;
- Provisão para garantias dadas.

5.4 – PROVISÕES PARA REDUÇÃO OU RETIFICAÇÃO DO ATIVO

Como já foi mencionado, as provisões para redução ou retificação do ativo são aquelas registradas para que o valor contábil dos ativos fique adequadamente demonstrado. No Tópico 5.2 vimos um exemplo de uma provisão desse tipo (investimento em ações de outras companhias, cujo valor contábil do lote de ações adquiridas era maior que o valor de mercado).

Não são muitos os tipos de provisão para redução ou retificação do ativo. Os mais freqüentemente encontrados são:

- Provisão para desvalorização e/ou obsolescência de estoques;
- Provisão para devedores duvidosos ou contas incobráveis;
- Provisão para perdas prováveis com investimentos;
- Provisão para depreciação, exaustão e amortização de ativo imobilizado permanente;
- Provisão para amortização de ativo diferido permanente.

Essas provisões serão objeto de análise e explicação mais detalhada no capítulo sobre balanço patrimonial (Capítulo 7), motivo pelo qual neste capítulo não teceremos maiores comentários a respeito.

A principal semelhança e as principais diferenças entre a provisão para despesas e perdas e a provisão para redução ou retificação do ativo são refletidas na forma de contabilização de cada uma.

Principal semelhança

- Em ambos os tipos de provisão, o *débito* do lançamento de constituição é *sempre efetuado em uma conta de despesa do exercício.*

Principais diferenças

- O *crédito* do lançamento de constituição da *provisão para despesas e perdas é sempre feito em uma conta representativa de exigibilidade.* Quando a despesa for efetivamente paga, a conta de provisão anteriormente creditada é debitada, eliminando o saldo provisionado.
- O *crédito* do lançamento da *provisão para redução ou retificação do ativo não é feito em conta representativa de exigibilidade,* já que a empresa que efetua esse tipo de provisão não o faz para registrar uma dívida, *mas apenas para que o valor contábil do ativo fique adequadamente demonstrado.* Assim, não há exigibilidade a ser registrada. O crédito da provisão para redução ou retificação do ativo é feito em uma conta cujo saldo permanece em aberto (sendo ajustado sempre que necessário), até que o ativo que originou a provisão seja eliminado contabilmente, ou até que desapareçam os motivos que originaram a necessidade de contabilizar a provisão. Assim, no balanço patrimonial, o ativo é demonstrado pelo seu

valor líquido, ou seja, o saldo da conta do ativo menos o saldo da conta de provisão.

Exemplo:

No caso da empresa que adquiriu um lote de ações de outra companhia (Tópico 5.2), o valor contábil do lote era de $ 1.500, contabilizado da seguinte forma:

		$	$
Débito:	Ações de outras companhias	1.500	
Crédito:	Bancos		1.500

Assim que a empresa verificou que as ações não seriam vendidas pelo preço de custo ($ 30 por ação), mas sim pela cotação à qual o mercado aceitaria pagar ($ 16 por ação), deveria fazer a seguinte provisão:

		$	$
Débito:	Perda com desvalorização de ações (despesa)	700	
Crédito:	Provisão para perda provável com investimento em ações (*conta retificadora do ativo*)		700

No final do exercício, o saldo da conta de despesa seria transferido para a conta de resultado, para a apuração do resultado do exercício (Capítulo 8). O saldo da conta de provisão, entretanto, seria mantido na contabilidade até que as ações fossem vendidas, quando a empresa faria o seguinte lançamento, pelo registro da venda (considerando o preço da venda de $ 16 por ação):

		$	$
Débito:	Bancos	800	
	Provisão para perda provável com investimento em ações	700	
Crédito:	Ações de outras companhias		1.500
		1.500	1.500

A necessidade de fazer a provisão se origina do "conceito de conservadorismo" (todo prejuízo deve ser previsto e contabilizado no exercício em que foi percebido). Supondo que a compra das ações e a provisão para perda provável ocorressem no exercício de 19XA e a venda, no exercício de 19XB, teríamos a seguinte situação nos resultados de cada exercício:

	$
Exercício de 19XA	
Valor de custo das ações	1.500
Valor de realização	(800)
Perda prevista na transação (provisão)	700

	$
Exercício de 19XB	
Valor de custo das ações	1.500
Valor de venda	(800)
Provisão para perda constituída em 19XA	(700)
Perda contábil na transação	zero

Observe que a perda contábil foi registrada em 19XA, na época em que foi prevista, ao passo que, em 19XB, a transação de venda não gerou prejuízo nem lucro contábil, porque as ações já estavam ajustadas ao seu valor de mercado ou de realização.

Se a companhia, entretanto, não tivesse contabilizado a perda prevista em 19XA, o resultado do exercício de 19XB seria:

	$
Valor de venda das ações	800
Valor de custo das ações	(1.500)
Prejuízo da transação (em 19XB)	(700)

Assim, o prejuízo previsto em 19XA, que deveria ser uma despesa do próprio exercício de 19XA (desde que a baixa na cotação das ações ocorreu nesse exercício), somente seria reconhecido como tal no exercício de 19XB.

5.5 – QUEM DECIDE SOBRE A CONSTITUIÇÃO OU NÃO DE PROVISÕES

Teoricamente, todas as empresas deveriam apresentar demonstrações financeiras que espelhassem a sua verdadeira situação econômico-financeira. Na prática, porém, nem sempre esse procedimento é adotado.

Como já mencionamos, as demonstrações financeiras representam uma importante fonte de informações para inúmeros interessados em uma empresa tomarem decisões. Demonstrações financeiras preparadas corretamente, mas que refletem uma situação econômico-financeira desfavorável à empresa, poderão fazer com que determinados investidores desistam de comprar suas ações, provenientes de novos aumentos de capital. Ou poderão fazer com que instituições financeiras se recusem a conceder empréstimos. Ou, ainda, poderão impedir que os fornecedores aceitem vender a prazo para essa empresa.

Assim, à vista de uma situação econômico-financeira desfavorável, muitos administradores poderão não seguir os procedimentos que a Lei e a boa técnica contábil recomendam (tal como contabilizar provisões para despesas ou perdas a pagar, que reduziriam mais ainda o lucro ou aumentariam o prejuízo do exercício, elevando também as exigibilidades da companhia).

A contabilização de provisões, quando necessária, representa um procedimento contábil que deve ser adotado, independentemente de seus efeitos nas demonstrações financeiras. No entanto, na prática, a decisão de contabilizar ou não provisões depende da administração da empresa*. Daí a importância que a auditoria externa assume para os terceiros interessados nas empresas. O relatório do auditor informa se as demonstrações financeiras foram levantadas dentro da boa técnica contábil, o que impede que administradores inescrupulosos tentem vender uma imagem econômico-financeira enganosa de suas respectivas companhias.

* Entretanto, as demonstrações financeiras somente têm validade quando aprovadas pelos proprietários da companhia, acionistas ou quotistas.

Anexo 5

Exercício nº 20

CIA. MANAUS

A Cia. Manaus apresenta em 31/12/19XA o balancete preliminar de verificação transcrito na página seguinte. Porém, para completar as demonstrações financeiras do exercício, falta fazer alguns lançamentos contábeis, gerados pelos fatos relacionados a seguir:

1. Os salários do mês de dezembro serão pagos em janeiro de 19XB, e a despesa correspondente não está considerada no balancete – valor: $ 15.000*.
2. O aluguel de dezembro de 19XA, a ser pago em janeiro de 19XB, também não está considerado no balancete – valor: $ 2.000.
3. As despesas de juros no valor de $ 4.000 sobre empréstimos bancários estão realizadas, mas somente serão pagas em 15/01/19XB. Não havia sido feita provisão para essas despesas.
4. Após apurar o lucro antes dos impostos, contabilizar:

   – Provisão para contribuição social (10% do lucro);
   – Provisão para imposto de renda e adicional (35%** do lucro, após abatida a contribuição social).

   Pede-se:

a) Fazer em conta T os lançamentos contábeis complementares.
b) Preparar um novo balancete em 31/12/19XA, após os lançamentos complementares, apresentando todas as contas de despesas e receitas.

---

* Para simplificar, não foram considerados os encargos a recolher sobre a folha de pagamento.
** Alíquota tomada para fins práticos.

CIA. MANAUS
Balancete de verificação
em 31/12/19XA
(Preliminar)

Contas	Saldos devedores $	Saldos credores $
Bancos	113.000	
Duplicatas a receber	348.000	
Estoque	297.000	
Imóveis	212.000	
Móveis e utensílios	53.000	
Veículos	31.000	
Fornecedores		192.000
Contas a pagar		17.000
Capital social		500.000
Empréstimos bancários		59.000
Custo das mercadorias vendidas	313.000	
Despesas de salários	165.000	
Despesas de comissões	28.000	
Despesas de aluguel	22.000	
Despesas de viagens	15.000	
Honorários da diretoria	72.000	
Despesas de juros	13.000	
Vendas		914.000
	1.682.000	1.682.000

Exercício nº 21

CIA. BELÉM

Em 31/10/19XA, a companhia recebeu um empréstimo bancário no montante de $ 1.000.000, a ser pago em quatro parcelas semestrais iguais e sucessivas de $ 250.000, vencendo a primeira em 31/10/19XC. O empréstimo está sujeito a juros de 12% ao ano sobre o saldo devedor, pagos trimestralmente em 31/01, 30/04, 31/07 e 31/10 de cada ano. Qual lançamento de provisão para pagamento de juros deve ser efetuado na data do encerramento do exercício, que é 31/12/19XA?

Exercício nº 22

COMERCIAL SALVADOR S/A.

Em 30/06/19XA, a companhia acima assinou um contrato de empréstimo com o Banco Preto S.A., no montante de $ 5.000.000, a ser liberado pelo Banco em cinco parcelas de $ 1.000.000 cada, respectivamente em 15/08/19XA, 15/10/19XA, 15/12/19XA, 15/02/19XB e 15/04/19XB. O empréstimo vence juros de 12% ao ano sobre o saldo devedor, sendo pagos trimestralmente em 15/02, 15/05, 15/08 e 15/11 de cada ano, a partir de 15/11/19XA.

O empréstimo deverá ser resgatado em 10 parcelas semestrais, iguais e sucessivas, vencendo a primeira em 15/08/19XC.

As liberações foram efetuadas conforme estabelecido no contrato e, em 15/11/19XA, a companhia pagou os juros sobre o saldo devedor do primeiro trimestre.

Pede-se:

a) Calcular o valor dos juros pagos em 15/11/19XA.
b) Fazer o lançamento de provisão para pagamento dos juros realizados sobre o saldo devedor entre 15/11/19XA e 31/12/19XA.

Exercício nº 23

Determinar quais das afirmativas abaixo estão corretas e justificar suas respostas para as afirmativas *incorretas.*

1. O resultado acumulado de uma empresa representa a diferença entre as despesas e receitas de um exercício.
2. O resultado acumulado de uma empresa representa o saldo dos resultados de exercícios anteriores que não foi apropriado ou amortizado.
3. Quanto à natureza, as provisões podem ser de dois tipos:
   a) Provisões para despesas e perdas certas e conhecidas.
   b) Provisões para despesas e perdas prováveis.
4. Existe somente um tipo de provisão para despesas e perdas.
5. Provisões para redução ou retificação de ativo são aquelas constituídas para que o valor contábil de ativos fique adequadamente demonstrado.
6. O resultado do exercício de uma empresa consiste na diferença entre as despesas e receitas inerentes a esse exercício.

7. As seguintes são provisões para redução ou retificação de ativo:
   a) Provisão para imposto de renda.
   b) Provisão para perdas com investimentos.
   c) Provisão para pagamento de juros.
   d) Provisão para depreciação.
8. O crédito do lançamento de constituição da provisão para despesas e perdas é sempre feito em uma conta representativa de exigibilidade e o débito sempre em conta de despesa do exercício.
9. O crédito do lançamento de constituição da provisão para redução ou retificação de ativo é sempre feito em uma conta representativa de exigibilidade e o débito é sempre feito em conta de despesa do exercício.
10. As provisões são constituídas atendendo aos seguintes conceitos fundamentais de contabilidade: "conceito de competência de exercícios" e "conceito de conservadorismo".

6
Problemas contábeis na valorização de estoques

6.1 – INTRODUÇÃO

No Capítulo 4, vimos como é feita a contabilização básica de transações comerciais, envolvendo a compra e a venda de mercadorias. Vimos que as vendas de mercadorias devem ser registradas, pelo seu valor efetivo, na conta de vendas. E vimos também que, ao vender mercadorias, uma companhia deve baixar dos estoques o respectivo valor do custo de aquisição, transferindo-o para a conta de custo das mercadorias vendidas. Ainda no Capítulo 4, adotamos o sistema de, após o registro de cada venda, contabilizar também o custo das vendas, baixando o valor dos estoques.

Na realidade, existem diversos problemas relacionados com a contabilização do custo das vendas, que representa, como explicamos, o *valor do estoque vendido.*

Assim, considerando um determinado volume de compras, as mercadorias que teremos em estoque (estoque final) no fim do exercício corresponderão à diferença entre o que foi comprado e o que foi vendido. Ou seja, o valor das compras menos o *valor de custo das mercadorias que foram vendidas.* Ainda, se no começo do exercício houver um estoque inicial (que terá sido o estoque final do ano anterior), o estoque final do exercício corrente será encontrado:

Estoque final = estoque inicial + compras – custo das mercadorias vendidas

Dessa forma, quanto maior for o estoque final, menor será o custo das mercadorias vendidas, e vice-versa. Conseqüentemente, o resultado do exercício será tanto melhor quanto menor for o custo das vendas. Isso significa que, se o estoque final for apurado de forma errada, haverá um efeito direto e proporcional no resultado do exercício, para mais ou para menos.

Portanto, a valorização do estoque final é de grande importância para a apuração do resultado de uma companhia, uma vez que determina o valor do custo das mercadorias vendidas. Por outro lado, toda empresa precisa decidir se deve manter uma posição sempre atualizada de seus estoques, ou se fará a apuração do estoque existente somente no final do exercício, já que apenas nessa época é que os resultados devem ser obrigatoriamente apurados. Surgem, então, duas decisões que devem ser tomadas pela companhia:

- Quando apurar o valor de seus estoques;
- Como atribuir valores aos estoques.

Com respeito a *quando* apurar o valor dos estoques, a companhia pode fazê-lo de duas formas: a qualquer tempo, através de controle contábil permanente, ou esporadicamente, pelo controle contábil periódico, explicados no próximo tópico.

Quanto a *como* atribuir valores às quantidades estocadas, existem vários métodos de valorização, que veremos nos tópicos seguintes.

No Capítulo 7 abordaremos a provisão para desvalorização de estoques.

6.2 – SISTEMAS DE CONTROLE CONTÁBIL DE ESTOQUES

Passemos, então, a tratar dos sistemas de controle contábil, aos quais acabamos de nos referir.

6.2.1 – Sistema de Inventário Permanente

Dentro do sistema de inventário permanente, a companhia mantém um controle contínuo sobre as entradas e saídas de mercadorias (em quantidades e valores), de forma que a qualquer momento pode dispor da posição atualizada dos estoques e do custo das mercadorias vendidas. Adotando esse sistema, a administração de uma companhia pode dispor permanentemente de informações básicas para o planejamento das compras, de forma a evitar que haja falta de mercadorias ou compras em excesso, bem como acompanhar a evolução do resultado contábil no decorrer do exercício.

Basicamente, o sistema consiste em apurar e contabilizar o valor do estoque vendido logo após a realização da venda.

Assim, o estoque inicial mais as compras menos o estoque vendido (custo das vendas) resultará no estoque final em qualquer data. A contabilização é feita da forma explicada no Capítulo 4; e a forma de apuração do valor do estoque vendido será ensinada adiante, neste capítulo.

6.2.2 – Sistema de Inventário Periódico

Pelo sistema de inventário periódico, a companhia registra todas as suas compras durante o exercício em uma conta cumulativa, não apurando ou contabilizando o custo das mercadorias vendidas após cada venda. No final de cada exercício é feito um inventário físico* para apuração do estoque final, e o estoque inicial somado às compras, menos o estoque final encontrado representará o custo das mercadorias vendidas.

Em resumo, o valor do custo das vendas é encontrado pela equação:

Custo das mercadorias vendidas = Estoque inicial + Compras – Estoque final

Abreviando, temos:

$$CMV = EI + C - EF$$

Assim, supondo que uma companhia com um estoque inicial de $ 8.000, em 19XB, tenha efetuado compras durante o exercício no valor de $ 98.000, e tenha apurado um estoque final de $ 25.000, o CMV seria encontrado:

$$CMV = 8.000 + 98.000 - 25.000 = 81.000$$

Quanto aos procedimentos contábeis utilizados no sistema de inventário periódico, existem dois métodos de contabilização, explicados a seguir, através dos dados:

	$
Estoque inicial em 19XB	8.000
Compras de 19XB (à vista)	
28/05	50.000
20/09	35.000
30/12	13.000
	98.000
Estoque final	25.000
Vendas do exercício (preço de venda à vista)	150.000

* O inventário físico para a apuração dos estoques pode ser feito em qualquer data. Entretanto, a maior parte das empresas costuma proceder ao levantamento físico do estoque na mesma data (ou em data próxima) do encerramento do exercício social.

Método A

Consiste em manter contas separadas para o estoque inicial (que é o mesmo estoque final do exercício anterior), para as compras e para o estoque final (que será o estoque inicial do exercício seguinte).

A contabilização seria feita da seguinte forma:

Estoque inicial

8.000	8.000 (5)

Compras

(1) 50.000	
(2) 35.000	
(3) 13.000	
98.000	98.000 (6)

Bancos

(4)150.000	50.000 (1)
	35.000 (2)
	13.000 (3)

Vendas

	150.000 (4)

Estoque final

(7) 25.000	

CMV

(5) 8.000	25.000 (7)
(6) 98.000	
106.000	25.000
	81.000
106.000	106.000
81.000	

Os passos seguidos na contabilização demonstrada foram, na seqüência indicada:

1 a 3 – Registro das compras à vista
4 – Registro das vendas do exercício, à vista
5 e 6 – Transferência dos saldos, respectivamente, do estoque inicial e compras para a conta de CMV
7 – Registro do estoque final, a crédito de CMV

Método B

Consiste em controlar o estoque inicial e as compras durante o ano apenas em uma conta e, apurado o estoque final, a diferença entre este e a soma do estoque inicial e compras é transferida para a conta de custo das mercadorias vendidas.

A contabilização é feita da forma abaixo:

Estoque	
8.000	
(1) 50.000	
(2) 35.000	
(3) 13.000	
106.000	81.000 (5)
	25.000
106.000	106.000
25.000	

Bancos	
(4) 150.000	50.000 (1)
	35.000 (2)
	13.000 (3)

Vendas	
	150.000 (4)

CMV	
(5) 81.000	

Os passos seguidos para a contabilização foram:

1 a 3 – Registro das compras à vista

4 – Registro das vendas à vista do exercício

5 – Transferência da conta de estoque para a de CMV, do valor correspondente à diferença entre o estoque inicial mais compras e o montante que deveria ficar na conta como estoque final

Como se pode observar, o método B exige menor número de lançamentos contábeis, sendo mais prático.

Resumindo, os estoques podem ser controlados contabilmente pelos sistemas de inventário periódico e permanente. Entretanto, para que seja possível determinar, em qualquer dos dois sistemas, o valor do custo das mercadorias vendidas e o do estoque final, *é necessário que se saiba quanto custa cada unidade de cada tipo de mercadoria* com que a empresa transaciona. E como veremos no tópico a seguir, a determinação do custo unitário de cada tipo de estoque não é assim tão fácil como pode parecer.

6.3 – O PROBLEMA DA DETERMINAÇÃO DO CUSTO UNITÁRIO DE CADA TIPO DE ESTOQUE

O custo unitário de compra de um determinado tipo de estoque é obtido pelo valor total das mercadorias compradas, inclusive seguros e fretes, dividido pela quantidade adquirida. Suponhamos que uma empresa efetue a seguinte compra de 50 cadeiras, do fornecedor A:

	$
Valor da nota fiscal	4.000
Seguro	500
Frete	1.500
Total	6.000

O valor unitário de compra dessas cadeiras será, portanto, de $ 120 ($ 6.000 ÷ 50).

Suponhamos, agora, que a empresa considere seu estoque pequeno e decida comprar mais 30 cadeiras do mesmo tipo, tendo que efetuar a compra do fornecedor B (porque o fornecedor A não possuía mais dessas cadeiras para vender), aos seguintes custos:

	$
Valor da nota fiscal	2.700
Seguro	675
Frete	525
Total	3.900

Nesse caso, o custo unitário de compra foi de $ 130 ($3.900 ÷ 30). Observe que temos agora duas compras da mesma mercadoria realizadas a preços unitários diferentes. A companhia tem em estoque 80 cadeiras, e o valor total contabilizado é de $ 9.900. Admitamos que seja efetuada uma venda de 40 cadeiras, ao preço de $ 155 cada uma, sendo contabilizado como vendas o valor de $ 6.200. Qual valor deve ser baixado do estoque como custo das mercadorias vendidas?

Se considerarmos o custo unitário como sendo de $ 120 (custo da primeira compra), teremos:

	$
Valor do estoque antes da venda	9.900
Custo das mercadorias vendidas ($120 × 40 cadeiras)	4.800
Valor do estoque após a venda	5.100

Se, de outra forma, considerarmos $ 130 (preço da última compra) como sendo o custo unitário, teremos:

	$
Valor do estoque antes da venda	9.900
Custo das mercadorias vendidas ($ 130 × 40 cadeiras)	5.200
Valor do estoque após a venda	4.700

Consideremos ainda outro custo unitário, o médio, obtido ao somarmos o valor das compras e dividirmos o resultado, pelo número total de cadeiras compradas. Teríamos o custo de $ 124 por unidade. A situação seria:

	$
Valor do estoque antes da venda	9.900
Custo das mercadorias vendidas ($ 124 × 40 cadeiras)	4.960
Valor do estoque após a venda	4.940

Façamos agora uma comparação dos resultados obtidos com a aplicação de cada custo unitário:

	Custo unitário utilizado		
	$ 120 cada	$ 130 cada	$ 124 cada
Valor do estoque final	5.100	4.700	4.940
Valor da venda	6.200	6.200	6.200
CMV	4.800	5.200	4.960
Lucro bruto sobre as vendas	1.400	1.000	1.240

Observe a variação provocada nos estoques e no lucro bruto sobre as vendas pela simples escolha de um custo unitário, tendo ocorrido apenas duas compras. Agora, imagine que distorções a escolha de um custo unitário inadequado pode provocar nos estoques e no resultado de uma empresa que efetua dezenas de compras por ano, de centenas e até de milhares de tipos diferentes de mercadorias.

É por isso que a determinação do custo unitário de cada tipo de estoque é matéria de grande importância para as empresas que transacionam com mercadorias. Vejamos agora quais os métodos mais utilizados para a determinação desses custos, tanto pelo sistema de inventário permanente (tópico seguinte), quanto pelo sistema de inventário periódico (Tópico 6.5).

6.4 – SISTEMA DE INVENTÁRIO PERMANENTE: MÉTODOS DE VALORIZAÇÃO DE ESTOQUES

Existem diversos métodos para determinar o valor dos estoques em uma data específica, bem como o custo das mercadorias vendidas. Os principais e mais freqüentemente empregados são:

– Custo específico ou identificado;
– Primeiro a entrar, primeiro a sair (PEPS);
– Último a entrar, primeiro a sair (UEPS);
– Preço ou custo médio corrente.

Cada um desses métodos será explicado a seguir.

6.4.1 – Custo específico ou identificado

Através desse método, a empresa controla o custo específico de cada item comprado e vendido, sendo esse procedimento adequado apenas para mercadorias de preço elevado e de pouca rotação como, por exemplo, tratores, que permitem a identificação de cada unidade em estoque com seu respectivo custo.

A empresa que vende tratores pode controlar o seu estoque pelo custo específico ou identificado, uma vez que as possibilidades de vendas em quantidades elevadas são pequenas.

Para tanto, é necessário apenas que a companhia mantenha controle em separado para cada trator comprado. Assim, é possível saber exatamente quanto custou cada unidade e, em caso de venda, o trator pode ser baixado do estoque pelo seu custo específico. Esse controle pode ser feito por fichas ou contabilmente (uma conta analítica de estoque para cada trator), e conter as informações necessárias sobre a composição do custo total, como no exemplo a seguir:

Trator MC/34894 – S-432 (com esteiras)

	$
Custo original	57.500
Despesas alfandegárias e de importação	5.400
Frete	9.400
Seguro	2.500
Custo total	74.800

Supondo que cada trator em estoque tivesse uma ficha de controle, e a companhia vendesse o trator MC/34894 – S-432, para conhecer seu custo bastaria uma consulta à ficha.

Talvez você esteja imaginando que esse método possa ser aplicado a todos os tipos de estoque. Mas suponha que a mesma empresa que vende tratores seja obrigada a manter estoque de peças de substituição. Sabendo-se que um trator tem centenas de peças diferentes, e existem diversos tipos de tratores, e ainda que, o preço de compra das peças pode variar com freqüência, seria praticamente impossível controlar cada uma das peças adquiridas pelo seu custo específico, de forma que a baixa pela venda pudesse ser efetuada pelo preço exato que aquela determinada peça custou à companhia.

6.4.2 – Primeiro a entrar, primeiro a sair (PEPS)

O nome desse método representa uma tradução literal do inglês "first in first out" (FIFO). O método consiste em utilizar o custo unitário das compras efetuadas primeiro para valorizar as quantidades vendidas e, dessa forma, obter o valor do custo das vendas. O exemplo a seguir ilustra o funcionamento do método.

Exemplo:

O estoque inicial do produto Z de uma companhia em 01/05/19XA era de 8 unidades, das quais 3 foram adquiridas em 25/04 e 5 em 28/04, ao preço unitário de $ 100 e $ 105, respectivamente.

As compras e vendas efetuadas durante o mês de maio foram:

Data	Quantidade (Unidade)	Preço unitário*	Preço total
		$	$
Compra 03/05	3	107	321
Venda 05/05	9	200	1.800
Compra 07/05	2	110	220
Compra 08/05	3	108	324
Venda 15/05	7	205	1.435
Compra 28/05	3	110	330
Venda 30/05	5	205	1.025

* No caso de vendas, o preço unitário refere-se a preço de venda, e não de custo.

Sabe-se, ainda, que em 10/05 a companhia recebeu 4 unidades do produto, como devolução de parte da venda efetuada em 05/05.

A companhia deseja saber qual o valor do estoque final e do custo das mercadorias vendidas.

Pelo método PEPS, as saídas de mercadorias por vendas têm seu custo unitário encontrado, observando-se o critério de que o custo unitário dos primeiros lotes de compras deve ser utilizado para valorizar as primeiras saídas. Assim, para encontrar o custo unitário da primeira venda (05/05), devemos considerar as datas de entrada do estoque inicial do mês. O custo seria assim encontrado:

	$
3 u adquiridas em 25/04 a $ 100 cada =	300
5 u adquiridas em 28/04 a $ 105 cada =	525
1 u adquirida em 03/05 a $ 107 cada =	107
9	932

O custo total da primeira venda seria, portanto, de $ 932, e o estoque da companhia, após essa venda, seria apenas de 2 unidades, referentes ao saldo da compra efetuada em 03/05, ao custo unitário de $ 107 cada (estoque = 2 u × $ 107= $ 214). Como mais 2 unidades foram adquiridas em 07/05 ao custo unitário de $ 110, e mais 3 unidades a $ 108 cada em 08/05, o estoque antes da segunda venda seria formado de:

	$
2 u adquiridas em 03/05 a $ 107 cada =	214
2 u adquiridas em 07/05 a $ 110 cada =	220
3 u adquiridas em 08/05 a $ 108 cada =	324
7	758

Ocorre que em 10/05 houve uma devolução de 4 unidades vendidas em 05/05, as quais voltaram ao estoque, fazendo com que este aumentasse. O problema agora é saber qual o custo unitário a ser utilizado para se determinar o valor dessas 4 unidades devolvidas.

O critério é o seguinte: as entradas devem ser registradas na ordem inversa àquela pela qual as saídas foram dadas. Assim, para valorizar as entradas referentes à devolução, tomaríamos o seguinte custo unitário (observe a maneira como a saída foi originalmente registrada):

	$
1 u adquirida em 03/05 a $ 107 cada =	107
3 u adquiridas em 28/04 a $ 105 cada =	315
4	422

A melhor maneira de se compreender o motivo pelo qual deve ser utilizado esse critério para registrar a devolução de vendas é raciocinar em termos de qual teria sido o custo das mercadorias vendidas em 05/05 se, ao invés de 9, tivessem sido vendidas apenas 5 unidades. Nesse caso, o custo teria sido encontrado da seguinte maneira:

	$
3 u adquiridas em 25/04 a $ 100 cada =	300
2 u adquiridas em 28/04 a $ 105 cada =	210
5	510

O custo da primeira venda teria sido, portanto, de $ 510. Considerando que inicialmente havia sido registrado um custo de $ 932 e, após, foi registrada a devolução pelo preço total de $ 422, o custo líquido da venda foi de $ 510 ($ 932 – $ 422), exatamente o mesmo valor que encontramos como custo, admitindo que a saída original havia sido de apenas 5 unidades.

Após essa devolução, portanto, o estoque seria composto dessa forma:

	$
3 u adquiridas em 28/04 a $ 105 cada =	315
3 u adquiridas em 03/05 a $ 107 cada =	321
2 u adquiridas em 07/05 a $ 110 cada =	220
3 u adquiridas em 08/05 a $ 108 cada =	324
11	1.180

O custo da venda efetuada em 15/05 seria encontrado da forma a seguir:

	$
3 u adquiridas em 28/04 a $ 105 cada =	315
3 u adquiridas em 03/05 a $ 107 cada =	321
1 u adquirida em 07/05 a $ 110 cada =	110
7	746

Considerando a compra efetuada em 28/05, o estoque antes da última venda do mês seria formado de:

	$
1 u adquirida em 07/05 a $ 110 cada =	110
3 u adquiridas em 08/05 a $ 108 cada =	324
3 u adquiridas em 28/05 a $ 110 cada =	330
7	764

O custo da última venda seria finalmente encontrado:

	$
1 u adquirida em 07/05 a $ 110 cada =	110
3 u adquiridas em 08/05 a $ 108 cada =	324
1 u adquirida em 28/05 a $ 110 cada =	110
5	544

O estoque final em 31/05/19XA, portanto, seria formado de 2 unidades adquiridas em 28/05 a $ 110 cada, no total de $ 220. Para comprovar esse valor, vejamos:

	$
Estoque inicial em 01/05/19XA	825
Compras do mês de maio	1.195
	2.020
Custo das mercadorias vendidas	1.800
Estoque final em 31/05/19XA	220

O lucro bruto sobre as vendas de maio de 19XA seria:

	$
Valor das vendas (líquido)	3.460
Custo das mercadorias vendidas	1.800
Lucro bruto sobre vendas	1.660

Como se pode observar, o método não é complicado, apenas trabalhoso. A melhor forma de efetuar o controle dos estoques por esse método é através da utilização de fichas, uma para cada tipo de produto em estoque. Essas fichas podem ser ilustradas pela forma demonstrada a seguir, utilizando os mesmos dados do exemplo anterior.

Quando o sistema utilizado é o de inventário permanente, ao mesmo tempo em que a ficha de controle vai sendo escriturada, as transações também são registradas na contabilidade. Em conta T, supondo que as compras e vendas tivessem todas sido efetuadas a prazo, os lançamentos, na seqüência em que ocorreram, seriam os observados na página seguinte:

Comentários:

Quanto ao tipo de estoque: Não são todas as empresas que podem utilizar, nem são todos os tipos de estoque que podem ser controlados pelo método PEPS. Como se pode observar, é um método bastante trabalhoso e, se utilizado para mercadorias com grande movimentação de compras, vendas e devoluções, o resultado poderá vir a ser desastroso, permitindo uma margem grande de erros, salvo se o controle fosse efetuado através de computador.

Estoque

Débito	Crédito
(*) 825	932 (2a)
(1) 321	746 (6a)
(3) 220	544 (8a)
(4) 324	
(5a) 422	
(7) 330	
2.442	2.222
	200
2.442	2.442
220	

Duplicatas a receber

Débito	Crédito
(2) 1.800	800 (5)
(6) 1.435	
(8) 1.025	
4.260	800
	3.460
4.260	4.260
3.460	

Fornecedores

Débito	Crédito
	321 (1)
	220 (3)
	324 (4)
	330 (7)
	1.195

CMV

Débito	Crédito
(2a) 932	422 (5a)
(6a) 746	
(8a) 544	
2.222	422
	1.800
2.222	2.222
1.800	

Devolução de vendas

Débito	Crédito
(5)** 800	

Vendas

Débito	Crédito
	1.800 (2)
	1.435 (6)
	1.025 (8)
	4.260

– *Quanto aos efeitos no resultado do exercício:* Pelo método, as mercadorias compradas há mais tempo são as primeiras a ter seu preço unitário utilizado para a valorização das mercadorias vendidas. Em regime de inflação, e em se tratando de mercadorias que podem permanecer algum tempo em estoque antes de serem vendidas, ocorre que o estoque final tende a ser maior (mercadorias compradas mais recentemente e, em conseqüência, a preços mais elevados, têm seu preço utilizado para se determinar o valor

* Estoque inicial.

** 4 unidades a $ 200 cada. Essa devolução também poderia, alternativamente, ser lançada a débito da conta de vendas.

do estoque final), bem como maior também será o resultado positivo do exercício (pois o CMV é formado pelo preço das mercadorias mais antigas e, portanto, compradas a preços menores, aumentando a margem de lucro bruto). Esse efeito tende a ser diminuído quando as mercadorias têm uma alta rotatividade (pouco tempo de permanência em estoque), já que não haveria muita diferença de preço entre as mercadorias mais antigas ou mais novas em estoque.

- Em regime de deflação, por outro lado, o resultado seria o oposto: as mercadorias mais antigas teriam os preços mais elevados, os quais seriam utilizados para valorizar as quantidades vendidas. Dessa forma, a tendência seria um estoque final menor e um CMV maior, provocando uma diminuição no resultado do exercício.

- Em países de moeda estável, os efeitos da utilização desse método seriam mínimos, uma vez que as mercadorias mais antigas teriam praticamente o mesmo preço daquelas compradas recentemente. Assim, o estoque final e o CMV estariam relativamente equilibrados, não provocando efeitos no resultado do exercício.

Modelo de ficha de controle de estoque

PRODUTO: Z

Método de controle: PEPS

Data	**Entradas**			**Saídas**			**Saldo**		
19XA	Q.	C. Unit.	C. Total	Q.	C. Unit.	C. Total	Q.	C. Unit.	C. Total
							3	100	300
							5	105	525
01/05							8		825
							3	100	300
							5	105	525
03/05	3	107	321				3	107	321
							11		1.146
				3	100	300			
				5	105	525			
				1	107	107	2	107	214
05/05				9		932			
							2	107	214
07/05	2	110	220				2	110	220
							4		434
							2	107	214
							2	110	220
08/05	3	108	324				3	108	324
							7		758
							3	105	315
				(1)	107	(107)	3	107	321
				(3)	105	(315)			
							2	110	220
							3	108	324
10/05				(4)*		(422)*	11		1.180
				3	105	315			
				3	107	321			
				1	110	110	1	110	110
							3	108	324
15/05				7		746	4		434
							1	110	110
							3	108	324
28/05	3	110	330				3	110	330
							7		764
				1	110	110			
				3	108	324			
				1	110	110	2	110	220
30/05				5		544			

* As devoluções normalmente são registradas na mesma coluna na qual as saídas foram registradas originalmente, colocando-se parênteses nos valores como indicação.

6.4.3 – Último a entrar, primeiro a sair (UEPS)

Também conhecido por LIFO (do inglês "last in first out"), esse método consiste em utilizar o custo unitário das mercadorias compradas por último para valorizar as quantidades vendidas, obtendo, assim, o custo de vendas.

A forma de controlar o estoque pelo método UEPS é análoga à do método PEPS, ou seja, são também utilizadas fichas de controle. Esse método, entretanto, é utilizado muito raramente pelas empresas no Brasil, por não ser aceito pela legislação do imposto de renda (Tópico 6.7). Em vista disso, não explicaremos com detalhes o método UEPS. Apenas para ilustrar, e utilizando os dados do exemplo do Tópico 6.4.2, a venda do dia 05/05 teria seu custo calculado da seguinte forma:

	$
3 u adquiridas em 03/05 a $ 107 cada =	321
5 u adquiridas em 28/04 a $ 105 cada =	525
1 u adquirida em 25/04 a $ 100 cada =	100
9	946

Observe, agora, a diferença no valor do custo de venda de 9 itens do produto Z, calculado conforme o método PEPS ($ 932) ou UEPS ($ 946). Se continuássemos o exercício, obteríamos os seguintes valores encontrados pelo método UEPS:

	$
Estoque inicial em 01/05/19XA	825
Compras do mês de maio	1.195
	2.020
Custo das mercadorias vendidas	1.820
Estoque final em 31/05/19XA	200

O lucro bruto sobre as vendas de maio de 19XA seria:

	$
Valor das vendas (líquido)	3.460
Custo das mercadorias vendidas	1.820
Lucro bruto sobre as vendas	1.640

Comentários:

– *Quanto ao tipo de estoque:* Os tipos de estoque que sofrem limitação quanto ao emprego do método UEPS, para controle e valorização, são aqueles de grande movimentação, pelos mesmos motivos apresentados quando nos referimos ao uso do método PEPS.

– *Quanto aos efeitos no resultado do exercício:* Pela utilização do método, o custo unitário das últimas entradas é sempre o primeiro a ser utilizado para *valorizar* as saídas por vendas. Em regime de inflação esse método faz com que, ao final de determinado período, possam existir mercadorias estocadas e *valorizadas* a preços bastante abaixo do custo atual de reposição, já que as mercadorias que saíram foram *valorizadas* a preços mais recentes, enquanto as compras mais antigas são as que têm o preço utilizado para determinar o valor do estoque final. Como resultado, o estoque final tende a ser menor, com aumento do custo das mercadorias vendidas (apurado a preços mais recentes) e com conseqüente redução do resultado do exercício. Por esse motivo, a legislação do imposto de renda vigente no Brasil não aceita o emprego desse método de apuração de estoques.

– O efeito oposto ocorre em caso de deflação, quando normalmente as compras mais antigas foram efetuadas a preços mais elevados que os correntes. Em países de moeda estável, a tendência é existir equilíbrio nos preços, não provocando distorções sensíveis no estoque final e no resultado do exercício.

6.4.4 – Preço ou custo médio corrente

Pelos métodos PEPS e UEPS, a valorização das saídas de estoque se baseia na ordem em que as mercadorias são compradas. Pelo método de preço ou custo médio corrente, a valorização é efetuada pelo custo unitário encontrado através da divisão do valor do estoque pela quantidade estocada.

Exemplificando, suponhamos que uma companhia faça duas compras do produto Alfa: a primeira de 100 unidades, ao custo unitário de $ 2, e a segunda, também de 100 unidades, ao preço de $ 4. As saídas por vendas deverão ser valorizadas pelo custo unitário médio das duas compras, ou seja:

	$
100 u compradas a $ 2 =	200
100 u compradas a $ 4 =	400
200 u	600

O custo unitário médio será de $ 3 ($ 600 ÷ 200 u).

A designação *custo médio corrente* se deve justamente ao fato de ser ele apurado sempre que uma nova entrada é registrada. No caso de mercadorias com muita movimentação, a apuração é feita a intervalos regulares (uma por mês é a freqüência mais comum), acumulando-se as compras do período abrangido, calculando-se o novo preço médio unitário e aplicando-se este ao total acumulado das unidades vendidas no mesmo período para encontrar o CMV correspondente. Assim, o custo médio utilizado para *valorizar* as mercadorias vendidas é sempre influenciado pelo preço *médio* das compras.

Utilizando os dados do exemplo do Tópico 6.4.2, vejamos qual teria sido o valor do estoque final e do CMV se a companhia utilizasse o método de preço ou custo médio corrente.

O estoque inicial era de:

	$
3 u compradas a $ 100 =	300
5 u compradas a $ 105 =	525
8	825

Assim, o custo unitário médio do estoque inicial era de $ 103,12 (utilizando fração para que não ocorram diferenças sensíveis provocadas por aproximação).

A compra do dia 03/05 provoca uma variação no preço unitário médio do estoque, já que o custo unitário da mercadoria comprada é diferente daquele do estoque inicial. Assim, após essa entrada, o novo preço médio seria:

	$
8 u ao custo médio de $ 103,12 =	825
3 u adquiridas a $ 107,00 =	321
11	1.146

O valor total do estoque dividido pela quantidade de unidades estocadas resulta no preço médio de $ 104,18 ($ 1.146 ÷ 11 u). Dessa forma, o custo da venda de 05/05 seria valorizado a $ 104,18 por unidade vendida e totalizaria $ 938,00 ($104,18 × 9 u). Pela venda não haveria qualquer modificação no preço médio unitário e, após a venda, o estoque final seria de $ 208 (2 u ao preço médio de $ 104,18).

Seguindo o mesmo raciocínio, a compra do dia 07/05 faria com que o preço médio unitário passasse a ser de $ 107,00, e nova modificação ocorreria com a compra do dia 08/05, quando o custo médio passaria a ser de $ 107,43 (estoque total de $ 752, representado por 7 unidades estocadas).

A devolução de vendas do dia 10/05 deve ser valorizada ao preço médio unitário existente antes das vendas, já que as mercadorias devem retornar ao estoque pelo mesmo preço pelo qual saíram anteriormente. Assim, as 4 unidades recebidas em devolução devem ser valorizadas ao preço médio de $ 104,18, totalizando $ 417. Para melhor compreensão, calcule qual seria o estoque final em 10/05 se a devolução tivesse sido valorizada erradamente ao preço médio existente nessa data ($ 107,43) e em segunda, compare com o resultado correto obtido considerando se, ao invés de 9 unidades, tivessem sido vendidas apenas 5 unidades em 05/05.

Continuando, após a devolução, a situação do estoque final seria de 11 unidades ao custo total de $ 1.169, resultando o preço médio unitário de $ 106,27.

A venda do dia 15/05 seria valorizada, portanto, a $ 106,27 por unidade, e seu custo total seria de $ 744, restando o estoque de 4 unidades ao preço médio de $ 106,27 cada, no total de $ 425.

A compra de 28/05 provocaria nova modificação no preço médio unitário, que passaria a ser de $ 107,85. A última venda do mês, assim, teria seu custo valorizado por esse preço médio e totalizaria $ 539, restando um estoque final de 2 unidades ao preço médio de $ 108,00* no total de $ 216. Para comprovar esse valor, temos:

	$
Estoque inicial em 01/05/19XA	825
Compras do mês de maio	1.195
	2.020
Custo das mercadorias vendidas	1.804
Estoque final em 31/05/19XA	216

A aplicação do método de preço ou custo médio corrente faria com que a companhia apresentasse para o mês de maio o seguinte resultado bruto:

	$
Valor das vendas (líquido)	3.460
Custo das mercadorias vendidas	1.804
Lucro bruto sobre vendas	1.656

* Algumas vezes é necessário fazer pequenas aproximações no valor do saldo, tendo em vista os arredondamentos feitos quando do cálculo do novo preço médio após cada entrada; em princípio, o saldo em 30/05/19XA deveria ter o mesmo preço unitário de 28/05, visto que não houve qualquer entrada entre essas datas, alterando o preço médio. Mas o saldo em 30/05 ($ 216 ÷ 2 u) oferece um preço unitário sem frações, quando, então, deve ser feita a aproximação necessária.

O emprego desse método também requer o uso de controles permanentes (fichas de estoque). Para ilustrar, a seguir está demonstrada a movimentação da conta de estoque do produto Z, da companhia em referência.

Modelo de ficha de controle de estoque*

PRODUTO: Z

Método de controle: Custo médio corrente

Data	Entradas			Saídas			Saldo		
19XA	Q.	C. Unit.	C. Total	Q.	C. Unit.	C. Total	Q.	C. Total	C. Unit. médio
01/05							8	825	103,12
03/05	3	107,00	321				11	1.146	104,18
05/05				9	104,18	938	2	208	104,18
07/05	2	110,00	220				4	428	107,00
08/05	3	108,00	324				7	752	107,43
10/05				(4)	104,18	(417)	11	1.169	106,27
15/05				7	106,27	744	4	425	106,27
28/05	3	110,00	330				7	755	107,85
30/05				5	107,85	539	2	216	108,00**

Tal como nos outros métodos, no sistema de inventário permanente a contabilização das transações (não indicada aqui para evitar repetições, pois apenas os cálculos são diferentes, não variando o mecanismo contábil) deve ser feita logo após a escrituração da ficha de controle, da forma já demonstrada no Tópico 6.4.2.

Comentários:

- *Quanto ao tipo de estoque:* Devido ao fato de ser facilmente aplicável, esse método é indicado para os tipos de estoque que têm grande movimentação de compra e venda, sendo bem menos trabalhoso que os métodos PEPS e UEPS, nos quais o controle é feito de acordo com o preço de cada lote de compra. Na prática, é o método mais utilizado pelas empresas em geral.

* Na atualidade, é cada vez mais comum o uso de computador para controlar os estoques, dispensando as fichas de controle escrituradas manualmente.

** Vide nota de rodapé da página anterior.

– *Quanto aos efeitos no resultado do exercício:* Quando empregado para valorizar estoques de alta rotação, o custo médio corrente permite um razoável equilíbrio entre o estoque final e o custo das mercadorias vendidas. Para estoques de pouca rotação (poucas compras durante o exercício), sua aplicação sofre algumas limitações em regime de inflação, já que, se os preços sobem entre uma compra e outra, o custo médio final fica afetado pela média entre o preço antigo e o mais recente, o que faz com que o custo unitário fique inferior ao preço atual. Como conseqüência, a valorização das vendas é feita por um custo baixo, o que provocará um aumento no resultado. Em regime de deflação, ocorre o efeito oposto.

6.4.5 – Comparação dos resultados obtidos pela aplicação de cada método de valorização de estoques

Como dissemos no Tópico 6.3, a determinação do custo unitário de cada tipo de estoque é assunto de grande importância para as empresas que transacionam com mercadorias. A simples comparação entre os diferentes resultados obtidos pela aplicação de cada método, conforme resumido abaixo, demonstra como o resultado de um exercício pode ser afetado pela utilização de qualquer um deles.

	Método aplicado		
	PEPS	**UEPS**	**Custo médio corrente**
	$	$	$
Estoque final	220	200	216
Custo das mercadorias vendidas	1.800	1.820	1.804
Lucro bruto sobre vendas	1.660	1.640	1.656

Deve ser observado que, para todos os métodos, as entradas são sempre registradas pelo valor de custo de aquisição das mercadorias mas, de acordo com o método de controle adotado, o estoque final pode resultar diferente.

6.5 – SISTEMA DE INVENTÁRIO PERIÓDICO: MÉTODOS DE VALORIZAÇÃO DE ESTOQUES

Vimos que a principal diferença entre os sistemas de inventário periódico e permanente é que, enquanto neste último os estoques são continuamente controlados, no primeiro o estoque final é encontrado apenas periodicamente, pela contagem física das quantidades existentes em estoque.

Pela contagem física, a companhia que utiliza o sistema de inventário periódico obtém apenas as quantidades em estoque. Para valorizar essas quantidades, será necessário multiplicá-las pelo custo unitário de cada tipo de estoque, apurando, assim, o valor total do estoque final.

No entanto, uma vez que a companhia não mantém controles atualizados pelo sistema de inventário periódico (fichas em quantidades e valores), o que deverá ser feito para apurar o custo unitário de cada tipo de mercadoria, de forma a valorizar o estoque final e, pela diferença, encontrar o custo das mercadorias vendidas?

Os métodos para encontrar o custo unitário dos estoques pelo sistema de inventário periódico são, basicamente, os mesmos utilizados no sistema de inventário permanente:

- Custo específico ou identificado;
- Primeiro a entrar, primeiro a sair (PEPS);
- Último a entrar, primeiro a sair (UEPS);
- Preço ou custo médio.

Há diferenças, porém, entre eles, na forma de calcular o custo unitário, conforme veremos a seguir.

6.5.1 – Custo específico ou identificado

Através desse método, a companhia deve controlar o custo de cada unidade adquirida, de acordo com as respectivas especificações. Ao realizar o inventário físico, no final do exercício, as unidades encontradas em estoque devem ser identificadas pelas especificações e, conhecendo-se o custo unitário de cada unidade, obtém-se o valor do estoque final.

Devido às dificuldades normais para identificar o custo de cada unidade, esse método é praticável apenas para estoques de pequena rotação, e de alto custo unitário. De outra forma, os controles necessários para identificar cada unidade tornar-se-iam bastante custosos, desaconselhando o uso do método.

6.5.2 – Primeiro a entrar, primeiro a sair (PEPS)

De acordo com o método PEPS, o primeiro a entrar é o primeiro a sair. Conseqüentemente, as quantidades encontradas através do inventário físico no final do exercício deverão ser valorizadas pelo preço das *últimas* compras.

Para melhor ilustrar, utilizando os dados abaixo, vejamos como o estoque final deve ser valorizado pelo método PEPS.

	Data	Quantidade unidade	Preço unitário $	Preço total $
Estoque inicial em 01/01/19XB	12/12/19XA	2	300	600
	28/12/19XA	3	305	915
		5		1.515
Compras	23/03/19XB	6	310	1.860
	29/07/19XB	5	302	1.510
	08/09/19XB	7	308	2.156
	11/12/19XB	4	315	1.260
		22		6.786

Em 31/12/19XB foi realizado um inventário físico dos estoques e 6 unidades do produto foram encontradas.

Pelo método PEPS, o estoque final deve ser valorizado pelo preço unitário das últimas compras. Assim, o estoque de 6 unidades encontrado em 31/12/19XB deve ser apurado da seguinte maneira:

4 unidades adquiridas em 11/12/19XB a $ 315 cada =	$ 1.260
2 unidades adquiridas em 08/09/19XB a $ 308 cada =	$ 616
6	$ 1.876

Encontrado o estoque final, determinamos o CMV pela fórmula:

CMV = EI + C – EF

CMV = $ 1.515 + $ 6.786 – $ 1.876 = $ 6.425

Supondo que as vendas desse produto em 19XB tivessem montado a $ 11.500, o lucro bruto seria encontrado:

	$
Vendas	11.500
Custo das mercadorias vendidas	6.425
Lucro bruto sobre vendas	5.075

A contabilização das compras (considerando que todas as mercadorias tivessem sido compradas à vista) e do custo das mercadorias vendidas, observada a ordem em que ocorreram, seria efetuada da seguinte forma:

Estoques	
(*) 1.515	6.425 (5)
(1) 1.860	
(2) 1.510	
(3) 2.156	
(4) 1.260	
8.301	6.425
	1.876
8.301	8.301
1.876	

Bancos	
	1.860 (1)
	1.510 (2)
	2.156 (3)
	1.260 (4)
	6.786

CMV	
(5) 6.425	

O método PEPS é o único (com exceção de custo específico ou identificado) que, tanto aplicado no sistema de inventário permanente quanto no sistema de inventário periódico, permite resultados idênticos.

6.5.3 – Último a entrar, primeiro a sair (UEPS)

De acordo com o método UEPS, o último a entrar é o primeiro a sair. No sistema de inventário periódico, como não há controle da movimentação de entradas e saídas, o estoque final é valorizado pela aplicação do preço unitário das *primeiras* compras.

Utilizando os dados do tópico anterior, o valor do estoque final de 6 unidades encontrado por inventário físico em 31/12/19XB seria calculado da maneira abaixo:

	$
2 unidades adquiridas em 12/12/19XA a $ 300 cada =	600
3 unidades adquiridas em 28/12/19XA a $ 305 cada =	915
1 unidade adquirida em 23/03/19XB a $ 310 cada =	310
6	1.825

Tendo o valor do estoque final, encontramos o CMV:

CMV = EI + C – EF
CMV = $ 1.515 + $ 6.786 – $ 1.825 = $ 6.476

* Estoque inicial.

Considerando que as vendas de 19XB foram de $ 11.500, o lucro bruto seria:

	$
Vendas	11.500
Custo das mercadorias vendidas	6.476
Lucro bruto sobre vendas	5.024

A contabilização do custo das vendas seria feita da mesma forma que a demonstrada no tópico anterior, para o método PEPS.

A aplicação do método UEPS no sistema de inventário periódico pode provocar resultados diferentes daqueles obtidos com o mesmo método no sistema de inventário permanente, principalmente em regime de moeda instável. Isso porque, no inventário permanente, apesar de as primeiras compras terem seu preço unitário utilizado por último, pode ocorrer que o preço do estoque inicial e o das compras iniciais venham a ser parcial ou totalmente utilizados durante o exercício, para valorizar o custo de mercadorias vendidas. Assim, o novo preço (mais alto, em caso de inflação) das compras mais antigas seria diferente daquele do estoque inicial.

No sistema de inventário periódico, porém, o preço unitário do estoque inicial e das primeiras compras (preços mais antigos) é obrigatoriamente utilizado para valorizar o estoque final. Conseqüentemente, o valor deste é menor e o custo das mercadorias, maior (também em regime de inflação).

Na prática, a utilização do método UEPS para valorizar estoques controlados pelo sistema de inventário periódico é inviável.

6.5.4 – Preço ou custo médio periódico

Pelo sistema de inventário permanente, um novo preço ou custo médio é apurado regularmente. No sistema de inventário periódico, o custo médio é encontrado apenas no final do ano, considerando-se o total do estoque inicial mais as compras do exercício inteiro, dividido pela quantidade inicialmente estocada mais as compradas.

Utilizando os dados do Tópico 6.5.2, o custo médio periódico seria encontrado:

	Quantidade (Unidade)	Valor $
Estoque inicial	5	1.515
Compras do exercício	22	6.786
	27	8.301

O custo médio periódico seria, portanto, de $ 307,44 por unidade ($ 8.301 ÷ 27 unidades). Utilizando esse preço médio para valorizar o estoque final, teríamos:

6 unidades ao custo médio de $ 307,44 = $ 1.845

Conhecendo o valor do estoque final, encontraríamos o CMV;

CMV = EI + C – EF
CMV = $ 1.515 + $ 6.786 – $ 1.845 = $ 6.456

Finalmente, considerando $ 11.500 como o valor das vendas, teríamos o seguinte lucro bruto:

	$
Vendas	11.500
Custo das mercadorias vendidas	6.456
Lucro bruto sobre vendas	5.044

A contabilização do custo das vendas seria feita de forma idêntica à dos outros dois métodos, ou seja: débito de custo das mercadorias vendidas e crédito de estoque.

Embora os métodos de custo médio corrente e custo médio periódico sejam, semelhantes entre si, os resultados obtidos pela aplicação de cada um deles são diferentes, já que, pelo custo médio periódico, as quantidades e os preços de compra de mercadorias já vendidas também são computados no cálculo. Em períodos de inflação, e em casos em que o estoque inicial é elevado e as compras são efetuadas em maior volume no início do ano, o fato faz com que o custo unitário médio se mantenha reduzido, influenciado pelos preços mais antigos. Conseqüentemente, o estoque final é calculado a um custo unitário menor, fazendo com que a companhia obtenha menores resultados, pois o custo das vendas é maior. No sistema de inventário permanente, o custo médio corrente, por sua vez, permite que o custo das mercadorias vendidas seja apurado logo após a realização de cada venda, reduzindo as quantidades em estoque. Pela entrada de compras efetuadas a preços mais recentes, já que as quantidades anteriores são menores, o custo médio tende a se elevar, fazendo com que o estoque final seja maior e, portanto, o custo das vendas seja menor, aumentando o resultado.

A principal desvantagem do sistema de inventário periódico é que apenas esporadicamente a administração da companhia fica conhecendo seus resultados, nas ocasiões em que o CMV é apurado, ao passo que, pelo sistema de inventário permanente, a evolução do resultado da companhia pode ser acompanhada em bases mensais, permitindo decisões de natureza corretiva em tempo hábil.

6.5.5 – Comparação dos resultados obtidos pela aplicação de cada método de valorização de estoques

A aplicação de cada um dos métodos de cálculo do valor do estoque, no sistema de inventário periódico, também provoca a obtenção de diferentes resultados. Comparando os resultados obtidos conforme os Tópicos 6.5.2 a 6.5.4. acima, temos:

	Método aplicado		
	PEPS	UEPS	Custo médio periódico
Estoque final	1.876	1.825	1.845
Custo das mercadorias vendidas	6.425	6.476	6.456
Lucro bruto sobre vendas	5.075	5.024	5.044

O lucro bruto obtido através da valorização do estoque final pelo método PEPS seria o maior dos três métodos; pelo método UEPS seria o menor; e pelo custo médio periódico o resultado bruto ficaria situado entre os resultados dos dois métodos anteriores.

6.6 – O PROBLEMA DAS DIVERGÊNCIAS ENTRE ESTOQUE FÍSICO E CONTÁBIL

6.6.1 – Apuração das divergências através de inventários físicos

No sistema de inventário permanente, as compras e vendas de mercadorias normalmente são controladas contabilmente, através de fichas de controle de estoque, uma para cada tipo de mercadoria. No final do exercício, a soma dos saldos de todas as fichas de controle deve resultar em valor igual ao saldo das contas de estoques na contabilidade. Antes desse confronto, porém, a companhia deverá verificar se as fichas de controle de estoque estão acusando quantidades realmente existentes fisicamente, já que é sempre possível a existência de erros, ou mesmo desvio de mercadorias. Para tanto, a companhia deverá efetuar inventários físicos, que consistem na contagem de todos os itens em estoque. Feito esse levantamento, as quantidades encontradas são confrontadas com aquelas indicadas nas fichas de estoque e as diferenças (sobras e faltas) apuradas são registradas nas fichas, em quantidades e valores.

Após o ajuste das fichas de controle, a soma dos saldos indicados nelas, é confrontada com os registros contábeis e, havendo divergências, são efetuados os ajustes contábeis necessários. Dessa maneira, o valor dos estoques registrado na contabilidade fica correspondendo exatamente às quantidades físicas realmente existentes, calculadas pelo método adotado pela companhia (PEPS, UEPS, etc.).

Por outro lado, no sistema de inventário periódico, a diferença entre o estoque final (valorizado pelos métodos PEPS, custo médio, etc.) e o saldo da conta de estoques (estoque inicial mais compras) representará o custo das mercadorias vendidas. Se somente esse controle for adotado, a companhia terá poucas condições de verificar a existência de desvios irregulares de mercadorias, porque não há com que comparar as quantidades encontradas pelo inventário físico. Em vista disso, e para melhor controlar a movimentação dos seus estoques, muitas empresas que adotam o sistema de inventário periódico controlam seus estoques através de fichas, nas quais são registradas apenas as quantidades de entradas e saídas, e não os valores. Dessa forma, as quantidades encontradas através do inventário físico podem ser confrontadas com as demonstradas pelas fichas de controle, e as faltas porventura encontradas podem ser investigadas.

6.6.2 – Contabilização das divergências entre estoque físico e contábil

Quando o resultado dos inventários físicos, comparado com os controles contábeis, evidencia a existência de diferenças, estas devem ser contabilizadas. Através dos dados do exemplo a seguir, vejamos como deve ser feita a contabilização das diferenças (sobras e faltas).

	Quantidades (em unidades)				Valor total	
Produto	Controles contábeis	Contagem física	Sobras ou (faltas)	Custo unitário	Sobras	Faltas
				$	$	$
C-02	7	8	1	2	2	–
C-07	40	45	5	6	30	–
C-09	98	90	(8)	10	–	80
C-10	15	15		2	–	–
C-18	130	128	(2)	11	–	22
					32	102

A contabilização deveria ser feita da seguinte forma:

	Débito $	Crédito $
Estoques		
Produto C-02	2	
Produto C-07	30	
Custo das mercadorias vendidas	70	
a		
Estoques		
Produto C-09		80
Produto C-18		22
	102	102

Em conta T, teríamos:

Estoque Produto C-02

Débito	Crédito
(*) 14	
(1) 2	
16	

Estoque Produto C-07

Débito	Crédito
(*) 240	
(1) 30	
270	

Estoque Produto C-09

Débito	Crédito
(*) 980	80 (1)
	900
980	980
900	

Estoque Produto C-18

Débito	Crédito
(*) 1.430	22 (1)
	1.408
1.430	1.430
1.408	

Custo das mercadorias vendidas

Débito	Crédito
(1) 70	

* Saldo antes dos ajustes.

O valor da diferença entre as sobras e as faltas deve ser lançado na conta de custo das mercadorias vendidas, devido à suposição de que essas divergências são basicamente resultantes de enganos na contabilização da baixa de estoques por vendas. Assim, através dos ajustes de inventário físico, o saldo da conta de custo das mercadorias vendidas estaria sendo regularizado. Entretanto, quando as diferenças acusadas por inventário físico forem substanciais e anormais, as causas devem ser investigadas e, na eventualidade de se comprovar que não se relacionam com as operações normais da companhia, o valor apurado deve ser considerado como perda não operacional (explicada no Capítulo 8).

6.7 – VALORIZAÇÃO DE ESTOQUES E A LEGISLAÇÃO DO IMPOSTO DE RENDA

Embora tenhamos explicado acima os métodos mais comuns de valorização dos estoques, tanto pelo sistema de inventário permanente como pelo de inventário periódico, no Brasil quase todas as empresas utilizam o método de preço ou custo médio corrente e, em menor escala, o método PEPS, em virtude desses dois métodos serem os únicos aceitos para fins fiscais (uma vez que o valor do estoque final determina também o custo das mercadorias vendidas, e este afeta diretamente o resultado do exercício, que por sua vez é a base para a tributação do imposto de renda).

É claro que uma companhia pode utilizar o método que lhe for mais conveniente. Mas, para atender ao fisco, o estoque final deve ser *também* apurado por um dos dois métodos referidos e a eventual diferença, se provocar redução do resultado, será considerada como um valor não dedutível para fins de imposto de renda.

Anexo 6

Exercício nº 24

CIA. PÓLO NORTE

No final do exercício de 19XE, a Cia. Pólo Norte apresentava os seguintes valores:

Estoque inicial: $ 12.000
Compras do exercício: $ 63.000
Estoque final: $ 7.000

Pede-se:

a) Calcular o valor do custo das mercadorias vendidas.
b) Fazer o lançamento de contabilização do custo das vendas do exercício.

Exercício nº 25

CIA. PÓLO SUL

Ao fazer uma contagem física do produto Y, em 31/12/19XD, data de encerramento do exercício social, a Cia. Pólo Sul encontrou 25 unidades em estoque. As compras desse produto, durante 19XD, foram as seguintes:

Data	Custo unitário $	Quantidades unidades	Custo total $
06/05	350	40	14.000
08/09	365	10	3.650
02/11	382	5	1.910
			19.560

Sabendo-se que a companhia utiliza o método PEPS de valorização de estoques, pede-se:

a) Determinar o valor do estoque final (em 31/12/19XD);
b) Determinar o custo das mercadorias vendidas no exercício, o estoque inicial é de $ 12.000;
c) Fazer a contabilização do CMV do exercício.

Exercício nº 26

Sendo o estoque de $ 18.000, o CMV de $ 93.000, qual o valor do estoque inicial, sabendo-se que as compras do exercício montaram a $ 48.000?

Exercício nº 27

Ao valorizar a contagem física do produto M realizada em 31/12/19XB, o contador de uma companhia chegou às seguintes informações:

	$
Valor do estoque final existente, de acordo com a contagem física	39.000
Valor do estoque final, de acordo com a conta de estoque na contabilidade	42.000

Pede-se fazer o lançamento ajustando o estoque contábil ao estoque físico real.

Exercício nº 28

Utilizando os dados indicados a seguir, encontrar para o produto Beta o valor do estoque final, do custo das mercadorias vendidas e do lucro bruto sobre vendas, comparando os resultados obtidos:

1. Pelo sistema de inventário permanente:
   a) Método PEPS;
   b) Método de custo médio corrente.

2. Pelo sistema de inventário periódico:
   a) Método PEPS;
   b) Método de custo médio periódico.

Nota: Para todos os métodos pelo sistema de inventário periódico deverá ser feita a contabilização das transações, supondo que todas elas tenham sido realizadas à vista.

DADOS

	Data	**Quantidade (Unidades)**	**Preço unitário $**	**Valor total $**
Estoque Inicial	27/11/19XB	3	200	600
	30/12/19XB	1	220	220
		4		820
Compras	28/02/19XC	6	220	1.320
	29/04/19XC	10	215	2.150
	05/09/19XC	8	225	1.800
	18/11/19XC	4	226	904
		28		6.174
Vendas	15/01/19XC	4	450	1.800
	18/03/19XC	2	450	900
	05/05/19XC	8	470	3.760
	30/06/19XC	5	470	2.350
	10/11/19XC	10	480	4.800
		29		13.160
Devoluções de vendas:				
Referente à venda de 05/05/19XC	10/05/19XC	3	470	1.410
Referente à venda de 10/11/19XC	17/11/19XC	2	480	960
		5		2.370

Exercício nº 29

Utilizando os dados a seguir, encontrar para o produto Zeta o valor do estoque final, o custo das mercadorias e o lucro bruto sobre vendas, comparando os resultados obtidos:

1. Pelo sistema de inventário permanente:
   a) Método PEPS;
   b) Método de custo médio corrente.
2. Pelo sistema de inventário periódico:
   a) Método PEPS;
   b) Método de custo médio periódico.

Nota: Para todos os métodos pelo sistema de inventário permanente deverá ser feita a contabilização das transações, supondo que todas elas tenham sido realizadas a prazo.

DADOS	Data	Quantidade (kg)	Preço unitário $	Valor total $
Estoque inicial	08/10/19XD	100	100	10.000
	02/12/19XD	150	105	15.750
		250		25.750
Compras	03/02/19XE	200	108	21.600
	08/05/19XE	300	105	31.500
	13/08/19XE	450	100	45.000
	20/11/19XE	150	115	17.250
		1.100		115.350
Vendas	31/01/19XE	230	250	57.500
	08/03/19XE	180	250	45.000
	09/06/19XE	270	245	66.150
	30/11/19XE	480	250	120.000
		1.160		288.650
Devolução de venda: Referente à venda de 09/06/19XE	15/06/19XE	40	245	9.800

7
O balanço patrimonial

7.1 – INTRODUÇÃO

Como já dissemos no Capítulo 3, as empresas costumam levantar regularmente balancetes de verificação. Estes, entretanto, têm valor apenas para efeito interno de controle. Neste e nos capítulos seguintes veremos como transformar o balancete de verificação em demonstrações financeiras, iniciando pelo balanço patrimonial.

7.2 – CONCEITO E OBJETIVOS

Um balanço patrimonial consiste na apresentação dos saldos respectivos de todas as contas da contabilidade de uma companhia em uma determinada data, dispostos em forma relativamente padronizada, com a finalidade de permitir, a quem o analisa, uma visualização rápida da posição econômica-financeira dessa companhia naquela data.

Em resumo, o balanço patrimonial representa uma "fotografia" da empresa em determinada data, expressa em valores monetários.

Os balanços patrimoniais podem ser levantados para qualquer data desejada. Entretanto, o balanço patrimonial que as empresas devem levantar na data de encerramento de seus respectivos exercícios sociais é aquele considerado como o oficial do exercício, para todos os efeitos, inclusive os legais.

No Tópico 3.4.6, apresentamos um balancete de verificação (Cia. Florada), demonstrando apenas o resultado entre as despesas e as receitas de um exercício. O balanço patrimonial consiste em dispor essas contas em grupos, de acordo com sua natureza, sob o ponto de vista monetário.

O balanço patrimonial é demonstrado em duas partes: ativo e passivo.

O ativo

No ativo são classificadas todas as contas que representam bens, direitos e valores a receber, ou seja, aquelas contas representativas dos ativos propriamente ditos da companhia.

O passivo

No passivo são classificadas as contas que representam os dois outros componentes básicos da contabilidade: o passivo exigível e o patrimônio líquido.

Até aqui, demos ênfase especial à separação entre esses dois componentes. Mas, na realidade, a soma deles forma o passivo propriamente dito de uma companhia, embora dentro do passivo esses componentes estejam claramente separados, como veremos adiante.

Dessa forma, a equação do balanço pode ser assim resumida:

ATIVO = PASSIVO

Portanto, deste ponto em diante, quando falarmos em passivo estaremos nos referindo à soma do passivo exigível com o patrimônio líquido.

7.3 – GRUPOS DE CONTAS DO BALANÇO PATRIMONIAL

Vimos que o balanço patrimonial consiste na apresentação das contas classificadas por grupos, de acordo com sua natureza e sob o ponto de vista monetário.

No Brasil, a Lei nº 6.404 de 15 de dezembro de 1976 (Lei das Sociedades por Ações) padronizou o título de cada grupo do balanço. Assim, o balanço patrimonial deve ser apresentado com as contas classificadas nos seguintes grupos:

No ativo

Circulante
Realizável a longo prazo
Permanente
— Investimentos
— Imobilizado
— Diferido

No passivo

Circulante
Exigível a longo prazo
Resultados de exercícios futuros
Patrimônio líquido

Deve ser observado que a apresentação das contas do ativo em grupos obedece a uma ordem decrescente de grau de liquidez, ou seja, a maior ou menor facilidade com que determinados bens são transformados em numerário.

Assim, o critério de classificação das contas, dentro de cada grupo do ativo, está diretamente relacionado com os fatores: *tempo, intenção e dinheiro.*

O título de cada grupo indica qual o *tempo* necessário à companhia para transformar seus ativos em *dinheiro*, de acordo com suas *intenções* (existem bens que a companhia não deseja transformar em dinheiro, em virtude de sua própria utilidade como bens).

Por outro lado, as contas do passivo são inseridas em cada grupo, conforme representem ou não exigibilidades para a companhia. Em caso afirmativo, a classificação se fará de acordo com o prazo que a companhia terá para pagar suas dívidas. Se as contas, entretanto, não representarem exigibilidades, serão classificadas como patrimônio líquido, com exceção das contas classificadas como resultados de exercícios futuros, como veremos mais adiante.

A seguir, analisaremos mais detalhadamente a natureza das contas que devem ser classificadas dentro de cada grupo do ativo e do passivo.

7.4 – ATIVO CIRCULANTE

7.4.1 – Conceito de ativo, passivo e capital circulante

É oportuno, neste estágio, explicar, além do conceito de ativo circulante, também o conceito de passivo circulante e de capital circulante.

7.4.1.1 – Ativo circulante

O termo *ativo circulante* diz respeito ao processo de transformar dinheiro em mais dinheiro, através da sua aplicação no negócio da empresa, dentro do seu ciclo operacional. Por exemplo, em uma empresa comercial, o processo seria o seguinte:

- Usar o ativo dinheiro para comprar ativos mercadorias;
- Vender as mercadorias dentro de um determinado prazo, por um preço à vista superior ao de compra, transformando-as de novo em ativo dinheiro; ou
- Vender as mercadorias a prazo, transformando-as em valores a receber e, posteriormente, receber esse ativo novamente sob a forma de dinheiro.

Dentro do processo, portanto, o dinheiro *circulou* sob diversas formas, voltando a ser dinheiro após algum tempo. Esse tempo de circulação, por sua vez, ocorre dentro do ciclo operacional explicado a seguir.

O *ciclo operacional* de uma empresa pode ser entendido como o período compreendido entre o momento da aplicação de recursos de qualquer tipo no processo produtivo e/ou comercial, até a ocasião do recebimento do numerário proveniente da venda do bem ou serviço originado do referido processo. Na maioria absoluta das empresas, esse ciclo se completa no prazo máximo de um ano (embora dentro desse período o processo de circulação possa ocorrer inúmeras vezes, o que é chamado de "giro"), razão por que convencionou-se que no ativo circulante classificam-se todos os bens, direitos e valores a receber que são ou serão convertidos em dinheiro no prazo máximo de um ano, ou seja, no decorrer do exercício subseqüente.

Pode ocorrer, entretanto, que algumas empresas estejam em um ramo de atividade cujo ciclo operacional não se completa em apenas um ano. Nesse caso, o prazo de realização considerado para o ativo circulante será igual àquele do ciclo operacional da empresa, e não de um ano. Na prática, é muito raro encontrar casos de empresas com ciclo operacional superior a um ano.

7.4.1.2 – Passivo circulante

O termo *passivo circulante* guarda integral relação com o ativo circulante porque, via de regra, representa dívidas e compromissos assumidos pela empresa dentro do processo de transformar dinheiro em mais dinheiro.

Por exemplo, se uma empresa não tem dinheiro para comprar todo o estoque que acredita poder vender, então:

- Compra mercadorias a prazo, assumindo uma dívida com o fornecedor;
- Vende as mercadorias por um preço superior ao de compra, recebendo o dinheiro no ato ou posteriormente;
- Com o dinheiro da venda, paga o fornecedor das mercadorias e ainda fica com um saldo, representando o lucro;

— Esse dinheiro (lucro) é novamente usado para comprar estoque e, assim, sucessivamente, ocorre a circulação dos ativos e dos passivos.

Portanto, as dívidas de uma empresa são classificadas no passivo circulante se forem exigíveis no prazo máximo de um ano. Ou, se o ciclo operacional da empresa for superior a esse prazo, o passivo circulante adotará o mesmo prazo usado para o ativo circulante.

7.4.1.3 – Capital circulante

Finalmente, o termo *capital circulante* representa o excesso de ativos circulantes sobre os passivos circulantes.

Assim, quando a soma dos bens, direitos e valores a receber que vencem dentro de um ano for superior à soma das dívidas exigíveis dentro desse mesmo prazo, a diferença representa o capital circulante da empresa (também conhecido como *capital de giro*, porque o dinheiro gira diversas vezes dentro do ciclo operacional).

Por outro lado, se o contrário ocorrer (passivos circulantes superiores aos ativos circulantes), a empresa terá uma deficiência de capital circulante, fenômeno também conhecido como *capital de giro negativo.*

7.4.2 – Ativos classificados no circulante

No ativo circulante são classificadas, portanto, as contas representativas de :

— Disponibilidades;
— Direitos realizáveis no curso do exercício social subseqüente;
— Aplicações de recursos em despesas do exercício seguinte (ou despesas pagas antecipadamente).

7.4.3 – Disponibilidades

Disponibilidades representam o numerário à disposição da companhia a qualquer tempo, sob a forma de dinheiro em poder da empresa ou em poder de bancos.

A quantia guardada pela empresa em seus cofres, em determinada data, deve ser exatamente igual ao saldo da conta caixa nessa mesma data. Como esse dinheiro pode ser utilizado a qualquer momento pela firma, a conta caixa é considerada uma disponibilidade.

Da mesma maneira, o montante em dinheiro que a empresa tem guardado em bancos em determinada data deve corresponder ao saldo da conta de bancos nessa mesma data. Desejando utilizar esse dinheiro, basta emitir um cheque (ou ordem de pagamento). Portanto, o dinheiro em bancos está à disposição da companhia, e a conta "bancos-conta de movimento" é representativa de disponibilidade.

Por outro lado, as sobras temporárias de numerário guardado em banco costumam ser aplicadas por prazos curtíssimos, para obter receita financeira e evitar a desvalorização do dinheiro. Essas aplicações financeiras também são consideradas disponibilidades, embora não estejam em conta de movimento, em função do prazo de resgate quase que corresponder a uma conta corrente bancária.

A seguir, abordaremos certas particularidades de contas classificadas como disponibilidades.

7.4.3.1 – Caixa

Como vimos, a conta caixa é utilizada para registrar a movimentação de dinheiro em espécie realizada pela companhia. Para ilustrar, suponhamos as seguintes transações:

1. Recebimento de duplicatas a receber, em dinheiro: $ 5.000.
2. Pagamento de despesas diversas, em dinheiro: $ 500.

Os lançamentos em conta T para o registro dessas transações seriam:

Caixa		**Duplicatas a receber**		**Despesas diversas**	
(1) 5.000	500 (2)		5.000 (1)	(2) 500	
	4.500				
5.000	5.000				
4.500					

7.4.3.2 – *Fundo fixo*

Existem algumas empresas que, por razões de controle interno, não utilizam a conta caixa, fazendo todos os seus pagamentos através de cheques e depositando em banco diária e integralmente os recebimentos ocorridos. Dessa forma, praticamente não há transações em dinheiro. No entanto, todas as empresas necessitam manter uma determinada quantia em seu poder, para atender a pequenas despesas, tais como condução, selos, materiais de escritório de pequeno valor, etc.

Para tanto, a companhia estabelece uma determinada quantia em dinheiro, que é entregue a um funcionário responsável, sendo todos os pagamentos de pequena monta em espécie realizados por intermédio desse fundo. A quantia normalmente é fixa e, quando os pagamentos atingem uma determinada importância, o valor gasto é reembolsado ao responsável. Esse sistema é conhecido por *fundo fixo, fundo rotativo** ou *pequeno caixa,* entre outros termos.

Através do sistema de fundo fixo, a qualquer momento o responsável pelo numerário deve ter em seu poder o valor que lhe foi entregue, podendo essa quantia ser composta tanto por dinheiro em espécie quanto por comprovantes de despesas efetuadas. Periodicamente, os comprovantes são entregues à companhia e o valor correspondente às despesas é reembolsado ao responsável pelo fundo.

Os procedimentos contábeis básicos para o funcionamento do fundo fixo são descritos a seguir.

Constituição do fundo fixo

Supondo-se que o valor estabelecido e entregue ao responsável pelo fundo fixo fosse de $ 3.000, o lançamento contábil seria:

Fundo fixo	
3.000	

Bancos	
	3.000

Reembolso de despesas pagas pelo fundo fixo

Os métodos mais freqüentemente encontrados de contabilizar o reembolso do fundo fixo são:

* Embora o fundo *fixo* e fundo *rotativo* pareçam nomes opostos para o mesmo sistema, alguns chamam esse pequeno caixa de fundo *fixo* por ser, o seu valor, preestabelecido. Os que o chamam de fundo rotativo não estão se referindo ao valor do fundo, mas à rotação do dinheiro, que sai para o pagamento de pequenas despesas sendo, posteriormente, devolvido ao responsável.

– Movimentar a conta de fundo fixo;
– Fazer um lançamento direto nas contas definitivas.

Contabilização do reembolso movimentando a conta de fundo fixo

Através desse método, o valor dos pagamentos inicialmente é creditado à conta de fundo fixo (a débito das contas de despesas correspondentes) e, em seguida, o valor do reembolso (que é igual ao montante das despesas) é debitado à mesma conta (a crédito de bancos), recompondo o valor fixo do fundo.

Continuando o exemplo acima (constituição do fundo fixo estabelecido em $ 3.000), suponhamos que as seguintes despesas tenham sido efetuadas durante um determinado período:

Natureza do gasto	**Valor** $	**Tipo de despesa**
Gastos com condução	500	Despesas diversas
Gasto com selos	70	Despesas diversas
Lanches para o pessoal do escritório	150	Despesas diversas
Material de escritório	430	Despesas com material de escritório
Total dos gastos	1.150	

O valor total de $ 1.150 é reembolsado ao responsável pelo fundo fixo (contra a apresentação e entrega dos comprovantes dos gastos efetuados) através de um cheque naquele montante, o qual é imediatamente descontado no banco.

A contabilização do reembolso movimentando a conta de fundo fixo seria a seguinte (obedecendo à ordem de registrar primeiro as despesas e depois o reembolso):

Fundo fixo

Débito	Crédito
(Saldo) 3.000	1.150 (1)
(2) 1.150	
4.150	1.150
	3.000
4.150	4.150
3.000	

Bancos

Débito	Crédito
	1.150 (2)

Despesas diversas	
(1) 720	

Despesas com material de escritório	
(1) 430	

Contabilização pelo lançamento direto nas contas definitivas

Por esse método, o valor das despesas é debitado às contas respectivas e creditado diretamente à conta de banco contra o qual o cheque de reembolso foi sacado. A contabilização seria:

Bancos	
	1.150

Despesas diversas	
720	

Despesas com material de escritório	
430	

Como se observa, por esse método a conta de fundo fixo não é movimentada, o que somente ocorre quando há aumento, diminuição ou extinção do valor do fundo.

Vale ressaltar que o sistema de fundo fixo também pode ser utilizado conjuntamente com o sistema de caixa. Nesse caso, as transações efetuadas pelo caixa seriam limitadas às operações de maior valor, enquanto o fundo fixo seria destinado a pagamentos de pequena monta. Em grandes empresas, pode ser utilizado o sistema de um caixa central (recebedor e pagador) para operações de vulto, sendo estabelecidos diversos fundos fixos, entregues à responsabilidade de determinados setores (setor de compras, secretaria geral, etc.), com o objetivo de reduzir o trabalho do caixa central e facilitar os pequenos gastos.

7.4.3.3 – Bancos - conta de movimento e reconciliações bancárias

Uma reconciliação bancária, preparada para uma determinada data, consiste em investigar e explicar as diferenças encontradas entre o saldo da conta de determinado banco, de acordo com os registros contábeis da empresa, e o saldo apresentado pelos registros contábeis do banco, resumidos no extrato da conta* com a referida empresa. As reconciliações bancárias

* Extrato bancário ou extrato de conta é uma cópia da ficha contábil através da qual o banco controla as transações com a companhia.

representam excelente instrumento de controle interno para uma companhia e todo estudante de contabilidade deve aprender a prepará-las.

Existem três formas de preparar uma reconciliação bancária para uma determinada data:

- Partindo do saldo dos registros contábeis da empresa (razão) para chegar ao do extrato bancário;
- Partindo do saldo do extrato para chegar ao do razão;
- Partindo do saldo do razão e do extrato para chegar a um saldo comum.

Essas três formas são explicadas mais adiante.

Procedimentos a serem seguidos na preparação de reconciliações bancárias

Apresentados em seqüência, os procedimentos básicos são:

1. Obter do banco escolhido* para reconciliação o extrato bancário correspondente ao período a ser reconciliado (por exemplo: de 1 a 30 de abril).
2. Fazer uma comparação entre os lançamentos efetuados pelo banco no extrato, referentes às transações com a companhia naquele período, e aqueles efetuados pela companhia no mesmo período, referentes às transações com o banco. Não deve ser esquecido que qualquer débito lançado pela Companhia B, na sua ficha de razão do Banco A, corresponde, na contabilidade do Banco A, a um crédito na conta da Companhia B. Exemplificando, suponha que a Companhia B efetue um depósito em dinheiro de $ 5.000 no Banco A, proveniente da cobrança de uma duplicata. Para a Companhia B, o lançamento contábil seria:

Bancos - conta de movimento Banco A

5.000	

Duplicatas a receber

	5.000

O Banco A, ao receber o depósito, deverá fazer o seguinte lançamento em sua própria contabilidade:

Caixa

5.000	

Depósitos à vista Companhia B

	5.000

* Na prática, todas as contas bancárias devem ser reconciliadas mensalmente com os extratos recebidos dos bancos, como um ótimo meio de controle interno.

Dessa forma, enquanto para a companhia o depósito efetuado representa um aumento das disponibilidades, para o banco, o mesmo depósito representa também uma exigibilidade (se a companhia emitir um cheque, o banco deverá pagá-lo).

Assim, um débito nos registros da companhia corresponde a um crédito no extrato bancário, e vice-versa.

3. Verificadas as divergências, relacioná-las, separando-as em quatro grupos distintos:

a) **Débitos no razão não correspondidos no extrato bancário** (Exemplo: um depósito efetuado pela companhia e que o banco não contabilizou.)

b) **Créditos no razão não correspondidos no extrato bancário** (Exemplo: um cheque emitido pela companhia, cujo favorecido não o apresentou ao banco para desconto.)

c) **Débitos no extrato bancário não correspondidos no razão** (Exemplo: um cheque emitido pela companhia e que por qualquer razão não foi contabilizado por ela, tendo sido pago e contabilizado pelo banco.)

d) **Créditos no extrato bancário não correspondidos no razão** (Exemplo: um depósito efetuado pela companhia e que, por uma falha sua, deixou de ser contabilizado por ela, tendo sido acatado pelo banco.)

4. Reconciliar os saldos, utilizando uma das formas explicadas abaixo:

a) Partindo do saldo do razão:

	$
Saldo do razão	5.000
Mais	
Créditos no razão não correspondidos no extrato	6.000
Créditos no extrato não correspondidos no razão	500
Menos	
Débitos no razão não correspondidos no extrato	2.000
Débitos no extrato não correspondidos no razão	1.500
Saldo do extrato	8.000

b) Partindo do saldo do extrato:

	$
Saldo do extrato	
Mais	8.000
Débitos no razão não correspondidos no extrato	2.000
Débitos no extrato não correspondidos no razão	1.500
Menos	
Créditos no razão não correspondidos no extrato	6.000
Créditos no extrato não correspondidos no razão	500
Saldo do razão	5.000

c) Partindo do saldo do razão e do extrato, para chegar a um saldo comum:

	$
A – Saldo do razão	5.000
Mais	
Créditos no extrato não correspondidos no razão	500
Menos	
Débitos no extrato não correspondidos no razão	1.500
Saldo comum	4.000

	$
B – Saldo do extrato	8.000
Mais	
Débitos no razão não correspondidos no extrato	2.000
Menos	
Créditos no razão não correspondidos no extrato	6.000
Saldo comum	4.000

5. Reconciliados os saldos e identificadas as divergências, a companhia deverá providenciar a contabilização dos valores que não haviam sido registrados anteriormente (mas que o foram pelo banco), e aguardar que o banco contabilize os valores que deixou de registrar (e que a companhia já havia contabilizado).

Exemplo de reconciliação bancária

Tomando por base a ficha de razão da Companhia Amarela e o extrato bancário recebido do Banco Azul S.A., ambos referentes às transações do mês de setembro de 19XA e reproduzidos abaixo, vejamos como deve ser feita a reconciliação bancária.

EXTRATO DE CONTA BANCÁRIA DO BANCO AZUL

BANCO AZUL S.A.
Conta: Cia. Amarela

Data	Histórico	Débito	Crédito	Saldo	D/C
31/08/19XA	Saldo transportado			13.490	C
01/09/19XA	Cheque 1339	200		13.290	C
05/09/19XA	Cheque 1340	5.000		8.290	C
05/09/19XA	Depósito nº 27530		12.000	20.290	C
07/09/19XA	Nosso aviso de débito nº 333	360		19.930	C
08/09/19XA	Nosso aviso de crédito nº 736		6.000	25.930	C
16/09/19XA	Cheque 1342	6.500		19.430	C
18/09/19XA	Depósito nº 30412		3.250	22.680	C
22/09/19XA	Nosso aviso de débito nº 497	1.500		21.180	C
30/09/19XA	Nosso aviso de crédito nº 1045		7.000	28.180	C
30/09/19XA	Nosso aviso de débito nº 698	420		27.760	C

FICHA DE RAZÃO DA CIA. AMARELA

CIA. AMARELA
Conta: Banco Azul S.A.

Data	Histórico	Débito	Crédito	Saldo	D/C
31/08/19XA	Saldo transportado			13.490	D
01/09/19XA	Cheque 1339		200	13.290	D
05/09/19XA	Cheque 1340		5.000	8.290	D
05/09/19XA	Depósito nº 27530	12.000		20.290	D
08/09/19XA	Seu aviso de crédito nº 736	6.000		26.290	D
17/09/19XA	Depósito nº 30.412	3.250		29.540	D
22/09/19XA	Seu aviso de débito nº 497		1.500	28.040	D
26/09/19XA	Cheque 1341		6.500	21.540	D

Após a conferência entre o extrato e o razão e verificadas as divergências entre ambos, a reconciliação bancária seria preparada pela companhia da seguinte forma, partindo do saldo do razão:

COMPANHIA AMARELA
FOLHA DE RECONCILIAÇÃO BANCÁRIA*
Banco: Banco Azul S.A. – **Mês:** Setembro de 19XA

	$
Saldo do razão em 30/09/19XA**	21.540
Mais	
Créditos no razão não correspondidos no extrato	
26/09/19XA – Cheque nº 1341, nominal a A. P. Tourinho, não apresentado ao banco	6.500
Créditos no extrato não correspondidos no razão	
30/09/19XA – Seu aviso de crédito nº 1045, referente a cobrança da duplicata nº 1943-B	7.000
	13.500
Menos	
Débitos no razão não correspondidos no extrato	
Não houve	–
Débitos no extrato não correspondidos no razão	
07/09/19XA – Seu aviso de débito nº 333, relativo a juros diversos	360
16/09/19XA – Cheque nº 1342, nominal a Antonio Souza S. A., não contabilizado por nós	6.500
30/09/19XA – Seu aviso de débito nº 698, referente a comissão sobre cobrança de duplicatas	420
	7.280
Saldo do extrato em 30/09/19XA	27.760

Preparada a reconciliação bancária, a companhia deverá providenciar a contabilização dos itens que não havia registrado antes (no exemplo acima: o cheque nº 1342, emitido mas não contabilizado; os avisos bancários de crédito nº 1045, e de débito nº 333 e nº 698, provavelmente extraviados ou não recebidos pela companhia), bem como aguardar que o banco contabilize os lançamentos não correspondidos por ele (cheque nº 1341), o que poderá ser verificado no extrato do período subseqüente ao reconciliado. Caso o banco não corresponda algum dos lançamentos, a companhia deverá investigar os motivos.

Para que possam exercer um melhor controle sobre as disponibilidades em bancos, as companhias devem e costumam preparar mensalmente reconciliações bancárias para todos os bancos com que operam.

* Normalmente, numa folha de reconciliação bancária devem constar todos os detalhes referentes às divergências, tais como: data de emissão, número e favorecido de cheques pendentes, origem e data dos depósitos não correspondidos, natureza e data dos avisos de débito e de crédito não considerados por uma das partes, etc.

** Embora o último lançamento no razão tenha ocorrido em 26/09/19XA, o saldo nessa data é o mesmo de 30/09/19XA porque não houve mais movimentação na conta.

7.4.3.4 – Aplicações financeiras de curto prazo

Essas aplicações costumam ser feitas por telefone, quando um representante da empresa e outro do banco combinam o valor, o prazo e a remuneração da aplicação. Posteriormente, o banco emite um documento comprovante da aplicação, que é remetido para a empresa.

A contabilização da transação é feita da seguinte maneira pela empresa, considerando (1) uma aplicação de $ 1.000, com (2) resgate de $ 1.005 no dia subseqüente:

Bancos – conta de movimento		Receitas Financeiras		Aplicações Financeiras	
(2) 1.005	1.000 (1)		5 (2)	(1) 1.000	1.000 (2)

7.4.4 – Direitos realizáveis

Os direitos realizáveis compreendem as contas representativas de bens, direitos ou valores a receber que, embora não representem dinheiro disponível em determinada data, serão convertidos em dinheiro dentro de um prazo maior ou menor.

Em outras palavras, as contas classificadas nesse grupo devem representar ativos realizáveis (conversíveis em dinheiro).

Exemplos:

- As duplicatas que uma companhia tem a receber representam valores que serão convertidos em dinheiro, em futuro mais ou menos próximo;
- As empresas que mantêm estoque de mercadorias destinadas à venda possuem ativos realizáveis, visto que essas mercadorias, quando vendidas, transformar-se-ão em dinheiro (ou em duplicatas a receber, as quais posteriormente serão convertidas em dinheiro).

Dessa forma, todas as contas representativas de bens, direitos e valores a receber que uma companhia possui e tem a intenção de converter em dinheiro são direitos realizáveis. Entretanto, o prazo de realização desses direitos em numerário pode variar, sendo maior ou menor para cada tipo de direito. Assim, são considerados como ativos circulantes os direitos que têm previsão de serem realizados no curso do exercício social subseqüente àquele relativo ao balanço patrimonial que estiver sendo levantado. Ou seja: aqueles que serão realizados no ano seguinte, visto que normalmente um exercício social compreende o período de doze meses.

Quando os direitos tiverem previsão de realização após doze meses, então deverão ser classificados no *ativo realizável a longo prazo,* como veremos mais adiante.

Por outro lado, no Tópico 5.3.3 dissemos que as provisões para redução ou retificação do ativo são aquelas registradas para fazer com que o valor contábil dos ativos fique adequadamente demonstrado. Dissemos, ainda, que o crédito dessas provisões não é feito em conta representativa de exigibilidade e sim, em conta cujo saldo permanece em aberto até que o ativo que originou a provisão seja eliminado contabilmente, ou até que desapareçam os motivos que originaram a necessidade de contabilizar a provisão. Assim, esse ativo é demonstrado pelo valor líquido, ou seja, o saldo da conta do ativo menos o saldo da conta de provisão para redução ou retificação desse ativo.

> No balanço patrimonial, as provisões para redução ou retificação de ativos são sempre apresentadas, *dedutivamente**, no mesmo grupo em que é demonstrado o ativo que as originou.

A seguir, veremos particularidades de certas contas representativas de direitos realizáveis e de provisões para redução ou retificação de ativos.

7.4.4.1 – Duplicatas descontadas

Quando uma companhia efetua uma venda a prazo, fica estabelecido que o recebimento do valor somente se realizará na data do vencimento da duplicata. Na maioria das vezes, no entanto, as vendas a prazo representam apenas uma forma de incentivar a compra dos produtos que a companhia vende. Como normalmente os estoques vendidos precisam ser repostos e, para tanto, a companhia necessita de numerário, as duplicatas emitidas geralmente são utilizadas para gerar recursos, sob a forma de desconto bancário.

O desconto de duplicatas consiste na entrega desses títulos (todos com vencimento em datas posteriores) a um determinado banco que, em troca, adianta à companhia o dinheiro correspondente ao seu valor. Na data do vencimento dos títulos o banco efetua a cobrança, ficando com o dinheiro, a título de restituição. Como esse adiantamento, na realidade, é uma forma de empréstimo, o banco cobra da companhia juros sobre o valor adiantado, pagos antecipadamente. E caso o devedor da duplicata não pague o valor devido na data do vencimento, a companhia deverá restituir ao banco a quantia correspondente ao desconto.

---

* Dedutivamente, porque o ativo tem saldo devedor e a provisão tem saldo credor.

Procedimentos contábeis

Para exemplificar, suponhamos uma companhia que em 30/09/19XA tenha duplicatas a receber no valor de $ 700.000, e decida descontar no banco duplicatas no montante de $ 200.000, todas com vencimento em 31/12/19XA, e a juros de 1% ao mês.

Temos:

	$
Valor das duplicatas descontadas	200.000
Juros (1% ao mês × 3 meses × $ 200.000)	6.000
Valor líquido recebido	194.000

A contabilização do lançamento referente ao desconto seria:

	Débito $	Crédito $
Bancos	194.000	
Despesas de juros (Tópico 7.4.5.1)	6.000	
a		
Duplicatas descontadas		200.000
	200.000	200.000

Observe que não houve qualquer lançamento na conta de duplicatas a receber; esse procedimento é atribuído ao fato de que a duplicata foi descontada; porém, o devedor ainda não efetuou o pagamento. Por outro lado, o crédito na conta de duplicatas descontadas, além de indicar o quanto das duplicatas a receber já foi recebido adiantadamente, demonstra também que a companhia tem uma exigibilidade em potencial, já que, se o devedor não pagar a duplicata no vencimento, a responsabilidade sobre o valor será exclusivamente dele.

Quando os devedores pagam as duplicatas no banco, este remete um aviso à companhia, que, por sua vez, efetua o lançamento de baixa na conta de duplicatas a receber e na de duplicatas descontadas. Supondo que o banco tenha conseguido cobrar duplicatas no valor de $ 180.000 em 31/12/19XA, a companhia faria o seguinte lançamento:

	Débito $	Crédito $
Duplicatas descontadas	180.000	
a		
Duplicatas a receber		180.000

Na eventualidade de o banco não conseguir cobrar as duplicatas restantes, estas são devolvidas à companhia, que deve restituir o valor equivalente a elas. Considerando que (no exemplo) em janeiro de 19XB o banco tenha devolvido* à companhia as duplicatas restantes do total descontado e não cobrado, esta faria o lançamento a seguir (em 19XB):

	Débito $	**Crédito** $
Duplicatas descontadas	20.000	
a		
Bancos		20.000

Resumindo os procedimentos contábeis, vejamos as mesmas transações lançadas em conta T, obedecendo à ordem de seqüência em que ocorreram:

Duplicatas a receber

Débito	Crédito
(saldo) 700.000	180.000 (2)
	520.000
700.000	700.000
520.000	

Bancos

Débito	Crédito
(1) 194.000	20.000 (3)

Despesas de juros

Débito	Crédito
(1) 6.000	

Duplicatas descontadas

Débito	Crédito
(2) 180.000	200.000 (1)
(3) 20.000	
200.000	200.000

Apresentação no balanço patrimonial

Como já foi dito, a conta de duplicatas descontadas indica o quanto das duplicatas a receber foi recebido antecipadamente. Para que, no balanço patrimonial, seja demonstrado o valor líquido a receber dos clientes, o saldo da conta de duplicatas descontadas deve ser apresentado deduzindo-se o

* Ao invés de devolver à companhia as duplicatas descontadas não liquidadas no vencimento, a empresa pode autorizar o banco a transferir as duplicatas para cobrança simples (Tópico 7.4.4.2). Nesse caso, a empresa efetiva a baixa na conta de duplicatas descontadas (como faria normalmente se ocorresse a devolução) e faz o registro no controle de cobrança simples.

valor das duplicatas a receber, como demonstrado abaixo para o balanço patrimonial em 31/12/19XA (portanto, antes da devolução das duplicatas não cobradas).

ATIVO CIRCULANTE	
	$
Duplicatas a receber	520.000
Menos: Duplicatas descontadas	20.000
	500.000

7.4.4.2 – Duplicatas em cobrança simples

Normalmente as companhias utilizam duas maneiras de proceder à cobrança de duplicatas a receber: a primeira consiste em conservar os títulos em poder da empresa e fazer ela própria a cobrança (duplicatas em carteira); a segunda, realizar a cobrança através de bancos, os quais ficam com as duplicatas em seu poder, aguardando que o devedor compareça para efetuar o pagamento (duplicatas em cobrança bancária).

Quando as duplicatas são remetidas ao banco simplesmente para que este proceda à cobrança, os títulos são ditos "em cobrança simples". Esse procedimento é diferenciado daquele em que as duplicatas são descontadas, caso em que a companhia recebe o seu valor *antes* que estas sejam pagas pelo devedor. Para as duplicatas em cobrança simples, o banco é apenas um agente cobrador: ao efetuar a cobrança, o dinheiro recebido é depositado na conta da companhia.

Procedimentos contábeis

Visto que, ao remeter as duplicatas para cobrança bancária simples, a companhia não recebe qualquer valor, não há lançamentos na conta de bancos ou de duplicatas. Através de um exemplo, vejamos os procedimentos contábeis que devem ser adotados para o caso de duplicatas em cobrança bancária simples.

Pela remessa da duplicata ao banco

Suponhamos que uma companhia tenha um saldo de $ 500.000 de duplicatas a receber e que remeta ao banco duplicatas para cobrança simples no valor de $ 100.000. Nesse caso, não há lançamento contábil a fazer (exceto a eventual cobrança de uma taxa de remuneração pelo serviço, por parte do banco), porém, a empresa deve registrar essa remessa no seu controle extracontábil de duplicatas em cobrança simples de forma que, a qualquer momento, o total das duplicatas tenha a localização física conhecida.

Pelo aviso bancário de cobrança efetuada

Supondo que o banco efetuasse a cobrança de duplicatas no montante de $ 90.000, mandaria um aviso à companhia informando que tais duplicatas foram cobradas e que a importância referente a elas foi depositada na conta de movimento da companhia*.

O lançamento contábil seria:

	Débito $	Crédito $
Bancos - conta de movimento	90.000	
a		
Duplicatas a receber		90.000

Ao mesmo tempo, a companhia faria a baixa dessas duplicatas cobradas no controle extracontábil de duplicatas em cobrança simples.

Pela devolução das duplicatas não cobradas

Considerando que o banco não tenha conseguido cobrar as duplicatas restantes, estas seriam devolvidas à companhia, que também não faria qualquer lançamento contábil, mas procederia ao registro da devolução no controle extracontábil de duplicatas remetidas para cobrança simples.

7.4.4.3 – Provisão para devedores duvidosos

Como é óbvio, nenhuma empresa efetua vendas a prazo a outras empresas, sabendo antecipadamente que estas não terão condições de liquidar a dívida. Assim, espera-se que todos os créditos, quando concedidos por uma companhia, representem contas a receber cobráveis, em maior ou menor prazo. Algumas vezes, entretanto, determinada empresa a quem foi concedido crédito perde a capacidade de liquidar suas dívidas, gerando prejuízos para quem tinha valores a receber dela.

Suponhamos que uma empresa Z efetue, no exercício de 19XA, uma venda a prazo à empresa X no valor de $ 5.000. Ao contabilizar a venda, a empresa Z registrará um débito na conta de duplicatas a receber e um crédito

---

* Existe, ainda, outro sistema de cobrança bancária, chamado de "cobrança vinculada", utilizado quando a empresa oferece as duplicatas ao banco em garantia de empréstimos. À medida que as duplicatas vão sendo pagas pelos devedores, o dinheiro é contabilizado como "bancos-conta vinculada", já que o montante não está liberado para utilização até que novas duplicatas sejam entregues pela empresa, em substituição às cobradas. Nesse momento, ocorre a liberação do dinheiro, sendo contabilizada a transferência de "bancos-conta vinculada" para "bancos-conta de movimento".

no mesmo valor, na conta de vendas (receita). Suponhamos, ainda, que a duplicata tivesse vencimento para 19XB, e que a empresa X tivesse falido precisamente nesse ano, não tendo qualquer condição de pagar a dívida para com a empresa Z. Assim, a empresa teria um prejuízo no valor de $ 5.000, já que a duplicata a receber se tornou incobrável. Dessa forma, deve ser feito um lançamento a débito da conta de prejuízo com duplicatas incobráveis e a crédito de duplicatas a receber, eliminando esse valor do ativo da companhia. Ocorreu, portanto, que a venda gerou uma receita em 19XA (aumentando o resultado desse exercício) e um prejuízo em 19XB (diminuindo o resultado nesse exercício), o que representou uma distorção no resultado de ambos os exercícios.

Como já vimos, todos os possíveis prejuízos futuros devem ser contabilizados no exercício em que forem observados. O maior problema, entretanto, é como saber quando uma conta a receber tornar-se-á incobrável e como determinar o valor do prejuízo que a companhia terá.

Para resolver esse problema, a boa técnica contábil exige que a companhia constitua, em cada exercício, uma provisão para atender a contas incobráveis, mais comumente conhecida como provisão para devedores duvidosos ou provisão para contas incobráveis.

Determinação do valor da provisão para devedores duvidosos

A determinação do valor da provisão para devedores duvidosos a ser constituída deve ser feita considerando dois aspectos: o contábil e o fiscal.

Sob o aspecto contábil, para a determinação do valor da provisão a ser constituída, os seguintes procedimentos devem ser seguidos:

- Análise das contas a receber de cada cliente, para observar a existência de contas vencidas e não pagas e as possibilidades de a companhia vir a cobrar cada conta. As contas de cobrança duvidosa devem ser relacionadas.
- Verificação da existência de contas a receber de companhias que estejam em concordata, ou em estado de falência. Analisar a possibilidade de cobrança de cada conta a receber, determinando o valor efetivamente incobrável.

O valor total considerado como de cobrança duvidosa ou incobrável deve ser apurado e representará o valor da provisão a ser constituída.

Sob o aspecto fiscal, todavia, existem determinadas limitações quanto ao reconhecimento antecipado de prejuízos com contas a receber (antes que estejam esgotados todos os recursos legais dos quais a companhia possa se valer para cobrar o valor). De acordo com a legislação vigente, é aceito como despesa dedutível de um exercício, para efeito de cálculo do imposto de renda a pagar, independentemente de comprovação, o valor correspondente a 3% do total das contas a receber na data do balanço, desde que essas contas não tenham se originado de vendas com reserva de domínio, de alienação fiduciária em garantia ou de operações com garantia real. Esse percentual pode ser excedido até o máximo da relação observada entre as contas a receber efetivamente não cobradas e o total de contas a receber da empresa, tomando-se por base os três últimos anos.

Em casos de concordata, a legislação também admite como dedutível o montante da diferença entre o valor da conta a receber da empresa concordatária e o valor que esta proponha pagar à companhia credora, desde o momento em que a concordata for requerida. Na hipótese de falência do devedor, é aceito como despesa dedutível do exercício o valor correspondente a 50% da conta a receber, desde o momento em que a falência foi decretada. Tanto no caso de falência quanto no de concordata, não são admitidos como perdas os créditos não habilitados ou de habilitação denegada. O valor das parcelas referentes a falências e concordatas, porém, deverá ser excluído das contas a receber, para efeito de aplicação do percentual genérico de 3%.

Assim, de acordo com as normas de escrituração, a companhia deve provisionar o valor real considerado como incobrável; nos casos em que este for superior ao valor permitido pela legislação, a companhia deverá provisionar o valor de cobrança realmente duvidosa ou incobrável e oferecer à tributação o montante que exceder o valor permitido.

Na prática, a maioria das empresas adota o critério simples de provisionar o valor equivalente a 3% sobre as contas a receber.

Para ilustrar a forma de determinação do valor da provisão para devedores duvidosos, suponhamos uma companhia cujo saldo de contas a receber na data do balanço seja de $ 400.000. Analisando as contas a receber, a companhia verificou:

- As contas a receber no valor de $ 18.000 referem-se à Companhia Azul, empresa falida, havendo possibilidades de cobrança de 50% do total;
- O montante de $ 15.000, a receber de Andrade S.A., está vencido há um ano, e a companhia acha pouco provável o recebimento, embora ainda esteja tentando cobrar;
- A companhia considera cobráveis todas as outras contas a receber.

O cálculo da provisão para devedores duvidosos seria feito da seguinte forma:

- Sob o aspecto contábil

	$
Contas de liquidação duvidosa:	
Companhia Azul	9.000
Andrade S.A.	15.000
	24.000

O valor da provisão seria, portanto, de $ 24.000.

– Sob o aspecto fiscal

	$
Saldo de contas a receber	400.000
Menos	
Contas a receber da Companhia Azul	(18.000)
	382.000

Cálculo da provisão:	
Aplicação do percentual:	
$ 382.000 × 3% =	11.460
50% do valor a receber da Companhia Azul	9.000
	20.460

O valor da provisão para devedores duvidosos, nesse caso, seria de $ 20.460; inferior, portanto, àquele que a companhia considera como de cobrança efetivamente duvidosa. Para atender aos aspectos contábil e fiscal, a companhia deve provisionar o valor de $ 24.000, e a diferença de $ 3.540 seria oferecida à tributação, quando fosse preparada a declaração de imposto de renda referente ao exercício.

Procedimentos contábeis referentes à provisão

A conta de provisão para devedores duvidosos normalmente é movimentada por três motivos básicos:

- Pela formação da provisão;
- Pela baixa de contas a receber incobráveis;
- Pela atualização da provisão.

Formação da provisão

Quando a provisão para devedores duvidosos é contabilizada pela primeira vez, o lançamento contábil é igual ao de qualquer outra provisão, para a redução do ativo. Exemplificando, suponhamos que o total das contas a receber de uma companhia no balanço de 31/12/19XA seja de $ 300.000, e que o montante da provisão seja determinado pela aplicação do percentual de 3% sobre as contas a receber. A provisão seria, portanto, de $ 9.000, e seria contabilizada da seguinte forma:

Despesas com devedores duvidosos	
9.000	

Provisão para devedores duvidosos	
	9.000

Baixa de contas a receber incobráveis

Suponhamos, agora, que durante o exercício de 19XB, a companhia tenha comprovado que uma conta a receber no valor de $ 5.000 era integralmente incobrável, devendo baixar a importância do seu registro de contas a receber. O lançamento seria:

Contas a receber	
(*)	5.000 (1)

Provisão para devedores duvidosos	
(1) 5.000	9.000 (saldo)
4.000	
9.000	9.000
	4.000

Atualização da provisão

Chegando ao final do exercício de 19XB, a companhia deverá promover a atualização da provisão para devedores duvidosos, determinando o valor da nova provisão, que deverá ser calculada de maneira idêntica à do ano anterior, ou seja, 3% sobre as contas a receber.

Supondo que as contas a receber em 31/12/19XB montassem a $ 400.000, o valor da nova provisão seria de $ 12.000. Para a atualização da provisão, dois métodos podem ser utilizados:

- Método de reversão;
- Método de complementação.

* Não considerando o saldo anterior.

MÉTODO DE REVERSÃO

Esse método consiste primeiramente em reverter para receita o valor não utilizado da provisão contabilizada no exercício anterior e depois contabilizar a nova provisão pelo seu valor integral. No caso da companhia considerada no exemplo, os lançamentos seriam:

Despesa com devedores duvidosos

(2) 12.000	

Provisão para devedores duvidosos

(1) 4.000	4.000 (saldo)
	12.000 (2)

Reversão da provisão para devedores duvidosos

	4.000 (1)

A reversão da provisão para devedores duvidosos representa um crédito na conta de resultado. Por seu lado, a conta de despesa com devedores duvidosos entra como débito na conta de resultado, de forma que a influência no resultado do exercício seja representada apenas pela diferença entre despesa e reversão:

	$
Despesa com devedores duvidosos	12.000
Reversão de provisão para devedores duvidosos	4.000
Diferença	8.000

MÉTODO DE COMPLEMENTAÇÃO

O método de complementação consiste em lançar na conta de provisão apenas a diferença entre o saldo anterior e a nova provisão. No exemplo acima, o lançamento seria:

Despesa com devedores duvidosos

8.000	

Provisão para devedores duvidosos

	4.000 (saldo)
	8.000
	12.000

Observe que o resultado final em ambos os métodos é idêntico, pois:

- Em qualquer dos métodos, o valor que influenciará o resultado do exercício é o mesmo (no exemplo, o resultado do exercício seria diminuído em $ 8.000);
- Em qualquer dos métodos, o valor da nova provisão fica igual.

Vale ressaltar que, em alguns casos, a nova provisão poderá ser menor que a anterior, quando apenas haverá a transferência da diferença para a conta de resultado (método de complementação), ou poderá, ainda, reverter o saldo da provisão anterior e constituir a nova provisão (método de reversão).

Apresentação nas demonstrações financeiras

No balanço patrimonial

A provisão para devedores duvidosos é uma provisão para redução ou retificação do ativo. Assim sendo, como já vimos, deve ser apresentada no balanço patrimonial, diminuindo o valor do ativo que a originou:

ATIVO CIRCULANTE	
	$
Duplicatas a receber	400.000
Menos:	
Provisão para devedores duvidosos	12.000
	388.000

Assim procedendo, no balanço patrimonial fica demonstrado o valor líquido que a companhia estima ser recebível.

Na demonstração do resultado (Capítulo 8)

O valor do débito da provisão (despesa com devedores duvidosos), por seu lado, é apresentado, na demonstração do resultado, incluído no total do grupo de despesas com vendas. No caso de a companhia utilizar a conta de reversão da provisão, também esta deverá ser apresentada no grupo de despesas com vendas (contrabalançando o valor do débito). Dessa forma, o valor que aumentará ou diminuirá o grupo de despesas com vendas será o líquido entre a despesa e a reversão da provisão.

7.4.4.4 – Estoques: avaliação para fins de balanço

Origem da regra de custo ou mercado, o que for menor

Conforme dito no Capítulo 6, contabilmente uma empresa pode controlar seus estoques pelos sistemas de inventário periódico ou permanente. Da mesma forma, pode utilizar, dentre os métodos de valorização de estoques, aquele que lhe for mais conveniente: PEPS, custo médio, etc., observada, é claro, a limitação existente para fins fiscais.

Para fins contábeis existe, porém, uma regra que determina que os estoques de uma companhia no final do exercício não podem ter valor superior ao de seu valor de mercado. No Brasil, essa regra é imposta pela Lei nº 6.404/76 (Lei das Sociedades por Ações).

A origem dessa regra, sob o ponto de vista contábil, provém do conceito ou princípio fundamental de contabilidade (conceito de conservadorismo, veja o Capítulo 11) que determina que todas as despesas e prejuízos devem ser previstos, mas as receitas não devem ser antecipadas.

Significado do termo "valor de mercado"

Além de impor e estabelecer a regra de custo ou mercado, o que for menor, na avaliação de estoques, a Lei nº 6.404/76 também conceituou o termo "valor de mercado":

a) Para as matérias-primas e bens de almoxarifado (destinados à utilização como insumos de produção), "valor de mercado" representa o preço pelo qual eles possam ser repostos, mediante a compra no mercado, ou seja, pelo *valor de reposição.*

b) Para os bens ou direitos destinados à venda, o "valor de mèrcado" representa o preço líquido de realização mediante a venda no mercado, deduzidos os impostos e demais despesas necessárias para a venda, deduzida também uma parcela correspondente à margem de lucro, conforme explicado a seguir.

O preço líquido de realização de bens e direitos destinados à venda pode ser calculado da seguinte forma:

1. Preço de venda que o mercado aceita pagar

2. Menos:
   - Impostos incidentes sobre a venda (ICMS, ISS, PIS, FINSOCIAL conforme explicado no Tópico 4.10);
   - Despesas com vendas (como explicado no Capítulo 8).

3. Menos a margem de lucro, correspondente à parcela necessária:
   - Ao pagamento de todos os demais custos e despesas operacionais;
   - A assegurar a continuidade das operações da companhia.

Evidentemente, o cálculo do preço líquido de realização é bastante subjetivo, e sua determinação, requer cuidados. Estabelecido o preço líquido realizável ou de realização dos bens destinados à venda, que será o seu valor de mercado no conceito legal, este será comparado com o custo unitário pelo qual os bens estão valorizados pela companhia. Sendo o custo igual ou inferior ao valor de mercado, nenhum ajuste ou provisão deve ser feito; ocorrendo o oposto, será necessário ajuste ou provisão para igualar o valor de custo ao valor de mercado.

Para ilustrar, vejamos um exemplo de como devem ser avaliados os estoques de bens destinados à venda, considerando uma empresa que está encerrando seu exercício social em 31/12/19XC:

- Produto Z, custo unitário de $ 5.000;
- Preço unitário de venda no mercado $ 9.000;
- Impostos incidentes sobre vendas: 10% sobre o preço de venda;
- Despesas com vendas: $ 1.000 por unidade;
- Líquido entre despesas e receitas operacionais (Capítulo 8), exclusive despesas com vendas: $ 2.000 por unidade do produto Z;
- Lucro considerado como essencial para a manutenção da firma em operação: $ 500 por unidade do produto Z.

Vemos que a soma dos dois últimos itens totaliza $ 2.500, que representam aproximadamente 28% ($ 2.500 ÷ $ 9.000 = 28%) do preço de venda, sendo essa, acreditamos nós, a margem de lucro a que se refere a Lei 6.404/76. O preço líquido realizável é calculado da seguinte forma:

	Valor unitário $
Preço de venda	9.000
Menos	
Impostos incidentes (10%)	900
Despesas com vendas	1.000
Menos	
Margem de lucro (28%)	2.500
Preço líquido realizável	4.600

Comparando, portanto, o valor de mercado do produto Z com o seu valor de custo em 31/12/19XC, temos:

	$
Valor de mercado (preço líquido realizável)	4.600
Custo contábil	5.000
Excesso de custo sobre mercado	(400)

A companhia deveria, portanto, fazer em 31/12/19XC uma provisão para desvalorização de estoques no valor de $ 400, cujo tratamento contábil é abordado no Tópico 7.4.4.5. Dessa forma, no balanço patrimonial em 31/12/19XC, supondo-se que a companhia possuísse em estoque 10 unidades do produto Z, este seria apresentado:

	$
Estoques (10 × $ 5.000)	50.000
Menos	
Provisão para desvalorização (10 × $ 400)	(4.000)
	46.000

Aplicação da regra de custo ou mercado, o que for menor

A aplicação da regra de custo ou mercado, o que for menor, para efeito de avaliação dos estoques na data de encerramento do balanço patrimonial, é relativamente simples. Consiste em comparar o custo unitário (encontrado pelos métodos PEPS, UEPS, preço médio, etc.) de cada item do estoque na data de encerramento do exercício com os respectivos valores de mercado (obtidos como explicado no tópico anterior).

Para ilustrar, suponhamos que, no final do exercício, uma empresa tenha o seguinte custo e valor de mercado, respectivamente, para os produtos indicados:

Produtos	**Valor de custo**	**Valor de mercado**	**O menor valor entre custo e mercado**
	$	$	$
Produto A	10	12	10
Produto B	15	11	11
Produto C	20	25	20
	45	48	41

Pelos registros contábeis, portanto, o valor total dos estoques é de $ 45. Pelo valor de mercado, o estoque deveria ser avaliado em $ 48. E pela regra de custo ou mercado, o menor, o valor dos estoques deveria ser de $ 41. Qual valor dos estoques, portanto, deveria figurar no balanço patrimonial? A regra de custo ou mercado, o que for menor, deve ser aplicada a cada item do estoque, separadamente. Assim, embora no exemplo acima o produto B seja o único cujo custo é superior ao valor de mercado, a provisão para desvalorização deve ser contabilizada. No balanço patrimonial deve figurar, portanto, o valor de $ 41 para os estoques.

7.4.4.5 – Provisão para desvalorização de estoques

Procedimentos contábeis

No Tópico 7.4.4.4, explicamos a regra de custo ou mercado, o que for menor, como base de avaliação dos estoques para fins de balanço patrimonial. Vejamos, agora, quais os procedimentos contábeis para a constituição e atualização da provisão para desvalorização de estoques, quando esta for necessária.

Constituição da provisão

Suponhamos que uma empresa que utiliza o sistema de inventário permanente apresente, em 31/12/19XA, um saldo de $ 600.000 na conta de estoques de produtos *não destinados à venda** e que, fazendo sua avaliação pela regra de custo ou mercado, o que for menor, tenha verificado que o valor de mercado (custo de reposição) era de $ 530.000, inferior, portanto, ao valor de custo de aquisição.

Para contabilizar a provisão, a companhia faria o seguinte lançamento:

Despesa com desvalorização de estoques		**Provisão para desvalorização de estoques**	
70.000			70.000

Atualização da provisão

Como já explicado, a regra de custo ou mercado, o que for menor, deve ser aplicada para determinar o valor dos estoques que figurará no balanço patrimonial levantado na data de encerramento de cada exercício social de uma companhia**.

Porém, no exercício seguinte pode ocorrer uma modificação nos preços de reposição dos estoques (no caso de produtos não diretamente destinados à venda) ou no preço líquido realizável (no caso de produtos destinados à comercialização). Portanto, se no exercício seguinte a companhia tentasse identificar o valor da provisão para desvalorização constituída para cada tipo de estoque, a cada modificação naqueles preços seria necessário complementar ou reverter a provisão sobre os estoques ainda não vendidos até a data da modificação. Em vista disso, a conta de provisão para desvalorização de estoques geralmente só é movimentada na sua constituição, atualização ou extinção, eventos que normalmente se verificam apenas na data de encerramento de cada exercício social.

* Rever o Tópico 7.4.4.4, item "significado do valor de mercado".

** Embora os balanços patrimoniais possam ser levantados para qualquer data.

Dessa forma, no caso do exemplo anterior, o saldo da provisão de $ 70.000 constituída em 31/12/19XA seria mantido até 31/12/19XB, quando a nova provisão, se necessária, seria constituída. Supondo que a provisão necessária para atender à desvalorização dos estoques montasse a $ 90.000 em 31/12/19XB, a contabilização poderia ser feita através de dois métodos:

— Método de reversão;
— Método de complementação.

Pelo método de reversão

Despesa com desvalorização de estoques	
(2) 90.000	

Provisão para desvalorização de estoques	
(1) 70.000	70.000 (saldo)
	90.000 (2)

Reversão da provisão para desvalorização de estoques	
	70.000 (1)

Pelo método de complementação

Despesa com desvalorização de estoques	
(1) 20.000	

Provisão para desvalorização de estoques	
	70.000 (saldo)
	20.000 (1)
	90.000

Portanto, através de qualquer dos métodos é obtido o mesmo resultado. Na eventualidade de o valor da nova provisão ser inferior ao saldo da provisão constituída no exercício anterior, o procedimento contábil consistiria em reverter o valor do excesso, ajustando o saldo da provisão (método de complementação), ou reverter o saldo da provisão anterior e constituir a nova provisão pelo total (método de reversão).

Em caso de extinção da provisão, por ter-se tornado desnecessária, bastaria reverter o seu saldo para a conta de resultado.

Apresentação nas demonstrações financeiras

No balanço patrimonial

Como ocorre com outras provisões para retificação do ativo, a provisão para desvalorização de estoques dever ser apresentada, no balanço patrimonial, diminuindo o valor dos estoques que aparece no grupo do circulante, como é demonstrado a seguir:

ATIVO CIRCULANTE	
	$
Estoques	600.000
Menos:	
Provisão para desvalorização de estoques	70.000
	530.000

Através dessa forma de apresentação, os estoques são adequadamente demonstrados pelo seu valor de mercado, quando inferior ao de custo contábil.

Na demonstração do resultado (Capítulo 8)

O débito da provisão (despesa com desvalorização de estoques) deve ser agregado ao valor do custo das mercadorias vendidas.

Se, entretanto, o valor da despesa com desvalorização de estoques for representativo em relação ao valor do custo das mercadorias vendidas, ao invés de incluir o débito no CMV, poderia o mesmo ser apresentado com destaque na demonstração, sendo indicado o seu valor, para efeito de apuração do resultado bruto do exercício, como é ilustrado a seguir:

	$
Vendas líquidas	1.000
Custo das mercadorias vendidas	500
Despesa com desvalorização de estoques	100
	600
Lucro bruto sobre vendas	400

Se no ano seguinte houvesse necessidade de reversão de parte ou de todo o valor da provisão, o mesmo procedimento seria adotado, ou seja, o crédito da reversão seria apresentado diminuindo o valor do custo das mercadorias vendidas.

7.4.5 – Aplicações de recursos em despesas do exercício seguinte (ou despesas pagas antecipadamente)

Algumas vezes uma empresa necessita fazer um desembolso para atender a uma despesa que não é relativa apenas ao exercício social no qual o pagamento é feito, mas relaciona-se também com o exercício social seguinte.

Um exemplo típico de gasto dessa natureza refere-se àquele com seguros sobre bens da companhia. Os prêmios de seguro são pagos no início do seu prazo de vigência. Como normalmente o prazo é de um ano, ocorre que muitas vezes o seguro pago em 19XA terá seu prazo de vigência estendido até 19XB, o que abrangerá dois períodos contábeis (exercícios) diferentes. Assim, não é justo que o desembolso antecipado com o seguro seja totalmente considerado como despesa apenas de um período contábil.

Como exemplo, analisemos o prêmio de seguro sobre um prédio, no valor de $ 12.000, pago em 31/07/19XA, sendo que seu prazo de vigência expira em 31/07/19XB.

Considerando que a empresa em questão encerra seu exercício social em 31 de dezembro de cada ano, ocorre que o benefício trazido pelo seguro pago antecipadamente será usufruído durante 5 meses de 19XA e 7 meses de 19XB. Assim, a amortização do valor pago antecipadamente deverá ser feita à razão de $ 1.000 por mês ($ 12.000 ÷ 12 meses) e, no final do período contábil de 19XA, o total a ser considerado como despesa do exercício será de $ 5.000; o valor restante ($ 7.000) será considerado como aplicação de recursos feita em 19XA, em despesa do exercício de 19XB.

Uma dúvida poderia surgir, neste momento. Quando falamos acima sobre o conceito de ativo circulante, dissemos que é o conjunto formado por dinheiro, assim como por bens, direitos e valores a receber, transformáveis em dinheiro no prazo de um ano. Nesse caso, por que uma aplicação de recursos em despesas do exercício seguinte deve ser classificada no ativo circulante, se essa aplicação não será convertida em dinheiro?

Com efeito, essa classificação não deixa de ser uma exceção*. Baseia-se, entretanto, no aspecto teórico de que a empresa pode desistir da aplicação feita e tem o direito de solicitar o reembolso da parcela dos recursos que ainda não se transformou em despesa. Ainda usando o exemplo anterior: se a empresa resolvesse cancelar, na data do balanço patrimonial, a apólice de seguros contratados, deveria receber da seguradora o valor ainda não amortizado do prêmio do seguro pago (deduzido de despesa, custo, etc.).

---

* A classificação no ativo circulante, de aplicações de recursos em despesas do exercício seguinte, obedece a uma imposição da Lei nº 6.404/76.

Embora seja difícil prever todos os tipos de despesas pagas antecipadamente, os seguintes são os mais freqüentemente encontrados:

- Prêmios de seguros;
- Encargos financeiros pagos antecipadamente (juros sobre títulos a pagar ou desconto de duplicatas, etc.);
- Aluguéis pagos antecipadamente.

7.4.5.1 – Procedimentos contábeis

Pelo pagamento antecipado da despesa

Débito: Despesas pagas antecipadamente (seguros, juros, etc.)
Crédito: Bancos.

Pela amortização da despesa paga antecipadamente

Débito: Despesas de juros, seguros, etc.
Crédito: Despesas pagas antecipadamente.

7.4.5.2 – Apresentação nas demonstrações financeiras

No balanço patrimonial, em geral as despesas pagas antecipadamente são apresentadas por um único total (em vista de não serem relevantes, isoladamente), sob o título de "despesas antecipadas", no ativo circulante.

Na demonstração de resultado (Capítulo 8), a amortização da despesa é classificada no grupo onde normalmente a despesa da mesma natureza, mas não paga antecipadamente, seria apresentada (a amortização de despesas financeiras, pagas antecipadamente, seria incluída no grupo de despesas e receitas financeiras; a amortização de seguros seria colocada no grupo de despesas administrativas, etc.).

7.5 – ATIVO REALIZÁVEL A LONGO PRAZO

Contas de dois tipos distintos são classificadas (Tópico 7.4.4) no grupo do ativo realizável a longo prazo. Essas contas são representativas de:

a) Direitos realizáveis *após* o término do exercício social subseqüente; e
b) Direitos realizáveis derivados de vendas, adiantamentos ou empréstimos às sociedades coligadas ou controladas*, diretores, acionistas ou partici-

---

* No tópico sobre ativo permanente – investimentos, veremos o conceito de sociedades controladas e coligadas.

pantes no lucro da companhia, *que não constituírem negócios usuais na exploração do objeto da companhia.*

Quando falamos, no tópico anterior, sobre os direitos realizáveis classificados no ativo circulante, explicamos ao mesmo tempo que, quando esses direitos tivessem previsão de realização após doze meses, seriam classificados no grupo de realizável a longo prazo. Dessa forma, os direitos realizáveis, dependendo do fator *tempo,* classificam-se no ativo circulante (realização no exercício subseqüente) ou no ativo realizável a longo prazo (realização após o término do exercício subseqüente).

Com respeito aos direitos realizáveis do tipo b, mencionados acima, seu enquadramento como um realizável a longo prazo foge inteiramente ao conceito de dependência do prazo de realização, para classificação como circulante ou longo prazo, sendo essa também uma imposição da Lei de Sociedades por Ações (Lei nº 6.404/76).

Dessa forma, supondo-se que uma empresa controladora efetue uma venda a prazo de um terreno à companhia controlada, mesmo que o prazo de pagamento seja de 130 dias após a data do balanço patrimonial que estiver sendo levantado, a classificação da conta a receber será no ativo realizável a longo prazo, e não no ativo circulante. As duplicatas a receber, de sociedades controladas ou coligadas, entretanto, bem como outras contas originadas de transações comerciais usuais, serão normalmente classificadas no ativo circulante ou no realizável a longo prazo, de acordo com as respectivas datas de vencimento.

7.6 – ATIVO PERMANENTE

Como vimos no Tópico 7.3, o critério de classificação das contas dentro de cada grupo do ativo relaciona-se com os fatores: tempo, intenção e dinheiro.

Dessa forma, são classificadas no ativo circulante ou no ativo realizável a longo prazo as contas representativas de ativos disponíveis ou realizáveis dentro de um prazo maior ou menor.

Ou seja: aqueles ativos que já são dinheiro, ou que a companhia tem a intenção de converter em dinheiro dentro de determinado tempo.

O termo *ativo permanente* está relacionado exatamente com a *inexistência de intenção* da companhia de *converter em dinheiro* alguns dos seus ativos, pelo menos dentro de um *tempo previsível**.

* O termo "tempo previsível", usado acima, significa que não existem planos para a venda do ativo. Por exemplo: nenhuma máquina ou equipamento tem vida eterna. Mesmo assim, não havendo a intenção atual de venda dentro de um período razoável no futuro, as máquinas e os equipamentos utilizados pela companhia são considerados ativos permanentes.

Em outras palavras, as contas representativas de bens e direitos, classificadas no grupo do ativo permanente, indicam que esses bens foram adquiridos sem a intenção de comercialização.

Exemplos:

— A companhia que compra móveis de escritório para revender, está adquirindo um estoque de mercadorias que é um ativo realizável. Porém, aquela que compra móveis para utilizar em suas instalações, está retirando uma parte (dinheiro) do seu ativo circulante para torná-la ativo permanente, ou seja, para utilização própria.
— A indústria que adquire máquinas e equipamentos para sua fábrica (os quais irão produzir novos bens) está adquirindo ativos permanentes. Os bens produzidos por esses ativos e destinados à venda representam ativos circulantes (estoques).
— O valor dos veículos utilizados pela empresa no desenvolvimento de suas operações representa um ativo permanente.
— O custo do terreno onde se localiza uma empresa, bem como o valor do prédio por ela construído, também representa um capital permanentemente investido.
— As ações possuídas de uma companhia controlada fazem parte do ativo permanente.

Para maior clareza de apresentação do balanço patrimonial, o grupo do ativo permanente se divide em três subgrupos, de acordo com a natureza dos ativos nele classificados:

— Investimentos;
— Imobilizado;
— Diferido.

A seguir, estudaremos cada um desses tipos de ativos permanentes.

7.6.1 – Investimentos permanentes

Investimentos permanentes são os recursos aplicados em participações permanentes em outras sociedades e em direitos de qualquer natureza (não classificáveis como ativos realizáveis) que não se destinem à manutenção da atividade da empresa.

Antes de entrarmos em mais detalhes sobre participações e direitos de qualquer natureza, vejamos dois aspectos importantes dessa definição:

— Intenção de permanência; e
— Ativos que não se destinam à manutenção da atividade da empresa.

Intenção de permanência

Conforme afirmamos anteriormente, para que um investimento seja classificado como permanente é fundamental a intenção da companhia de mantê-lo em caráter permanente, ao menos por um tempo previsível.

Há um complemento a fazer, entretanto, a essa afirmação, também determinado por imposição legal: é considerada *presumida a intenção de permanência,* de um investimento sempre que ele tenha sido classificado, no balanço patrimonial do exercício anterior, como um ativo circulante, e não tenha sido realizado no decorrer do exercício seguinte. Ou seja, se a companhia classificar um investimento como um ativo circulante no balanço de 19XA e, ao preparar o balanço de 19XB, esse ativo não tiver sido vendido, deverá ser classificado em 19XB como um ativo permanente, mesmo que a companhia tenha a intenção de vendê-lo. Desse forma, os investimentos são classificados como permanentes segundo dois aspectos:

— Quando há a intenção de manter o investimento; e
— Quando a intenção de manter passa a ser presumida por força da legislação.

Ativos não destinados à manutenção da atividade da empresa

Um aspecto importante a ser observado para a classificação de um ativo permanente como investimento é a condição de que o ativo não seja destinado à manutenção da atividade da empresa.

Para melhor ilustrar, suponhamos um empresa que possua a patente de um processo de fabricação de determinado produto. Uma patente representa um "direito de qualquer natureza" e assim, estaria, em princípio, abrangida pelo conceito de investimento, considerando que a empresa tem a intenção de mantê-la.

Suponhamos, entretanto, que a própria companhia usasse esse processo de fabricação para a produção e comercialização de produtos de sua marca. Isso significaria que o "direito de qualquer natureza" (no caso, a patente) estaria sendo utilizado na atividade da empresa, o que caracterizaria sua *destinação à manutenção dessa atividade.* Ou seja, a patente deixaria de ser abrangida pelo conceito de *investimento* (passaria a ser considerada um imobilizado, como veremos no Tópico 7.6.2).

Entretanto, se a empresa não usasse o processo de fabricação do qual detinha a patente, mas apenas mantivesse em seu poder tal direito ou, mesmo, se a patente fosse "alugada" a outra companhia mediante o pagamento de determinada quantia, nesses casos ficaria caracterizada a não utilização da patente na manutenção da atividade da empresa e tal ativo considerado, então, um investimento permanente.

A seguir, veremos com mais detalhes os tipos de *participações permanentes em outras sociedades* e de *direitos de qualquer natureza não classificáveis como ativos realizáveis.*

7.6.1.1 – Participações permanentes em outras sociedades

As participações permanentes em outras sociedades representam as aplicações de recursos no capital social de outras empresas.

Devido à existência de diferentes tratamentos contábeis*, aplicáveis a dois tipos distintos de participação permanente, cabe fazer uma diferenciação entre esses tipos, que são:

- Participações relevantes em sociedades coligadas e controladas, e
- Outras participações societárias.

Participações relevantes em sociedades coligadas e controladas

Como o próprio título já diz, essas participações são investimentos no capital social de coligadas e controladas. Torna-se necessário, entretanto, conhecer o conceito de "coligada" e de "controlada", estabelecido pela Lei nº 6.404/76.

> "São *coligadas* as sociedades quando uma participa com 10% ou mais do capital da outra, sem controlá-la".
> "Considera-se *controlada* a sociedade na qual a controladora, diretamente ou através de outras controladas, é titular de direitos de sócio que lhe assegurem, de modo permanente, preponderância nas deliberações sociais e o poder de eleger a maioria dos administradores".

Para melhor compreendermos o significado legal de empresa controlada, precisamos antes entender o conceito de *controlador.*

O capital social de uma empresa é constituído de ações (no caso de sociedades anônimas) ou cotas (sociedades de responsabilidade limitada), cujos possuidores são efetivamente os proprietários da empresa. Pode ocorrer, entretanto, que determinados tipos de ações ou cotas não incluam o direito

* Esses tratamentos contábeis estão explicados nos Tópicos 7.8.2.4 e 7.8.3, adiante.

a voto nas reuniões dos acionistas ou cotistas, de acordo com as próprias normas estatutárias ou contratuais da empresa. Obviamente, o possuidor de ações ou cotas sem direito a voto não tem poder de mando. Por exemplo, se um acionista tem 55% do capital social de uma empresa, mas essa parcela é representada por ações *sem* direito a voto, e outro acionista detém 30% do capital social, mas representado por ações *com* direito a voto, este último será o acionista controlador.

Dessa forma, entende-se por controlador a pessoa (natural ou jurídica) ou o grupo de pessoas (vinculado por acordo de voto ou sob controle comum) que:

- For titular de direitos de sócio que lhe assegurem, de modo permanente, a maioria dos votos nas deliberações das reuniões dos sócios e o poder de eleger a maioria dos administradores da companhia, e
- Usar efetivamente esse poder para dirigir as atividades sociais e orientar o funcionamento dos órgãos da empresa.

Outras participações societárias

Essas "outras participações" são basicamente de dois tipos:

- Participações societárias espontâneas em outras empresas, e
- Participações societárias em outras empresas, oriundas de incentivos fiscais.

7.6.1.2 – Direitos de qualquer natureza

Conforme o próprio título já diz, esses direitos classificados no ativo permanente podem ser de qualquer natureza, contanto que:

- Não sejam classificáveis como ativos realizáveis, e
- Não se destinem à manutenção da atividade da empresa.

Exemplos:
- Obras de arte;
- Marcas e patentes não usadas pela empresa;
- Imóveis destinados a arrendamento a terceiros (contanto que essa não seja a atividade normal da empresa);
- Terreno adquirido, não destinado à venda e não utilizado pela empresa.

Adiante abordaremos mais detalhadamente os investimentos permanentes.

7.6.2 – Ativo imobilizado

São considerados ativos imobilizados os bens e direitos de natureza permanente, destinados à manutenção das atividades da sociedade.

Como é óbvio, o termo "imobilizado" não diz respeito à falta de mobilidade física dos bens de uma empresa, mas ao fato de que uma parcela dos recursos da sociedade foi aplicada em ativo permanente, destinado à manutenção das suas atividades, ou seja, aquele montante foi *imobilizado*.

Conforme pode ser notado, o fator fundamental para a classificação de recursos aplicados, como "investimento permanente", ou como "ativo imobilizado", repousa na destinação a ser dada ao ativo adquirido: se destinado à manutenção das atividades da sociedade, a classificação será no imobilizado; caso contrário, o ativo será classificado como um investimento permanente.

Dessa forma, classificam-se no grupo do imobilizado todas as contas representativas de bens e direitos diretamente relacionados com as atividades operacionais da empresa. Ou seja, aqueles bens e direitos que a empresa utiliza ou utilizará no desenvolver de suas operações, tais como: terrenos, edifícios, máquinas e equipamentos, veículos, móveis e utensílios, instalações, direitos de uso de processo ("know-how"), marcas comerciais, patentes, obras (para uso próprio) em andamento, etc. Em tópicos adiante falaremos mais detalhadamente sobre o grupo do imobilizado, incluindo as contas de depreciação, exaustão e amortização.

7.6.3 – Ativo diferido

Consideram-se ativos diferidos as aplicações de recursos em despesas que contribuirão para a formação do resultado de mais de um exercício social.

Existem dois tipos principais de despesas diferidas:

a) Gastos incorridos pela empresa e dos quais esta se beneficiará durante um período indefinido ou determinado.
b) Gastos com pesquisa ou com o desenvolvimento de novos projetos, que resultarão em futuros benefícios.

Gastos incorridos pela empresa e dos quais esta se beneficiará durante um período indefinido ou determinado

O exemplo mais comum desse tipo de despesa diferida (nesse caso, com benefícios por um prazo indefinido), refere-se ao das despesas de implantação.

Toda empresa, antes de começar suas operações, passa por uma fase em que tem somente despesas (com registros, organização, salários dos primeiros empregados, etc.), não tendo receitas. Essa fase é chamada de "implantação" e os gastos incorridos nessa época geram um benefício do qual a empresa gozará durante o resto de sua existência.

Ora, uma vez que a apuração do resultado entre as despesas e as receitas de um determinado período envolve a noção de que o valor encontrado nessa apuração é o resultado apenas daquele determinado período e não de outros, e sabendo que as despesas de implantação representam gastos dos quais a empresa se beneficiará para sempre, não seria justo considerar essas despesas como sendo referentes a um único período contábil da empresa.

O procedimento contábil lógico seria, de acordo com o explicado, dividir o valor das despesas de implantação pelo número de exercícios durante os quais se estima que a empresa existirá, e debitar, como despesa do exercício, somente o valor referente àquele exercício. Entretanto, esse procedimento não seria possível, porque não se sabe qual o número de exercícios sociais (anos) durante os quais a empresa existirá. Assim, o procedimento geralmente adotado consiste em dividir o valor das despesas de implantação por, no máximo, 10 anos. O valor encontrado para cada ano será o montante que a empresa deverá debitar como despesa de cada exercício social, nos exercícios subseqüentes ao do término da implantação, respeitando o máximo de dez exercícios.

Exemplo:

As despesas de implantação de uma empresa montaram a $ 600.000, e ocorreram durante 19XA. Essa empresa entrou em operação em 19XB. Dessa forma, a partir do exercício social iniciado em 19XB e até o de 19XK (10 anos), será considerado como despesa de cada exercício o valor de $ 60.000 ($ 600.000 ÷ 10 anos). O saldo será considerado como um ativo diferido.

Existem muitas empresas, entretanto, que consideram que as despesas de implantação devem ser amortizadas em 5 anos e não em 10. Não nos cabe discutir qual o prazo de amortização mais adequado. Porém, qualquer que seja esse prazo, deverá estar indicado nas demonstrações financeiras, permanecendo como despesa diferida em cada exercício apenas o valor líquido a amortizar, ou seja, o total de despesas menos a amortização acumulada.

Quanto às despesas diferidas cujos benefícios inerentes serão gozados pela empresa por um prazo determinado, devem ser amortizadas proporcionalmente ao prazo definido. Exemplo: gastos com melhoramentos em bens arrendados de terceiros por prazo fixo, em que a amortização deverá ser feita de acordo com o prazo contratual do aluguel.

Gastos com pesquisas ou com desenvolvimento de novos projetos, que resultarão em futuros benefícios

Um exemplo de gastos dessa natureza é o das despesas em que uma indústria incorre para desenvolver um novo produto: salários de engenheiros, desenhos industriais, protótipos do produto, testes experimentais, etc. Esses gastos são efetuados para que a empresa possa, mais tarde, gozar dos benefícios da exploração do novo produto, auferindo lucros.

Uma vez que os produtos desenvolvidos serão vendidos durante diversos exercícios sociais seguintes, esses gastos também são diferidos para serem amortizados em exercícios futuros.

Em tópico adiante abordaremos com mais detalhes o ativo diferido, bem como falaremos sobre as contas de amortização do ativo diferido, também apresentadas nesse grupo do balanço patrimonial.

7.6.4 – Correção monetária do balanço patrimonial

Antes de tratarmos mais detalhadamente o ativo permanente, precisamos abordar outro assunto que se relaciona diretamente com esse e com outro (patrimônio líquido) grupo de contas: a correção monetária do balanço patrimonial, sumariamente mencionada no Tópico 3.6.3.

Em regime econômico onde existe inflação, as empresas se defrontam com um grave problema contábil: como evitar a desatualização do valor de seus ativos, registrados na contabilidade pelo preço de aquisição* . No Brasil, visando eliminar ou atenuar contabilmente os efeitos da inflação sobre o balanço patrimonial das empresas, foi instituída a correção monetária.

O procedimento de corrigir monetariamente o balanço patrimonial há muitos anos já vinha sendo praticado por empresas brasileiras, de uma forma ou de outra. Mas foi somente a partir de 1978, por imposição da Lei das Sociedades por Ações (Lei nº 6.404/76), que a correção monetária tomou a forma de que se reveste atualmente. Essa Lei tornou obrigatória, para as sociedades anônimas, a contabilização anual de correção monetária do balanço e, em seguida, a legislação tributária, adaptando-se ao sistema estabelecido pela referida Lei, estendeu às demais empresas (não sociedades anônimas) tal obrigatoriedade.

A seguir abordaremos o tema *correção monetária,* mas não entraremos em maiores detalhes, visto que, por ser assunto um pouco mais complexo, foge da característica de matéria introdutória deste livro. Entretanto, por ser

---

* É oportuno fazer referência ao Capítulo 11, que também aborda esse tema ao tratar do conceito de custo histórico.

impossível estudar os grupos do ativo permanente e patrimônio líquido sem envolver correção monetária, à medida que formos expondo esses grupos trataremos paralelamente também desse sistema de reconhecimento dos efeitos da inflação.

7.6.4.1 – Correção monetária do balanço

A correção monetária do balanço patrimonial consiste em corrigir, mediante a aplicação de índices oficiais, o valor contábil do ativo permanente e do patrimônio líquido das empresas, agregando às contas desses grupos o valor resultante, tendo como contrapartida conta de despesa ou receita do exercício.

Mecanismo básico da correção monetária

Muito sumariamente, vejamos um exemplo para ilustrar o mecanismo básico de correção monetária do balanço, considerando uma empresa que não sofreu qualquer movimentação no valor do ativo permanente ou no do patrimônio líquido durante um exercício, findo o qual o seguinte cálculo seria feito, considerando o índice oficial de correção de 50%:

Grupo de contas	Saldo	Índice	Correção monetária	Novo saldo
	$	%	$	$
Ativo permanente	10.000	50	5.000	15.000
Patrimônio líquido	12.000	50	6.000	18.000
Valor líquido da correção monetária			1.000	

Assim $ 5.000 seriam agregados ao ativo permanente, $ 6.000 ao patrimônio líquido e $ 1.000 ao resultado do exercício (como despesa, visto que o patrimônio líquido é maior que o ativo permanente; caso contrário, o resultado seria uma receita).

Naturalmente, o sistema não é tão simples como pode parecer pela ilustração anterior. Por exemplo, o ativo permanente e o patrimônio líquido são formados por contas e cada conta deve ser corrigida, separadamente. Além disso, as adições e as baixas ocorridas durante o exercício nessas contas devem ser consideradas, observando-se também a data em que ocorreram.

7.6.4.2 – Índices oficiais de correção

Como todos sabemos, em nosso país são apurados, por entidades oficiais e privadas, inúmeros índices indicadores de inflação, utilizados para as mais diversas finalidades; dentre eles um é escolhido como índice oficial para fazer a correção monetária de balanço.

Desde 1978, quando foi instituída a correção monetária, e até 1986, quando ocorreu o primeiro Plano de Recuperação Econômica – o Plano Cruzado –, o índice oficial de correção foi a ORTN – Obrigações Reajustáveis do Tesouro Nacional (que representava um título da dívida pública, emitido pelo Governo Federal, cujo valor unitário de resgate era estabelecido oficialmente a cada mês, indicando a inflação mensal do país). Com o Plano, esperava-se acabar com a inflação e, por isso, foi extinta a correção monetária de balanço. Com o fracasso do Plano, o procedimento foi reinstituído e o índice mudou de nome, passando a ser OTN – Obrigação do Tesouro Nacional (que perdeu o "Reajustável", mas continuou sendo reajustada).

Posteriormente, com os novos planos de recuperação, vieram a OTN Fiscal (que acusava a projeção diária da inflação mensal, sendo reajustada no último dia de cada mês para igualar-se ao índice mensal); o BTN – Bônus do Tesouro Nacional, que substituiu a OTN; o BTN Fiscal, que projetava diariamente a inflação oficial mensal (tal qual a OTN Fiscal fazia); o FAP – Fator de Atualização Patrimonial; e a UFIR – Unidade Fiscal de Referência, que é atualmente, o índice adotado para a correção monetária de balanço.

7.6.4.3 – MCO – Índice utilizado neste livro para fins didáticos

Independentemente do índice adotado, na prática ele funciona como se fosse outra moeda, utilizada conjunta e paralelamente com a moeda nacional corrente. Essa moeda é equivalente àquelas usadas em países que possuem estabilidade econômica (como o dólar, a libra, etc.); por isso mesmo chamada de moedas fortes, já que mantêm relativamente constante o seu poder aquisitivo ao longo do tempo.

Considerando o risco de eventuais novas mudanças no índice oficial de correção monetária, para fins deste livro passaremos a utilizar o termo MCO – Moeda Constante, para designar o índice, mesmo porque esse termo é mais representativo do seu significado do que BTN, OTN, FAP, UFIR, etc. Além disso, para nós o que importa é a correta compreensão do mecanismo da correção monetária.

Outra convenção que passaremos a estipular para uso nos exemplos e exercícios, a partir deste estágio do livro, é que não será considerado se o índice da MCO é diário ou mensal. O que importará será a cotação atribuída à MCO nos exemplos e exercícios. Na prática, porém, obviamente deverão ser observados todos os aspectos legais e tributários da correção monetária, consoante a legislação que estiver vigente.

7.6.4.4 – Cálculo de variação da MCO

Agora, uma vez adotado o índice MCO, introduziremos dois exemplos para ilustrar como é efetuado o seu cálculo.

1. Desejamos saber qual foi o índice de correção monetária do ano de 19XD, sabendo que a cotação da MCO em dezembro de 19XD era de $ 147 e em dezembro de 19XC, era de $ 135. Nesse caso, o período da correção é de dezembro de 19XC (mês em que foi contabilizada a última correção monetária) a dezembro de 19XD (mês da atual correção). O índice, portanto, representa a variação de uma MCO entre esses meses, sendo calculado:

	$
Cotação da MCO em dezembro de 19XD	147
Menos:	
Cotação da MCO em dezembro de 19XC	135
Variação em $	12

Encontramos a variação percentual dividindo a variação em $ pela cotação da MCO no início do período (dezembro de 19XC). Assim, temos:

$ 12 ÷ $ 135 = 8,88%

2. Queremos saber qual foi a variação da MCO entre maio de 19XD (cotação: $ 140) e dezembro de 19XD (cotação; $ 147). Algumas vezes, o período de correção é menor do que um ano. Por exemplo, um bem do ativo imobilizado adquirido em maio de 19XD não poderá sofrer correção monetária em dezembro de 19XD, utilizando-se um índice correspondente à variação da MCO em doze meses, visto que apenas oito meses (maio, inclusive, dezembro) decorreram desde a aquisição. Assim, é necessário calcular o índice especificamente para esse período de oito meses. O cálculo seria feito de forma similar ao explicado acima:

Variação da cotação em $: $ 7 ($ 147 – $ 140)
Variação da cotação em %: 5% ($ 7 ÷ $ 140)

7.6.4.5 – Mecanismo da correção monetária

Da mesma forma que no tópico anterior, ilustraremos o mecanismo da correção monetária através de exemplos.

1. Em dezembro de 19XC, os valores corrigidos das contas do ativo permanente e do patrimônio líquido eram demonstrados como segue:

	$
Ativo permanente	
Investimentos	300
Imobilizado	400
Patrimônio líquido	700
Capital social	450

O índice de correção (variação da MCO) do ano de 19XD foi de 8,88%. Calcular a correção monetária (CM) do balanço patrimonial em dezembro de 19XD.

	Valor da CM(*)	**Valor corrigido(**)**
	$	$
Investimentos ($ 300 × 8,88%)	27	327
Imobilizado ($ 400 × 8,88%)	36	436
	63	
Capital social ($ 450 × 8,88%)	40	490
Valor líquido da CM	23	

2. Calcular o valor corrigido em dezembro de 19XD, de um ativo imobilizado adquirido em maio de 19XD por $ 200, sabendo-se que o índice de correção entre maio e dezembro de 19XD foi de 5%.

O cálculo é feito da seguinte maneira:

Valor de aquisição do bem:	$ 200 ×
Índice de CM	5%
Valor da CM	$ 10
Valor de aquisição	$ 200
Valor corrigido	$ 210

Outras formas de cálculo de variação de MCO e de correção monetária

Conforme veremos adiante, algumas vezes é necessário calcular a variação da MCO e o valor corrigido de um bem para um período superior a um ano. Vejamos algumas formas práticas de efetuar esse cálculo, aplicáveis a qualquer período.

---

* Valores arredondados.

** O valor corrigido representa o valor original acrescido da CM.

Supondo que desejemos saber qual foi a variação de MCO entre maio de 19XD e abril de 19XA, temos:

	$
Cotação da MCO de maio de 19XD	140
Menos:	
Cotação da MCO de abril de 19XA	103
Diferença	37

Dividindo a diferença de cotação entre os meses, pela cotação do mês de abril de 19XA, temos:

$ 37 ÷ $ 103 = 0,3592 (ou 35,92% se quisermos percentualmente)

Essa mesma variação pode ser obtida mais rapidamente se dividirmos a cotação do mês mais recente pela do mês mais antigo e do resultado deduzirmos 1,00. Assim:

$ 140 ÷ $ 103 = 1,3592
1,3592 – 1,00 = 0,3592 (ou 35,92%)

Dessa forma, se quisermos saber qual a correção monetária e o valor corrigido em maio de 19XD, de um bem adquirido em abril de 19XA por $ 100, temos:

Índice conforme obtido acima	0,3592 ×
Valor original de aquisição	$ 100,00
Valor da correção monetária	$ 35,92 +
Valor original de aquisição	$ 100,00
Valor corrigido	$ 135,92 ou $ 136

De uma forma mais prática, podemos também calcular o valor original corrigido, simplesmente multiplicando o índice de variação mais 1,00 pelo valor original de aquisição. Assim:

$ 100 × (0,3592 + 1,00) = $ 100 × 1,3592 ou $ 136

A maneira mais prática e comum de encontrar o valor corrigido consiste em achar a quantidade de MCO na data da aquisição, dividindo o valor original pela cotação da MCO nessa data (no caso, cotação de abril de 19XA), e depois multiplicar essa quantidade de MCO pela cotação na data desejada (no exemplo, cotação de maio de 19XD). Temos:

$ 100 ÷ $ 103 = 0,9708 MCO × $ 140 = $ 135,92 ou $ 136

Essa última, além de ser a forma estabelecida pela legislação, nos pareceu a mais simples para ser utilizada em exemplos, quando tratarmos do ativo permanente e patrimônio líquido, mais adiante.

Cálculo de cotação média de MCO em um dado período

Algumas vezes é necessário conhecer a cotação média da MCO em um dado período, que é encontrada somando-se a cotação da MCO de cada mês do período desejado, dividindo, em seguida, o resultado pelo número de meses que compõem o período. Ilustrando, se somarmos a cotação da MCO dos meses de julho ($ 118), agosto ($ 119) e setembro ($ 120) de 19XB, encontramos um total de $ 357 que, dividido por 3 (meses), resulta na cotação média da MCO no trimestre de $ 119.

7.6.4.6 – Contabilização da correção monetária

Como já dissemos, o valor da correção de cada conta deve ser agregado ao seu saldo, apurando-se o novo saldo, corrigido. A única exceção é a CM do capital social que, conforme veremos no Tópico 7.12.1.3, deve ser agregada a uma conta específica de correção monetária do capital, para posterior incorporação a este.

A diferença entre o valor total da CM agregado ao ativo permanente e aquele adicionado ao patrimônio líquido representará uma despesa ou receita do exercício, dependendo de qual dos grupos é aumentado por maior valor: se o maior valor for agregado ao ativo permanente, o resultado da CM será credor (receita); caso contrário, será devedor (despesa).

Outro aspecto a ser considerado é a existência de contas de redução ou de retificação do ativo permanente (Tópico 5.3.3), que também são corrigidas da mesma forma que as contas do ativo das quais se originam.

Para ilustrar a forma de contabilização da CM, vejamos como deve ser feito o registro do resultado da correção monetária encontrado no Exemplo 1 do Tópico 7.6.4.5.

	Débito	**Crédito**
	$	$
Investimentos	27	
Imobilizado	36	
Reserva de correção monetária do capital social		40
Resultado da CM (receita)		23
	63	63

Obviamente, nessa ilustração não foram considerados certos aspectos, tais como as contas individuais corrigidas em cada subgrupo.

Assim, a seguir apresentaremos uma ilustração mais completa, que só poderá ser bem compreendida após a exposição mais detalhada sobre o ativo permanente e o patrimônio líquido, que faremos adiante.

Conta	Débito $	Crédito $
ATIVO PERMANENTE		
Investimentos		
Participações em empresas controladas e coligadas	100	
Outras participações societárias	10	
Provisão para perdas com investimentos		6
Imobilizado		
Imóveis	1.500	
Máquinas e equipamentos	700	
Móveis e utensílios	50	
Depreciação acumulada de		
Imóveis		10
Máquinas e equipamentos		40
Móveis e utensílios		3
Diferido		
Despesas de implantação	80	
Amortização acumulada de despesas de implantação		5
PATRIMÔNIO LÍQUIDO		
Reserva de capital – correção monetária do capital realizado		1.600
Reserva de capital – subvenções		20
Reserva de reavaliação		150
Reserva legal		7
Reservas estatutárias		15
Lucros acumulados (até o exercício anterior)		2
RESULTADO DA CORREÇÃO MONETÁRIA (RECEITA)		582
	2.440	2.440

Um resumo dos lançamentos anterior é:

	Débito $	Crédito $
ATIVO PERMANENTE		
Investimentos	104	
Imobilizado	2.197	
Diferido	75	
PATRIMÔNIO LÍQUIDO		1.794
RESULTADO DA CORREÇÃO MONETÁRIA		582
	2.376	2.376

No anexo 7 apresentamos alguns exercícios envolvendo a correção monetária do balanço patrimonial. E a partir desse ponto todas as exposições envolvendo ativo permanente e patrimônio líquido contemplarão também aspectos de correção monetária. Para facilitar a explicação dos exercícios e exemplos, utilizaremos a tabela apresentada em 7.6.4.7.

Aqueles que desejarem se aprofundar mais na sistemática da correção monetária poderão recorrer à leitura da legislação tributária pertinente ao assunto.

7.6.4.7 – Tabela hipotética de cotação de MCO, para fins de utilização em exemplos e exercícios de correção monetária deste livro

A partir deste ponto, os exemplos, cálculos, exercícios, etc., exigirão a aplicação de correção monetária de contas do ativo permanente e do patrimônio líquido. Para facilitar as ilustrações e exemplos, *inventamos* uma tabela de cotação de MCO mês a mês, durante um período de dez anos. Essa tabela, daqui por diante, será utilizada indistintamente para todos os exercícios e exemplos de cálculos de correção monetária com base na variação de cotação de MCO, até o final deste livro.

Ano	Mês	Cotação
19XA	01	100
	02	101
	03	102
	04	103
	05	104
	06	105
	07	106
	08	107
	09	108
	10	109
	11	110
	12	111
19XB	01	112
	02	113
	03	114
	04	115
	05	116
	06	117
	07	118
	08	119
	09	120
	10	121
	11	122
	12	123
19XC	01	124
	02	125
	03	126
	04	127
	05	128
	06	129
	07	130
	08	131
	09	132
	10	133
	11	134
	12	135
19XD	01	136
	02	137
	03	138
	04	139

Ano	Mês	Cotação
19XD	05	140
	06	141
	07	142
	08	143
	09	144
	10	145
	11	146
	12	147
19XE	01	148
	02	149
	03	150
	04	151
	05	152
	06	153
	07	154
	08	155
	09	156
	10	157
	11	158
	12	159
19XF	01	160
	02	161
	03	162
	04	163
	05	164
	06	165
	07	166
	08	167
	09	168
	10	169
	11	170
	12	171
19XG	01	172
	02	173
	03	174
	04	175
	05	176
	06	177
	07	178
	08	179

Ano	Mês	Cotação
19XG	09	180
	10	181
	11	182
	12	183
19XH	01	184
	02	185
	03	186
	04	187
	05	188
	06	189
	07	190
	08	191
	09	192
	10	193
	11	194
	12	195
19XI	01	196
	02	197
	03	198
	04	199
	05	200
	06	201
	07	202
	08	203
	09	204
	10	205
	11	206
	12	207
19XJ	01	208
	02	209
	03	210
	04	211
	05	212
	06	213
	07	214
	08	215
	09	216
	10	217
	11	218
	12	219

7.7 – ATIVO IMOBILIZADO

No Tópico 7.6.2 vimos a definição de ativo imobilizado. Agora, abordaremos mais detalhadamente esse subgrupo do ativo permanente.

7.7.1 – Custo de aquisição

Custo de aquisição é o valor pelo qual um ativo imobilizado (também chamado de ativo fixo) é registrado na contabilidade de uma companhia. Esse custo pode ser tanto aquele pago pelo ativo, quanto o de sua fabricação ou construção.

7.7.1.1 – Principais grupos de contas do ativo imobilizado

Em vista da infinidade de tipos de ativo fixo, seus valores costumam ser agrupados em contas, cujos títulos indicam com razoável precisão a natureza dos bens nelas registrados.

Os bens que compõem o ativo imobilizado podem ser, quanto à existência, de dois tipos:

- Bens tangíveis;
- Bens intangíveis.

Os bens tangíveis são aqueles que existem fisicamente, que podem ser vistos, tocados, sentidos.

As principais contas que agrupam os bens tangíveis são:

- Terrenos;
- Edificações;
- Máquinas e equipamentos;
- Veículos;
- Móveis e utensílios;
- Instalações;
- Ferramentas;
- Bens de informática.

Os bens intangíveis são aqueles que existem, mas não podem ser vistos ou tocados.

Representam direitos assegurados à companhia proprietária, ou seja, esta detém a sua posse jurídica.

Os principais tipos de bens intangíveis são:

- Patentes;
- Marcas de indústria e de comércio;
- Direitos de uso de processo ("know-how");
- Direitos de publicação;
- Direitos de exploração e extração;
- Fundos de comércio.

Embora os bens intangíveis representem direitos assegurados, alguns desses direitos têm duração limitada, extinguindo-se no final de um determinado prazo. Patentes, direitos de uso de "know-how", direitos de publicação, direitos de exploração e extração, são de duração limitada. Marcas de indústria e de comércio são direitos de duração ilimitada.

É conveniente lembrar, agora, o que foi ressaltado no Tópico 7.6.2: esses bens serão considerados ativo imobilizado se forem destinados à manutenção da atividade da companhia. Caso contrário, e havendo a intenção de mantê-los na empresa, serão considerados investimentos permanentes em direitos de qualquer natureza (Tópico 7.6.1.2).

7.7.1.2 – Determinação do valor do custo de aquisição dos ativos

Os bens do ativo fixo de uma companhia podem passar à sua propriedade de duas maneiras:

- Bens adquiridos de terceiros;
- Bens construídos, fabricados, ou desenvolvidos pela própria companhia.

Bens adquiridos de terceiros

O custo de aquisição dos bens adquiridos de terceiros é determinado pelo seu valor de compra mais os gastos complementares necessários à sua posse, instalação e funcionamento. Em resumo, o custo de aquisição normalmente é constituído do(s):

- Valor de compra;
- Gastos com o transporte do bem até o estabelecimento do comprador;
- Prêmio de seguro sobre o transporte do bem adquirido;
- Gastos com a instalação do bem no local onde este irá funcionar;
- Gastos necessários à transferência da posse do bem.

Algumas vezes, a aquisição se dá através do recebimento de bens como forma de integralização (pagamento) de ações de cotas subscritas do capital da empresa.

Bens construídos, fabricados ou desenvolvidos pela companhia

Para os bens construídos, fabricados ou desenvolvidos, o custo de aquisição é determinado pelo custo de construção, fabricação, ou desenvolvimento, ou seja, pela soma dos gastos incorridos até o início de funcionamento dos bens, ou até o reconhecimento legal do seu direito de uso.

Se uma empresa decide construir um prédio, além do valor das fundações, estrutura, materiais aplicados, etc., deve computar no custo de aquisição outros gastos, tais como o valor pago pelos projetos hidráulico, elétrico, arquitetônico, etc., e ainda, a taxa de administração paga ao construtor, no caso de obra por administração.

Da mesma forma, ao fabricar uma máquina para seu próprio uso, uma companhia deverá registrar como custo de aquisição todos os gastos incorridos, desde o projeto técnico até a máquina ser considerada pronta para uso.

No caso de bens intangíveis desenvolvidos pela companhia, o custo de aquisição deverá ser determinado pela soma de todos os gastos incorridos em seu desenvolvimento.

Exemplos:

- *Direitos de extração de minérios:* no custo de aquisição devem ser incluídos todos os gastos, desde aqueles com a pesquisa de dimensionamento, viabilidade, técnica (salários de técnicos, estudos geológicos, etc.), até os necessários à obtenção do documento legal de direito à extração.
- *Desenvolvimento de processo*: salários com especialistas, estudos experimentais, desenhos técnicos, gastos com o registro do processo, são exemplos de elementos que compõem o custo do direito de uso de processo.

7.7.1.3 – Gastos imobilizáveis X Gastos de manutenção e reparos

Quando um ativo fixo já existe, muitas vezes certos gastos diretamente relacionados com ele se fazem necessários: uma nova pintura, a substituição de uma peça, o conserto de uma parte do prédio, etc. De acordo com a sua natureza, esses gastos podem ter dois tratamentos contábeis distintos:

- Imobilizar (acrescer ao custo pelo qual o ativo está registrado na contabilidade);
- Debitar a despesa de manutenção e reparos.

Determinar se um gasto deve ser imobilizado ou se deve ser considerado como uma despesa do exercício nem sempre é fácil. Para tanto, é necessário dominar os conceitos básicos de gastos imobilizáveis e de gastos com manutenção e reparos.

Gastos imobilizáveis

Em linhas gerais, gastos imobilizáveis são aqueles que, pela natureza da melhoria que provocam em bens do ativo fixo, são incorporados ao seu custo de aquisição.

Para que um gasto com um bem do ativo fixo seja imobilizado, precisa atender ao menos a alguns dos seguintes requisitos:

- aumenta o tempo de vida útil do bem, em prazo superior a um ano;
- aumenta sua capacidade de produção;
- reduz seus custos de operação;
- de uma forma geral, contribui para que os benefícios gerados pelo bem sejam aumentados.

Gastos de manutenção e reparos

A diferença básica entre os gastos com manutenção e aqueles com reparos consiste no seguinte: os primeiros são incorridos para manter os bens em boas condições de uso, tendo o caráter preventivo; os últimos destinam-se a fazer com que os bens voltem a ter boas condições de uso, tendo a finalidade de recuperá-los. Os gastos com lubrificação de uma máquina são de manutenção; os gastos com a troca de uma peça desgastada da máquina são de reparo.

Exemplos de gastos imobilizáveis

- O valor de um motor novo para veículo, cujo motor anterior foi irrecuperavelmente danificado.
- Gastos com adaptação, em uma máquina, de um novo mecanismo, o qual permitirá maior produtividade com menor custo de operação.

Exemplos de gastos com manutenção e reparos:

- Gastos com a pintura de um prédio;
- Conserto da chaparia de um veículo, danificada por colisão;
- Material utilizado na lubrificação de máquinas e equipamentos.

7.7.2 – Custo (de aquisição) corrigido

Estabelecido o valor do custo de aquisição pelo qual um bem será registrado contabilmente, a partir de seu registro ele passará a sofrer a correção monetária, conforme explicado no Tópico 7.6.4. Como essa correção monetária é acrescida ao custo de aquisição, a partir daí ele passará a ter o seu valor referido como custo corrigido. Para facilitar o cálculo da correção, o custo de aquisição é convertido em MCO. Assim, se quisermos saber a qualquer tempo qual o valor corrigido de determinado bem, bastará multiplicar a quantidade de MCO obtida quando da aquisição do bem à cotação daquela data, pela cotação atual da MCO.

Exemplo de correção monetária:

	Valor em $	**Cotação da MCO em $(*)**	**Valor em MCO**
Máquina adquirida em 30/05/19XB	30.000	116	258,62
Máquina adquirida em 30/08/19XB	45.000	119	378,15
Valor original de aquisição das máquinas	75.000		636,77
Correção monetária (MCO vezes a cotação de dezembro de 19XB menos o saldo em moeda corrente antes da correção)	3.323		
Valor corrigido em dezembro de 19XB	78.323	123	636,77

7.7.3 – Depreciação, exaustão e amortização de ativo imobilizado

Tal como nos referimos no Capítulo 5, a depreciação, a exaustão e a amortização constituem provisões para redução ou retificação de ativos. Se uma companhia adquire um veículo para seu uso, por exemplo, por $ 50.000, com o passar do tempo e com o desgaste, o valor desse veículo decrescerá a cada ano; supondo que ele fosse utilizado durante 5 anos, ficando totalmente desgastado, no final desse período seu valor de venda e de uso seria zero, e a companhia teria que baixar seu custo do grupo do imobilizado, transferindo-o para despesa, no quinto e último exercício. Ora, se o veículo foi utilizado durante 5 anos, é natural que uma parcela do seu valor, equivalente ao desgaste anual, deva ser reconhecida e apropriada como despesa ou custo em cada exercício, durante o tempo de vida útil do bem. O que equivale a dizer que, ao invés de reconhecer o custo como despesa apenas no exercício em que o bem é baixado, essa despesa deve ser anualmente reconhecida, distribuindo o valor do custo de aquisição pelo número de anos ou exercícios durante os quais o bem é utilizado.

Da mesma forma, se a empresa é proprietária de recursos florestais ou minerais por ela explorados, esses recursos vão sendo exauridos gradualmente até o fim. Essa exaustão deve ser refletida na contabilidade como

* Com base na tabela hipotética fornecida no Tópico 7.6.4.7

despesa ou custo, à medida que vai ocorrendo. Ou, no caso de bens intangíveis de duração limitada, é necessário reconhecer que, com o passar do tempo, o valor desses direitos vai perdendo substância até a data em que expira o prazo de propriedade sobre o bem. Essa perda significa que o custo de aquisição vai diminuindo gradativamente seu valor, ou seja, vai sendo amortizado com o passar do tempo, e esse fato deve ser reconhecido contabilmente.

As depreciações, exaustões e amortizações vão sendo registradas a cada ano em contas de provisão específicas acumuladoras de saldo. Quando o bem chega a 100% de depreciação, exaustão ou amortização, então é baixado contabilmente, ou, se ainda existir fisicamente (caso em que estaria evidenciado ter havido um erro na estimativa de vida útil do bem), deixa de ser depreciado, exaurido ou amortizado.

Assim, o reconhecimento contábil da perda do valor de custo de ativo imobilizado é feito através da:

- Depreciação de bens;
- Exaustão de recursos minerais e florestais;
- Amortização de bens intangíveis de duração limitada.

7.7.3.1 – Depreciação de bens

A depreciação de bens representa a diminuição de seu valor, em conseqüência do desgaste pelo uso, ação da natureza e/ou obsolescência.

*Exemplos:**

- Prédios e edificações;
- Veículos;
- Máquinas e equipamentos;
- Instalações;
- Bens de informática;
- Móveis e utensílios;
- Ferramentas.

Por outro lado, também existem bens do ativo imobilizado que *não* estão sujeitos à depreciação, pelo fato de, ao invés de perderem seu valor, conseguirem se valorizar com o decorrer do tempo.

* O cálculo e o registro da depreciação são feitos por grupo de contas. Assim, devemos ter uma conta representativa, digamos, do custo de aquisição de todas as máquinas e equipamentos da empresa, e outra conta que registra a depreciação acumulada exclusivamente dessas máquinas e equipamentos.

Exemplos:

- Terrenos;
- Antigüidades;
- Obras de arte.

7.7.3.2 – Exaustão de recursos minerais e florestais

A exaustão representa a diminuição do valor dos recursos minerais e florestais, em conseqüência de sua exploração.

Exemplos:

- Jazidas ou depósitos de minério;
- Reservas florestais.

7.7.3.3 – Amortização de bens intangíveis de duração limitada

A amortização representa a diminuição do valor aplicado na aquisição de direitos, cujo prazo de utilização ou existência é limitado, por motivos contratuais ou legais.

Exemplos:

- Direitos de uso de processo;
- Patentes.

7.7.4 – Depreciação, Exaustão e Amortização Corrigidas

Da mesma forma que o custo de aquisição, as provisões para a retificação do ativo imobilizado também estão sujeitas a correção monetária. Devido às características dessas provisões, entretanto, a forma de cálculo para a sua correção é um pouco diferente daquela relativa às contas do ativo. Nos tópicos seguintes indicaremos, através de exemplos, como devem ser calculadas e corrigidas essas provisões, que devem ser controladas em quantidade de MCO, da mesma forma que o custo de aquisição dos bens.

7.7.5 – Depreciação de bens

7.7.5.1 – Estimativa de tempo de vida útil

Depreciação normal

Uma vez que os bens são depreciáveis proporcionalmente ao tempo de vida útil, a estimativa desta, para efeitos contábeis, se reveste de razoável importância. No Brasil, os critérios mais comumente utilizados para a determinação do tempo de vida útil dos bens do imobilizado são:

- A estimativa do fabricante;
- A estimativa com base nos laudos de entidade oficial;
- A estimativa consagrada pela jurisprudência.

Dentre esses critérios, provavelmente o mais adotado pelas empresas brasileiras seja o da estimativa consagrada pela jurisprudência, que estabelece, para a maioria das atividades, o tempo de vida útil transcrito abaixo para os principais tipos de ativos:

Ativo imobilizado	Tempo de vida útil
Prédios e edificações	25 anos
Máquinas e equipamentos	10 anos
Móveis, utensílios e instalações	10 anos
Veículos em geral	5 anos
Bens de informática	5 anos

Depreciação acelerada (contábil)*

Ainda pelo critério de estimativa consagrada pela jurisprudência, quando a companhia comprovadamente utiliza seus bens em mais de um turno de 8 horas de trabalho, o tempo de vida útil deles pode ser reduzido para efeito de depreciação, mediante a sua divisão pelo coeficiente 1,5 quando os bens forem utilizados em dois turnos, e pelo coeficiente 2,0, quando sua utilização for durante os três turnos (24 horas).

Dessa forma, se as máquinas trabalham apenas em um turno, o tempo de vida útil estimado, consagrado pela jurisprudência, é de 10 anos; se trabalham em dois turnos, o tempo se reduz para 6,66 anos; e, em três turnos, o tempo é estimado em 5 anos de vida útil.

* Esse tipo de depreciação acelerada leva em conta o desgaste efetivo dos bens, devido ao seu uso mais intenso.

7.7.5.2 – *Determinação do valor em MCO a ser depreciado*

Embora a depreciação deva ser calculada sobre o custo de aquisição corrigido, é reconhecido que a maior parte dos bens, após totalmente utilizados e depreciados, ainda tem algum valor, chamado de valor residual, que é aquele pelo qual pode ser vendido, ainda que seja como sucata.

Para efeito de cálculo da depreciação, o custo base a ser adotado pode ser:

- O custo de aquisição total (em MCO);
- O custo de aquisição menos o valor residual (em MCO).

Se a base considerada para o cálculo for o custo de aquisição total, no final da vida útil do bem seu valor estará totalmente depreciado. Se for considerado o valor residual, entretanto, no final de sua vida útil o bem ainda terá um valor não objeto de depreciação.

Exemplo (considerando a depreciação do custo de aquisição total):

	Valor em MCO
– Custo de aquisição	10.000
– Total depreciado no final da vida útil	10.000
Valor residual	– 0 –

Exemplo (considerando a depreciação do custo de aquisição menos 1% de valor residual):

	Valor em MCO
– Custo de aquisição	10.000
– Total depreciado no final da vida útil	9.900
Valor residual	100

7.7.5.3 – *Métodos de depreciação*

Embora não sejam os únicos, os métodos de depreciação mais utilizados são:

– A depreciação em linha reta;
– A depreciação pela estimativa de produção ou horas de serviço;
– A depreciação pela soma dos algarismos dos anos.

No Brasil, a maior parte das empresa utiliza o método de linha reta, por ser o mais simples e por ser também consagrado pela jurisprudência.

Depreciação em linha reta (método linear)

Por esse método, a depreciação é distribuída eqüitativamente pelo número de anos que forma o tempo de vida útil dos bens.

Para efeito de cálculo, podem ser adotados:

– O valor anual em MCO da depreciação, ou
– A taxa anual de depreciação.

O *valor* anual em MCO da depreciação é obtido:

$$\frac{\text{Custo base de aquisição, em MCO}}{\text{Anos de vida útil}}$$

A *taxa* anual de depreciação é obtida:

$$\frac{100\%}{\text{Anos de vida útil}}$$

Após encontrar a taxa anual de depreciação, esta é multiplicada pelo custo de aquisição em MCO (que pode ser o custo total ou o custo menos o valor residual), para obter o valor da depreciação anual*.

Exemplo de cálculo da depreciação em MCO:

– Dados

Custo de aquisição: 10.000 MCO
Tempo de vida útil: 10 anos

* Na prática, a depreciação é contabilizada mensalmente, sendo o cálculo feito mediante a divisão da taxa anual por 12 meses, obtendo-se a taxa mensal. Se, ao invés de taxa, a depreciação for estabelecida em quantidade de MCO, esse valor é chamado de *cota* de depreciação, exaustão ou amortização, que pode ser mensal ou anual.

— Depreciação com base no valor anual (em MCO) da depreciação

$$\frac{10.000 \text{ MCO}}{10 \text{ anos}} = 1.000 \text{ MCO por ano}$$

— Depreciação com base na taxa de depreciação

$$\frac{100\%}{10 \text{ anos}} = 10\% \text{ ao ano}$$

Aplicando a taxa anual sobre o custo em MCO, encontramos o valor anual (em MCO) da depreciação:

$$10\% \times 10.000 \text{ MCO} = 1.000 \text{ MCO por ano}$$

Se no exemplo acima adotássemos como base de cálculo o custo menos o valor residual, estimado este em 1% do valor do bem, teríamos o custo base de 9.900 MCO e a depreciação seria:

— Valor anual da depreciação (em MCO)

$$\frac{9.900 \text{ MCO}}{10 \text{ anos}} = 990 \text{ MCO por ano}$$

— Taxa de depreciação

$$\frac{99\%}{10 \text{ anos}} = 9{,}9\% \text{ ao ano}$$

$$9{,}9\% \times 10.000 \text{ MCO} = 990 \text{ MCO por ano}$$

Por motivos práticos, normalmente são utilizadas taxas de depreciação para o método de linha reta. Considerando o critério de estimativa de vida útil consagrado pela jurisprudência, obteríamos as seguintes taxas de depreciação para os bens abaixo relacionados:

Ativo imobilizado	**Taxa anual de depreciação**
Prédios e edificações	4%
Máquinas e equipamentos	10%
Móveis, utensílios e instalações	10%
Veículos em geral	20%
Bens de informática	20%

Outro aspecto a ser considerado é a escolha da data a partir da qual o bem passa a ser depreciado: normalmente deve ser depreciado a partir da data de início do funcionamento. Se for adquirido para uso posterior, a depreciação não deverá ser computada durante o período de inatividade, salvo se houver possibilidade de erosão, obsolescência ou existência de outro fator que determine o início imediato de depreciação.

Depreciação pela estimativa de produção ou horas de serviço

Para alguns tipos de máquinas e equipamentos é possível ao fabricante estimar o número aproximado de unidades que elas poderão produzir ou o número de horas que poderão trabalhar.

Nesse caso, o conceito de vida útil pode deixar de ser medido em anos para ser estimado pela capacidade total de produção ou de horas trabalhadas.

Para exemplificar, suponhamos uma máquina cujo fabricante estime que produzirá 1.000.000 de unidades do produto X durante sua vida útil. Tendo essa máquina o custo de 30.000 MCO, obteremos o seguinte valor de depreciação por unidade produzida:

$$\frac{30.000 \text{ MCO}}{1.000.000 \text{ unid.}} = 0{,}03 \text{ MCO por unidade}$$

Assim, se a companhia produzir 65.000 unidades em um ano, a depreciação nesse ano será de 1.950 MCO (65.000 u × 0,03 MCO). Se no ano seguinte sua produção atingir 100.000 unidades, a depreciação será de 3.000 MCO.

Depreciação pela soma dos algarismos dos anos

Por esse método, a depreciação não é distribuída eqüitativamente pelo número de anos da vida útil, sendo o seu valor decrescente. O método consiste em somar os algarismos que formam o número de anos de vida útil do bem, conforme demonstrado abaixo (vida útil de 5 anos):

$$1 + 2 + 3 + 4 + 5 = 15$$

Essa soma será o denominador pelo qual será dividido cada algarismo, começando do maior no primeiro ano, e terminando com o menor, no último ano. Supondo um bem com o custo de 60.000 MCO, o valor da depreciação em cada ano (vida útil de 5 anos) será:

	MCO
$1^{\underline{o}}$ ano: $\frac{5}{15} \times 60.000 =$	20.000
$2^{\underline{o}}$ ano: $\frac{4}{15} \times 60.000 =$	16.000
$3^{\underline{o}}$ ano: $\frac{3}{15} \times 60.000 =$	12.000
$4^{\underline{o}}$ ano: $\frac{2}{15} \times 60.000 =$	8.000
$5^{\underline{o}}$ ano: $\frac{1}{15} \times 60.000 =$	4.000
	60.000

Raramente esse método é empregado por companhias brasileiras.

Depreciação de acréscimos ao bem, posteriores ao custo de aquisição

Pode ocorrer que um determinado bem, passados alguns anos, sofra uma reforma e os custos correspondentes sejam imobilizados (Tópico 7.7.1.3). O valor assim acrescido ao custo corrigido de aquisição deveria ser depreciado proporcionalmente ao tempo de vida útil que restasse ao bem.

Vejamos, por exemplo, um bem que, ao atingir 70% de sua vida útil estimada (conseqüentemente, estando já 70% depreciado), tivesse seu custo de aquisição (corrigido) acrescido em $ 20.000, passando o valor contábil para $ 220.000 (o custo corrigido antes do acréscimo era de $ 200.000).

Ora, se a depreciação acumulada corrigida (Tópico 7.7.9) até a data do acréscimo correspondia a $ 140.000 (70% × $ 200.000), restaria o valor de $ 80.000 a ser depreciado, o que deveria ser feito até a data do término do prazo de vida útil do bem.

Se a empresa, para ilustrar, adotasse o método de depreciação linear em 10 anos para esse bem, restariam ainda 3 anos (30%) de vida útil. Assim, os $ 80.000 remanescentes (convertidos em MCO) seriam depreciados à razão de 1/3 por ano, ou 33,33% ao ano.

Consideremos, ainda o caso de uma reforma que viesse a aumentar o prazo de vida útil do bem. Nessa situação, o valor ainda a depreciar, após o acréscimo do custo da reforma ao valor corrigido de aquisição, seria calculado com base no novo tempo de vida útil que restasse. Assim, se um bem estivesse em seu oitavo ano de vida útil (de um total estimado de 10 anos) e sofresse uma reforma que aumentasse a vida útil em mais 3 anos, restariam ainda 5 anos de vida útil. A empresa deveria calcular o novo saldo em MCO ainda a depreciar e determinar a cota de depreciação anual à razão de 1/5 desse saldo.

Tudo o que foi dito seria correto e válido se a vida útil de cada bem pudesse ser rigorosamente determinada no ato de sua aquisição. Ocorre que, na prática, a vida útil de um bem pode ser apenas estimada, nunca precisada. Além disso, a quantidade de itens que compõem o ativo imobilizado geralmente é tão grande que um controle do tipo explicado acima seria extremamente dispendioso, com benefícios pequenos.

Assim, na prática, as empresas geralmente controlam apenas o total em MCO do custo de aquisição a depreciar e vão aplicando a taxa de depreciação do bem até que o total acumulado em MCO das cotas de depreciação se iguale ao valor do custo de aquisição, quando o bem estaria totalmente depreciado.

Depreciação de bens adquiridos durante o exercício

Quando um bem é adquirido durante o exercício social, sua depreciação deverá ser calculada a partir da data de início de uso, o que normalmente ocorre imediatamente após a sua aquisição. Isso significa que a depreciação do exercício da aquisição não será de 12 meses, mas observará o prazo efetivamente decorrido entre a data de aquisição e a do balanço desse exercício.

7.7.6 – Exaustão de recursos minerais e florestais

O método para calcular a exaustão de recursos minerais ou florestais é idêntico ao método de depreciação pela estimativa de produção. Consiste em obter o valor da exaustão (em MCO) por unidade e multiplicá-lo pela quantidade extraída em cada ano, até a exaustão total dos recursos. A vida útil, no caso de recursos minerais e florestais, é determinada pela estimativa de unidades de produto que serão extraídas dessas fontes.

Exemplificando, suponhamos uma jazida do minério Z adquirida por 100.000 MCO, sendo estimada sua capacidade em 800.000 toneladas (vida útil).

O valor de exaustão de cada tonelada será:

$$\frac{100.000 \text{ MCO}}{800.000 \text{ t}} = 0,125 \text{ MCO por tonelada}$$

Supondo que no primeiro ano sejam extraídas 200.000 toneladas de minério, o valor da exaustão desse ano será de 25.000 MCO (200.000 t × 0,125 MCO). Sendo extraídas 120.000 toneladas no segundo ano, a exaustão será de 15.000 MCO. Quando a jazida estiver completamente esgotada, o valor da exaustão total corresponderá ao custo corrigido da jazida. Na prática, o cálculo da exaustão é apurado mensalmente, para fins de contabilização.

7.7.7 – Amortização de bens intangíveis de duração limitada

A amortização dos bens intangíveis, quando estes têm duração limitada, é feita pelo mesmo método em linha reta utilizado para a depreciação de bens.

Supondo um direito de uso de processo que tenha sido adquirido por 65.000 MCO, pelo prazo de 20 anos, a taxa de amortização será de 5% ao ano; o que equivale à amortização anual de 3.250 MCO, ou 270,83 MCO por mês.

7.7.8 – Conversão da depreciação, exaustão ou amortização calculada em MCO para o valor em moeda corrente

A depreciação, a exaustão e a amortização devem ser reconhecidas mensalmente, para manter a contabilidade sempre atualizada, fornecendo, assim, informações importantes. No entanto, é admitida a contabilização anual desses encargos. A seguir veremos como converter o valor em MCO para moeda corrente, dependendo da periodicidade com que a depreciação, a exaustão ou a amortização é registrada.

7.7.8.1 – Registro mensal da provisão

Para melhor ilustrar, suponhamos que uma empresa tenha adquirido uma máquina por $ 60.000, em 15/05/19XD, o que equivale a 428,57 MCO (tabela hipotética do Tópico 7.6.4.7). A depreciação anual, à taxa de 10% e sem considerar valor residual para o bem, será de 42,86 MCO.

Se a companhia registrar mensalmente a depreciação, o encargo mensal será de 3,572 MCO (42,86 MCO ÷ 12 meses). Para achar o valor em moeda corrente a ser mensalmente registrado na contabilidade basta multiplicar a cota mensal de depreciação pelo valor da MCO de cada mês conforme indicado a seguir:

Mês (19XD)	Cota mensal em MCO	Cotação em $	Valor mensal a contabilizar
Junho	3,572	141	504
Julho	3,572	142	507
Agosto	3,572	143	511
Setembro	3,572	144	514
Outubro	3,572	145	518
Novembro	3,572	146	522
Dezembro	3,572	147	525
Total em 7 meses	25,004		3.601

De forma análoga, seria convertida a cota de exaustão ou de amortização calculada mensalmente.

7.7.8.2 – Registro anual da provisão

A cota anual de depreciação, exaustão ou amortização deve ser apurada conforme explicado nos Tópicos 7.7.5, 7.7.6 e 7.7.7, considerando-se no cálculo as adições ao ativo imobilizado ocorridas durante o exercício, proporcionalmente ao tempo decorrido entre a data da adição e o mês de encerramento desse exercício.

Portanto, para o registro anual da provisão deveremos adotar os seguintes procedimentos:

a) Achar a cota de depreciação em MCO do ano

Ainda utilizando os dados do exemplo anterior, teríamos o seguinte cálculo de depreciação anual:

3,572 MCO × 7 meses (julho a dezembro de 19XD) = 25,004 MCO

b) Achar o valor médio em moeda corrente da MCO do ano

Esse valor é apurado pela média aritmética das cotações da MCO durante o exercício. Para os bens existentes no início do exercício, o cálculo consiste apenas em somar todas as cotações da MCO durante esse exercício e dividir o resultado pelo número de cotações incluídas na soma. No caso de bens adquiridos durante o exercício, o cálculo abrangerá apenas as cotações do período entre a data da aquisição e a de encerramento do exercício.

c) Calcular o valor em moeda corrente da depreciação a ser registrada no ano

25,004 MCO × \$ 144 (cotação média da MCO de 7 meses) = \$ 3.600

A exaustão e a amortização registradas anualmente seriam convertidas da mesma forma, de MCO para moeda corrente.

7.7.9 – Correção monetária da depreciação, exaustão ou amortização

Mensalmente, ou ao final do exercício, a companhia deve registrar contabilmente a correção monetária sobre as provisões para redução ou retificação do valor dos ativos imobilizados, não somente sobre o saldo existente no balanço do exercício anterior, como sobre as adições ocorridas no exercício (sobre baixas de ativo imobilizado e da correspondente cota de depreciação, exaustão ou amortização acumulada, veja o Tópico 7.7.11, adiante).

Esse cálculo é simples, consistindo apenas em verificar qual o saldo em MCO, na data da correção, da conta de depreciação, amortização ou exaustão que estiver sendo corrigida e multiplicar esse valor pela cotação da MCO vigente nessa mesma data. Do total assim encontrado, deverá ser deduzido o valor do saldo da conta em moeda corrente, antes da correção.

Ilustrando, vejamos como deveríamos fazer a correção monetária de 19XG, da conta de depreciação de veículos de uma determinada empresa que apresenta os seguintes dados:

- Saldo da conta de ativo (veículos) em 31/12/19XF = \$ 120.000 ou 701,75 MCO;
- Taxa de depreciação anual = 20% ao ano *(registrada mensalmente);*
- Saldo da conta de depreciação acumulada de veículos em 31/12/19XF = \$ 48.000 ou 280,70 MCO;
- Aquisição de 19XG: um veículo, em outubro de 19XG, por \$ 70.000 (depreciação a partir desse mês).

O cálculo de depreciação do ano de 19XG seria:

Mês (19XG)	Cota mensal de depreciação em MCO	Cotação em $	Valor em $
01	11,70	172	2.012
02	11,70	173	2.024
03	11,70	174	2.035
04	11,70	175	2.047
05	11,70	176	2.059
06	11,70	177	2.071
07	11,70	178	2.083
08	11,70	179	2.094
09	11,70	180	2.106
10	18,14	181	3.283
11	18,14	182	3.301
12	18,14	183	3.320
	159,72		28.435

O cálculo da cota mensal de depreciação foi feito da seguinte forma:

De janeiro a setembro de 19XG:
701,75 MCO × 20% = 140,35 MCO por ano ou 11,70 MCO por mês

De outubro a dezembro de 19XG:
Aquisição de 19XG
$ 70.000 ÷ $ 181 = 386,74 MCO
386,74 MCO × 20% = 77,35 MCO de depreciação por ano ou 6,44 MCO por mês

Depreciação	**MCO**
Depreciação mensal até setembro de 19XG, das aquisições até 19XF	11,70
Depreciação da aquisição em 19XG	6,44
Depreciação mensal total a partir de outubro de 19XG	18,14

A correção monetária do exercício seria calculada da seguinte maneira:

	Depreciação acumulada de veículos		
	Valor em $	**Cotação em $**	**Valor em MCO**
Saldo em 31/12/19XF	48.000	171	280,70
Depreciação de 19XG	28.435		159,72
	76.435		440,42
Correção monetária (MCO vezes a cotação em dezembro de 19XG, menos o saldo em moeda corrente antes da correção)	4.162		
Saldo em 31/12/19XG	80.597	183	440,42

7.7.10 – Contabilização da provisão

Seja depreciação de bens, exaustão de recursos minerais ou florestais, ou amortização de bens intangíveis de duração limitada, a contabilização é feita da mesma forma, variando apenas o nome da conta, conforme a natureza da provisão.

O lançamento contábil é:

Débito: Despesa ou custo de depreciação (ou exaustão ou amortização, conforme o caso) do ativo...
Crédito: Depreciação acumulada (ou exaustão acumulada, ou amortização acumulada, conforme seja) do ativo...

A conta de provisão normalmente só é movimentada: a crédito, pela contabilização da cota mensal ou anual e pela correção monetária do exercício; e a débito, quando o bem objeto de depreciação, exaustão ou amortização é baixado do imobilizado, ocasião em que a provisão correspondente também tem que ser baixada. Assim, a conta de provisão para redução do ativo acumula as parcelas anuais de redução até o bem ser baixado.

A despesa, por outro lado, anualmente é transferida para conta de resultado, apurando-se o lucro ou o prejuízo do exercício ou, dependendo do objeto social da empresa e do bem que estiver sendo depreciado, exaurido ou amortizado, poderá ser apropriada ao custo de produção da empresa (sobre esse tratamento contábil, consulte livros sobre contabilidade de custos).

No nosso exemplo, a contabilização da movimentação do ano seria feita da seguinte forma:

1. Depreciação do exercício (embora contabilizada mensalmente, aqui está sendo ilustrada pelo valor total do ano): $ 28.435.

2. Correção monetária do exercício (se a depreciação é contabilizada mensalmente, a correção também deve ser mensal): $ 4.162

Despesa de depreciação de veículos		Depreciação acumulada de veículos		Resultado da correção monetária	
(1) 28.435			48.000 (*)	(2) 4.162	
			28.435 (1)		
			4.162 (2)		
			80.597		

7.7.11 – Baixa de ativo imobilizado

Os motivos mais freqüentes para a baixa de bens do ativo imobilizado são a venda ou a cessação de sua utilidade para a companhia. Em qualquer dos casos, é necessário que o valor do bem baixado seja retirado contabilmente dos registros da empresa.

Ao se eliminar um bem do ativo imobilizado, seu valor deve ser baixado das contas que com ele se relacionam: custo corrigido e provisão para redução do valor do custo corrigido. A diferença entre um e outro saldo (relativos ao bem) dessas contas representará o seu *valor líquido contábil* final.

Se o bem for vendido, o resultado contábil da baixa (lucro ou prejuízo) será a diferença entre o valor líquido contábil final e o valor pelo qual o bem foi vendido.

Se o bem for baixado por motivo de cessação de utilidade (obsolescência, danos irreparáveis, etc.), havendo um valor líquido contábil final, este representará o valor da perda a ser debitado à conta de resultado.

7.7.11.1 – Determinação dos valores a serem baixados

Para podermos apurar o resultado da baixa de um determinado bem, temos que conhecer o valor pelo qual esse bem está registrado na contabilidade, bem como a respectiva provisão para redução do ativo. Como na contabilidade esse bem faz parte de um saldo geral composto de todos os bens de natureza similar possuídos pela companhia (máquinas e equipamentos, por exemplo), devemos saber como encontrar os saldos contábeis especificamente relacionados com o bem a ser baixado. Esse problema é

* Saldo da conta em 31/12/19XF.

maior quando se trata de bens tangíveis, devido à enorme quantidade de itens que compõem o patrimônio da empresa, correção monetária, depreciação, etc. Devido a isso, as empresas costumam manter um controle de bens patrimoniais, através de fichas, computador, etc., que permite identificar facilmente o bem a ser baixado e assim chegar às informações essenciais tais como data e valor de aquisição.

Para melhor ilustrar, vejamos como apurar o custo corrigido e a depreciação acumulada de uma máquina, conhecendo os seguintes dados:

Data da aquisição: 01/04/19XC
Valor original (custo original de aquisição): $ 200.000

Acréscimo (benfeitorias) feito ao custo de aquisição, sem aumento de vida útil (Tópico 7.7.5.3):

Em dezembro de 19XD = $ 7.000
Em fevereiro de 19XE = $ 15.000
Data da baixa: 10/05/19XE
Valor da venda: $ 49.000 (recebidos à vista)
Taxa anual de depreciação: 10% ao ano

A correção monetária é registrada mensalmente na contabilidade.

Apuração do custo corrigido a ser baixado

Com base nos dados anteriores, poderemos elaborar o seguinte resumo de ocorrências relativas ao bem a ser baixado:

Mês e ano	Ocorrência	Valor em $	Cotação em $	Valor em MCO
04/19XC	Aquisição	200.000	127	1.574,80
12/19XC	Correção monetária de 19XC	12.598		
12/19XD	Acréscimo	7.000	147	47,62
12/19XD	Correção monetária de 19XD	18.898		
02/19XE	Acréscimo	15.000	149	100,67
04/19XE	Correção monetária de 19XE, até 30/04	253.496 6.691		1.723,09
04/19XE	Saldo corrigido em 30/04/19XE	260.187	151	1.723,09

Conforme indica a demonstração acima, o valor do custo corrigido a ser baixado é de $ 260.187, ou seja: o saldo corrigido até a data da baixa.

Apuração da depreciação acumulada a ser baixada

O primeiro passo será calcular, para a aquisição e acréscimos posteriores, a cota mensal de depreciação, que dependerá da taxa de depreciação. Assim, a taxa de 10% ao ano corresponde à taxa de depreciação de 0,833% ao mês.

Cota mensal de depreciação em MCO(*)

	Custo de aquisição em MCO	Da aquisição até 11/19XD	De 12/19XD até 01/19XE	De 02/19XE até 04/19XE
Máquina adquirida	1.574,80	13,12	13,12	13,12
Acréscimo de 19XD	47,62	–	0,40	0,40
Acréscimo de 19XE	100,67	–	–	0,84
	1.723,09	13,12	13,52	14,36

Em seguida, devemos calcular a depreciação acumulada, corrigida e contabilizada, até 30/04/19XE**.

Período desde a aquisição até 31/12/19XD:

	Depreciação acumulada em MCO
20 cotas × 13,12 MCO	262,40
1 cota × 13,52 MCO	13,52
	275,92

Depreciação do exercício de 19XE:

Data	MCO
01/19XE	13,52
02/19XE	14,36
03/19XE	14,36
04/19XE	14,36
	56,60

Depreciação acumulada até 30/04/19XE:

* Depreciação calculada a partir do mês de apuração.

** Como a máquina foi vendida em 10/05/19XE, a depreciação e a correção monetária de 05/19XE não estariam ainda contabilizadas, não podendo, portanto, ser baixadas.

Depreciação até 31/12/19XD (em MCO)	275,92
Depreciação de 19XE (em MCO)	56,60
	332,52 ×
Cotação da MCO em 04/19XE	$ 151
Depreciação acumulada corrigida em 30/04/19XE	$ 50.211

Vejamos, a seguir, como contabilizar a baixa do bem alienado que, em resumo, apresenta o seguinte resultado na baixa:

	$
Valor do custo corrigido a ser baixado	260,187
Depreciação acumulada corrigida a ser baixada	(50.211)
Valor líquido contábil	209.976
Valor da venda	(49.000)
Prejuízo na baixa do ativo	160.976

7.7.11.2 – Contabilização da baixa

A contabilização da baixa pode ser feita através da utilização de uma conta transitória de apuração de resultado da baixa, cujo saldo seria, logo após a apuração, transferido para a conta de lucro ou prejuízo na baixa. Os lançamentos são:

	$	$
1. Pelo recebimento do valor da venda		
Débito: Bancos	49.000	
Crédito: Venda de ativo imobilizado*		49.000
2. Pela transferência do valor da venda, do custo corrigido e da depreciação acumulada para a conta de apuração de resultado		
a) Débito: Depreciação acumulada – máquinas e equipamentos	50.211	
Crédito: Apuração do resultado na baixa de ativo imobilizado		50.211
b) Débito: Apuração do resultado na baixa do ativo imobilizado	260.187	
Crédito: Máquinas e equipamentos		260.187
c) Débito: Venda de ativo imobilizado	49.000	
Crédito: Apuração do resultado na baixa de ativo imobilizado		49.000

* O crédito pode ser feito diretamente na conta de apuração de resultado na baixa de ativo imobilizado, evitando um lançamento contábil.

3. Pela transferência do resultado da apuração para a conta de resultado correspondente
Débito: Prejuízo na venda de ativo imobilizado 160.976
Crédito: Apuração do resultado na baixa de ativo imobilizado 160.976

Em conta T, os lançamentos seriam:

Depreciação acumulada – máquinas e equipamentos

Débito	Crédito
(2a) 50.211	(*)

Bancos

Débito	Crédito
(*) (1) 49.000	

Máquinas e equipamentos

Débito	Crédito
(*)	260.187 (2b)

Apuração do resultado na baixa de ativo imobilizado

Débito	Crédito
(2b)260.187	50.211 (2a) 49.000 (2c)
260.187	99.211 160.976 (3)
260.187	260.187

Prejuízo na venda de ativo imobilizado

Débito	Crédito
(3)160.976	

Venda de ativo mobilizado

Débito	Crédito
(2c) 49.000	49.000 (1)

7.7.12 – Apresentação nas demonstrações financeiras

7.7.12.1 – No balanço patrimonial

A título de ilustração, demonstramos como o ativo imobilizado deve ser apresentado nas demonstrações financeiras:

* Não considerado o saldo anterior dessas contas.

PERMANENTE	$
Imobilizado	
Edificações	110.000
Máquinas e equipamentos	50.000
Móveis e utensílios	28.000
Veículos	33.000
	221.000
Depreciação acumulada	(21.000)
	200.000

O desdobramento dessas contas também poderia ser indicado em nota explicativa às demonstrações financeiras, conforme veremos no Capítulo 10. Nesse caso, no balanço patrimonial seria apresentado apenas o total do subgrupo imobilizado.

7.7.12.2 – Na demonstração do resultado

A despesa de depreciação do exercício (quando não é apropriada ao custo de produção, no caso de empresas industriais, consultar livros de contabilidade de custos) deve ser apresentada no grupo de "outras despesas operacionais", se não for relevante; ou poderá ser colocada nesse grupo, mas tendo a parcela destacada, se for significativa.

O prejuízo ou lucro na baixa de ativo imobilizado, visto que esse resultado contábil não é proveniente de transações diretamente relacionadas com o objetivo social da empresa, deve ser apresentado na demonstração do resultado do exercício como receita (lucro) ou despesa (prejuízo) não operacional (conforme veremos no Capítulo 8).

7.8 – INVESTIMENTOS PERMANENTES

No Tópico 7.6.1, tivemos a oportunidade de explicar o conceito contábil de investimentos permanentes, que representam as aplicações de recursos em *participações permanentes em outras sociedades* e em *direitos de qualquer natureza* (não classificáveis como ativos realizáveis) não destinados à manutenção da atividade da empresa.

Neste tópico, abordaremos alguns aspectos e particularidades, bem como os procedimentos contábeis, relativos a:

- Participações relevantes em sociedades controladas ou coligadas*, avaliadas pelo método de equivalência patrimonial;
- Outras participações societárias;
- Investimentos sob a forma de direitos.

* Também no Tópico 7.6.1 explicamos o conceito de empresa coligada ou controlada. A empresa controlada pode ter 100% de suas ações possuídas por uma única empresa, quando é chamada de controlada ou subsidiária integral.

7.8.1 – Participações relevantes em sociedades controladas ou coligadas avaliadas pelo método de equivalência patrimonial

A distinção feita entre participações *relevantes* em sociedades controladas ou coligadas e *outras* participações societárias é fundamental para fins de contabilidade, visto que o fato de serem relevantes ou não determina de que forma esses investimentos devem ser avaliados para fins de balanço patrimonial.

Importante também é compreender o significado de sociedade controlada ou coligada, motivo pelo qual sugerimos que o Tópico 7.6.1.1 seja relido, antes da leitura do próximo tópico.

7.8.1.1 – Conceito de relevância de investimento

O termo relevante, aqui usado, é de grande importância quanto aos aspectos contábeis relativos a investimentos em coligadas e controladas. Sim, porque uma investidora pode ter participação em uma companhia coligada ou controlada e não ser este um investimento relevante para ela, em relação a seu próprio tamanho. E não sendo relevante, os procedimentos contábeis relacionados com esses investimentos na data do balanço patrimonial da investidora são os mesmos que os adotados para outras participações societárias, explicados mais adiante, no Tópico 7.8.3.

É essencial, portanto, entender o conceito de relevância usado em contabilidade, sendo assim considerado o investimento:

- Em cada sociedade coligada ou controlada, se o valor contábil do investimento for igual ou superior a 10% do valor do patrimônio líquido da *investidora.*
- No conjunto de sociedades coligadas e controladas, se o valor contábil dos investimentos for igual ou superior a 15% do valor do patrimônio líquido da *investidora.*

Relevância em relação aos investimentos em cada sociedade coligada ou controlada, considerados individualmente

Exemplificando, vejamos os balanços patrimoniais resumidos de três empresas: a investidora (ou controladora), uma coligada e uma controlada:

		Empresas		
		Investidora	Coligada	Controlada
	$	$	$	$
ATIVO				
Circulante		145	41	350
Realizável a longo prazo				
Contas a receber de coligada		55		
Permanente				
Investimentos				
Na coligada	8			
Na controlada	342	350		
Imobilizado		50	61	400
		600	102	750
PASSIVO				
Circulante		200	3	408
Exigível a longo prazo				
Contas a pagar à investidora			55	
Patrimônio líquido				
Capital social		400	44	342
		600	102	750

Com base no que foi dito acima e sabendo que o patrimônio líquido da investidora é de $ 400, poderíamos dizer:

– O investimento na coligada *aparentemente* não é relevante, porque $ 8 representam apenas 2% do patrimônio líquido da *investidora*, enquanto o percentual mínimo para atingir o conceito de relevância é de 10%.
– O investimento na controlada é relevante, porque $ 342 representam 85,5% do patrimônio líquido da *controlada.*

Existe outro fator, porém, que deve ser considerado ao se estabelecer o valor do investimento que vai ser comparado com o patrimônio líquido da controlada, para se determinar se ele é relevante ou não: os créditos (contas a receber) de qualquer natureza contra a coligada ou controlada. No caso da coligada acima, se somarmos o saldo de contas que a investidora tem a receber da coligada, com o valor contábil do investimento, temos um total de $ 63 ($ 55 + $ 8), que representa 15,7% do patrimônio líquido da investidora, percentual superior ao mínimo de 10% necessário para o investimento ser considerado relevante (10% × $ 400 = $ 40), individualmente.

Dessa forma, para se determinar a relevância ou não do investimento em cada coligada e controlada, o valor a ser considerado como investimento é a soma do valor da participação registrado no ativo permanente com o saldo dos créditos de qualquer natureza contra a investida. Vale ressaltar que esses créditos ou contas a receber *não* fazem parte do investimento, *sendo considerados como tal apenas e unicamente para fins de determinação da relevância ou não na data do balanço patrimonial.*

Relevância considerada em relação ao conjunto de investimentos em coligadas e controladas

Pode ocorrer que uma investidora possua participação societária em diversas coligadas e controladas, mas que os investimentos analisados individualmente em cada uma delas não atinjam o conceito de relevância descrito acima, conforme estabelecido pela Lei nº 6.404/76. Nesse caso, os investimentos deverão ser considerados em conjunto, para fins de determinação de relevância ou não.

Assim, será considerado relevante o investimento no conjunto de sociedades coligadas e controladas quando seu valor for igual ou superior a 15% do patrimônio líquido da investidora. Os passos para essa determinação da relevância, ou não, são:

- Relacionar o valor dos investimentos em todas as sociedades que se enquadrem no conceito legal de coligada ou controlada (não deixar de somar o saldo das contas a receber de cada investida ao valor contábil do respectivo investimento);
- Somar o valor desses investimentos;
- Dividir o valor da soma obtida pelo valor do patrimônio líquido da investidora, e
- Se o resultado for 15% ou mais, a investidora deverá considerar como relevante o investimento no conjunto de sociedades coligadas e controladas.

Exemplo:

Investimentos permanentes		Créditos de	Valor do conjunto dos investimentos, para fins de
Companhia	**Valor contábil**	**qualquer natureza**	**relevância**
	$	$	$
Controlada A	2.000	100	2.100
Coligada B	400	600	1.000
Controlada C	1.100	–	1.100
Coligada D	200	–	200
	3.700	700	4.400

Supondo que o valor do patrimônio líquido da investidora fosse $ 33.800, o valor conjunto dos investimentos representaria 13% ($ 4.400 ÷ $ 33.800) desse patrimônio líquido, o que levaria o investimento conjunto a ser considerado como *não* relevante.

Se o valor do patrimônio líquido da investidora fosse $ 25.800, entretanto, o investimento conjunto seria considerado *relevante*, pois representaria 17% ($4.400 ÷ $ 25.800) do seu patrimônio líquido.

7.8.1.2 – Conceito de equivalência patrimonial

Equivalência patrimonial é um método contábil de avaliação de investimentos, pelo qual o valor do investimento de uma empresa em ações ou cotas de outra empresa, em determinada data, é encontrado mediante a aplicação da porcentagem de participação da investidora sobre o valor do patrimônio líquido da coligada ou controlada (investida), apurado na mesma data ou em data anterior próxima (até 60 dias antes).

A porcentagem de participação da investidora, por sua vez, representa o índice obtido pela divisão do número de ações ou cotas pertencentes à investidora pelo número total de ações ou cotas que formam o capital social da investida, conforme indicado pelos exemplos a seguir.

Exemplos:

Capital social da investida = $ 100.000, compostos por 100.000 ações de valor nominal (ver o Tópico 7.12.1.1) de $ 1 cada

Participação da investidora no capital social da investida = $ 60.000, representados por 60.000 ações de $ 1 cada

$$\text{Porcentagem de participação} = \frac{60.000 \text{ ações}}{100.000 \text{ ações}} = 60\%$$

Capital social da investida = $ 200.000, compostos por 55.000 ações sem valor nominal (ver o Tópico 7.12.1.1)

Participação da investidora no capital social da investida = $ 110.000, representados por 30.000 ações sem valor nominal.

$$\text{Porcentagem de participação} = \frac{30.000 \text{ ações}}{55.000 \text{ ações}} = 54{,}5\%$$

Capital social da investida = $ 300.000, compostos por 300.000 ações de valor nominal de $ 1 cada

Participação da investidora no capital social da investida = $ 250.000, representados por 100.000 ações de valor nominal de $ 1 cada*

$$\text{Porcentagem de participação} = \frac{100.000 \text{ ações}}{300.000 \text{ ações}} = 33{,}3\%$$

Explicado o significado de "porcentagem de participação no capital social", voltemos agora ao método de equivalência patrimonial, aproveitando os exemplos anteriores para melhor entendimento:

Exemplos:

Além dos dados já indicados, sabemos ainda que o valor do patrimônio líquido da investida é de $ 356.000. O cálculo da equivalência patrimonial, para se determinar o valor contábil do investimento da sociedade investidora, deve ser feito como segue:

Porcentagem de participação × Valor do patrimônio líquido = 60% × $ 356.000 = $ 213.600

Portanto, o valor do investimento avaliado pelo método de equivalência patrimonial é de $ 213.600. Como na contabilidade da investidora o investimento está registrado por $ 60.000, será necessário acrescer à sua importância o valor de $ 153.600, para igualar a sua equivalência com o patrimônio líquido da investida.

Considerando o valor do patrimônio líquido da investida como sendo de $ 400.000, o valor do investimento deverá ser de $ 218.000 ($ 400.000 × 54,5%), faltando acrescentar mais $ 108.000 ao investimento registrado na investidora para igualar a equivalência patrimonial encontrada pelo cálculo acima.

Supondo que o patrimônio líquido da investida seja de $ 690.000, o valor do investimento deverá ser de $ 229.770. Como o valor registrado na contabilidade da investidora relativo ao investimento é de $ 250.000, esta deverá fazer um lançamento para *reduzir* o valor contábil no total de $ 20.230 ($ 250.000 – $ 229.770). Assim, o valor contábil ficará equivalendo (proporcionalmente à participação) ao valor do patrimônio líquido da investida.

O fundamento básico dessa norma contábil repousa no fato de que, se uma empresa tem uma participação acionária relevante em outra empresa, é justo que o valor contábil registrado como investimento reflita as modificações registradas no patrimônio líquido da empresa investida. Por exemplo, a

* É necessário não confundir o valor nominal de uma ação com o seu valor de compra pela investidora. Nesse último exemplo, a investidora comprou 100.000 ações de *valor nominal* de $ 1 cada, pelas quais *pagou* $ 2,5 cada. Assim, o valor contábil do investimento é de $ 250.000, embora representado apenas por 100.000 ações. Sobre ações com ou sem valor nominal, veja o Tópico 7.12.1.1.

reavaliação de um ativo imobilizado na empresa investida proporcionará um aumento do seu patrimônio líquido, pela constituição da reserva de reavaliação; assim, esse aumento no patrimônio líquido se refletirá no valor da participação da investidora, que será acrescido por montante proporcional à sua participação no valor da reavaliação procedida. Outro exemplo é quando a investida obtém lucro no exercício, que irá aumentar seu patrimônio líquido; como a investidora participa do seu capital social, uma parcela desse lucro, proporcional à sua participação, também pertence à investidora, mesmo que a investida não faça a distribuição imediata desse lucro. Essa participação no lucro não distribuído é refletida na investidora pelo aumento do valor contábil do investimento, quando é aplicado o método de equivalência patrimonial. Por outro lado, a contrapartida do aumento ou diminuição do investimento, conforme o resultado da equivalência, será determinada pela *natureza* do aumento ou diminuição do patrimônio líquido da investida, conforme será explicado no Tópico 7.8.2.4, quando tratarmos da "natureza do resultado da equivalência patrimonial".

7.8.1.3 – Sociedades obrigadas à avaliação de investimento pelo método de equivalência patrimonial

Considerando as explicações contidas nos tópicos anteriores, estão obrigados a serem avaliados pelo método de equivalência patrimonial, no balanço da investidora:

- Os investimentos *relevantes* em sociedades *coligadas* nas quais a investidora participe com 20% ou mais do capital social ou naquelas em que esta tenha *influência sobre a administração;*
- Os investimentos *relevantes* em sociedades *controladas.*

De uma forma geral, tudo o que foi dito até agora sobre participações relevantes em coligadas ou controladas, avaliadas pelo método de equivalência patrimonial, não é de assimilação muito fácil, devido às particularidades envolvidas. O quadro apresentado (na página 232) foi elaborado para resumir, mas sem esgotar, as principais normas sobre o assunto.

Finalmente, é importante ressaltar que os detalhes aqui apresentados sobre investimentos relevantes em controladas ou coligadas são apenas noções básicas, existindo determinadas particularidades, tais como ajustes ao valor do patrimônio líquido da investida e outras que não foram aqui abordadas devido ao nível introdutório do livro.

7.8.1.4 – Procedimentos contábeis relativos a participações relevantes avaliadas pelo método de equivalência patrimonial

Nos tópicos anteriores abordamos os aspectos gerais relativos a investimentos relevantes em sociedades coligadas e controladas, avaliados pelo método de equivalência patrimonial. Neste tópico vamos demonstrar os procedimentos contábeis referentes a aquisição, amortização de ágio ou deságio, rendimentos de participações, baixas de investimento, avaliação na data do balanço patrimonial e apresentação e divulgação nas demonstrações financeiras.

Aquisição de investimentos, ágio e deságio

Quando uma empresa adquire um investimento relevante em uma sociedade que passa a ser coligada ou controlada, ou quando essa aquisição é um aumento de participação em sociedade que já é coligada ou controlada, é necessário diferenciar entre o custo de aquisição e seu valor com base no patrimônio líquido contábil.

Quadro-Resumo das principais normas sobre coligação, controle, relevância e dever de avaliar investimentos pelo método de equivalência patrimonial

INVESTIMENTO EM	CONCEITO DE COLIGAÇÃO, CONTROLE E CONJUNTO DE SOCIEDADES COLIGADAS E CONTROLADAS	CONCEITO DE RELEVÂNCIA*	O DEVER DE AVALIAR PELO MÉTODO DE EQUIVALÊNCIA PATRIMONIAL EXISTE QUANDO, CUMULATIVAMENTE**
SOCIEDADE COLIGADA	A investidora possui 10% ou mais do capital social da *investida,* sem controlá-la.	O valor do investimento em *cada* coligada é igual ou superior a 10% do patrimônio líquido da *investidora.*	O investimento é em sociedade coligada. O investimento é relevante. A investidora: – Participa com 20% ou mais do capital social da *coligada* e/ou – Tem influência sobre a administração da coligada.
SOCIEDADE CONTROLADA	A investidora, diretamente ou através de outras controladas: – É titular de direitos de sócio que lhe asseguram, de modo permanente, preponderância nas deliberações sociais. – Tem poder de eleger a maioria dos administradores.	O valor do investimento em *cada* controlada é igual ou superior a 10% do patrimônio líquido da *controladora.*	O investimento é em sociedade controlada. O investimento é relevante.
CONJUNTO DE SOCIEDADES COLIGADAS E CONTROLADAS	As empresas que participam do conjunto, individualmente obedecem à condição de serem coligadas ou controladas, conforme o conceito indicado acima.	O valor do *conjunto* dos investimentos em coligadas e controladas é igual ou superior a 15% do patrimônio líquido da *investidora* ou *controladora.*	O investimento conjunto em sociedades controladas e coligadas é relevante. Nesse caso, devem ser avaliados pelo valor patrimonial: – O investimento individual em cada controlada. – O investimento individual em cada coligada na qual a investidora tenha influência sobre a administração ou de que participe com 20% ou mais do capital social.

* Para fins de determinação da relevância, ao valor contábil do investimento deve ser somado o saldo de créditos da companhia contra as coligadas e controladas

** As sociedades subordinadas à Comissão de Valores Mobiliários e ao Banco Central do Brasil estão sujeitas a normas específicas, não abordadas aqui, mas que, em sua maioria, são iguais às apresentadas acima.

Custo de aquisição

Custo de aquisição de um investimento é o montante total pago pela investidora ao comprar ações ou cotas do capital social da investida.

Desdobramento do custo de aquisição: apuração de ágio ou deságio

Quando uma investidora faz uma aquisição de cotas ou ações de uma investida, o montante que ela paga é originário de uma negociação entre comprador e vendedor, na qual inúmeros fatores exercem influência para se chegar a um acordo sobre o preço a ser pago por ação ou cota. Normalmente, porém, três são os fatores básicos determinantes do preço de aquisição:

1. O valor de mercado dos bens do ativo da investida, que geralmente é diferente do valor pelo qual ele está registrado na contabilidade. Sendo maior o valor de mercado dos bens do ativo, a diferença extracontábil entre o ativo total e o passivo exigível total será maior, o que equivale a dizer que o patrimônio líquido extracontábil é aumentado, valorizando, também extracontabilmente, as ações ou cotas que compõem o capital social. Pode, entretanto, ocorrer o contrário, ou seja, ativos registrados na contabilidade por um valor superior ao de mercado, o que desvaloriza as ações ou cotas.
2. A expectativa de rentabilidade futura da investida, um fator que pode surgir por várias razões, como por exemplo quando projeções fazem crer que a rentabilidade da sociedade será aumentada (ou diminuída) nos exercícios futuros, por redução dos custos, aumento das vendas, etc.
3. A existência de fundo de comércio*, bens intangíveis** ou razões econômicas não especificadas, não registradas na contabilidade, mas que têm valor maior ou menor para quem adquire a propriedade (ou parte desta) das ações ou cotas de uma empresa.

Esses três fatores básicos, portanto, fazem com que o patrimônio líquido contábil da investida seja ajustado extracontabilmente, *para fins de determinação de preço de venda de ações,* para um valor maior ou menor que o de registro na contabilidade. Quando isso ocorre, a empresa investidora deve desdobrar o custo de aquisição das ações ou cotas em:

---

* Fundo de comércio representa um direito de difícil determinação de valor. Por exemplo, uma loja de artigos femininos localizada num Shopping Center especialmente movimentado está registrada na contabilidade da empresa proprietária pelo valor líquido contábil. Nesse valor não está contemplado o fato de que a loja está localizada num excelente ponto de venda. Essa potencialidade é chamada de *fundo de comércio,* o qual pode ser registrado contabilmente apenas se for adquirido de terceiros. Isso significa que o fundo de comércio desenvolvido pela própria empresa não está registrado na contabilidade.

** Bens intangíveis são abordados no Tópico 7.7.1.1 sobre ativo imobilizado.

– Valor calculado em função do patrimônio líquido contábil da investida, e
– Ágio ou deságio incluído no custo de aquisição, com a determinação do fundamento econômico que o gerou.

Contabilização da aquisição de investimentos

Para ilustrar, suponhamos que em 30/06/19XB a Cia. Controladora adquiriu, por $ 250.000, pagos à vista, 100.000 ações do capital social da Investida S.A., que apresentava o seguinte balanço patrimonial resumido na mesma data:

INVESTIDA S.A.
Balanço patrimonial resumido em 30/06/19XB

	$	$
ATIVO		
Circulante		130.000
Permanente		
Imobilizado	200.000	
Diferido	20.000	220.000
		350.000
PASSIVO		
Circulante		140.000
Patrimônio líquido		
Capital Social (120.000 ações de $ 1 cada)	120.000	
Reservas	70.000	
Lucros acumulados	20.000	210.000
		350.000

Temos os seguintes dados já conhecidos:

— Valor nominal de cada ação	$ 1,00
— Custo de aquisição de cada ação ($ 250.000 ÷ 100.000 ações)	$ 2,50
— Valor patrimonial líquido contábil de cada ação ($ 210.000 ÷ 120.000 ações)	$ 1,75
— Excesso pago por ação no custo de aquisição, em relação ao valor patrimonial líquido contábil ($ 2,50 – $ 1,75)	$ 0,75
— Porcentagem de participação da Cia. Controladora no capital social da Investida S.A. (100.000 ações ÷ 120.000 ações)	83,33%

O excesso pago pela Cia. Controladora por ação, em relação ao valor patrimonial contábil da ação de Investida S.A., é chamado de *ágio* na aquisição. Por outro lado, se o preço pago na aquisição fosse inferior ao valor do patrimônio líquido contábil por ação, haveria então um *deságio* na aquisição.

Resumindo, o custo de aquisição deve ser desdobrado em dois valores, sendo ambos registrados na contabilidade. Utilizando a tabela hipotética de cotação de MCO (ver o Tópico 7.6.4.7), temos que a cotação de uma MCO em 30/06/19XB é de $ 117.

Teríamos, assim, a seguinte posição:

	Valor em $	**Cotação da MCO 30/06/19XB**	**Valor em MCO**
— Valor do investimento, calculado pelo patrimônio líquido contábil (100.000 ações vezes $ 1,75; ou 83,33% vezes $ 210.000)	175.000	117	1.495,73
— Valor do ágio na aquisição (100.000 ações vezes $ 0,75; ou $ 250.000 menos $ 175.000)	75.000	117	641,02
Custo de aquisição	250.000	117	2.136,75

A contabilização da aquisição seria feita da seguinte maneira (é importante notar que cada investimento deve ser registrado em subconta analítica individual, separando-se o valor patrimonial do ágio ou do deságio):

Investimentos – Participação na empresa Investida S.A.		**Investimentos – Ágio na aquisição de ações da empresa Investida S.A.**		**Bancos**	
(1) 175.000		(1) 75.000			250.000 (1)

Para que esse lançamento possa ser feito, no entanto, o fundamento econômico do ágio deverá ser determinado e descrito, e essa descrição acompanhará o lançamento contábil como parte do documento comprovante da transação. Esse procedimento é importante porque o ágio ou deságio deverá ser amortizado em função do fundamento econômico que o originou.

Por outro lado, poderia ter ocorrido um deságio na aquisição, digamos, se as mesmas ações fossem adquiridas por $ 150.000. Assim, o deságio seria de $ 25.000, pois o valor patrimonial dessas 100.000 ações é de $ 175.000, como vimos. Nesse caso, o lançamento contábil seria:

Investimentos – Participação na empresa Investida S.A.		Investimentos – Deságio na aquisição de ações da empresa Investida S.A.		Bancos	
(1) 175.000			25.000 (1)		150.000 (1)

Qualquer nova aquisição de ações desse investimento seria contabilizada da mesma maneira, ou seja, desdobrando o custo de aquisição em valor patrimonial e em ágio ou deságio na aquisição.

Critérios de amortização de ágio ou deságio na aquisição de investimentos

Visto que o ágio ou deságio pode ter fundamento econômico de três naturezas distintas, como explicado acima, a sua amortização contábil deve ser feita em função da natureza do evento que o gerou. Esses critérios de amortização estão resumidamente mencionados a seguir (veja o último parágrafo no Tópico 7.8.2.3).

Critério de amortização de ágio ou deságio fundamentado na diferença entre o valor de mercado de bens do ativo e o valor contábil desses bens na investida

A amortização de ágio ou deságio com esse fundamento econômico será feita na proporção em que os bens do ativo forem sendo realizados na investida, por depreciação, por amortização ou por exaustão*, ou por baixa em decorrência da alienação ou do perecimento desses bens.

Critério de amortização de ágio ou deságio fundamentado na expectativa de rentabilidade futura da investida

O ágio ou deságio fundamentado na expectativa de rentabilidade futura deverá ser amortizado no prazo e na extensão das projeções que o determinaram, ou quando houver baixa em decorrência de alienação ou de perecimento do investimento, antes de haver terminado o prazo estabelecido para amortização.

Critério de amortização de ágio decorrente de fundo de comércio, de intangíveis ou de outras razões econômicas

O ágio decorrente de fundo de comércio, de intangíveis ou de outras razões econômicas deverá ser amortizado no prazo estimado de utilização, de vigência ou de perda de substância, ou quando houver baixa em decor-

* No Tópico 7.7.3, sobre ativo imobilizado, tratamos de depreciação, amortização e exaustão de bens.

rência de alienação ou de perecimento do investimento, antes de haver terminado o prazo estabelecido para amortização.

Contabilização de amortização de ágio ou deságio na aquisição de investimentos

Explicados os critérios de amortização de ágio ou deságio, vejamos como ela deve ser contabilizada. Utilizaremos valores aleatórios para esta ilustração.

	Débito	Crédito
Amortização de ágio		
Despesa de amortização de ágio na aquisição de investimento	100	
a		
Ágio na aquisição de ações da Investida S.A.		100

Pode ocorrer que a empresa decida utilizar uma conta de amortização acumulada de ágio, ao invés de creditar o valor da amortização diretamente à conta de ágio. Nesse caso, o lançamento seria:

	Débito	Crédito
Despesa de amortização de ágio na aquisição de investimento	100	
a		
Amortização acumulada de ágio na aquisição de ações da Investida S.A.		100

Amortização de deságio

Supondo que ao invés de um ágio tivéssemos que contabilizar a amortização de um deságio, o lançamento contábil seria:

	Débito	Crédito
Deságio na aquisição de ações da Investida S.A. (ou Amortização acumulada de deságio na aquisição de...)	100	
a		
Receita de amortização de deságio na aquisição de investimento		100

Nesta altura, é conveniente ressaltar que o ágio é uma perda e o deságio, um ganho, registrados contabilmente no ato da aquisição das ações, mas refletidos no resultado da investidora apenas quando são efetivamente realizados de acordo com os critérios expostos.

Avaliação de investimento relevante em controlada ou coligada na data do balanço patrimonial

Cálculo da equivalência patrimonial

Até o presente, vimos as principais normas que orientam o registro de investimentos relevantes em sociedades coligadas ou controladas. Vamos abordar, agora, a avaliação desses investimentos na data do balanço patrimonial da investidora. Para tanto, retomaremos o exemplo da Investida S.A., usado quando falamos sobre aquisição de investimento.

Investida S.A. – dados já conhecidos para a investidora:

- Aquisição de 100.000 ações de valor nominal de $ 1 cada, em 30/06/19XB (participação de 83,33% no capital da investida)
- Preço da aquisição: $ 250.000 (2.136,75 MCO)
- Desdobramento do custo de aquisição
  - Valor patrimonial: $ 175.000 (1.495,73 MCO)
  - Ágio na aquisição: $ 75.000 (641,02 MCO)

Em 31/12/19XB a Investida S.A. apresentava o seguinte balanço patrimonial resumido:

INVESTIDA S.A.
Balanço patrimonial resumido
em 31/12/19XB

	$	$
ATIVO		
Circulante		188.718
Permanente		
Imobilizado	210.256	
Diferido	21.026	231.282
		420.000
PASSIVO		
Circulante		184.070
Patrimônio líquido		
Capital social	120.000	
Reservas	80.044	
Lucros acumulados	35.886	235.930
		420.000

O valor do investimento da Cia. Controladora (calculado pelo patrimônio líquido contábil) até 31/12/19XB tem a seguinte movimentação:

	Valor em $	Cotação da MCO	Valor em MCO
Valor do investimento em 30/06/19XB	175.000	117	
Correção monetária	8.975		1.495,73
Valor do investimento em 31/12/19XB antes da equivalência patrimonial*	183.975	123	1.495,73
Ajuste da equivalência patrimonial	12.625	123	102,64
Valor final do investimento em 31/12/19XB	196.600	123	1.598,37

O valor do ajuste da equivalência patrimonial foi calculado pela multiplicação da participação percentual da Cia. Controladora pelo valor do patrimônio líquido da Investida S.A. em 31/12/19XB (83,33% × $ 235.930 = $ 196.600), e a diferença resultante foi acrescida ao valor do investimento.

Natureza do resultado da equivalência patrimonial

Ao apurarmos o resultado originado de equivalência patrimonial, é necessário, antes de proceder à contabilização, analisar a natureza dos fatos que levaram ao montante encontrado, pois essa análise indicará como o resultado será contabilizado.

Basicamente, o resultado da equivalência patrimonial pode ter três origens:

a) Variação da porcentagem de participação no capital da investida

Representa o aumento ou diminuição do percentual de participação da investidora no capital da investida. Essa variação pode decorrer, entre outras razões, da:

- Alienação parcial do investimento;
- Reestruturação de espécie e classe de ações do capital social;
- Renúncia do direito de preferência na subscrição em aumento de capital.

b) Reavaliação de ativos efetuada pela investida

No Tópico 7.12.2.2 adiante, falaremos sobre a reavaliação de ativos e a reserva de reavaliação.

* O valor do investimento deve ser corrigido monetariamente *antes* do cálculo da equivalência patrimonial, visto que o balanço da investida já deverá estar corrigido nessa ocasião.

Quando o aumento do patrimônio líquido da investida é originário da reavaliação de ativos, esse fato tem que ser reconhecido também na controladora, através do cálculo da equivalência patrimonial.

c) **Lucro ou prejuízo apurado na investida**
É o proveniente das operações sociais da controlada.

Contabilização do resultado da equivalência patrimonial

Agora que já vimos as diversas origens do resultado da equivalência, bem como sabemos que esse resultado é debitado ou creditado ao investimento, conforme seja ganho ou perda, vejamos qual a contrapartida do lançamento:

a) **Resultado derivado de ganho ou perda pelo aumento ou diminuição de participação no capital social da investida**
Essa parcela deve ser apropriada à conta de receita ou despesa do exercício, classificada como *não operacional* (explicada no Capítulo 8), visto que a variação da participação nada teve a ver com as atividades da investida.

b) **Resultado derivado de reavaliação de ativos da investida**
- O valor da participação da investidora no aumento do ativo deve ser creditado à reserva de reavaliação, diretamente no patrimônio líquido, pois tem a mesma natureza de uma reavaliação de ativos da própria investidora (veja o Tópico 7.12.2.2).
- Na eventualidade de existir, na controladora, ágio a amortizar cujo fundamento econômico foi o valor de mercado do bem que posteriormente foi objeto de reavaliação na investida, a reserva de reavaliação deve ser utilizada para compensar esse ágio.

c) **Resultado derivado de lucros ou prejuízos apurados pela investida**
Essa parcela deve ser apropriada à conta de receita ou despesa do exercício, classificada como *operacional* (explicada no Capítulo 8), visto que o resultado da investida apurado em suas operações é considerado uma extensão das operações da investidora.

Baixas de investimentos relevantes em coligadas e controladas

As baixas de investimentos, dos livros contábeis da investidora, ocorrem principalmente por venda, embora haja a possibilidade de permuta por outros ativos ou de perda por perecimento, conforme já vimos. Seja qual for o motivo da baixa, os procedimentos contábeis são similares, divergindo apenas no fato de que, em caso de alienação, a investidora recebe um valor de venda, o que não ocorre quando há o perecimento (a perda é total). Em caso de permuta, outro bem é registrado em substituição ao investimento baixado.

Valor contábil do investimento

O valor contábil do investimento corresponde ao montante corrigido monetariamente nos termos da Lei, abrangendo a equivalência patrimonial, mais o ágio não amortizado (se houver) ou menos o deságio não amortizado (se houver), e menos a provisão para perdas (também se houver; Tópico 7.8.5).

Dessa forma, na baixa de um investimento, todos os itens a ele afetos deverão ser eliminados da contabilidade da investidora.

Contabilização da baixa

Os lançamentos são simples e similares aos de baixa de ativo imobilizado (Tópico 7.7.11) consistindo nos seguintes passos:

- Transferir o saldo (corrigido até a data do evento) das contas relacionadas com o investimento a ser baixado (valor da participação pelo método de equivalência, ágio, deságio e provisão para perdas, se houver) para uma conta de apuração do resultado na baixa;
- Registrar a transação da venda, se for o caso, a débito de bancos ou contas a receber, e a crédito da conta de apuração do resultado na baixa;
- Transferir o saldo da conta de apuração do resultado na baixa para a conta de lucro ou prejuízo na baixa.

Os lançamentos também podem ser feitos diretamente na conta de lucro ou prejuízo na baixa, sem a utilização da conta transitória de apuração do resultado.

7.8.1.5 – Rendimentos oriundos de participações relevantes em sociedades controladas e coligadas

Tipos de rendimentos

Excetuando o resultado de equivalência patrimonial, já visto, dois são os principais tipos de rendimentos provenientes de participações relevantes (avaliados pelo valor patrimonial) em sociedades controladas ou coligadas:

- Dividendos em dinheiro, e
- Bonificações em ações ou aumento do valor nominal das ações.

Contabilização dos rendimentos

a) Dividendos em dinheiro

Para alguns leitores não familiarizados com o termo "dividendo", talvez seja conveniente, neste ponto, ler o Tópico 9.7, onde falamos sobre dividendos, que é uma espécie de partilha, entre os acionistas ou cotistas, dos lucros apurados pela empresa. Na prática, a declaração de dividendos a pagar geralmente ocorre em três ocasiões:

1. No encerramento do exercício, quando a administração da empresa propõe o dividendo (geralmente o mínimo obrigatório de acordo com o estatuto) a pagar sobre o resultado do exercício.
2. Durante o exercício, quando os acionistas decidem fazer distribuição suplementar de lucros apurados até o exercício anterior.
3. Durante o exercício, quando em determinada data a empresa levanta um balanço intermediário e distribui antecipadamente dividendos, com base no lucro apurado no período até a data (posteriormente, no encerramento do exercício, é feita a apuração do resultado do ano, englobando o resultado intermediário apurado).

A contabilização dos dividendos recebidos da sociedade ou coligada pode ser diferente, conforme o caso, como veremos a seguir:

1. No caso de *dividendos propostos no final do exercício,* se a investida deve contabilizar como dividendos a pagar uma determinada quantia, parece-nos lógico que a investidora deva corresponder a esse lançamento, registrando, em sua contabilidade, a sua parcela dos dividendos a receber, mesmo que a distribuição desses dividendos propostos esteja sujeita à aprovação dos acionistas (é de se supor que, antes de a administração decidir quanto deverá ser distribuído, consultará os principais acionistas, os controladores; ou então o montante do dividendo pode corresponder ao mínimo obrigatório, de acordo com o estatuto da companhia). A contabilização seria feita após o registro da equivalência patrimonial e o lançamento contábil seria:

   Débito: Dividendos a receber
   Crédito: Participação na empresa Investida S.A.

   Deve ser enfatizado que, nesse caso, o dividendo não é reconhecido como uma receita, mas como uma redução do valor do investimento.

2. Quando ocorre o caso de *distribuição suplementar de lucros apurados até o exercício anterior,* no momento em que os acionistas decidem fazer a

distribuição, a investidora deve proceder à contabilização do dividendo de forma idêntica à explicada no primeiro caso, ou seja, creditando-se o valor do investimento, visto que essa parcela que antes compunha o patrimônio líquido da investida já havia sido incorporada ao valor da participação da investidora na data de encerramento do último exercício, através da equivalência patrimonial. Assim, se a parcela do dividendo for subtraída do patrimônio líquido da investida, deverá também ser abatida uma parcela correspondente do investimento na empresa investidora.

3. No caso de distribuição antecipada de lucro, porém, temos uma situação diferente das outras duas, pois é feita uma distribuição de lucro que ainda não foi reconhecido na investidora através de equivalência patrimonial e, portanto, não deve ser abatido diretamente do valor contábil do investimento. Nesse caso, a contabilização do dividendo recebido deve ser feita em conta redutora da conta do investimento, da forma seguinte:

Débito: Bancos
Crédito: Dividendos antecipados – empresa Investida S.A.

Ao final do exercício, após ter sido apurado e contabilizado o resultado da equivalência patrimonial, o saldo da conta redutora será deduzido contabilmente da conta de investimento:

Débito: Dividendos antecipados – empresa Investida S.A.
Crédito: Participação na empresa Investida S.A.

A conta redutora relativa aos dividendos antecipados será corrigida monetariamente até a data do balanço.

*b) Bonificações em ações ou aumento do valor nominal das ações**

Quando uma empresa tem ações de valor nominal fixado e aumenta seu capital pela incorporação de reservas, o valor delas transformado em capital, deverá ser representado por novas ações (com o mesmo valor nominal), a serem distribuídas entre os acionistas, em proporção à quantidade de ações que cada um possui.

Pode ocorrer, por outro lado, que a investida decida incorporar reservas ao seu capital, sem distribuir novas ações, mas aumentando o valor nominal das ações já existentes.

Dessa forma, se uma empresa tem o capital formado por 100.000 ações de $ 1 cada, e incorpora reservas no valor de $ 50.000, pode optar entre:

* Se o leitor não estiver familiarizado com a expressão "aumento do capital", valor nominal de ações, etc., convém ler, neste ponto, o Tópico 7.12.1.

— Aumentar o número de ações do capital, de 100.000 para 150.000, conservando o valor nominal de $ 1 cada, ou
— Aumentar o valor nominal da ação de $ 1 para $ 1,50 cada, sem aumentar o número de ações em circulação.

Em qualquer dos casos, por motivo de incorporação de reservas ao capital, nem o recebimento de novas ações nem a valorização das já existentes devem ser contabilizados pela investidora, que se limita apenas a controlar fisicamente a quantidade de ações que possui.

Podemos entender melhor esse procedimento se pensarmos que a incorporação de reservas ao capital não altera o valor do patrimônio líquido, pois é uma simples transferência de uma conta para outra, dentro do mesmo grupo do balanço patrimonial. Como o valor do patrimônio líquido da investida é refletido pela equivalência patrimonial na conta de investimento, se fosse efetuada a contabilização o procedimento provocaria uma distorção contábil na investidora.

7.8.1.6 – Apresentação de investimentos relevantes em coligadas e controladas nas demonstrações financeiras

Balanço patrimonial

As contas relacionadas com investimentos relevantes em coligadas e controladas são apresentadas, no balanço patrimonial, com os seguintes destaques:

— Valor pela equivalência patrimonial;
— Mais ou menos o saldo não amortizado do ágio ou do deságio na aquisição, respectivamente (se houver);
— Menos provisão para perdas (se houver, ver o Tópico 7.8.4 adiante).

Caso a investidora possua diversos investimentos em coligadas e controladas, ou mesmo no caso apenas de um investimento, se o desejar, poderá divulgar esses detalhes em nota explicativa (veja o Capítulo 10); nesse caso, no balanço patrimonial o valor do investimento seria apresentado apenas pelo valor líquido.

Caso a equivalência patrimonial tenha gerado um resultado originado de reavaliação de ativos na investida, o valor é apresentado no patrimônio líquido, no grupo de reserva de reavaliação, na investidora (referimo-nos à contrapartida do aumento do ativo).

Demonstração do resultado

As despesas ou receitas relacionadas com o investimento devem ser divulgadas na demonstração de resultado, conforme indicado abaixo:

Natureza	Receita ou despesa(*) Operacional	Não Operacional
Resultado da equivalência patrimonial		
— Originado de lucros ou prejuízos apurados pela investida	sim	
— Originado de ganho ou perda por variação de porcentagem de participação no capital social		sim
Amortização de ágio ou deságio na aquisição de investimentos		sim
Provisão para perda com investimentos (ou reversão de provisão anteriormente constituída)		sim
Lucro ou prejuízo na baixa de investimentos		sim
Dividendos antecipados recebidos, originados de lucros apurados na investida em balanço intermediário antes do final do exercício	sim	

7.8.2 – Outras participações societárias

Conforme podemos observar pelos tópicos anteriores, os investimentos relevantes em coligadas e controladas, avaliados pela equivalência patrimonial, têm características e particularidades contábeis razoavelmente complexas. O mesmo não ocorre com outras participações societárias, cujas particularidades e procedimentos contábeis são poucos e relativamente simples.

O valor a ser considerado como custo original de aquisição de ações ou cotas de outras empresas é o valor efetivamente pago por elas, inclusive taxas e comissões de corretagem, ágio (valor excedente do valor nominal), etc. Esse custo original, da mesma forma que para outros ativos permanentes, sofre correção monetária e, para fins de apresentação no balanço patrimonial, é demonstrado pelo custo corrigido, deduzido da provisão para desvalorização do investimento eventualmente existente (Tópico 7.8.4).

Assim como os investimentos em ações ou cotas avaliados pelo valor patrimonial, as outras participações societárias têm também dois tipos de rendimentos: dividendos recebidos em dinheiro e bonificação em ações ou

* No Capítulo 8 explicamos o conceito de despesas e receitas operacionais e não operacionais.

cotas. Os dividendos são contabilizados como receitas* e as bonificações não são registradas contabilmente.

7.8.3 – Investimentos permanentes em direitos de qualquer natureza

Consoante já vimos no Tópico 7.6.1.2, os investimentos permanentes em direitos de qualquer natureza representam, com exceção das participações societárias no capital social de outras empresas, qualquer aplicação de recursos em ativos não classificáveis como realizáveis e que não se destinam à manutenção das atividades da empresa. Estes ativos podem ser não apenas bens intangíveis, mas também bens tangíveis (Tópico 7.7.1.1). O fato de não serem esses ativos classificáveis como ativos realizáveis, determina a sua classificação como permanentes, no balanço patrimonial. Isso posto, resta definir se representam bens destinados ou não à manutenção da atividade da companhia, o que determina sua classificação no grupo de imobilizado ou de investimentos.

Exatamente por essa característica, esses direitos de qualquer natureza foram abordados quando falamos sobre imobilizado. Assim, pouco temos a acrescentar ao que já foi dito, com exceção ao que se refere aos diferentes critérios existentes para avaliação dos bens no balanço patrimonial: sendo o bem considerado um imobilizado, o critério de avaliação é aquele estudado no tópico específico. Sendo o bem um investimento, porém, a avaliação deve ser feita conforme indicado a seguir, ressaltando-se que todos os demais procedimentos contábeis relativos ao bem (determinação do custo de aquisição, amortização de bens intangíveis de duração limitada, correção monetária, procedimentos de baixa, etc.) são similares àqueles utilizados no caso de um mesmo bem classificado como imobilizado.

Ao levantar o balanço patrimonial, esses investimentos devem ser avaliados pelo custo corrigido de aquisição, deduzido de provisão para atender às perdas prováveis na realização do seu valor, ou para redução do custo corrigido de aquisição ao valor de mercado, quando esse for inferior. Ou seja, esse tipo de investimento deve ser apresentado pelo valor líquido pelo qual possa ser alienado a terceiros, mesmo que não haja a intenção de alienar ou vender o bem.

Assim, para fins de levantamento de balanço patrimonial em determinada data, deve ser verificado o valor líquido pelo qual o investimento

* A legislação vigente em dezembro de 1991 estabelece que, no caso de dividendos recebidos de outras participações societárias não avaliadas pelo valor patrimonial, quando eles forem recebidos até 6 meses após a aquisição do investimento, o valor recebido pela investidora deve ser contabilizado como redução do custo, e não como receita.

permanente de qualquer natureza pode ser alienado nessa mesma data. Se esse valor for superior ao custo corrigido pelo qual o investimento está registrado na contabilidade, nenhum ajuste deve ser feito. Caso ocorra o inverso (custo superior ao mercado), a companhia deve constituir uma provisão para perda provável (Tópico 7.8.4) na realização do bem, no montante do valor contábil que ultrapassar o valor de mercado.

7.8.4 – Provisão para perdas com investimentos

Também chamada de provisão para desvalorização de investimentos, essa é uma provisão para redução ou retificação de ativo. Deve ser constituída sempre que, na data do balanço, for previsível uma possível perda na realização do valor pelo qual um investimento está registrado na contabilidade. Nesse caso, o investimento em questão deve ser em outras participações societárias ou em direitos de qualquer natureza, já que, como vimos, as participações relevantes em sociedades controladas ou coligadas devem ser avaliadas pelo valor de equivalência patrimonial.

Existem ocasiões, entretanto, em que mesmo os investimentos avaliados pela equivalência patrimonial requerem uma provisão para perdas. Por exemplo, uma empresa que registrou crescimento no seu patrimônio líquido contábil durante um exercício, porém, encontra-se ameaçada de paralisação de suas operações, digamos, porque produz poluição em níveis insuportáveis. Se essa empresa for extinta, o valor real de seu patrimônio líquido será diferente daquele contábil, podendo ser maior ou menor que este*. Nessa circunstância, em que há a *possibilidade* de a investidora vir a ter prejuízo com a extinção da coligada ou controlada, ela deverá fazer uma provisão para perda com o investimento.

Assim, por um lado, a avaliação contábil pelo método de equivalência patrimonial provocaria, na investidora, um aumento do valor do investimento e uma receita correspondente; mas, por outro lado, a provisão para perda geraria uma redução do investimento (visto que a provisão é apresentada dedutivamente do valor deste, no balanço patrimonial), bem como uma despesa para a controladora.

As provisões para perdas com investimentos permanentes são, da mesma forma que as contas dos ativos que as originam, corrigidas monetariamente, sendo a conversão do valor em moeda corrente dessas provisões para MCO realizada com base na cotação desta na data de sua constituição.

* O ativo permanente será liquidado pelo valor da venda e não pelo valor contábil, entre outras razões.

7.8.4.1 – *Procedimentos contábeis*

Os procedimentos contábeis relacionados com a provisão para perdas são os seguintes:

Pela constituição da provisão

Débito: Perda provável com investimentos
Crédito: Provisão para perda com investimentos – Investimento Alfa

Pelo registro da correção monetária

Débito: Resultado da correção monetária
Crédito: Provisão para perda com investimentos – Investimento Alfa

Pela atualização da provisão

— Sendo necessário aumentá-la
Débito: Perda provável com investimentos
Crédito: Provisão para perda com investimentos – Investimento Alfa

— Sendo necessário diminuí-la ou eliminá-la
Débito: Provisão para perda com investimentos – Investimento Alfa
Crédito: Reversão de provisão para perda com investimentos

A utilização da provisão ocorre quando o investimento é vendido ou baixado da contabilidade, entrando na apuração do resultado na baixa.

7.8.4.2 – *Apresentação nas demonstrações financeiras*

No balanço patrimonial

A provisão é apresentada dedutivamente da conta de investimento permanente.

Na demonstração do resultado

O débito da perda provável com outras participações societárias e direitos de qualquer natureza representa despesa não operacional (Tópico 8.8).

7.9 – ATIVO DIFERIDO

7.9.1 – Aspectos gerais

Os recursos aplicados no ativo diferido devem ser amortizados periodicamente, em prazo não superior a 10 anos, a partir do início da operação normal ou do exercício em que passem a ser usufruídos os benefícios deles decorrentes. Deve, ainda, ser registrada a perda do capital aplicado quando abandonados os empreendimentos ou atividades a que se destinavam, ou ficar comprovado que essas atividades não poderão produzir resultados suficientes para amortizá-los.

No Tópico 7.6.3, fizemos uma explanação sobre a natureza das contas do ativo diferido. Por ser o tipo de gasto diferido mais comum, neste tópico vamos nos deter especificamente em despesas de implantação (também chamadas de pré-operacionais ou gastos de instalação).

As despesas incorridas por uma companhia durante a fase de sua implantação são da mais variada natureza. Para melhor controle e análise, essas despesas freqüentemente são agrupadas em subcontas, das quais as mais usadas são:

— Despesas de organização e administração;
— Despesas com empréstimos e outros encargos financeiros;
— Estudos e projetos econômicos;
— Despesas preliminares de operação.

O total dessas subcontas forma o saldo da conta de despesas de implantação. Quando a companhia inicia suas atividades normais, as subcontas são encerradas, formando um único total, que passa a ser anualmente amortizado.

Tal como ocorre com outras contas do grupo do ativo permanente, os recursos aplicados no ativo diferido também sofrem correção monetária.

Por outro lado, a exemplo de bens intangíveis de duração limitada, a amortização de ativos diferidos é feita em linha reta, ou seja, o valor que deve ser transferido para a conta de despesa do exercício é obtido aplicando-se anualmente a mesma taxa de amortização, até que o ativo esteja totalmente amortizado. A conta de amortização acumulada também está sujeita a correção monetária de balanço.

Outro exemplo de ativo diferido são os gastos realizados em bens de terceiros, que devem ser amortizados no mesmo prazo em que esses bens serão utilizados. Como esses gastos não serão recuperados, não podem ser considerados ativos imobilizados.

7.9.2 – Procedimentos contábeis relativos a ativos diferidos

No Tópico 7.6.3 demos o exemplo de uma empresa que incorreu em despesas de implantação em 19XA, tendo entrado em operação no início de 19XB, decidindo amortizar esse ativo diferido em 10 anos. Vejamos como deve ser feita a amortização dessas despesas no primeiro ano de operações, supondo que o total de $ 600.000 de despesas representasse 5.405 MCO.

A movimentação da conta de despesas de implantação durante 19XB seria:

	Valor em $	**Cotação em $**	**Valor em MCO**
Saldo em 31/12/19XA	600.000	111	5.405,00
Correção monetária	64.815		
Saldo em 31/12/19XB	664.815	123	5.405,00

A amortização seria calculada com base em MCO, da forma indicada a seguir, considerando que, à taxa de 10% ao ano, a despesa de amortização anual seria de 540,50 MCO ou 45,04 MCO por mês (contabilização feita mensalmente: débito: *despesa de amortização* de despesas de implantação; e crédito: *amortização acumulada* de despesas de implantação).

Amortização em 19XB

Mês	**Em MCO**	**Cotação – $**	**Em $**
01	45,04	112	5.044
02	45,04	113	5.090
03	45,04	114	5.135
04	45,04	115	5.180
05	45,04	116	5.225
06	45,04	117	5.270
07	45,04	118	5.315
08	45,04	119	5.360
09	45,04	120	5.405
10	45,04	121	5.450
11	45,04	122	5.495
12	45,06	123	5.542
	540,50		63.511

A correção monetária da amortização do exercício seria calculada:

	$
540,50 MCO x $ 123 (cotação de 12/19XB) =	66.482
Valor da amortização contabilizada em 19XB =	63.511
Correção monetária da amortização =	2.971

Findo o prazo de amortização, o ativo diferido estará totalmente amortizado, devendo-se, então, baixar o valor dos registros contábeis.

Em conta T, os lançamentos contábeis durante 19XB seriam:

1. Registro da amortização mensal (feito por um só total na ilustração a seguir, para simplificar);
2. Correção monetária da conta de despesas de implantação;
3. Correção monetária da amortização acumulada.

Despesas de implantação

Débito	Crédito
(saldo) 600.000	
(2) 64.815	
664.815	

Amortização acumulada de despesas de implantação

Débito	Crédito
	63.511 (1)
	2.971 (3)
	66.482

Despesa de amortização de despesas de implantação

Débito	Crédito
(1) 63.511	

Resultado da correção monetária

Débito	Crédito
(3) 2.971	64.815 (2)
61.844	
64.815	64.815
	61.844

Esses lançamentos seriam repetidos anualmente e, ao final dos 10 anos, a conta de despesa teria o mesmo saldo da conta de amortização acumulada, fazendo-se o lançamento de baixa dos registros contábeis:

Débito: Amortização acumulada de despesas de implantação
Crédito: Despesas de implantação

Os lançamentos contábeis acima explicados se aplicam aos demais gastos diferidos e amortizações correspondentes.

7.9.3 – Distinção entre despesas pagas antecipadamente e despesas diferidas

Classificam-se no grupo do ativo circulante as aplicações de recursos em despesas *do exercício seguinte*, ou seja, despesas pagas antecipadamente (Tópico 7.4.5).

São classificadas no ativo diferido as aplicações de recursos em despesas que contribuirão para a *formação do resultado de mais de um exercício social.*

Embora, a princípio, possa parecer que a classificação entre circulante e diferido dependa apenas de quantos exercícios sociais possam ser beneficiados com a despesa, na realidade existe uma distinção técnica entre despesas antecipadas e despesas diferidas.

As despesas pagas antecipadamente representam desembolsos que pressupõem uma contra-obrigação por parte de quem recebeu o pagamento. Por exemplo, o prêmio de seguro obriga a companhia seguradora a dar cobertura de seguros à segurada pelo tempo de vigência da apólice. Se esta for cancelada, há uma restituição do prêmio pago.

As despesas diferidas não têm essa característica. Representam despesas (pagas ou a pagar) já realizadas e sem possibilidade de recuperação em qualquer hipótese. O diferimento da despesa é feito para não onerar apenas o resultado de um exercício, mas sim o resultado de vários exercícios durante os quais a empresa se beneficiará do gasto feito. No mesmo caso situam-se gastos com desenvolvimento de novos produtos e outros.

7.9.4 – Apresentação nas demonstrações financeiras

No balanço patrimonial

As despesas e os gastos diferidos são apresentados no grupo do ativo permanente, bem como, dedutivamente, a correspondente amortização acumulada corrigida até a data.

Na demonstração do resultado

A despesa de amortização de gastos diferidos deve ser apresentada em conjunto no grupo de "outras despesas operacionais", se não for relevante; caso contrário, é apresentada com destaque, fazendo parte desse mesmo grupo de despesas.

7.10 – PASSIVO CIRCULANTE E EXIGÍVEL A LONGO PRAZO

Conforme já explicado no Tópico 7.4.1, no grupo do passivo circulante classificam-se todas as contas representativas de obrigações ou exigibilidades da companhia para com terceiros, que deverão ser pagas no *decorrer do período de 12 meses seguintes à data do balanço patrimonial que estiver sendo levantado.*

Exemplos:

— Duplicatas a pagar;

— Contas a pagar;

— Empréstimos bancários;

— Títulos a pagar;

— Imposto de renda a pagar;

— Salários a pagar.

Assim, no balanço patrimonial em 31/12/19XA serão classificadas no passivo circulante as obrigações com vencimento no exercício de 19XB.

São classificadas no grupo do exigível a longo prazo as contas representativas de exigibilidades com vencimento *após o período de 12 meses subseqüentes à data do balanço patrimonial que estiver sendo levantado.*

Dessa forma, serão classificadas no passivo exigível a longo prazo, no balanço patrimonial em 31/12/19XA, todas as obrigações que vencerão a partir do exercício de 19XC (aquelas com vencimento em 19XB serão consideradas como passivos circulantes).

Portanto, a determinação da classificação das contas representativas das obrigações da empresa, no passivo circulante ou no exigível a longo prazo, baseia-se no prazo de vencimento dessas obrigações.

São muitos os tipos de exigibilidades que uma empresa pode ter, geralmente não variando a forma de contabilizar essas dívidas, exceto em alguns casos, como operações de financiamentos, que abordaremos a seguir.

7.10.1 – Títulos a pagar a bancos

Sob essa denominação* está representado o desconto de notas promissórias em bancos. Normalmente, com prazo de vencimento em 30, 60, 90 ou 120 dias, os títulos a pagar são uma modalidade muito utilizada de empréstimos bancários. A principal característica dos títulos a pagar é que os encargos financeiros são pagos no ato do recebimento do empréstimo, ou seja, antecipadamente.

Contabilização do recebimento do empréstimo

Supondo o desconto bancário de uma nota promissória de $ 200.000 com vencimento em 120 dias, a juros de 18% ao ano (1,5% ao mês), a companhia receberia o seguinte valor líquido:

	$
Valor da nota promissória	200.000
Juros ($ 200.000 x 1,5% ao mês x 4 meses)	12.000
Valor líquido recebido	188.000

A contabilização do recebimento seria feita da seguinte forma:

Bancos	
(1)188.000	

Juros pagos antecipadamente	
(1) 12.000	

Títulos a pagar	
	200.000 (1)

Contabilização do pagamento do empréstimo

Na época do vencimento do título, o pagamento seria contabilizado (a conta de juros pagos antecipadamente nessa ocasião estaria com o saldo zerado, transferido para despesa de juros):

Bancos	
	200.000 (1)

Títulos a pagar	
(1)200.000	200.000 (saldo)

* Também chamados de títulos descontados (não confundir com duplicatas descontadas), notas promissórias a pagar, etc.

7.10.2 – Financiamentos bancários

Os financiamentos representam empréstimos de instituições financeiras, com prazo de vencimento geralmente superior a um ano. São compostos de "principal" e "encargos financeiros".

O *principal* representa o valor da dívida, o montante recebido como empréstimo. Normalmente, esses financiamentos estão sujeitos a ajustes pela desvalorização da moeda, os quais, dependendo dos termos do contrato de financiamento, podem ser pagos periodicamente ou incorporados ao valor do principal, para pagamento juntamente com este.

A amortização do principal (pagamento da dívida) geralmente é feita em parcelas periódicas (mensais, trimestrais, semestrais, etc.), após um prazo prefixado de "carência" (prazo durante o qual somente os encargos financeiros são pagos).

Os financiamentos podem ser tomados em moeda nacional e/ou em moeda estrangeira. Os *encargos financeiros* são os juros e comissões diversas que a companhia financiada deve pagar sobre o valor do principal, de acordo com as condições estabelecidas no contrato de financiamento (pagamentos mensais, trimestrais, etc.). Os ajustes pela desvalorização da moeda também representam encargos financeiros.

7.10.2.1 – Financiamentos em moeda nacional

Os financiamentos em moeda nacional são aqueles contratados em moeda do país. Nesse caso, os ajustes provenientes da desvalorização da moeda representam a correção monetária, que incide sobre o valor do principal e dos encargos financeiros a pagar, devendo ser mensalmente registrados na contabilidade.

Procedimentos contábeis

Os principais procedimentos contábeis referentes a financiamentos em moeda nacional estão descritos a seguir, tornando-se como exemplo um financiamento de curto prazo (2 meses).

a) Pelo recebimento do empréstimo:
   Débito: Bancos - conta de movimento
   Crédito: Financiamentos em moeda nacional

b) Pelo ajuste de correção monetária do principal (ao final do primeiro mês):

Débito: Despesa com correção monetária de financiamentos
Crédito: Financiamentos em moeda nacional

c) Pelo provisionamento dos juros (ao final do primeiro mês, com base no saldo corrigido do financiamento):
   Débito: Despesas com juros e comissões
   Crédito: Encargos financeiros a pagar

d) Pelo ajuste da correção monetária do principal (ao final do seguindo mês):
   Lançamentos iguais a (b) acima

e) Pelo ajuste da correção monetária dos encargos financeiros (ao final do seguindo mês):
   Débito: Despesa com correção monetária de encargos financeiros a pagar
   Crédito: Encargos financeiros a pagar

f) Pelo provisionamento dos juros (ao final do segundo mês, com base no saldo já corrigido do financiamento):
   Lançamentos iguais a (c) acima

g) Pelo pagamento parcial ou integral do financiamento e encargos (ao final do segundo mês):
   Débito: Financiamentos em moeda nacional.
   Encargos financeiros a pagar
   Crédito: Bancos - conta de movimento

Apresentação nas demonstrações financeiras

No balanço patrimonial

Para efeito de balanço, a companhia deve separar as parcelas que vencerão dentro de um ano daquelas que vencerão a longo prazo, apresentando-as sob o mesmo título de financiamentos em moeda nacional*, respectivamente no passivo circulante e no exigível a longo prazo. Os encargos financeiros a pagar são classificados no passivo circulante.

* Para designar os financiamentos a pagar pode ser adotado qualquer título que indique a natureza da exigibilidade.

Na demonstração do resultado

Tanto as despesas de juros e comissões quanto as de correção monetária devem ser apresentadas por um só total sob o título de despesas e receitas financeiras operacionais (Tópico 8.7.3).

7.10.2.2 – Financiamentos em moeda estrangeira

Nesse tipo de empréstimo, o contrato de financiamento especifica todos os valores na moeda estrangeira na qual o financiamento está sendo contratado. A companhia financiada, porém, recebe o valor na moeda do país, visto que a moeda estrangeira é convertida para moeda nacional, através de operações de câmbio, efetuadas por instituições financeiras autorizadas.

Para todos os efeitos, entretanto, o principal e os encargos são devidos em moeda estrangeira, estando sujeitos a variações cambiais, visto que, na época do pagamento, a companhia entregará o valor em moeda nacional ao estabelecimento bancário escolhido, o qual se encarregará de efetuar o pagamento ao credor na moeda em que o financiamento foi contratado, através de operação de câmbio e à taxa de câmbio em vigor na ocasião.

Portanto, no caso de financiamento em moeda estrangeira, sobre o valor do principal incide a variação cambial ou a diferença de câmbio que, quando negativa, é um encargo equivalente à correção monetária dos empréstimos em moeda nacional*.

A diferença de câmbio sobre financiamentos em moeda estrangeira deve ser contabilizada sempre que houver variação na taxa cambial, e seu cálculo é feito da forma demonstrada pelo exemplo a seguir:

Data da obtenção do financiamento: 30/06/19XA
Valor do financiamento: US$ 200,000 (dólares norte-americanos)
Taxa de conversão (câmbio) em 30/06/19XA: $ 7 por US$ 1
Valor recebido em moeda corrente: $ 1.400.000

Supondo que em agosto de 19XA a taxa de câmbio oficial passasse para $ 8 por US$ 1, o valor da diferença de câmbio seria encontrado:

	$
Valor contabilizado (US$ 200.000 x $ 7)	1.400.000
Atualização (US$ 200.000 x $ 8)	1.600.000
Variação cambial	200.000

* Pode ocorrer que a variação cambial seja favorável (positiva) à companhia financiada, quando haveria um ganho de câmbio.

Procedimentos contábeis

Os principais procedimentos contábeis referentes a financiamentos em moeda estrangeira são idênticos àqueles adotados para financiamentos em moeda nacional, exceto pela nomenclatura das contas, que deve ser adaptada ao tipo de transação ("variação cambial" em vez de "correção monetária").

Apresentação nas demonstrações financeiras

No balanço patrimonial

É feita apresentação igual à dos financiamentos em moeda nacional, indicando tratar-se de empréstimo em moeda estrangeira.

Na demonstração do resultado

As despesas de juros, comissões e com diferenças de câmbio são apresentadas por um só total, no grupo de despesas e receitas operacionais (veja o Tópico 8.7.3).

7.10.3 – Debêntures

7.10.3.1 – Generalidades

Conceito

As debêntures representam títulos que conferem aos seus possuidores o direito de crédito (na forma de valor do principal, juros, participação nos lucros e correção monetária) junto à companhia que os emitiu, constituindo-se em fonte de financiamento para as empresas.

Valor nominal

As debêntures devem ter um *valor nominal expresso* em moeda nacional, salvo nos casos de obrigações que, nos termos da legislação em vigor, possam ter o pagamento estipulado em moeda estrangeira.

Condições das debêntures

As condições e termos de remuneração das debêntures são estabelecidos na escritura de emissão e no certificado que representa o título de crédito.

Prêmio na emissão ou deságio na colocação de debêntures

Dependendo da maior ou menor aceitação das debêntures por parte dos investidores, a companhia emitente poderá colocar (vender) debêntures por um valor acima (prêmio na emissão) ou abaixo (deságio) do nominal. Quando houver prêmio na emissão de debêntures, o valor acima do nominal deverá ser contabilizado como uma reserva de capital (veja o Tópico 7.12.2.1). Se houver deságio na colocação desse título mobiliário, seu valor deverá ser contabilizado como ativo diferido, visto que possivelmente contribuirá para a formação do resultado de mais de um exercício social, e o valor, corrigido monetariamente, será amortizado proporcionalmente ao prazo de vencimento das debêntures (sobre despesas diferidas, veja o Tópico 7.9).

Encargos para a companhia emitente

Dependendo das condições da emissão, as debêntures podem influir de várias maneiras no resultado de cada exercício social, através de:

- Correção monetária do deságio diferido na colocação das debêntures;
- Amortização do deságio diferido (e correspondente correção monetária);
- Correção monetária do valor nominal das debêntures (ou variação cambial, no caso de debêntures em moeda estrangeira);
- Juros fixos ou variáveis, sobre o valor do principal, pagos periodicamente;
- Participação nos lucros anuais da companhia (veja o Tópico 8.11.1), quando aplicável;
- Prêmio de reembolso ou resgate.

Vencimento

A época do *vencimento* das debêntures deve constar da escritura de emissão e do certificado, podendo a companhia estipular amortizações parciais. Além disso, pode ocorrer o resgate antecipado, parcial ou total, das debêntures emitidas.

Conversibilidades em ações

As debêntures podem ser *conversíveis em ações,* de acordo com as condições estabelecidas na emissão, devendo ser especificadas, entre outras, as bases da conversão, seja em número de ações em que pode ser convertida cada debênture, seja como relação entre o valor nominal da debênture e o preço de emissão das ações.

7.10.3.2 – Procedimentos contábeis

Os principais procedimentos contábeis relativos a debêntures são resumidos a seguir:

Pela emissão das debêntures

a) Existindo prêmio na emissão (valor excedente do valor nominal, ou ágio – veja o Tópico 7.12.2.1)
   Débito: Bancos (valor efetivamente recebido)
   Crédito: Debêntures a resgatar (valor nominal)
   Reserva de capital – prêmio na emissão de debêntures (valor do prêmio)

b) Inexistindo prêmio ou deságio na emissão
   Débito: Bancos
   Crédito: Debêntures a resgatar (valor nominal)

c) Debêntures colocadas com deságio
   Débito: Bancos (valor efetivamente recebido)
   Despesas diferidas* – deságio na colocação de debêntures (diferença entre o valor nominal do título e o preço de venda ou colocação no mercado)
   Crédito: Debêntures a resgatar (valor nominal)

Pela amortização das despesas com deságio diferidas

Débito: Despesas com amortização de deságio na colocação de debêntures
Crédito: Amortização acumulada de deságio na colocação de debêntures*

Pelo provisionamento dos encargos com as debêntures

a) Juros
   Débito: Despesas com juros sobre debêntures
   Crédito: Juros sobre debêntures a pagar

b) Correção monetária do valor do principal
   Débito: Despesas com correção monetária de debêntures
   Crédito: Debêntures a resgatar (acréscimo ao valor do principal)

c) Participação nos lucros
   Débito: Participação de debêntures no lucro (conta de resultado)
   Crédito: Provisão para participação de debêntures no lucro (Tópico 8.11.2)

---

* A contabilização da correção monetária de despesas diferidas é abordada no Tópico 7.9.2, em vista do que não repetimos o lançamento neste tópico.

d) Prêmio de reembolso ou de resgate (se houver e se for previsível, permitindo o provisionamento anual do encargo que será pago na época do reembolso ou resgate)

Débito: Despesa com provisão para pagamento de prêmio de resgate de debêntures
Crédito: Provisão para pagamento de prêmio de resgate de debêntures

Pelo pagamento regular dos encargos

Débito: Juros sobre debêntures a pagar
Provisão para participação de debêntures no lucro
Crédito: Bancos

Pela conversão em ações (aumento de capital), se for o caso

Débito: Debêntures a resgatar
Crédito: Capital social

Pelo resgate das debêntures e pagamento do prêmio de resgate (se houver)

Débito: Debêntures a resgatar
Provisão para pagamento do prêmio de resgate de debêntures
Crédito: Bancos

Pela baixa do deságio diferido, na data de resgate das debêntures

Débito: Amortização acumulada de deságio na colocação de debêntures
Crédito: Despesas diferidas – deságio na colocação de debêntures

7.10.3.3 – Apresentação nas demonstrações financeiras

No balanço patrimonial

Conta	**Grupo de balanço**
Despesas diferidas – deságio na colocação de debêntures	Ativo diferido
Amortização acumulada de deságio na colacação de debêntures	Ativo diferido (dedutivamente da conta de despesa diferida)
Juros sobre debêntures a pagar	Passivo circulante
Provisão para participação de debêntures no lucro	Idem
Provisão para pagamento de prêmio de resgate de debêntures	Exigível a longo prazo (ou passivo circulante, dependendo da época do resgate)
Debêntures a resgatar	Idem
Reserva de capital – prêmio de emissão de debêntures	Patrimônio líquido

Na demonstração do resultado

Conta ou item	**Grupo da demonstração (Capítulo 8)**
Despesas com juros sobre debêntures	Despesas e receitas financeiras
Despesas com correção monetária de debêntures	Idem
Despesas com provisão para pagamento de prêmio de resgate de debêntures	Idem
Despesas com amortização de deságio na colocação de debêntures	Outras despesas operacionais ou despesas e receitas financeiras(*)
Participação de debêntures no lucro	Participações e contribuições – debêntures

* As amortizações do ativo diferido normalmente são apresentadas como outras despesas operacionais. Algumas empresas, entretanto, poderão preferir tratar a amortização de deságio na colocação de debêntures como despesas financeiras.

7.11 – RESULTADOS DE EXERCÍCIOS FUTUROS

De acordo com a Lei nº 6.404/76, "serão classificadas como resultados de exercícios futuros as receitas de exercícios futuros diminuídas dos custos e despesas a elas correspondentes".

Na prática, os tipos de receitas e custos de exercícios futuros são raros, sendo mais facilmente encontrados nas empresas de construção, de incorporação imobiliária, etc., em função da legislação do imposto de renda, que determina, em alguns casos, a forma de contabilização de determinadas transações, que, por serem mais complexas, fogem do alcance deste livro.

7.12 – PATRIMÔNIO LÍQUIDO

No Capítulo 2 falamos bastante sobre patrimônio líquido que, como dissemos, representa o registro do valor que os proprietários de uma empresa têm aplicado no negócio. Obviamente, incluem-se nessa aplicação não apenas os recursos diretamente investidos no capital social da empresa, mas também os eventuais lucros ou prejuízos (que deverão ser somados ou diminuídos, respectivamente), originários das operações da empresa.

Contabilmente, existem também determinadas contas que registram itens os quais não representam inversões diretas de capital, nem retorno de capital empregado, mas que fazem parte do patrimônio líquido. Essas contas, bem como as demais que integram o patrimônio líquido, são:

- Capital social
- Reservas
  - de lucros
  - de capital
  - de reavaliação
- Lucros (ou prejuízos) acumulados (analisados detalhadamente no Capítulo 9)

A seguir, estudaremos esses subgrupos de contas do patrimônio líquido, com o grau de detalhamento possível à natureza introdutória deste livro.

7.12.1 – Capital social*

O capital social de uma empresa, representado por ações, tem seu valor fixado pelo estatuto aprovado pelos acionistas, que estabelece, ainda, o número de ações em que ele se divide, bem como determina se as ações têm ou não valor nominal. A seguir abordaremos diversos aspectos relacionados com ações, capital social, etc.

7.12.1.1 – Formação do capital social

Capital subscrito e integralizado

Capital subscrito

é o valor do capital social representado por ações emitidas, totalmente adquiridas pelos acionistas.

Capital integralizado ou realizado

é a parcela do valor do capital subscrito já recebida pela empresa.

Capital a integralizar ou a realizar

por conseguinte, é a parcela do valor do capital subscrito ainda não recebida dos subscritores das ações.

Procedimentos contábeis na formação do capital social

— Pela subscrição das ações:

Débito: Capital social a integralizar (ou a realizar)
Crédito: Capital social

— Pelo recebimento do valor das ações subscritas:

Débito: Bancos
Crédito: Capital social a integralizar

Apresentação no balanço patrimonial

No grupo do patrimônio líquido, no balanço patrimonial deve ser indicado o valor do capital subscrito, deduzido do valor do capital ainda a integralizar; o valor líquido indicará o valor do capital integralizado (essa informação poderá ser divulgada, opcionalmente, em nota explicativa – veja o Capítulo 10 –, caso em que no balanço seria apresentado apenas o valor do capital integralizado).

---

* Embora neste tópico estejamos nos referindo apenas a ações de sociedades anônimas, as explicações são válidas também para cotas de sociedades (veja o Tópico 2.1.1.1) de responsabilidade limitada ou não.

Integralização ou realização do capital com bens

A integralização do capital subscrito pode ser feita em dinheiro e/ou bens. No caso de bens, será necessário submeter o bem cedido pelo subscritor, a título de integralização, à avaliação feita por três peritos ou por empresa especializada, nomeados em Assembléia Geral. Posteriormente, a avaliação feita será ou não aprovada, também em assembléia geral. Aprovado o valor pelo qual o bem está sendo recebido pela empresa, esta deverá registrar a transação da forma descrita a seguir:

Lançamento contábil

Débito: Conta de ativo que registra o bem recebido, de acordo com sua natureza (estoques, imóveis, veículos, etc.)

Crédito: Capital social a integralizar (supondo-se que o lançamento contábil de subscrição das ações já tenha sido registrado)

Capital autorizado

O estatuto da companhia pode conter autorização para que o valor do capital social seja aumentado, independentemente de reforma estatutária. O limite estabelecido no estatuto é denominado *capital autorizado.* A autorização deverá, entre outros requisitos, especificar qual o limite de aumento, se em *valor do capital* ou se em *número de ações* (e as espécies e classes de ações que poderão ser emitidas).

O capital autorizado não deve ser contabilizado, mas seu limite deve ser divulgado nas demonstrações financeiras (no balanço ou em notas explicativas).

Ações com e sem valor nominal

Esse assunto será abordado, com exemplo, no Tópico 7.12.2.1.

Ágio na emissão de ações

Ao abordarmos as reservas de capital, também no Tópico 7.12.2.1, falaremos sobre o valor excedente, na colocação de novas ações, daquele destinado à formação do capital social (ágio na emissão de ações).

7.12.1.2 – Aumentos de capital social

Correção monetária

A correção do capital social integralizado é o único caso, na sistemática de correção monetária do balanço, em que o valor da correção não é agregado à própria conta corrigida e sim a uma conta de reserva de capital ("correção monetária do capital realizado").

Essa reserva deve ser anualmente capitalizada, por deliberação da assembléia geral ordinária* que aprova o balanço.

Quando uma empresa tem capital autorizado com limite estabelecido em valor (e não em número de ações), esse limite deve também ser anualmente corrigido pela assembléia geral ordinária, com base nos mesmos índices adotados na correção do capital social realizado.

Emissão de novas ações

Ao falarmos sobre ações com e sem valor nominal, também no Tópico 7.12.2.1, abordaremos aspectos relacionados com aumentos de capital através da emissão de novas ações.

Capitalização de reservas e lucros

Essa capitalização representa a incorporação de lucros e reservas de qualquer natureza ao capital social. Contabilmente, teríamos o seguinte lançamento:

Débito: Reserva (especificar a reserva) ou lucros acumulados
Crédito: Capital social

Com relação às ações e acionistas, o aumento do valor do capital social através de ações *com* valor nominal** gera distribuição de ações bonificadas ou aumento do valor nominal das ações; no caso de ações *sem* valor nominal, o valor flutuante das ações do capital passa a ser maior.

Ações com valor nominal

— Distribuição de ações bonificadas; ou

— Aumento do valor nominal das ações.

Ações sem valor nominal

Nesse caso, simplesmente o valor flutuante das ações do capital passa a ser maior.

---

* Essa assembléia ordinária deve ser realizada dentro dos quatro primeiros meses seguintes ao término do exercício social, para aprovar as demonstrações financeiras (inclusive proposta de destinação do lucro), eleger os administradores e conselheiros fiscais (se houver) e aprovar a correção da expressão monetária do capital.

** Veja o Tópico 7.8.2.6, sobre os rendimentos oriundos de participações relevantes em sociedades controladas e coligadas, na parte referente a bonificações em ações ou aumento do valor nominal das ações.

7.12.2 – Reservas

7.12.2.1 – Conceito e generalidades

Em sua forma mais genérica, podemos dizer que as reservas representam parcelas provenientes de ganhos, retidos na empresa com o objetivo de preservar o patrimônio líquido de uma sociedade.

Se uma empresa distribuísse entre seus proprietários todos os ganhos que auferisse, em breve provavelmente estaria com uma posição financeira bastante desfavorável. Portanto, ao invés de distribuir todos os seus ganhos, a empresa deve reter uma parte deles para que possa continuar operando e se expandindo.

Alguns dos ganhos de uma empresa são puramente contábeis. Vejamos, por exemplo, o caso da reavaliação do ativo imobilizado. A legislação vigente no Brasil permite que as empresas procedam, sob certas condições, à reavaliação espontânea de ativos do imobilizado, pelo processo de atribuir novos valores aos bens, a partir de avaliação feita por peritos. O resultado dessa reavaliação serve para atualizar o valor dos bens. Em contrapartida, o valor da reavaliação que aumenta o ativo representa, ao menos simbolicamente, um ganho para a empresa: o ativo imobilizado aumentou sem que se gastasse qualquer quantia. Supondo que esse ganho puramente contábil fosse distribuído em forma de dinheiro (dividendos), a empresa teria que pagar aos seus proprietários uma quantia que na realidade não recebeu. Isso representaria uma saída de numerário, o qual poderia ser utilizado pela empresa em suas operações na compra de estoques, pagamento de dívidas, etc. Assim, a legislação brasileira obriga que o aumento do valor de ativos resultante de reavaliações seja creditado a uma conta de reserva, restringindo a possibilidade de distribuição de ganhos fictícios, sob a forma de dividendos.

Por outro lado, na prática as reservas são provenientes, em sua maioria, dos lucros da empresa. E aqui se faz necessário estabelecer a diferença entre lucro contábil e dinheiro existente. Muitos estudantes de contabilidade tendem a acreditar que o lucro contábil de uma empresa deve estar representado pelo mesmo valor, em dinheiro, guardado em caixa ou bancos. Se uma empresa somente tivesse desembolsos por despesas, e recebimentos de numerário provenientes de receitas, realmente o lucro contábil deveria ser igual ao dinheiro que a empresa possuísse na mesma data. Na prática, porém, isso não ocorre. Já que nem todos os desembolsos de dinheiro representam despesas e vice-versa, e como nem todos os recebimentos representam receitas e vice-versa, é claro que o lucro contábil não pode estar representado pela mesma quantia em dinheiro.

Para ilustrar, vejamos as seguintes transações:

Constituição de uma empresa, com integralização de capital de $ 1.000:
- — A empresa recebeu $ 1.000 em dinheiro;
- — Registra $ 1.000 como capital;
- — Ocorreu o recebimento de numerário, porém não houve receita.

Pagamento do pessoal, $ 600:
- — Despesa de $ 600;
- — Saída de numerário, no mesmo valor.

Prestação de serviços, recebendo à vista $ 300:
- — Receita de $ 300;
- — Entrada de numerário, no mesmo valor.

Prestação de serviços, para recebimento em 30 dias, $ 800:
- — Receita de $ 800;
- — Registro de duplicatas a receber, $ 800;
- — Não houve entrada de numerário.

Compra de um veículo à vista, $ 400:
- — Registro na conta de veículos, $ 400;
- — Saída de numerário, no mesmo valor;
- — Não houve despesa.

No final dessas transações, teríamos a seguinte situação:

Contas	**Saldos devedores** $	**Saldos credores** $
Caixa	300	
Duplicatas a receber	800	
Veículos	400	
Despesa de salários	600	
Capital		1.000
Receita de serviços		1.100
	2.100	2.100

O lucro contábil seria:

	$
Receita de serviços	1.100
Despesas de salários	600
	500

Observe que a empresa tem apenas $ 300 em caixa, embora o lucro contábil tenha sido de $ 500.

Suponha agora que os proprietários da empresa tenham decidido distribuir seu lucro contábil total entre eles: ocorre que a empresa simplesmente não teria dinheiro suficiente para pagar esse valor. Entretanto, os proprietários poderiam decidir separar parte ($ 300) dos lucros para formar uma reserva para aumento de capital, distribuir outra parte ($ 50) e deixar o restante ($ 150) como lucros acumulados. Antes dessa decisão, a situação contábil da empresa era:

Contas	Saldos devedores $	Saldos Credores $
Caixa	300	
Duplicatas a receber	800	
Veículos	400	
Capital		1.000
Lucros acumulados		500
	1.500	1.500

Após decidida a destinação dos lucros acumulados, e pagar aos proprietários a parte distribuída, a situação fica:

Contas	Saldos devedores $	Saldos credores $
Caixa	250	
Duplicatas a receber	800	
Veículos	400	
Capital		1.000
Reerva para aumento de capital		300
Lucros acumulados		150
	1.450	1.450

Verifica-se, portanto, a necessidade que as empresas têm de reter, como reserva, uma parcela de seus ganhos para preservar o patrimônio líquido da sociedade.

As reservas são sempre classificadas, no balanço patrimonial, no grupo do patrimônio líquido, e podem ser de três espécies:

— Reservas de capital;
— Reserva de reavaliação;
— Reservas e retenção de lucros.

A seguir, abordaremos os principais tipos de reservas de cada espécie, conforme mencionados na Lei das Sociedades por Ações (Lei nº 6.404/76).

7.12.2.2 – Reservas de capital

Genericamente, as reservas de capital representam acréscimos ao patrimônio líquido (ganhos) que não transitam pela conta de resultado da companhia, nem são provenientes da reavaliação de ativos.

Tipos de reservas de capital

Simplificadamente, os tipos de reservas de capital previstos na legislação vigente são provenientes:

— Do valor excedente, na colocação de novas ações, àquele destinado à formação do capital social;
— Do produto da alienação de bônus de subscrição;
— Do produto da alienação de partes beneficiárias;
— Do prêmio recebido na emissão de debêntures;
— Das doações e subvenções para investimentos (recebidas);
— Da correção monetária da conta de capital realizado.

Valor excedente, na colocação de novas ações, àquele destinado à formação do capital social

Dois aspectos devem ser considerados na constituição de reserva de capital proveniente dessa fonte, com base no fato de que o capital de sociedades anônimas é constituído de:

A) AÇÕES COM VALOR NOMINAL: nesse caso, o capital da companhia é formado por ações de valor nominal preestabelecido, como, por exemplo: 50.000 ações (quantidade de ações) de $ 10 cada (valor nominal) constituem para uma companhia um capital social de $ 500.000. Supondo que a companhia faça uma emissão de 10.000 novas ações, a serem colocadas (vendidas) por $ 11, teríamos:

	$
Valor destinado à formação do capital social	100.000
Valor excedente àquele destinado à formação do capital social*	10.000
Valor das novas ações emitidas	110.000

* Esse valor excedente é conhecido geralmente por ágio na emissão de ações: o valor das ações é de $ 10 e o valor excedente ou ágio é de $ 1.

A contabilização dessa emissão de ações seria feita da seguinte forma:

		$	$
Débito:	Bancos	110.000	
Crédito:	Capital Social		100.000
	Reserva de capital – ágio na emissão de ações		10.000
		110.000	110.000

B) AÇÕES SEM VALOR NOMINAL: quando uma empresa tem ações sem valor nominal, o valor de cada ação é encontrado apenas pela divisão do total do capital social pelo número de ações em circulação. A princípio, pode parecer que é o mesmo sistema de ações com valor nominal. A diferença, entretanto, consiste em que estas últimas têm um valor fixo, estabelecido pelo estatuto social, enquanto, para as primeiras, o valor de cada ação é flutuante.

Por exemplo, consideremos uma empresa constituída com o capital social de $ 100.000, representado por 10.000 ações sem valor nominal (o valor intrínseco de cada ação seria, portanto, $ 10). Suponha, agora, que os acionistas, através de incorporação de reservas, aumentem o capital para $ 200.000, porém não houve emissão de novas ações. Assim, o valor flutuante de cada ação passaria a ser, automaticamente, $ 20. No caso de ações *com* valor nominal, teria que haver uma emissão de 10.000 novas ações, ou então, uma alteração do valor nominal da ação de $ 10 para $ 20.

Nesse ponto, como é possível definir qual parcela de um aumento de capital, com a emissão de novas ações sem valor nominal, seria considerada valor excedente à formação do capital social?

O valor excedente, neste caso, é estabelecido pelos acionistas ou pela administração da companhia. Supondo o caso de um aumento de capital em que os acionistas decidam estabelecer 20% do aumento como valor excedente, a contabilização do aumento seria feita da seguinte maneira:

		$	$
Débito:	Bancos	100.000	
Crédito:	Capital social		80.000
	Reserva de capital – ágio na emissão de ações		20.000
		100.000	100.000

Produto da alienação de partes beneficiárias

Partes beneficiárias representam títulos negociáveis, sem valor nominal, estranhos ao capital social (não relacionadas com o capital, como no caso de ações), instituíveis a qualquer tempo e que concedem a seus titulares direitos de participação nos eventuais lucros anuais da companhia emissora.

Embora as partes beneficiárias geralmente sejam atribuídas gratuitamente a fundadores, acionistas ou terceiros, como remuneração de serviços prestados à companhia, elas podem também ser vendidas, caso em que o valor recebido é considerado obrigatoriamente como uma reserva de capital.

Na prática, é muito difícil encontrar empresas que tenham partes beneficiárias.

Produto da alienação de bônus de subscrição

Bônus de subscrição representam títulos negociáveis, alienados ou atribuídos gratuitamente, que conferem aos seus possuidores, obedecidas determinadas condições, o direito de subscrever ações do capital social de uma empresa, mediante o pagamento do preço de emissão das ações.

A contabilização da alienação de bônus de subscrição é simples, consistindo em debitar a conta de bancos pelo numerário recebido, creditando uma conta de "reserva de capital – alienação de bônus de subscrição".

Também é raro encontrar esse tipo de bônus, na prática.

Prêmio recebido na emissão de debêntures

Conforme vimos no Tópico 7.10.4, debêntures representam títulos que conferem a seus possuidores o direito de crédito (na forma de principal, juros, participação nos lucros, correção monetária) junto à companhia que os emite, podendo ser considerados uma espécie de "empréstimo" ao emitente.

Em ocasiões muito raras, as debêntures se revestem de características tão atraentes para o investidor, que este aceita pagar um "prêmio" pelo direito de adquirir esses títulos, ou seja, um "ágio" sobre o valor de resgate. Esse prêmio, ao ser recebido, é contabilizado como reserva de capital, não se confundindo, entretanto, com o valor nominal de resgate da debênture, que representa uma obrigação para a companhia.

Doações e subvenções para investimentos (recebidas)

a) **Doações:** representam o recebimento, sem ônus, de ativos (bens e direitos). O valor da doação deve ser contabilizado a crédito de reserva de capital, sendo debitada a conta de ativo apropriada para registrar o bem ou direito recebido.

b) **Subvenções:** representam ajudas recebidas do Estado, de acordo com a legislação vigente, por motivos de prestação de serviços ou realização de obras de interesse público. É necessário cuidado, entretanto, pois existem dois tipos de subvenções concedidas pelo Estado: as subvenções para investimento (relativas a aplicações em imobilizado, etc.) e as subvenções para custeio ou operação (destinadas a auxiliar o beneficiário nas suas operações). As subvenções de custeio ou operação são consideradas receitas e, como tais, devem ser apropriadas ao resultado do exercício. As subvenções para investimento, entretanto, são obrigatoriamente contabilizadas como reserva de capital.

Correção monetária da conta de capital realizado

Conforme vimos no Tópico 7.12.1.2, a correção monetária da conta de capital realizado é a única que não é agregada à própria conta corrigida, sendo creditada a uma conta específica, chamada de reserva de capital – correção monetária do capital realizado.

Acima descrevemos, portanto, os tipos de reservas de capital estabelecidos pela legislação. Vejamos, agora, as limitações na utilização dessas reservas.

Utilização das reservas de capital

Com exceção da reserva proveniente da correção monetária da conta de capital realizado, que só é utilizável para o aumento do capital social, os demais tipos de reservas mencionados podem ser utilizados para qualquer das seguintes finalidades:

— Aumento de capital;
— Absorção de prejuízos que ultrapassem os lucros acumulados e as reservas de lucros;
— Resgate de partes beneficiárias;
— Resgate, reembolso ou compra de ações da própria empresa;
— Pagamento de dividendos às ações preferenciais, quando essa vantagem lhes for assegurada.

7.12.2.3 – Reserva de reavaliação

Conforme mencionado no Tópico 7.12.2.1, a legislação brasileira permite a reavaliação espontânea de ativos, mediante avaliações efetuadas por peritos ou empresa especializada nessa função. Os peritos ou empresa avaliadora devem apresentar laudo fundamentado, com a indicação dos critérios e dos elementos de comparação adotados.

O valor da reavaliação a ser contabilizado como reserva consiste na diferença entre o valor encontrado na avaliação (ou reavaliação) e o valor líquido* pelo qual o bem (geralmente ativo imobilizado) está registrado contabilmente nos livros da empresa.

* Valor líquido de um bem representa o custo histórico desse bem, corrigido monetariamente, deduzido da provisão para retificação ou redução desse ativo, se existente (depreciação, exaustão ou amortização).

Para ilustrar, suponhamos um prédio cujo valor líquido total pelo qual esteja registrado na contabilidade da empresa seja de $ 100.000. Suponhamos, ainda, que o laudo de peritos avaliadores contratados pela companhia para avaliar o bem indique que seu valor real é de $ 130.000. Teríamos:

	$
— Valor líquido do imóvel, conforme registros contábeis	100.000
— Valor venal	130.000
— Reavaliação	30.000

Dessa forma, o montante de $ 30.000 deve ser acrescentado ao valor do prédio nos registros contábeis, e a contrapartida representará uma reserva de reavaliação, conforme indicado a seguir:

		$	$
Débito:	Imóveis	30.000	
Crédito:	Reserva de reavaliação		30.000

Outro tipo de reserva de reavaliação surge quando o resultado da equivalência patrimonial em investidas se origina de reavaliação de ativos efetuada por empresa coligada ou controlada, conforme explicado no Tópico 7.8.2.4, secção "natureza do resultado da equivalência patrimonial". Os procedimentos aqui explicados são válidos também para esse tipo de reserva de reavaliação.

Utilização da reserva de reavaliação

A utilização da reserva de reavaliação (não observados os aspectos tributários da questão) é restrita a:

— Reversão para a conta de lucros ou prejuízos acumulados, quando estiver realizada*;

— Aumento de capital;

— Compensação de prejuízos acumulados não absorvidos por lucros.

* Existem implicações fiscais com respeito á utilização da reserva de reavaliação, que fogem ao âmbito deste livro. A realização contábil dessa reserva se dá pela depreciação, exaustão ou amortização do bem reavaliado, ou por sua venda ou baixa dos registros contábeis.

7.12.2.4 – Reservas e retenção de lucro

Conforme se deduz do próprio título, reservas de lucros são aquelas constituídas pela apropriação dos lucros da companhia. Consoante a Lei 6.404/76, as reservas de lucros são classificadas em:

— Reserva legal;
— Reservas estatutárias;
— Reserva para contingências;
— Reservas de lucros a realizar;
— Retenção de lucros;
— Retenção de pagamento de dividendos (reserva especial).

A seguir, analisaremos cada tipo de reserva enunciado acima. Antes, porém, para maior compreensão do assunto "reservas e retenção de lucros", um comentário é necessário:

> a Lei nº 6.404/76, Lei das Sociedades por Ações, em muitos aspectos é protecionista com respeito aos interesses minoritários nas empresas, ou seja, aqueles investidores que possuem ações em determinada empresa, porém não têm poder de mando e não dirigem os seus destinos.

Para preservar os interesses desses acionistas minoritários, a lei introduziu diversos dispositivos que lhes garantem o direito ao menos de participar nos lucros das empresas, através da regulamentação da formação de reservas de lucros (que às vezes restringem o pagamento de dividendo, o qual é a remuneração do investimento dos acionistas) e do estabelecimento de dividendo mínimo obrigatório (explicado no Capítulo 9).

Contabilização

As reservas de lucros são formadas através de um débito na conta de lucros acumulados e crédito na conta de reserva específica.

Tipos de reservas e retenção de lucros

Reserva legal

A reserva legal tem por finalidade assegurar a integridade do capital social. É constituída pela apropriação de 5% do lucro líquido do exercício*, calculados antes de qualquer outra destinação, e até que o saldo da reserva atinja o montante correspondente a 20% do capital social.

* No Capítulo 8 estudaremos o que vem a ser o "lucro líquido do exercício".

É facultado às companhias deixar de constituir a reserva legal no exercício em que o saldo dessa reserva, acrescido do montante das reservas de capital existentes (Tópico 7.12.2.2), exceder em 30% o valor do capital social.

Deve ser observado que a reserva legal é instituída por lei, independendo da administração da companhia.

Reservas estatutárias

O termo "estatutárias" diz respeito ao estatuto social da companhia, ou seja, as normas pelas quais a companhia é regida e que são estabelecidas pelos acionistas (obedecidos, é claro, todos os requisitos legais).

O estatuto poderá criar reservas, desde que, para cada uma:

— Indique, de modo preciso e completo, a sua finalidade;
— Fixe os critérios para determinar a parcela anual do lucro líquido que será destinada à sua constituição, e
— Estabeleça o limite máximo de reserva.

Note-se que as reservas estatutárias não podem interferir no cálculo do dividendo obrigatório e sua constituição provém do estatuto social, sendo por este imposta. No caso da reserva legal, a imposição é de origem externa, ou seja, a Lei. Os tipos de reservas discutidos a seguir são provenientes da livre decisão dos proprietários da companhia, ou seja, dos acionistas (embora haja restrições legais quanto a essa liberdade de decisão).

Reservas para contingências

Quando falamos de despesas e perdas prováveis, ou *contingências,* no Tópico 5.3.2, definimos uma contingência como uma situação, condição ou conjunto de circunstâncias que surgem para uma empresa, envolvendo *incerteza* quanto à possibilidade de determinadas despesas ou perdas incomuns virem a se efetivar no *futuro*, quando um ou mais eventos *ocorrerem ou deixarem de ocorrer.*

Dissemos ainda que, quando uma despesa ou perda for provável a companhia deve constituir uma *provisão* para contingências. Agora, estamos falando de *reserva* para contingências e, contabilmente, a diferença no tratamento a ser dado a uma contingência (provisão × reserva) tem efeito direto no resultado do exercício (a provisão tem um débito no resultado do exercício, enquanto a reserva é debitada a lucros acumulados).

Consoante a Lei nº 6.404/76 (artigo 195), dependendo da assembléia geral, a companhia poderá destinar parte do lucro líquido* à formação de

* Embora essa parcela seja "parte do lucro líquido", deve ser debitada à conta de lucros acumulados. A referência ao lucro líquido é feita apenas para servir de base de cálculo e reduzir o valor do lucro do exercício que servirá de base para calcular o dividendo obrigatório.

reserva para compensar, em exercício futuro, a diminuição do lucro decorrente de *"perda julgada provável, cujo valor possa ser estimado"*.

Realmente, há razão para confusão e controvérsia na Lei, desde que, de acordo com seu artigo 184, *os riscos conhecidos ou calculáveis* devem ser provisionados ou "computados pelo valor atualizado até a data do balanço".

Resta-nos utilizar a técnica contábil para podermos distinguir quando devemos constituir uma reserva ou uma provisão para uma contingência.

Uma provisão para contingência (ou para despesa ou perda provável) é contabilizada para fazer face a despesas ou perdas incomuns, de concretização possível, que dependem de eventos futuros.

Existem, porém, determinadas condições básicas a serem preenchidas para que a decisão de contabilizar uma provisão para contingência, na época de levantamento do balanço patrimonial, seja tomada. Essas condições são:

— O *valor* da despesa ou perda provável deve ser passível de estimativa. Ou seja, o montante da despesa ou perda pode ser quantificado;
— As *informações* ou *indícios* de que a empresa poderá incorrer em uma despesa ou perda incomum devem ser conhecidos antes da elaboração das demonstrações financeiras em uma determinada data*, o que é óbvio; porém,
— Os *fatos* que podem gerar possíveis perdas ou despesas incomuns devem ter ocorrido *até* a data das demonstrações financeiras;
— Deve existir razoável certeza de que um ou mais eventos futuros ocorrerão, ou deixarão de ocorrer, confirmando a concretização da despesa ou perda.

Se essas condições não forem preenchidas, então a contingência será apenas um risco, não havendo necessidade sequer de formar uma reserva, falando sob o ponto de vista técnico-contábil. Entretanto, a administração da companhia poderá achar prudente constituir uma reserva para contingência em certas ocasiões (nas quais as referidas condições básicas não foram preenchidas), desde que esse procedimento impedirá a distribuição de dividendos quando houver riscos de perda.

Finalizando, quando uma empresa, por prudência, constitui uma reserva para contingência, e o risco provável realmente se concretiza (em outro exercício), o montante da perda deve ser reconhecido no resultado do exercício em que o prejuízo incomum ocorrer. Dessa forma, o procedimento contábil consiste em :

---

* As demonstrações financeiras em uma determinada data são sempre elaboradas após essa data, por ser praticamente impossível prepará-las no mesmo dia. Por exemplo, o balanço patrimonial em 31/12/19XB é levantado em janeiro, fevereiro, etc. de 19XC, porém reflete somente as transações ocorridas até 31/12/19XB.

— Apropriar ao resultado do exercício o montante da perda, e
— Reverter, transferindo para lucros acumulados, o valor da reserva para contingência constituída em anos anteriores (veja o Tópico 9.8).

Dessa forma, no exercício em que ocorrer a perda, o lucro do exercício será menor e, por conseguinte, também o montante dos dividendos, os quais, por outro lado, serão aumentados com a liberação da reserva que havia sido constituída exatamente para a finalidade de evitar distribuir lucros quando havia riscos. Teoricamente, os acionistas tiveram uma redução da remuneração do investimento apenas no exercício em que a possibilidade da perda foi aventada. E, dentro da técnica contábil, o prejuízo foi reconhecido nos livros no exercício em que a perda efetivamente se realizou.

Reservas de lucros a realizar

Determinados ganhos ou receitas de uma empresa são reconhecidos contabilmente em função da aplicação de certos conceitos e princípios contábeis, ou imposições legais, mas não representam ganhos efetivos, realizados, expressos financeiramente. Dessa forma, se em função disso uma empresa considerou como receita um determinado valor que depende de realização futura, não é justo que esse montante que aumentou o resultado do exercício seja considerado, para fins de cálculo de dividendo obrigatório.

Assim, mesmo embutido no lucro do exercício, ele é excluído do cálculo dos dividendos até que seja efetivamente realizado.

Contabilmente, o procedimento consiste em transferir o valor considerado como lucros a realizar da conta de lucros acumulados (para onde foi transferido juntamente com o lucro do exercício ao se proceder ao encerramento da conta de resultado, como será visto no Capítulo 8) para a conta de reserva de lucros a realizar. Quando o lucro for finalmente realizado, nesse exercício o montante é revertido para a conta de lucros acumulados e passa a ser computado para fins de cálculo de dividendo obrigatório.

A Lei nº 6.404/76 (artigo 197), entretanto, limita o valor a ser tomado em cada exercício, para formar a reserva de lucros a realizar, ao montante que exceder as apropriações do lucro para as reservas: legal, estatutárias, para contingências e retenção de lucros (abordada adiante).

Supondo-se que o valor encontrado como lucros a realizar seja de $ 50.000, e que no exercício foram constituídas:

	$
Reserva legal	11.000
Reservas estatutárias	22.000
	33.000

o montante a ser levado para reserva de lucros a realizar fica limitado a $ 17.000 ($ 50.000 – $ 33.000).

Também o conceito de lucros a realizar é definido pela Lei nº 6.404/76, sendo assim considerado:

- — O saldo credor da conta de resultado da correção monetária (do exercício) do balanço patrimonial;
- — O aumento do valor do investimento em coligadas e controladas, resultante da equivalência patrimonial;
- — O lucro em vendas a prazo realizável (recebível) após o término do exercício seguinte.

O lucro das vendas a longo prazo é considerado *ainda a realizar,* uma vez que a companhia precisa esperar no mínimo um ano para recebê-lo. Dessa forma, não é justo que esse valor seja considerado para fins de cálculo de dividendo obrigatório. Ou seja, se a empresa ainda não recebeu o dinheiro, também não irá desembolsar a parcela relativa ao dividendo obrigatório sobre esse lucro. As vendas a receber, realizáveis no *exercício seguinte,* não são consideradas no cálculo de lucros a realizar porque serão recebidas dentro do mesmo exercício em que os dividendos forem pagos.

A realização de reserva de lucros a realizar originadas de vendas a longo prazo ocorre no exercício em que é previsto o seu recebimento.

Retenção de lucros

Além do dividendo obrigatório, os acionistas podem deliberar a distribuição de dividendos adicionais em cada exercício. Entretanto, havendo planos de investimento e expansão da companhia, sua administração poderá propor aos acionistas a retenção de parcela do lucro líquido do exercício, justificando, através de orçamento bem fundamentado, a razão para a retenção de lucros proposta. Esses lucros podem ficar retidos pelo prazo de 5 anos, salvo se a empresa estiver, findo este prazo, em curso de execução de projeto de investimento com prazo superior a esse.

Contabilmente, a retenção é registrada a débito da conta de lucros acumulados e a crédito da conta de retenção de lucros.

É necessário observar que, da mesma forma que para as reservas estatutárias, a reserva formada como retenção de lucros não pode interferir no cálculo do dividendo mínimo obrigatório, que deve ser calculado antes dela.

Reserva especial – retenção de pagamento de dividendo obrigatório

O pagamento de dividendo obrigatório, conforme explicado no Capítulo 8, foi estabelecido pela Lei para garantir a remuneração do investimento dos acionistas. Existem ocasiões, entretanto, em que uma companhia vem a ter lucro em um exercício, mas sua situação financeira não é boa (na introdução do Tópico 7.12.2 temos uma situação similar).

Nos casos em que a situação financeira da companhia não permitir o *pagamento* do dividendo obrigatório em um exercício (situação que necessita ser comprovada pela administração da empresa), este não deixará de ser calculado, mas seu pagamento será adiado. O montante destinado ao pagamento é debitado a lucros acumulados e creditado a conta de reserva especial*. Se nos exercícios futuros a companhia incorrer em prejuízos, esses poderão ser absorvidos pela reserva especial (débito de reserva, crédito de prejuízos acumulados). Caso contrário, o pagamento será efetuado assim que a situação financeira da companhia o permita. Quando isso ocorrer, o procedimento contábil consistirá em reverter a reserva para lucros acumulados e, em lançamento imediato, transferir o valor para dividendos a pagar (passivo circulante), até o pagamento.

Limite do saldo das reservas e retenção de lucros

Além dos limites individuais para a constituição dos diversos tipos de reservas de lucros, existe também um limite global, estabelecido pela Lei nº 6.404/76: o montante total dessas reservas não poderá exceder o valor do capital social, excluindo-se, desse total, as reservas para contingência e de lucros a realizar. Atingindo esse limite, os acionistas deverão decidir entre:

— Utilizar o montante do excesso para integralizar o capital social ainda por realizar (se existir);
— Utilizar esse excesso para aumentar o capital social ou
— Aplicar o excesso na distribuição de dividendos.

Diferença básica entre provisão e reservas e retenção de lucros

No Tópico 5.3.3, mencionamos que o lançamento de constituição de uma provisão tem o débito sempre em conta de despesa. Isso equivale a dizer que, quando o lucro do exercício é apurado, a conta de resultado já considerou todas as despesas (inclusive as registradas pelas provisões) e todas as receitas.

No caso das reservas de lucros, o débito da sua constituição é sempre efetuado na conta de lucros acumulados (Capítulo 9).

Assim, a diferença básica entre provisões e as reservas de lucros consiste no fato de que o débito das provisões entra na apuração do lucro do exercício, enquanto o débito das reservas representa uma destinação do lucro do exercício já apurado.

---

* Sendo uma obrigação com vencimento adiado, a classificação adequada deveria ser como um exigível a longo prazo. A Lei nº 6.404/76, entretanto, manda que o valor do dividendo obrigatório seja mantido em conta de reserva especial (reserva de lucro).

7.13 – PREPARAÇÃO DO BALANÇO PATRIMONIAL

Considerando que abordamos todos os grupos de contas que formam o balanço patrimonial, vejamos agora quais os procedimentos que devem ser adotados para elaborar essa peça contábil.

7.13.1 – Levantamento do balancete preliminar

O balancete preliminar é levantado com base nos saldos respectivos de todas as contas da contabilidade. Para facilitar os trabalhos de fechamento, o balancete pode ter o formato semelhante ao de um balanço, ou seja, as contas são classificadas nos grupos em que deverão ser apresentadas no balanço definitivo. As despesas e receitas são demonstradas separadamente, de forma a indicar o resultado preliminar do período.

Esse balancete é chamado de preliminar porque, na maioria das vezes, ainda existem diversos lançamentos a serem efetuados, e que dependem de um levantamento inicial dos saldos (o imposto de renda, por exemplo, é calculado sobre o resultado do período; assim, para se efetuar o cálculo, é preciso primeiro encontrar o resultado *antes* do imposto de renda). Os lançamentos efetuados após o levantamento do balancete preliminar são chamados de ajustes, explicados a seguir.

7.13.2 – Lançamentos de ajustes

Ajustes representam lançamentos contábeis efetuados após o levantamento de um balancete preliminar, para fazer com que todos os eventos e transações referentes ao período contábil que se encerra sejam nele registrados.

Existe uma infinidade de tipos diferentes de ajustes, pois qualquer lançamento efetuado após o balancete preliminar representa um ajuste. Aqueles mais comumente encontrados são descritos a seguir.

a) Contabilização de provisões para redução do ativo

Exemplos de provisões geralmente contabilizadas sob a forma de ajustes: para devedores duvidosos, para desvalorização de estoques, depreciação (quando não são contabilizadas em bases mensais), etc.

b) Contabilização de provisões para despesas e perdas certas e conhecidas ou prováveis

Os ajustes referentes a provisões para despesas e perdas são todos aqueles destinados a registrar despesas e perdas certas e conhecidas mas não pagas (exemplos: salários, honorários, aluguéis, serviços de terceiros, encargos financeiros, taxas, etc.), ou perdas prováveis (contingências).

c) Contabilização de receitas não registradas

Através desses ajustes, são registradas as receitas já realizadas mas não recebidas, tais como rendas a receber sobre valores mobiliários, serviços prestados ainda não faturados, vendas ainda não contabilizadas, etc.

d) Ajustes de correção de saldos

Representam quaisquer lançamentos destinados a corrigir o saldo de contas. Exemplos: ajustes de inventários, lançamentos para registrar transações ainda não registradas, ajuste cambial de dívida em moeda estrangeira, transferências entre contas para corrigir lançamentos indevidos, reversão de reservas realizadas no exercício, correção monetária do balanço, etc.

e) Contabilização das provisões para imposto de renda e para participações e contribuições

Após os ajustes mencionados nos itens anteriores, deve ser feito novo levantamento do resultado do período. Partindo desse resultado contábil e chegando ao lucro tributável, é feito o cálculo e contabilizada a provisão para imposto de renda do período que se encerra. Normalmente, essa provisão é apenas uma estimativa, já que o imposto efetivo a pagar será determinado, com o preenchimento da declaração de imposto de renda, procedimento geralmente efetuado algum tempo após a preparação das demonstrações financeiras. Em seguida, são calculadas e contabilizadas as *participações* no resultado, conforme será visto no Tópico 8.11.1.

f) Apropriação do resultado (veja o Capítulo 9)

Uma vez encontrado o lucro líquido do exercício (se for o caso) e transferido para a conta de lucros (ou prejuízos) acumulados, as apropriações de lucro devem ser calculadas ou decididas: reserva legal, reservas estatutárias, reserva de lucros a realizar, cálculo do dividendo proposto, etc.* Em seguida são efetuados os lançamentos finais de ajustes correspondentes a essas apropriações.

---

* Essas apropriações são contabilizadas sob a forma de proposta da administração, para serem ratificadas ou retificadas pela assembléia geral de acionistas (veja nota de rodapé (pág. 338) no Tópico 9.7).

7.13.3 – Levantamento do balancete final

Efetuados todos os lançamentos de ajustes, é levantado, então, o balancete final, apresentando apenas o resultado acumulado, com base nos novos saldos das contas que sofreram movimentação, e que representam os númros finais. O próximo passo é o agrupamento das contas que vão aparecer no balanço patrimonial, conforme indicado a seguir.

7.13.4 – Agrupamento das contas

Em uma contabilidade organizada com objetivos gerenciais, normalmente existe um grande número de contas. Dentro do possível, essas contas podem ser agrupadas e apresentadas sob um só título.

Exemplos:

— Os saldos respectivos das contas "caixa", "fundo fixo", "bancos - conta de movimento", "aplicações financeiras de curto prazo", etc. devem ser apresentados apenas sob o título de "Disponibilidades".

— Os saldos de "INSS a recolher", "FGTS a recolher", "imposto de renda retido na fonte a recolher", etc. podem ser apresentados sob o título de "Imposto e contribuições a recolher" ou outro semelhante.

— "Salários e ordenados a pagar" e "honorários a pagar" podem ser englobados sob o título "Salários e honorários a pagar" ou outro semelhante.

— O título "Despesas pagas antecipadamente" pode reunir os saldos de "seguros pagos antecipadamente", "aluguéis pagos antecipadamente", "juros pagos antecipadamente", etc.

Os principais requisitos para o agrupamento de contas são:

— O título que aparece no balanço deve ser indicativo da natureza das contas englobadas: ou seja, estas não podem ter designações genéricas, como por exemplo "contas correntes", "diversas contas", etc.

A soma dos saldos das contas da mesma natureza, agrupadas sob um título abrangente como "outras contas a pagar", não pode exceder a 10% do total do grupo de contas (circulante realizável a longo prazo, etc.) em que for apresentado no balanço patrimonial.

Feito o agrupamento, é necessário apenas "montar" o balanço patrimonial, obedecendo à estrutura indicada a seguir.

ATIVO	**PASSIVO**
CIRCULANTE	CIRCULANTE
REALIZÁVEL A LONGO PRAZO	EXIGÍVEL A LONGO PRAZO
PERMANENTE	RESULTADOS DE EXERCÍCIOS FUTUROS
	PATRIMÔNIO LÍQUIDO

No tópico seguinte apresentaremos um exemplo básico de balanço patrimonial, onde certamente será notado que estão apresentados os valores correspondentes a dois exercícios sociais, representando balanços patrimoniais comparados sobre o que falamos no Tópico 3.6.2 – demonstrações financeiras comparativas.

CIA. CHUVISQUINHA
Balanço patrimonial em 31 de dezembro

Ativo	**19XE**	**19XD**
CIRCULANTE		
Disponibilidades	28.300	20.900
Duplicatas a receber	1.320.000	915.000
Duplicatas descontadas	(490.000)	(312.500)
Provisão para devedores duvidosos	(39.600)	(27.450)
Títulos a receber	—	69.300
Contas a receber	12.000	54.000
Estoques	587.000	679.850
Despesas pagas antecipadamente	—	28.100
	1.417.700	1.427.200
REALIZÁVEL A LONGO PRAZO		
Sociedades coligadas	115.000	115.000
Empréstimos e depósitos compulsórios	33.400	29.200
	148.400	144.200
PERMANENTE		
INVESTIMENTOS		
Participações em sociedades coligadas	181.500	165.000
Outros investimentos	25.740	23.400
	207.240	188.400
IMOBILIZADO		
Terrenos e edificações	1.336.400	1.124.000
Máquinas e equipamentos	1.150.000	931.300
Moveis, utensílios e veículos	230.000	191.900
	2.716.400	2.247.200
Depreciação acumulada	(830.000)	(550.000)
	1.886.400	1.697.200
DIFERIDO		
Despesas de implantção	368.700	335.160
Amortização acumulada	(137.350)	(100.458)
	231.350	234.612
	2.324.990	2.120.212
	3.891.090	3.691.612

Passivo	**19XE**	**19XD**
CIRCULANTE		
Financiamentos bancários	125.000	240.100
Títulos a pagar	290.000	210.000
Fornecedores	305.800	195.400
Impostos e contribuições a recolher	32.000	20.000
Provisão para imposto de renda	45.600	39.300
Contas a pagar	11.200	47.700
Dividentos propostos	70.000	60.000
	879.600	812.500
EXIGÍVEL A LONGO PRAZO		
Financiamentos bancários	620.200	807.800
Sociedades coligadas	138.900	238.900
	759.100	1.046.700
PATRIMÔNIO LÍQUIDO		
Capital social	1.300.000	1.300.000
Reserva de capital	198.300	68.300
Reserva de reavaliação	74.260	67.512
Reserva de lucros	291.600	256.000
Lucros acumulados	388.230	140.600
	2.252.390	1.832.412
	3.891.090	3.691.612

7.14 – PLANO DE CONTAS DO BALANÇO PATRIMONIAL

No Tópico 3.5 falamos brevemente sobre plano de contas, e mencionamos que voltaríamos ao assunto neste capítulo.

Conforme dissemos, um plano de contas depende de quem o prepara, mas normalmente consiste na separação das contas em quatro grandes grupos, atribuindo-se códigos numéricos a cada grupo. Assim, como exemplo, o ativo e o passivo poderiam ser, respectivamente, identificados pelos códigos 1 e 2. Esses códigos sofrem desdobramentos, para indicar o grupo de contas, a conta sintética e a conta analítica, chamados de "graus".

Tendo por base o balanço patrimonial do tópico anterior, a organização das contas na contabilidade poderia ser feita da forma descrita na ilustração da página seguinte.

As seguintes observações e comentários são necessários:

a) O desdobramento dos graus indica a relação existente entre eles. Assim é que:

— o 1º grau indica se a conta é de ativo ou de passivo;
— o 2º grau indica o grupo ao qual a conta pertence, dentro do ativo ou passivo;
— o 3º grau indica a conta sintética, dentro do grupo do ativo ou passivo;
— o 4º grau indica as contas analíticas que compõem a conta sintética.

Assim, se temos o código 1.1.02.000 do plano de contas, sabemos que se trata da conta sintética duplicatas a receber (3º grau), do grupo do circulante (2º grau), no ativo (1º grau). Se quisermos identificar o devedor da duplicata, precisamos atribuir um código adicional no 4º grau, começando de 001 em diante.
Da mesma forma, se temos o código 2.3.02.001, sabemos que identifica a conta correção monetária do capital, que é conta analítica da conta reservas de capital, pertencente ao grupo do patrimônio líquido, no passivo.

b) Quanto maior o detalhamento que queiramos ter no plano de contas, mais extenso é o número de identificação. Algumas vezes, porém, é mais vantajoso controlar saldos individuais (por exemplo, de contas a receber) fora da contabilidade, a qual registraria apenas a conta sintética, com o saldo geral englobando toda a movimentação. O movimento individual seria controlado por outros meios (inclusive computador) e a soma dos saldos individuais desse controle seria regularmente confrontada com o saldo da conta sintética.

Ilustração do plano de contas da Cia. Chuvisquinha*
CÓDIGOS

1º grau	2º grau	3º grau	4º grau	
Nº indicador de ativo ou passivo	Nº indicador do grupo do ativo ou passivo	Nº indicador da conta pertencente ao grupo	Nº indicador da conta analítica	Nomenclatura
1.	0.	00.	000	Ativo
1.	**1.**	00.	000	Circulante
1.	1.	**01.**	000	Disponibilidades
1.	1.	02.	000	Duplicatas a receber
1.	1.	02.	**001**	Firma Alfa
1.	1.	02.	002	Firma Beta
1.	1.	02.	003	Firma Gama
..	..	..	...	....
1.	1.	04.	000	Duplicatas descontadas
1.	1.	05.	000	Provisão para devedores duvidosos
..	..	..	...	....
1.	**2.**	00.	000	Realizável a longo prazo
1.	2.	**01.**	000	Sociedades coligadas
1.	2.	02.	000	Empréstimos e depósitos compulsórios
1.	**3.**	00.	000	Permanente
1.	3.	**01.**	000	Investimentos
..	..	..	...	....
1.	3.	02.	000	Imobilizado
..	..	..	...	....
1.	3.	03.	000	Diferido
..	..	..	...	....
2.	0.	00.	000	Passivo
2.	**1.**	00.	000	Circulante
2.	1.	**01.**	000	Financiamentos bancários
2.	1.	02.	000	Títulos a pagar
..	..	..	...	....
2.	**2.**	00.	000	Exigível a longo prazo
2.	2.	**01.**	000	Financiamentos bancários
..	..	..	...	....
2.	**3.**	00.	000	Patrimônio líquido
2.	3.	**01.**	000	Capital social
2.	3.	02.	000	Reserva de capital
2.	3.	02.	**001**	Correção monetária do capital
..	..	..	...	....
2.	3.	03.	000	Reserva de reavaliação
2.	3.	04.	000	Reservas de lucros
2.	3.	04.	001	Reserva legal
2.	3.	04.	002	Reserva estatutária
..	..	..	...	....
2.	3.	05.	000	Lucros acumulados

* Veja o balanço patrimonial do Tópico 7.13.4.

Anexo 7

Exercício nº 30

Indicar em qual grupo do balanço patrimonial as contas abaixo devem ser classificadas:

Nº de ordem	Contas	Classificação no balanço patrimonial
1	Obras em andamento (para uso próprio)	....
2	Ações de outras companhias (não há intenção de venda)	....
3	Ações de companhias coligadas	....
4	Aplicações financeiras (vencimento em 250 dias)	....
5	Capital social	....
6	Títulos a pagar (antes de um ano)	....
7	Outras contas a receber (em 30 dias)	....
8	Adiantamentos concedidos para despesas de viagem	....
9	Empréstimos a receber (vencimento em 2 anos)	....
10	Produtos estocados para venda	....
11	Bancos - conta de depósito vinculado (vencimento em 400 dias)	....
12	Gratificações de empregados, a pagar	....
13	Encargos sociais a pagar	....
14	Edifícios	....
15	Lucros acumulados	....
16	Empréstimos bancários (a pagar após 365 dias)	....

Nº de ordem	Contas	Classificação no balanço patrimonial
17	Debêntures a resgatar (antes de 1 ano)	....
18	Juros pagos antecipadamente	....
19	Marcas e patentes (não usadas pela empresa nas suas operações)	....
20	Bancos - conta de movimento	....
21	Seguros pagos antecipadamente	....
22	Despesas de implantação	....

Exercício nº 31

COMPANHIA ROSADA

Preparar o balanço patrimonial da Companhia Rosada, utilizando os dados abaixo:

Contas	31/12/19XA Saldos devedores $	Saldos credores $
Bancos	350.000	
Estoque	400.000	
Duplicatas a receber (antes de 90 dias)	550.000	
Terrenos	160.000	
Edifícios	230.000	
Móveis e utensílios	28.000	
Contas a receber (antes de 100 dias)	32.500	
Títulos a receber (acima de 400 dias)	83.000	
Seguros pagos antecipadamente	12.000	
Capital social		350.000
Lucros acumulados		361.200
Fornecedores (vencimento antes de um ano)		413.000
Empréstimos bancários (50% vencendo em 19XB e o restante em 19XC)		600.000
Contas a pagar (em 19XB)		58.300
Imposto de renda a pagar (em 19XB)		63.000

Exercício nº 32

S.A. APOCALIPSE

Preparar o balanço patrimonial em 30/06/19XA da S.A. Apocalipse, utilizando os dados abaixo:

Contas	$
Empréstimos bancários (50% vencendo após 30/10/19XB)	800.000
Duplicatas a receber (antes de 180 dias)	293.000
Caixa	2.000
Capital social	400.000
Títulos a pagar (antes de 30 dias)	110.000
Terrenos	50.000
Reserva legal	15.000
Edifícios	950.000
Bancos - conta de movimento	163.000
Móveis e utensílios	18.000
Fornecedores (antes de 360 dias)	198.000
Veículos	20.000
Contas a receber (antes de 60 dias)	7.500
Estoque	214.900
Lucros acumulados	213.300
Imposto de renda a pagar (antes de 180 dias)	40.000
Contas a pagar (antes de 200 dias)	86.800
Ações de sociedades coligadas	100.000
Aplicações financeiras (após 400 dias)	87.300
Seguros pagos antecipadamente	6.000
Receitas de exercícios futuros	48.600

Exercício nº 33

CIA. ERRADINHA

No balanço em 31/12/19XA da Cia. Erradinha, existem 9 erros de apresentação. Pede-se apontar os erros, após conhecer as informações complementares indicadas a seguir:

CIA. ERRADINHA
Balanço patrimonial

ATIVO	$	$
CIRCULANTE		
Bancos – conta de movimento	100.000	
Bancos – depósito vinculado	200.000	
Ações de companhias coligadas	155.000	
Duplicatas a receber	340.000	
Estoque	210.000	
Contas a receber	6.500	1.011.500
IMOBILIZADO PERMANENTE		
Móveis e utensílios	38.000	
Veículos	97.000	
Ações de outras empresas	14.500	149.500
REALIZÁVEL A LONGO PRAZO		
Prejuízos acumulados		39.500
		1.200.500
PASSIVO		
EXIGÍVEL A CURTO PRAZO		
Fornecedores	224.000	
Títulos a pagar	394.000	
Contas a pagar	12.500	630.500
PATRIMÔNIO CIRCULANTE		
Capital social	500.000	
Receitas de exercícios futuros	70.000	570.000
		1.200.500

Informações complementares:

a) A conta de depósito vinculado (em banco) será liberada em 60 dias.

b) A administração não pretende se desfazer de qualquer investimento em ações.

c) 50% dos títulos a pagar vencem em 19XC.

Exercício nº 34

CIA. CARAMURU

A Cia. Caramuru mantém conta bancária com o Banco Charme S/A. Após uma análise das transações relativas ao mês de agosto de 19XA, efetuada mediante comparação dos registros do banco (extrato) e os registros da empresa (razão), verificaram-se as seguintes pendências:

1. Aviso bancário de débito relativo a despesas sobre desconto de notas promissórias, não correspondido pelo banco:

   28/08/19XA – Aviso nº 12.504: $ 5.000

2. Cheques sacados e não contabilizados pela empresa:

   28/08/19XA – Cheque 695.543: $ 45.000, nominal a P. César

   28/08/19XA – Cheque 695.548: $ 30.000, nominal a Amaral S/A

3. Depósitos não correspondidos pelo banco (provenientes de transferências entre bancos):

   29/08/19XA – Recibo nº 1.332: $ 100.000 (crédito efetuado após encerramento do expediente do banco)

   30/08/19XA – Recibo nº 1.455: $ 60.000 (creditados em conta de outro correntista)

4. Avisos de crédito não correspondidos pela empresa:

   30/08/19XA – Cobrança de duplicatas: $ 80.000, aviso nº 13.412

   31/08/19XA – Juros a favor $ 8.000, cobrados de um cliente da companhia, aviso nº 14.809

5. Aviso de crédito relativo a cobranças de duplicatas, não correspondido pelo banco:

   28/08/19XA – Aviso nº 13.100 = $ 150.000

6. Avisos de débito referentes à liquidação de notas promissórias, não correspondidos pela empresa:

   20/08/19XA – $ 10.000: aviso nº 11.115

   30/08/19XA – $ 15.000: aviso nº 12.999

7. Cheques emitidos, contabilizados, e não apresentados ao banco:

   25/08/19XA – Cheque 695.541 – Cia. Zulu: $ 80.000

   29/08/19XA – Cheque 695.549 – Cia. Caju: $ 30.000

Informações:

a) O saldo pelos livros da Cia. Caramuru em 31/08/19XA era de $ 737.000.
b) O saldo pelo extrato do Banco Charme S/A, em 31/08/19XA, era de $ 530.000.

Pede-se: Preparar a reconciliação bancária para 31/08/19XA, partindo do saldo do extrato.

Exercício nº 35

CIA. BREJO RASO

A companhia acima apresentava um saldo de duplicatas a receber em 31/12/19XA, no valor de $ 820.000, sendo esse seu primeiro exercício social.

Pede-se:

a) Determinar o valor da provisão para devedores duvidosos que deve ser constituída para o exercício de 19XA e fazer a sua contabilização (considerar como base de cálculo 3% sobre duplicatas a receber).
b) Supondo que, em 19XB, duplicatas no valor de $ 10.000 tenham sido consideradas incobráveis, fazer o seu lançamento de baixa.
c) Considerando que em 31/12/19XB as duplicatas a receber montassem a $ 750.000, fazer a contabilização da nova provisão, pelo método de complementação.

Exercício nº 36

CIA. BREJO FUNDO

A Cia. Brejo Fundo apresentava um saldo de duplicatas a receber de $ 850.000, em 30/05/19XB.

1. Nessa data descontou no banco duplicatas com vencimento para 90 dias, no valor de $ 530.000. O banco cobrou juros de 2,0% ao mês, e creditou o líquido da transação na conta corrente da companhia.
2. Na mesma data, a companhia mandou para cobrança simples bancária duplicatas no valor de $ 180.000, também com vencimento para 90 dias.
3. Três meses após as transações acima, o banco mandou o seguinte aviso:
   a) Duplicatas descontadas cobradas: $ 490.000.
   b) Duplicatas descontadas transferidas para cobrança simples: $ 40.000, cujo valor o banco debitou na conta de movimento da companhia.
   c) Duplicatas em cobrança simples cobradas: $ 150.000.
   d) Duplicatas em cobrança simples devolvidas à companhia: $ 10.000.

As duplicatas em cobrança simples restantes ($ 20.000), bem como as duplicatas descontadas, transferidas para cobrança simples ($ 40.000), permaneceram em poder do banco.

Pede-se:

Fazer em conta T os lançamentos referentes às transações efetuadas.

Exercício nº 37

PERIÓDICA S.A. COMÉRCIO E INDÚSTRIA

No final do exercício, o estoque final encontrado pela firma acima foi valorizado pelo método de custo médio periódico, sendo o seguinte:

Especificação	Quantidade (unidade)	Valor de custo C. unitário	Total
		$	$
Cortador de grama	45	4.700	211.500

A companhia sabe que os mesmos cortadores de grama estão sendo vendidos no mercado pelo preço de $ 7.500 cada. Sabe, também, que o preço de venda inclui um imposto de 5% e que a parcela correspondente às despesas com vendas é de $ 300 por cortador. Os administradores consideram 30% sobre o preço de venda como uma margem de lucro adequada para cobrir o pagamento de todos os demais custos e despesas e ainda permitir um lucro necessário para assegurar a continuidade das operações da companhia.

Pede-se:

1. Calcular o preço líquido de realização de cada aparelho (valor de mercado).
2. Determinar o valor pelo qual o estoque final deverá figurar no balanço, observando a regra de custo ou mercado, o que for menor.
3. Indicar em conta T o lançamento contábil que, se necessário, deverá ser feito para trazer o valor de custo ao de mercado, se este for menor.

Exercício nº 38

S.A. CORRIGIDA

Em dezembro de 19XE os saldos finais das contas do ativo permanente e patrimônio líquido eram demonstrados como segue:

	$
IMOBILIZADO	
Terrenos	100.000
Veículos	37.000
Menos	
Depreciação acumulada de veículos	(23.000)
	114.000
INVESTIMENTOS	
Ações de outras empresas	18.000
Menos	
Provisão para perda com investimentos permanentes	(2.000)
	16.000
PATRIMÔNIO LÍQUIDO	
Capital social	150.000
Reserva de correção monetária do capital	30.000
Reserva legal	20.000
Lucros acumulados	15.000
	215.000

Em 19XF ocorreu a seguinte movimentação nas contas:

Em janeiro: compra de um novo terreno, no valor de $ 60.000, a prazo
Em abril: aumento de capital com reserva de correção monetária do capital e com o saldo de lucros acumulados
Em dezembro: contabilização da depreciação de veículos do exercício: $ 7.700 ou 46 MCO
Em dezembro, o resultado apurado no exercício foi zero.

Pede-se:
a) Calcular a correção monetária do balanço patrimonial em 31/12/19XF.
b) Contabilizar em conta T todas as transações havidas no exercício, inclusive a correção monetária do balanço.

Exercício nº 39

CIA. ANATOLE

A Cia. Anatole adquiriu os seguintes bens do imobilizado em 19XC:

Data	Ativo	Custo de aquisição $	Valor em MCO	Cotação*
15/07/19XC	Máquina de contabilidade	156.000	1.200,00	130
20/09/19XC	Mesas e cadeiras	42.000	318,18	132
27/11/19XC	Automóvel	225.000	1.679,10	134

A companhia adota as seguintes diretrizes:

— Utilização de razão auxiliar em MCO, com *escrituração mensal;*
— Depreciação a partir do mês da aquisição, calculada e contabilizada mensalmente;
— Taxas de depreciação consagradas pela jurisprudência, para um turno de trabalho;
— Depreciação com base no custo total, pelo método de linha reta.

Com base na tabela hipotética de cotação de MCO, apresentada no Tópico 7.6.4.7, pede-se:

* Veja Tópico 7.6.4.7.

a) Calcular a depreciação do ano de 19XC.
b) Calcular a correção monetária do ativo imobilizado (custo e depreciação).
c) Contabilizar a depreciação e a correção monetária do exercício de 19XC (para fins práticos, considerar como se a depreciação fosse registrada uma única vez ao final do exercício).

Exercício nº 40

CIA. PERUANA

A Cia. Peruana adquiriu, em janeiro de 19XA, o direito de uso de um processo de extração de minério, por $ 50.000, pelo prazo de 5 anos. No mesmo mês e ano, adquiriu uma mina, cujo depósito de minério foi estimado em 350.000 toneladas, tendo custado $ 600.000 mais gastos de $ 65.000 com pesquisas e estudos técnicos e geológicos.

Sabendo-se que a companhia registra as provisões para retificação de ativo uma vez por ano, por ocasião do encerramento do exercício social, pede-se*:

a) Determinar o valor e contabilizar a amortização do direito de uso de processo de extração, no primeiro ano de operações.
b) Supondo que no primeiro ano a companhia tenha extraído da mina 87.000 toneladas de minério, determinar o valor e contabilizar a exaustão do exercício.
c) Calcular e contabilizar a correção monetária do ativo imobilizado do exercício de 19XA.

Exercício nº 41

CIA. AMARGOSA

A Cia. Amargosa apresentava os seguintes saldos nas contas do ativo imobilizado, em 31/12/19XD, após a correção monetária do exercício, que é contabilizada apenas no final de cada ano:

* Utilizar a tabela do Tópico 7.6.4.7.

Ativo	Custo corrigido	Depreciação acumulada corrigida
	$	$
Terrenos	200.000	
Edifícios	800.000	53.000
Móveis e utensílios	64.000	38.000
Veículos	180.000	108.000
	1.244.000	199.000

Em 28/06/19XE a companhia comprou três novas máquinas de escrever pelo preço total de $ 27.000, pagos à vista.

A companhia adota as seguintes diretrizes sobre depreciação (contabilizada mensalmente):

— Método de linha reta, às taxas consagradas pela jurisprudência para um turno de trabalho;
— Depreciação com base no custo de aquisição (sem valor residual), a partir do mês da aquisição do bem.

Em 31/12/19XE, *após* a contabilização da correção monetária e da depreciação do ano, a companhia comprou um novo automóvel por $ 65.000, entregando um automóvel antigo como parte do pagamento pela compra, o qual foi avaliado em $ 35.000. A companhia pagou com cheque a diferença de $ 30.000. Esse automóvel estava registrado na companhia por 600 MCO, tendo se passado 37 meses desde a sua aquisição.

Pede-se:

a) Calcular a depreciação dos ativos em 19XE, considerando as adições e as diretrizes da empresa.
b) Calcular a correção monetária do exercício.
c) Apurar (não contabilmente) o resultado na venda do automóvel (após a contabilização da correção monetária).
d) Obedecendo à ordem descrita abaixo, contabilizar:
   1. A aquisição das três máquinas de escrever.
   2. A depreciação do exercício de 19XE.
   3. A correção monetária do exercício de 19XE.
   4. A aquisição do novo automóvel e a baixa do antigo, apurando o resultado contabilmente.

Exercício nº 42

VULCÃO S.A.

A companhia acima apresentava as seguintes contas no balanço patrimonial em 31/12/19XC (já corrigidas monetariamente):

Despesas de implantação		**Amortização acumulada de despesas de implantação**	
700.000			140.000

A amortização das despesas de implantação vem sendo feita considerando o prazo de cinco anos e é contabilizada apenas no final de cada exercício.

Com base na tabela hipotética do Tópico 7.6.4.7, pede-se:

a) Calcular a amortização do exercício de 19XD.

b) Calcular a correção monetária dessas contas, para o exercício de 19XD.

c) Contabilizar a amortização e a correção monetária mencionadas em *a* e *b* acima.

Exercício nº 43

INVESTICOM S.A. (Empresa de capital fechado)

Em 31/12/19XC a companhia acima, após a correção monetária do exercício de 19XC, apresentava as seguintes participações em ações de empresas (todas as informações com base em 31/12/19XC):

Empresa investida	Capital social da investida: Nº de ações ou cotas	Capital social da investida: Valor total $	Participação da INVESTICON: Nº de ações ou cotas	Participação da INVESTICON: Valor total $	Valor do patrimônio líquido da investida $
Acam S.A.	200	60.000	200	85.000	95.000
Tora Ltda.	50	10.000	40	2.000	40.000
Fibra S.A.	300	210.000	12	200.000	500.000
Marotis & Cia.	500	10.000	100	20.000	80.000

Sabendo-se que as ações de todas as investidas dão direito a voto, e que o patrimônio líquido da INVESTICOM é de $ 600.000, pede-se:

a) Determinar se existem (quais são e por qual razão) empresas coligadas e controladas.
b) Determinar se existem (e quais são) investimentos que devam ser avaliados pelo método de equivalência patrimonial.
c) Se em *b* a resposta for afirmativa, calcular e contabilizar o resultado da equivalência, supondo ser este originário de lucros ou prejuízos da investida.

Exercício nº 44

INVEST TUDO S.A. (Parte I)

Ao adquirir a participação majoritária da empresa Invest Nada Ltda., a empresa acima tinha as seguintes informações:

— Data da aquisição: 30/06/19XC;
— Valor pago pela participação: $ 730.000;
— Nº de cotas adquiridas: 60.000;
— Nº de cotas total do capital social da Invest Nada Ltda: 70.000 cotas de valor nominal de $ 10 cada;
— Valor do patrimônio líquido da Invest Tudo S.A. em 30/06/19XC: $ 4.000.000;
— Valor do patrimônio líquido da Invest Nada Ltda. em 30/06/19XC: $ 730.000.

Pede-se:

Contabilizar a aquisição da participação acionária da Invest Tudo na Invest Nada em 30/06/19XC, feita com pagamento à vista, sabendo-se que o principal motivo do valor pago por ação ($ 12,16) foi a expectativa de rentabilidade futura da Invest Nada Ltda.

Exercício nº 45

INVEST TUDO S.A. (Parte II)

Com base nos dados do enunciado e da resolução do Exercício nº 44, complementados pelas informações abaixo indicadas, pede-se:

a) Calcular a correção monetária do investimento em 31/12/19XC.

b) Calcular o resultado da equivalência patrimonial procedida em 31/12/19XC, do investimento em Invest Nada Ltda.

c) Calcular em 31/12/19XC a amortização do ágio pago na aquisição das cotas da Invest Nada Ltda.

d) Contabilizar a correção monetária, o resultado da equivalência patrimonial e a amortização do ágio na aquisição do investimento, em 31/12/19XC.

Informações complementares:

— Para fins de cálculo da correção monetária, usar a tabela hipotética de cotação da MCO do Tópico 7.6.4.7.

— O valor do patrimônio líquido final da Invest Nada em 31/12/19XC é de $ 949.000; o aumento em relação a 30/06/19XC proveio do lucro apurado no exercício.

— A expectativa da rentabilidade futura da Invest Nada mostrou-se correta e em 31/12/19XC havia sido realizado 50% do lucro estimado em 30/06/19XC (o que equivale a dizer que 50% do ágio pago já estavam realizados em 31/12/19XC).

Exercício nº 46

CIA. LAGOA BRANCA – CILABRA

Durante o exercício de 19XC, a CILABRA adquiriu, à vista, as seguintes participações societárias permanentes em outras empresas (**não coligadas e não controladas**):

Data	Quantidade (unidade)	Custo de aquisição Unitário	Custo de aquisição Total	Empresa
		$	$	
15/05	5.000	2,00	10.000	DONESA
20/05	7.000	3,00	21.000	DONESA
30/06	15.000	2,50	37.500	DONESA
20/08	2.000	8,00	16.000	FERTASA

Em 20/08 recebeu (valor nominal de $ 1,00 cada) 2.700 ações bonificadas da DONESA. Em 31/12, a CILABRA verificou que, de acordo com a Bolsa de Valores, as ações da DONESA estavam cotadas a $ 2,90 por ação e aquelas da FERTASA, a $ 6,00 por ação.

Pede-se:

a) Determinar o valor unitário médio da ação, em MCO, de cada investimento da CILABRA, em 31/12/19XC.
b) Determinar o valor contábil corrigido dos investimentos no balanço patrimonial em 31/12/19XC.
c) Determinar por qual valor os investimentos devem ser apresentados no balanço patrimonial em 31/12/19XC.
d) Contabilizar os eventos relacionados com os investimentos, inclusive aquisição, à vista, no exercício de 19XC.

Exercício nº 47

CIA. CAIRU

A companhia acima terminou sua fase de implantação em 31/08/19XB, tendo incorrido em despesas pré-operacionais no montante de $ 120.000, totalizando 1.043,48 MCO. Suas operações normais se iniciaram em

01/09/19XB e a direção da empresa pretende amortizar as despesas de implantação no prazo de cinco anos.

Pede-se:

a) Calcular a amortização das despesas de implantação no primeiro exercício de atividades, encerrado em 31/12/19XB.
b) Calcular a correção monetária do ativo diferido em 19XB.
c) Contabilizar a amortização das despesas de implantação e a correção monetária do exercício de 19XB.

Exercício nº 48

S.A. FURACÃO

A companhia acima efetuou os seguintes pagamentos antecipados em 19XB:

— Juros sobre empréstimo com prazo de vencimento em seis meses, no valor de $ 48.000, pagos em 15/10/19XB. A companhia debitou a despesa de juros (despesa do exercício).
— Seguro de automóveis, prazo de vigência de um ano, valor de $ 12.000, pagos em 15/02/19XB. O valor foi debitado a seguros pagos antecipadamente.

Até 31/12/19XB, data de encerramento do exercício, a companhia não havia feito qualquer amortização de despesas pagas antecipadamente.

Pede-se:

a) Supondo que a direção da empresa tenha decidido considerar como despesa do exercício seguinte o valor dos juros antecipados, fazer o lançamento do ajuste correspondente.
b) Calcular e contabilizar a amortização do valor do seguro realizado no exercício.

Exercício nº 49

CALIXTO & CIA. LTDA.

A empresa acima tomou, em 01/08/19XD, um empréstimo de US$ 150,000, recebendo o montante de $ 900.000. As condições do empréstimo foram as seguintes:

— Juros de 12% ao ano sobre o saldo devedor atualizado à taxa cambial da época, pagáveis semestralmente em 31 de janeiro e 31 de julho de cada ano.
— Principal a ser amortizado em 5 parcelas anuais de US$ 30,000 cada, com um ano de carência, vencendo a primeira parcela em 31/07/19XE.

Pede-se, sabendo que a taxa oficial de câmbio em 31/12/19XD, data de encerramento do exercício, era de $ 6,50 por US$ 1:

a) Contabilizar o recebimento do valor do empréstimo em 01/08/19XD.
b) Calcular e contabilizar a variação cambial e os encargos sobre o empréstimo em 31/12/19XD.
c) Indicar como a dívida (principal e encargos) deve ser apresentada no balanço patrimonial em 31/12/19XD.

Exercício nº 50

DEBENTURADA S.A.

A companhia acima fez uma emissão de debêntures, não conversíveis em ações, com as seguintes características:

— Data da emissão: 01/07/19XG.
— Valor da emissão: 1.000 debêntures valendo 10 MCO cada, equivalentes a $ 1.780.000 na data da emissão e subscrição*.
— Juros: 12% ao ano, sobre o valor de cada debênture, pagáveis em 1º de janeiro e 1º de julho de cada ano.
— Correção monetária equivalente à da variação da MCO.
— Vencimento: 31/12/19XJ.

* Usar a tabela hipotética do Tópico 7.6.4.7.

Para facilitar a colocação das debêntures foi oferecido aos investidores um deságio de 5% sobre o valor em moeda corrente de cada título. A subscrição foi integralmente realizada em 01/07/19XG, tendo sido descontado do valor recebido o montante correspondente ao deságio oferecido, que foi diferido para amortização linear no prazo até o vencimento.

Pede-se:

a) Calcular o valor do deságio na colocação das debêntures, descontado no ato do recebimento do numerário.

b) Calcular os juros a pagar em 31/12/19XG.

c) Calcular a correção monetária das debêntures em 31/12/19XG.

d) Calcular em 31/12/19XG, a correção monetária do deságio diferido na colocação das debêntures.

e) Calcular o valor da despesa de amortização em 31/12/19XG do deságio diferido.

f) Contabilizar todas as transações envolvidas no exercício, desde o recebimento do numerário até a amortização do deságio em 31/12/19XG.

Exercício nº 51

CIA. COMERCIAL ILHÉUS

Os acionistas desta companhia decidiram aumentar seu capital social, através do lançamento à subscrição, e conseqüente emissão, de 500.000 ações preferenciais de valor nominal de $ 1 cada. Entretanto, como as ações preferenciais da companhia recentemente estavam sendo vendidas na Bolsa de Valores a $ 2 por ação, os acionistas resolveram oferecer as ações provenientes do aumento de capital por $ 2 cada, sendo $ 1 referente ao valor nominal e $ 1 correspondente a ágio.

Feito o lançamento das ações, a companhia vendeu todas elas pelo preço estipulado, tendo recebido $ 1.000.000.

Pede-se:

Fazer o lançamento contábil referente à transação acima.

Exercício nº 52

CIA. RESERVADA

Em 30/06/19XB os acionistas da companhia acima deliberaram, em assembléia geral extraordinária, aumentar o capital social de $ 1.000.000 para $ 1.500.000, através da incorporação das seguintes reservas:

	$
Reservas de capital:	
Ágio na emissão de ações	50.000
Subvenções para investimento	85.000
Reservas de lucros:	
Reservas estatutárias	100.000
Reserva legal (parcela excedente a 20% do capital social)	15.000
Lucros acumulados:	250.000
	500.000

Fazer a contabilização do aumento de capital.

Exercício nº 53

Das contas relacionadas abaixo, indicar aquelas que podem ser agrupadas e sob que título, respectivamente, para efeito de apresentação de balanço patrimonial:

1. Caixa
2. Salários a pagar
3. Empréstimos a diretores
4. Aluguéis pagos antecipadamente
5. Juros a pagar
6. Fundo fixo
7. Bancos - conta de movimento
8. Honorários a pagar a terceiros
9. Honorários a pagar à diretoria

10. Adiantamento de salários
11. Veículos
12. Juros pagos antecipadamente
13. Correção monetária sobre empréstimos a pagar
14. Depósitos a prazo fixo
15. Empréstimos a empregados
16. INSS a recolher
17. Banco - conta vinculada
18. Imóveis
19. Seguros pagos antecipadamente
20. Provisão para imposto de renda
21. Imposto de renda retido na fonte a recolher
22. Dividendos propostos
23. Móveis e utensílios
24. ICMS a pagar
25. FGTS a recolher
26. Contas a pagar
27. Direitos permanentes de qualquer natureza
28. Outras participações societárias
29. Amortização acumulada de despesas de implantação
30. Despesas de implantação

8

A demonstração do resultado do exercício

8.1 – A CONTA DE RESULTADO DO EXERCÍCIO

No Tópico 3.4.5 apresentamos um balancete de verificação incluindo despesas e receitas de um período contábil. No Tópico 3.4.6 o mesmo balancete da Cia. Florada foi apresentado, sem demonstrar as despesas e receitas do período, mas apenas o resultado entre elas, que no caso foi um lucro.

Em resumo, as despesas e receitas aparecem no balanço patrimonial pelo seu resultado líquido. Dissemos, entretanto, que o balanço patrimonial consistia na apresentação de todas as contas da contabilidade de uma companhia, dispostas em forma relativamente padronizada. Assim, se as contas de despesas e receitas apresentassem saldo, deveriam também aparecer no balanço patrimonial. Para que isso não aconteça, a companhia faz, geralmente no final do exercício, uma transferência contábil dos saldos respectivos de todas as contas de despesas e receitas, para uma única conta, chamada "conta de resultado". Essa conta, assim, é debitada pelo valor total das despesas, e creditada pelo total das receitas. A diferença entre os débitos e créditos nessa conta será o resultado do exercício.

Vejamos como deve ser feita a transferência de despesas e receitas para a conta de resultado, utilizando os dados da Cia. Florada apresentados no Tópico 3.4.5, cujo balancete preliminar apresentava saldo nas seguintes contas:

	Saldos devedores $	Saldos credores $
CMV	270	
Despesas de salários	50	
Despesas de aluguel	12	
Despesas diversas	5	
Vendas		330
Receitas eventuais		20
	337	350

Os lançamentos de transferência para a conta de resultado são os seguintes:

			$	$
1.	Débito:	Resultado	270	
	Crédito:	CMV		270
2.	Débito:	Resultado	50	
	Crédito:	Despesas de salários		50
3.	Débito:	Resultado	12	
	Crédito:	Despesa de aluguel		12
4.	Débito:	Resultado	5	
	Crédito:	Despesas diversas		5
5.	Débito:	Vendas	330	
	Crédito:	Resultado		330
6.	Débito:	Receitas eventuais	20	
	Crédito:	Resultado		20

Fazendo os lançamentos em contas T (as quais possuíam o saldo demonstrado acima), teríamos:

CMV

Débito	Crédito
270	270 (1)

Despesas de salário

Débito	Crédito
50	50 (2)

Despesas de aluguel

Débito	Crédito
12	12 (3)

Despesas diversas

Débito	Crédito
5	5 (4)

Vendas

Débito	Crédito
(5) 330	330

Receitas eventuais

Débito	Crédito
(6) 20	20

Resultado

	Débito	Crédito	
(1)	270	330	(5)
(2)	50	20	(6)
(3)	12		
(4)	5		
	337	350	
	13		
	350	350	
		13	

Observe que todas as contas de despesas e receitas ficaram com saldo zero. Por outro lado, o saldo da conta de resultado foi $ 13 (credor). Quando o saldo dessa conta é **credor**, significa que o resultado do período é **lucro**; se o saldo é **devedor**, o resultado é **prejuízo**.

O procedimento de encerrar todas as contas de despesas e receitas normalmente é efetuado uma única vez por ano, na data de encerramento do exercício social, quando as empresas são obrigadas a apurar o resultado do exercício.

8.2 – A DEMONSTRAÇÃO DO RESULTADO DO EXERCÍCIO

No Tópico 3.6 dissemos que, na data de encerramento do exercício, as empresas preparam um conjunto de demonstrações chamadas demonstrações financeiras ou contábeis, sendo uma delas a demonstração do resultado do exercício.

> A demonstração do resultado do exercício nada mais é do que a exposição, em forma mais ou menos padronizada, dos débitos e créditos que entraram na formação do resultado do exercício.

Ainda utilizando os dados da Cia. Florada (tópico anterior), a demonstração do resultado daquela empresa poderia ser apresentada da seguinte forma:

CIA. FLORADA
Demonstração do resultado do exercício
findo em 31/12/19XA

	$
Vendas	330
Custo das mercadorias vendidas	(270)
Lucro bruto sobre vendas	60
Despesas de salário	50
Despesas de aluguel	12
Despesas diversas	5
	67
Prejuízo operacional	(7)
Receitas eventuais	20
Lucro líquido do exercício	13

O porquê dessa forma de apresentação será compreendido após o estudo deste capítulo. Nesta fase, convém guardar o que representa a conta de resultado e o que é a demonstração do resultado do exercício.

8.3 – A COMPOSIÇÃO DA CONTA DE RESULTADO DO EXERCÍCIO

O exemplo da Cia. Florada é extremamente simples, pois, numa empresa real existem inúmeras contas de despesas e receitas. Basicamente, a conta de resultado do exercício pode sofrer débitos e créditos oriundos das seguintes principais origens:

Débitos	Créditos
— Deduções de vendas, abatimentos e impostos	— Receitas de exploração das atividades sociais
— Custo de mercadorias e serviços vendidos	— Outras receitas operacionais
— Despesas operacionais	
— Despesas não operacionais	— Receitas não operacionais
— Saldo devedor da conta de correção monetária (se houver)	— Saldo credor da correção monetária (se houver)
— Provisões para impostos incidentes sobre o lucro (se houver)	
— Participações e contribuições (se houver)	
— Transferência do lucro líquido do exercício (se houver) para a conta de lucros (ou prejuizos) acumulados	— Transferência do prejuízo do exercício (se houver) para a conta de lucros (ou prejuizos) acumulados

Esses débitos e créditos serão explicados individualmente nos tópicos seguintes. Antes, porém, é necessário entender o exposto adiante.

8.4 – AGRUPAMENTO DAS CONTAS DE DESPESAS E RECEITAS

Os débitos e créditos indicados no tópico anterior representam, na realidade, agrupamentos de inúmeras contas, os quais são feitos para fins de apresentação da conta de resultado sob a forma de demonstração.

Seja qual for o tamanho de uma empresa, as despesas e receitas envolvidas no desenvolvimento de suas operações são dos mais diversos tipos, devendo ser contabilizadas em contas específicas para cada tipo. Assim, não raramente as empresas necessitam manter contas para 100, 200 ou mais tipos de receitas e despesas. Supondo que essas empresas fossem apresentar, por ocasião da publicação de suas demonstrações financeiras, todas as contas de despesas e receitas existentes na contabilidade, o resultado é que, ao invés de publicar suas demonstrações financeiras em um jornal, teria que editar um jornal contendo as referidas demonstrações, o que seria altamente oneroso e impraticável.

Por outro lado, as empresas freqüentemente desejam conhecer qual a natureza das despesas efetuadas, para saber, por exemplo, quanto se está gastando com a administração da companhia, independentemente do tipo de despesa, qual o montante das despesas relacionadas diretamente com as vendas (publicidade, comissão de corretores, etc), ou ainda, qual o montante que a empresa está pagando como encargos financeiros (juros, comissões, taxas, diferenças de câmbio, correção monetária, etc).

Devido ao exposto, para simplificar a apresentação das demonstrações financeiras e fornecer informações resumidas à administração da empresa, as despesas e receitas são agrupadas sob títulos indicativos de sua natureza. Outras, por terem importância ou por representarem parcelas relevantes, não são agrupadas, sendo apresentadas com título separado, como é o caso do resultado da correção monetária do balanço patrimonial.

Dessa forma, para fins de apresentação das despesas e receitas sob a forma de demonstração do resultado do exercício, estas são agrupadas conforme indicado no tópico anterior: deduções de vendas, despesas operacionais, etc. Mas é necessário lembrar sempre que o valor apresentado sob cada título de grupo (ou subgrupo) representa, na maior parte das vezes, o agrupamento de inúmeras contas que têm natureza similar ou algo em comum.

A seguir passamos a explicar cada um dos grupos de receitas e despesas que devem, de acordo com a Lei nº 6.404/76, ser apresentados na demonstração do resultado do exercício.

8.5 – DEDUÇÕES DE VENDAS, ABATIMENTOS E IMPOSTOS

8.5.1 – Deduções ou devoluções de vendas

No Tópico 4.9.2, quando falamos sobre o tratamento contábil para devolução de mercadorias vendidas, indicamos dois procedimentos possíveis:

A – Debitar o valor de devolução de vendas diretamente à conta de vendas e

B – Debitar esse valor a uma conta específica de devolução de vendas.

Se a empresa adotar o tratamento B, haverá na conta de resultado um débito proveniente das devoluções de vendas. Caso a companhia utilize o tratamento A, então o valor apresentado a crédito da conta de resultado como vendas já estará abatido das devoluções, não existindo o item "dedução ou devolução de vendas" na demonstração do resultado do exercício.

8.5.2 – Abatimentos (ou descontos comerciais concedidos)

Ainda no Capítulo 4, Tópico 4.8.2, sobre descontos concedidos, abordamos dois tipos de tratamento contábil para registrar vendas, quando existem descontos comerciais: pelo valor bruto ou pelo valor líquido. Se a empresa optar por registrar os abatimentos de venda (contabilização da venda pelo valor bruto), então haverá um débito em uma conta de resultado, proveniente do registro do desconto concedido. Caso contrário, a venda terá sido contabilizada pelo seu valor líquido, já deduzido, portanto, o desconto concedido ou abatimento.

8.5.3 – Impostos incidentes sobre vendas

Esse assunto já foi abordado no Tópico 4.10. Somente para lembrar são os seguintes os impostos incidentes sobre vendas:

- ICMS
- ISS
- PIS
- FINSOCIAL

8.6 – CUSTO DAS MERCADORIAS E SERVIÇOS VENDIDOS

Apesar do termo genérico "mercadorias e serviços *vendidos*", na realidade as mercadorias são *vendidas* e os serviços são *prestados,* daí a diferenciação quando citados individualmente.

8.6.1 – Custo das mercadorias vendidas (CMV)*

Uma das informações importantes nas demonstrações financeiras é o custo das mercadorias vendidas, visto que se relaciona diretamente com as receitas de vendas. Assim, o leitor pode verificar com qual margem de lucro bruto as mercadorias estão sendo vendidas, sem considerar as outras despesas da companhia.

8.6.2 – Custo dos serviços prestados

Da mesma forma que o custo das mercadorias vendidas se relaciona com as receitas de vendas, também é importante conhecer, no caso de empresa de prestação de serviços, quanto está custando gerar as receitas de serviços, considerando-se apenas os gastos identificados como estritamente necessários à obtenção das receitas, tais como materiais aplicados nos serviços, salários dos técnicos, etc. Esses gastos, agregados, formam o custo dos serviços prestados (Tópico 4.6), o qual, relacionado com as receitas de serviços, permite verificar se os serviços prestados estão gerando lucros satisfatórios, sem considerar as outras despesas da companhia.

---

* O custo das mercadorias vendidas foi abordado resumidamente no Tópico 4.5 e analisado com maior detalhe no Capítulo 6.

8.7 - DESPESAS OPERACIONAIS

8.7.1 - Conceito

Despesas e custos operacionais são todos aqueles, desembolsados ou provisionados, que se relacionam diretamente com o objetivo do negócio de uma empresa.

Suponhamos o exemplo de uma firma comercial que vende móveis. Os salários e encargos do pessoal da administração, do setor de vendas ou dos outros setores são diretamente relacionados com o objetivo do negócio. Sim, porque sem o pessoal da administração a firma não sobreviveria. Bem como, sem os vendedores, a empresa não teria receitas e, da mesma forma, sem os empregados dos outros setores a firma não teria o apoio necessário ao seu desenvolvimento.

Dessa maneira, são considerados custos e despesas operacionais todos aqueles realizados com o objetivo final de gerar receitas e diretamente relacionados com a natureza específica dos negócios de uma companhia.

Dos débitos à conta de resultado mencionado nos Tópicos 8.3, são *itens* considerados operacionais, para fins de demonstração do resultado do exercício:

— Deduções de vendas, abatimentos e impostos;
— Custo das mercadorias e serviços vendidos;
— Despesas operacionais.

As *despesas operacionais* são classificadas nos seguintes subgrupos:

— Despesas com vendas;
— Despesas e receitas financeiras, valor líquido;
— Despesas gerais e administrativas;
— Outras despesas e receitas operacionais, valor líquido.

8.7.2 - Despesas com vendas

São agregadas nesse grupo todas as despesas diretamente relacionadas com as vendas de mercadorias e serviços da empresa.

Exemplos de despesas de vendas

— Salários e encargos sociais do pessoal de vendas;
— Aluguéis de salas ou lojas de vendas;
— Material de expediente do setor de vendas;
— Viagens, estadas e representações dos vendedores;
— Água, luz e telefone das lojas ou setor de vendas;
— Comissões sobre vendas;
— Prêmios de seguros (sobre bens utilizados pelo setor de vendas);
— Manutenção de veículos utilizados em vendas;
— Amostras grátis;
— Despesas com devedores duvidosos (Tópico 7.4.4.3);
— Propaganda e publicidade dos produtos;
— Frete sobre mercadorias vendidas, quando corre por conta do vendedor (Tópico 4.7.2).

8.7.3 – Despesas e receitas financeiras, valor líquido

Para fins de *demonstração do resultado* do exercício, essas contas são apresentadas pelo valor líquido, ou seja, despesas menos receitas financeiras.

Entretanto, essas despesas e receitas são contas individuais e na *conta* de resultado são efetivamente consideradas como débitos e créditos, respectivamente.

8.7.3.1 – Despesas financeiras

As despesas financeiras representam basicamente o custo das operações de empréstimos e financiamentos. Nesse grupo devem ser agregadas:

— Despesas de juros de empréstimos ou financiamentos;
— Impostos sobre operações financeiras;
— Despesas de comissões bancárias;
— Taxas de fiscalização (de cumprimento de obrigações contratuais de empréstimos);

— Despesas de comissões sobre avais obtidos*;
— Descontos financeiros concedidos;
— Variações cambiais devedoras (prejuízos ou perdas de câmbio, explicados no Tópico 7.10.2.2);
— Despesas com correção monetária sobre empréstimos e financiamentos (Tópico 7.10.2.1);
— Outros tipos de despesas que representam custos de empréstimos e financiamentos.

8.7.3.2 – Receitas financeiras

As receitas provenientes de aplicações financeiras representam, genericamente, uma alternativa para a utilização de numerário em excesso, em giro na empresa.

Alguns exemplos dessas receitas são:

— Juros sobre empréstimos a companhias controladas, controladora e coligadas, bem como a seus diretores e empregados;
— Juros e correção monetária provenientes de aplicações financeiras de curto prazo ou em títulos negociáveis;
— Descontos financeiros obtidos;
— Outras remunerações provenientes de aplicações financeiras.

8.7.4 – Despesas gerais e administrativas

Nesse grupo são agregadas todas as despesas relacionadas com a administração da companhia.

Exemplos de despesas administrativas e gerais

— Honorários dos administradores (diretores, conselheiros, etc);
— Salários e encargos sociais do pessoal administrativo;
— Aluguéis de escritórios ou referentes à administração;
— Material de expediente;
— Serviços de terceiros;
— Viagens, estadas e representações;

* Algumas empresas necessitam, para obter empréstimos, oferecer garantias de liquidez da dívida; em alguns casos, a garantia é dada sob a forma de aval de uma instituição financeira, que cobra uma comissão sobre o valor do aval concedido.

— Água, luz e telefone;
— Conservação e manutenção;
— Prêmios de seguros;
— Transporte do pessoal administrativo;
— Manutenção e reparos de veículos da administração;
— Assistência médica e social;
— Alvarás, taxas, licenças;
— Publicações legais ou compulsórias (demonstrações financeiras, atas de assembléias de acionistas, editais de convocação de acionistas, etc.);
— Despesas diversas.

8.7.5 – Outras despesas e receitas operacionais, valor líquido

Embora possam ser de natureza bastante variada, os mais freqüentes tipos de despesas e receitas operacionais não especificados nos tópicos anteriores são:

— Resultados provenientes de Participações em sociedades controladas e coligadas;*
— Depreciações e amortizações de ativo permanente;*
— Outras.

Sob o título de "outras" geralmente são agrupadas as despesas e receitas operacionais não classificáveis em outro subgrupo das despesas operacionais. É necessário ressaltar, entretanto, que se algumas dessas "outras" despesas ou receitas operacionais tiver valor relevante será necessário destacar, pelo título, a sua natureza.

Finalmente, a mesma observação feita quanto às despesas e receitas financeiras (apresentadas pelo valor líquido) é valida para as outras despesas e receitas operacionais: embora, para fins de elaboração de *demonstração* do resultado do exercício, as despesas e receitas sejam apresentadas por um único valor líquido, na *conta* de resultado representam débitos e créditos distintos.

---
* Equivalência patrimonial, depreciações e amortizações são estudadas no Capítulo 7.

8.8 – DESPESAS NÃO OPERACIONAIS

Conforme já explicado, as despesas operacionais são todas aquelas realizadas com o objetivo final de gerar receitas e diretamente relacionadas com a natureza específica dos negócios de uma companhia. Analogamente, as despesas não operacionais são aquelas não relacionadas diretamente com a natureza específica dos negócios de uma companhia. Os tipos mais freqüentes de despesas não operacionais são:

— Débitos provenientes de investimentos permanentes;
— Prejuízo na baixa de ativos permanentes;
— Multas;
— Perdas com sinistros;
— Despesas eventuais.*

8.9 – SALDO DEVEDOR OU CREDOR DA CORREÇÃO MONETÁRIA DO BALANÇO PATRIMONIAL

Conforme vimos no Capítulo 7, o resultado da correção monetária do ativo permanente e do patrimônio líquido (chamada de correção monetária do balanço patrimonial), pode ser devedor (despesa) ou credor (receita), sendo apresentado como um item destacado na demonstração de resultado.

8.10 – PROVISÕES PARA IMPOSTOS INCIDENTES SOBRE O LUCRO

Conforme explicado no Tópico 5.3.1.5, existem alguns impostos que incidem sobre o lucro apurado no exercício. Por isso, é importante para o leitor conhecer qual o lucro obtido pela companhia no exercício antes dos impostos, bem como o valor que será pago a esse título, informações que permitirão uma melhor análise e interpretação das demonstrações financeiras.

---

* São aquelas incorridas pela empresa e que não têm qualquer relação com os objetivos da companhia. Esse título poderá agrupar as despesas não operacionais de pequena monta, desde que não tenham efeitos substanciais no resultado do exercício, caso em que será necessário especificar a natureza da despesa.

Existem situações, entretanto, em que poderão ocorrer os seguintes casos para uma empresa:

— O resultado do exercício é lucro, mas não há impostos a pagar; e
— O resultado do exercício é prejuízo, porém a empresa tem impostos a pagar.

Essas situações podem ocorrer devido à própria sistemática de apuração desses impostos, que incidem sobre o lucro ou prejuízo contábil *ajustado pela legislação tributária.*

Finalmente, vale ressaltar que, embora esses impostos representem despesas diretamente relacionadas com as operações da empresa, não podem ser incluídos, porém, como despesas operacionais porque são incidentes sobre o lucro do exercício, no qual já estão computadas tanto as despesas operacionais quanto as não operacionais.

8.11 – PARTICIPAÇÕES E CONTRIBUIÇÕES

Os débitos à conta de resultado provenientes de participações e contribuições representam a separação de parcelas do lucro do exercício a serem pagas a determinados favorecidos, nos termos estabelecidos pelo estatuto de cada companhia. Essa separação, entretanto, está sujeita a determinadas normas, para evitar que o acionista seja prejudicado em sua remuneração.

8.11.1 – Participações

Os tipos de participação incluídos nesse grupo são os seguintes:

Participação de debêntures

Conforme vimos no Tópico 7.10.3.1, as debêntures têm direito a receber participação nos lucros (se houver) da empresa emitente dos títulos, se isso tiver sido estabelecido na ocasião de sua emissão.

Participação de empregados

Se previsto pelo estatuto, os empregados terão direito à participação no lucro anual da companhia.

Participação dos administradores

Para que os administradores de uma companhia tenham direito à participação nos lucros, os seguintes requisitos devem ser cumpridos:

— O estatuto da companhia deve fixar o pagamento aos acionistas do dividendo obrigatório correspondente a 25% ou mais do lucro líquido do exercício;
— O total da participação não pode ultrapassar o montante da remuneração anual dos administradores, nem 10% dos lucros, prevalecendo o menor limite;
— Os administradores somente farão jus à participação nos lucros nó exercício social no qual for atribuído aos acionistas o dividendo mínimo obrigatório acima referido.

Participação de partes beneficiárias

No Tópico 7.12.2.2 explicamos o que são partes beneficiárias. Esses títulos, se previsto pelo estatuto da companhia, têm direito a participação nos resultados da empresa.

8.11.1.1 – Forma de cálculo das participações

Apurado o resultado do exercício, antes do cálculo de qualquer participação nos lucros (incluindo dividendos obrigatórios, Tópico 9.7.1.2), serão deduzidos:

— Prejuízos acumulados e
— Provisões para impostos incidentes sobre o lucro.

Dedução de prejuízos acumulados anteriores (Capítulo 9)

Embora os prejuízos acumulados sejam controlados na conta específica de resultados acumulados, com a finalidade de evitar a distribuição de lucros antes que uma empresa compense perdas passadas, a Lei nº 6.404/76 estabeleceu que somente poderão ser calculadas as Participações anuais nos lucros após a dedução de eventuais prejuízos acumulados anteriormente. Dessa forma, a *base de cálculo* para as participações deverá estar deduzida do montante desses prejuízos (embora qualquer compensação *contábil* somente possa ser efetuada após a transferência do lucro do exercício para a conta de prejuízos acumulados); portanto, a dedução não é feita contabilmente.

Dedução das provisões para impostos incidentes sobre o lucro

Feita a dedução da base de cálculo dos prejuízos acumulados anteriormente, são calculadas as provisões para impostos sobre o lucro, se houver, contabilizadas conforme já visto.

Cálculo das Participações

A Lei nº 6.404/76 estabeleceu que as participações serão calculadas na ordem indicada a seguir, calculando-se a participação seguinte sempre com base nos lucros que remanescerem após deduzida a participação anterior.

1º – Participação estatutária dos empregados;
2º – Participação dos administradores;
3º – Participação de partes beneficiárias.

A Lei nº 6.404/76 não estabeleceu a seqüência para cálculo da participação das debêntures nos lucros. Considerando-se, entretanto, tratar-se de uma obrigação para com terceiros, é presumível que a participação de debêntures seja deduzida antes de qualquer outra. De qualquer forma, é conveniente que essa seqüência seja estabelecida pelo estatuto da companhia.

8.11.2 – Contribuições

Algumas companhias prevêem em seus estatutos a destinação anual de uma parcela dos lucros como contribuição a instituições ou fundos de assistência ou previdência de empregados. A forma de cálculo dessa contribuição dependerá das disposições estabelecidas no estatuto.

8.12 – RECEITAS DE EXPLORAÇÃO DAS ATIVIDADES SOCIAIS

As receitas de exploração das atividades sociais são aquelas provenientes dos objetivos do negócio, ou seja, são geradas pelas atividades às quais a empresa se dedica. São apenas dois esses tipos de receitas, porque um só título pode indicar a qual atividade uma empresa se dedica. Assim, se o negócio de uma empresa é vender mercadorias, o título de *receita de vendas* já indica sua atividade. Ou, se nos referirmos a uma companhia que presta serviços, o título *receita de serviços* já indica o fato. Resumidamente, a seguir indicamos os dois tipos, já abordados anteriormente nos Tópicos 4.3 e 4.4.

8.12.1 – Receitas de vendas

Também chamadas simplesmente de "vendas", essas receitas demonstram o valor resultante das vendas de mercadorias de uma companhia. Para efeitos de estudo e análise, algumas empresas utilizam uma conta para registrar as vendas à vista e outra para as vendas a prazo, sendo agregado o valor das duas contas para apresentação nas demonstrações financeiras.

8.12.2 – Receitas de prestação de serviços

As receitas originadas de serviços prestados, também chamadas simplesmente de "receitas de serviços" não podem ser confundidas com as receitas de vendas. Enquanto estas são originárias de operações com mercadorias, as primeiras são provenientes dos diversos tipos de serviços que a empresa presta.

8.13 – OUTRAS RECEITAS OPERACIONAIS

A natureza dessas receitas, também diretamente relacionadas com o objetivo do negócio de uma empresa está resumidamente explicada nos Tópicos 8.7.3 e 8.7.5.

8.14 – RECEITAS NÃO OPERACIONAIS

Inversamente às receitas operacionais (Tópicos 8.12 e 8.13), as não operacionais não se relacionam diretamente com a natureza do negócio de uma companhia. Alguns tipos de receitas não operacionais freqüentemente encontrados nas demonstrações financeiras são:

— Créditos provenientes de investimentos permanentes;
— Lucro na baixa de ativos permanentes;
— Receitas eventuais*

8.15 – TRANSFERÊNCIA DO RESULTADO LÍQUIDO DO EXERCÍCIO PARA A CONTA DE RESULTADOS ACUMULADOS

No final de cada exercício, a empresa deve transferir o lucro ou prejuízo obtido no exercício para a conta que acumula os resultados remanescentes de outros exercícios, chamada de lucros (ou prejuízos) acumulados, que

* Ver conceito de "eventuais" na nota de rodapé da página 319, neste capítulo.

analisaremos detalhadamente no Capítulo 9. Dessa forma, na ocasião do encerramento do exercício social, a conta de resultado é "zerada", com a transferência do saldo integral para a conta de resultados acumulados.

8.16 – O FORMATO DA DEMONSTRAÇÃO DO RESULTADO DO EXERCÍCIO

8.16.1 – Formato da demonstração conforme a Lei nº 6.404/76

Conforme mencionamos no Tópico 8.2, a demonstração do resultado do exercício nada mais é do que a exposição, em forma relativamente padronizada, dos débitos e créditos que entraram na formação do resultado do exercício.

O formato da demonstração foi padronizado pela Lei nº 6.404/76, que estabeleceu que a demonstração do resultado do exercício deverá discriminar:

— A receita bruta das vendas e serviços, as deduções das vendas, os abatimentos e os impostos;
— A receita líquida das vendas e serviços, o custo das mercadorias e serviços vendidos e o *lucro ou prejuízo bruto*;
— As despesas com as vendas, as despesas financeiras, deduzidas das receitas, as despesas gerais e administrativas, e outras despesas e receitas operacionais;
— O *lucro ou prejuízo operacional,* as receitas e despesas não operacionais e o saldo da conta da correção monetária;
— O *resultado do exercício antes dos impostos sobre o lucro* e as provisões para esses impostos;
— As participações de debêntures, empregados, administradores e partes beneficiárias, e as contribuições para instituições ou fundos de assistência ou previdência de empregados;
— O *lucro ou prejuízo líquido do exercício* e o seu montante por ação do capital social (Tópico 8.16.4).

8.16.2 – Natureza dos tipos de resultados apresentados na demonstração

É importante ressaltar a natureza dos diversos tipos de resultados que devem ser indicados na demonstração de resultado, que são:

— Resultado bruto;
— Resultado operacional;
— Resultado do exercício antes dos impostos sobre o lucro;
— Resultado líquido do exercício.

Nos tópicos seguintes comentaremos sobre a natureza desses diversos tipos de resultado.

8.16.2.1 – Resultado bruto

Considera-se como lucro ou prejuízo bruto o valor obtido pela diminuição do custo das mercadorias vendidas do valor das vendas líquidas; e/ou do custo dos serviços prestados do valor das receitas líquidas de prestação de serviços. Dessa maneira, é possível avaliar qual resultado a companhia está obtendo, considerando-se apenas o custo estritamente necessário para gerar receitas.

Exemplos:

— Uma mercadoria foi comprada por $ 100 e vendida por $ 170. O lucro bruto foi de $ 70, e é assim chamado porque não foram consideradas as despesas em que a empresa precisou incorrer para realizar a venda: salários do vendedor, comissões sobre vendas, aluguel da loja de vendas, etc. Os fatores considerados foram apenas o valor da venda e o valor que a mercadoria custou à empresa.
— Uma companhia presta a outra empresa um serviço cuja execução demorou aproximadamente 30 dias. O valor cobrado pelo serviço (receita) foi de $ 300. Mas, para fazer esse serviço, a companhia teve que pagar $ 100 de salários ao pessoal que o executou e gastou ainda $ 80 de materiais aplicados. Assim, o custo do serviço prestado foi de $ 180,00 e a companhia obteve um lucro bruto de $ 120. O lucro é chamado bruto porque não foram computadas as despesas do pessoal da contabilidade, da manutenção do escritório, etc.

Entretanto, no cálculo do lucro ou prejuízo bruto não entra somente o valor das receitas do respectivo custo. É preciso lembrar que, para realizar vendas, muitas empresas precisam conceder descontos comerciais, bem como muitas vezes a mercadoria é devolvida. Dessa forma, o valor das vendas a ser utilizado para o cálculo do lucro ou prejuízo bruto deve ser abatido dos descontos comerciais concedidos, das devoluções ocorridas e dos impostos incidentes sobre as receitas. Ou seja, o valor a ser utilizado é o das *receitas* ou *vendas líquidas*.

Portanto, para o cálculo do resultado bruto, os diversos elementos mencionados acima devem ser computados, conforme demonstra o exemplo abaixo:

	$
Venda bruta	500
Menos:	
Impostos sobre venda	(50)
Descontos comerciais concedidos (abatimentos)	(5)
Devoluções de vendas	(8)
	(63)
Vendas líquidas	437
Custo das mercadorias vendidas	(200)
LUCRO BRUTO SOBRE VENDAS	237

Vejamos outro exemplo, utilizando os dados de uma empresa de prestação de serviço:

	$
Receita bruta de serviços	600
Menos:	
Imposto sobre receitas	(30)
Receita líquida de serviços	570
Custo dos serviços prestados	(287)
LUCRO BRUTO SOBRE SERVIÇOS	283

Na hipótese de uma empresa que vende mercadorias e também presta serviços, teríamos:

	$
Receita bruta de vendas e serviços	1.100
Menos:	
Impostos sobre receita	(80)
Abatimentos (ou descontos comerciais concedidos)	(5)
Devoluções de vendas	(8)
	(93)
Receita líquida	1.007
Custo das mercadorias e serviços vendidos	(487)
LUCRO BRUTO SOBRE VENDAS E SERVIÇOS	520

8.16.2.2 – Resultado operacional

Conhecendo seu resultado bruto, a empresa deve, em seguida, apurar seu resultado operacional. Para tanto, deve abater do resultado bruto todas as suas despesas (deduzidas das receitas) operacionais, de forma a saber se está obtendo lucro ou prejuízo com as operações diretamente relacionadas com o objetivo do negócio. Assim, o resultado operacional é encontrado da forma demonstrada pelo exemplo abaixo:

	$
Lucro bruto sobre vendas e serviços vendidos	520
Despesas operacionais	
Despesas com vendas	37
Despesas gerais e administrativas	(118)
Despesas e receitas financeiras, valor líquido	(51)
Outras despesas e receitas operacionais, valor líquido	(12)
Total de despesas operacionais	(218)
LUCRO OPERACIONAL	302

Resumindo, o resultado operacional é calculado diminuindo-se as despesas (deduzidas das receitas) operacionais do lucro bruto, ou somando-as ao prejuízo bruto, se houver.

8.16.2.3 – Resultado do exercício antes dos impostos sobre o lucro

Obtido o resultado operacional, a este a empresa deverá diminuir ou somar as receitas e despesas não operacionais, bem como somar ou diminuir o saldo da correção monetária do balanço patrimonial, quando obterá o resultado do exercício antes dos impostos, como demonstrado no exemplo a seguir.

	$
Lucro operacional	302
Receitas e (despesas) não operacionais	
Lucro na venda de ativo permanente	37
Despesas eventuais	(7)
	30
Correção monetária do balanço patrimonial	(10)
	20
LUCRO ANTES DOS IMPOSTOS	322

8.16.2.4 – Resultado líquido do exercício

Finalmente, para obter o resultado líquido do exercício, deverão ser abatidos:

— Impostos sobre o lucro;

— Participação de debêntures, empregados, administradores e partes beneficiárias e

— Contribuições para instituições, fundo de assistência ou previdência de empregados.

Para ilustrar (considerando não existir debêntures, partes beneficiárias ou fundo de empregados):

	$
Lucro antes dos impostos	322
Impostos sobre o lucro	(112)
	210
Participações	
Empregados	(10)
Administradores	(5)
	(15)
LUCRO LÍQUIDO DO EXERCÍCIO	195

8.16.3 – Exemplo de demonstração do resultado do exercício

Utilizando os dados dos tópicos anteriores, vejamos como deve ser apresentada uma demonstração do resultado do exercício. Para uma ilustração mais completa, a demonstração apresenta também os valores correspondentes ao exercício anterior, comparativamente, conforme falamos no Tópico 3.6.2 – Demonstrações financeiras comparativas.

CIA. EXEMPLO
Demonstração do resultado

	$	
	Exercícios findos em 31 de dezembro de	
	19XB	**19XA**
Receita bruta de vendas e serviços	1.100	700
Deduções da receita		
Impostos sobre receitas	(80)	(50)
Abatimentos sobre vendas	(5)	(3)
Devoluções de vendas	8	(1)
	(93)	(54)
Receita líquida de vendas e serviços	1.007	646
Custo das mercadorias e serviços vendidos	(487)	(329)
LUCRO BRUTO SOBRE VENDAS E SERVIÇOS	520	317
Despesas e receitas operacionais		
Despesas com vendas	(37)	(28)
Despesas gerais e administrativas	(99)	(118)
Despesas e receitas financeiras, líquido	(51)	(21)
Outras despesas e receitas operacionais	(12)	(15)
	(218)	(163)
LUCRO OPERACIONAL	302	154
Receitas e (despesas) não operacionais		
Lucro na venda de ativo permanente	37	—
Despesas eventuais	(7)	(1)
	30	(1)
Correção monetária do balanço patrimonial	(10)	(7)
	20	(8)
LUCRO ANTES DOS IMPOSTOS	322	146
Impostos sobre o lucro	(112)	(51)
	210	95
Participações		
Empregados	(10)	(4)
Administradores	(5)	(2)
	(15)	(6)
LUCRO LÍQUIDO DO EXERCÍCIO		
[$... e $ ... por ação do capital social*]	195	89

8.16.4 – Montante do resultado líquido por ação do capital social

Consoante a Lei nº 6.404/76, o lucro ou prejuízo líquido por ação do capital social deve ser indicado na demonstração de resultado. A forma mais comum de calcular esse valor (a Lei é omissa quanto à forma de cálculo) é a divisão do resultado líquido do exercício pelo número de ações do capital social na data de levantamento das demonstrações financeiras. No exemplo acima, se o número de ações da Cia. Exemplo em 31/12/19XB e em

* Ver Tópico 8.16.4, a seguir.

31/12/19XA fosse 975 ações, o lucro por ação seria, respectivamente, $ 0,20 ($ 195 ÷ 975 = $ 0,20) e $ 0,09 ($ 89 ÷ 975 = $ 0,09). Algumas empresas, porém utilizam outras formas de cálculo, como, por exemplo, a quantidade média de ações durante o exercício.

8.17 – PLANO DE CONTAS DE RESULTADO

No Tópico 3.5 falamos resumidamente sobre plano de contas; no Tópico 7.14, abordamos o plano de contas do balanço patrimonial; e, agora, veremos como deve ser preparado um plano contábil de contas de despesas e receitas, também através de códigos numéricos, suponhamos, código 3 para despesas e 4 para receitas. O plano de contas poderia ser elaborado da forma explicada no quadro a seguir.

Além do que já foi explicado no Tópico 7.14, pouco cabe acrescentar no que se refere a plano de contas. O aspecto mais importante a lembrar é que cada empresa apresenta características distintas, que devem ser contempladas quando um plano de contas é implantado na contabilidade.

Ilustração do plano de contas da CIA. EXEMPLO*

CÓDIGOS

1º grau	2º grau	3º grau	4º grau	
Nº indicador de despesa ou receita	Nº indicador da natureza operacional ou não operacional da conta	Nº indicador do grupo a que a conta pertence	Nº indicador da conta analítica	Nomenclatura
3.	00.	00.	000	Despesas ou custos
3.	**01.**	00.	000	Despesas ou custos operacionais
3.	01.	**01.**	000	Deduções da receita
3.	01.	01.	**001**	Devoluções de vendas
..	...	...	...	....
3.	01.	**02.**	000	Custo das mercadorias e serviços vendidos
3.	01.	02.	**001**	Custo das mercadorias vendidas
3.	01.	02.	002	Custo dos serviços prestados
3.	01.	**03.**	000	Despesas com vendas
3.	01.	03.	**001**	Salários dos vendedores
3.	01.	03.	002	Comissões sobre vendas
..	...	...	...	....
3.	01.	**04.**	000	Despesas gerais e administrativas
..	...	...	...	....
..	...	...	...	....
3.	**02.**	00.	000	Despesas ou custos não operacionais
..	...	..	...	....
..	...	...	...	....
3.	**03.**	00.	000	Resultado da correção monetária
..	...	...	...	....
..	...	...	...	....
..	...	...	...	....
4.	00.	00.	000	Receitas
4.	**01.**	00.	000	Receitas operacionais
4.	01.	**01.**	000	Receitas de vendas
4.	01.	02.	000	Receitas de serviços
..	...	...	...	....
..	...	...	...	....
4.	**02.**	00.	000	Receitas não operacionais
4.	02.	**01.**	000	Receitas eventuais
..	...	...	...	....
..	...	...	...	....

* Veja a demonstração do resultado do Tópico 8.16.3.

Anexo 8

Nota: Neste anexo são apresentados apenas dois exercícios, pois no Anexo 9 incluímos exercícios englobando os assuntos dos Capítulos 7, 8 e 9, que estão inteiramente inter-relacionados.

Exercício nº 54

COMERCIAL SANTA RITA S.A.

A demonstração do resultado do exercício findo em 31/12/19XE da Comercial Santa Rita S.A. contém nove erros de apresentação (página seguinte).

Pede-se:

a) Indicar os erros e
b) Refazer a demonstração, de forma a torná-la adequada.

COMERCIAL SANTA RITA S.A.
Demonstração do resultado

	$
Vendas	110.000
Receitas de aplicações financeiras	27.000
Receitas eventuais	1.000
	138.000
Custo das mercadorias vendidas	60.000
Despesas administrativas	28.000
Despesas financeiras	10.000
Outras despesas operacionais	5.000
Despesas com vendas	12.000
Prejuízos na venda de ativo permanente imobilizado	3.000
	118.000
Correção monetária do balanço patrimonial	4.000
Despesas não operacionais	
Depreciação	2.000
	124.000
	14.000
Impostos sobre o lucro	4.000
Lucro bruto do exercício	10.000

Informações complementares:

O débito de ICMS faturado no exercício foi de $ 10.000; o capital social em 31/12/19XE é de $ 200.000 (200.000 ações).

Exercício nº 55

EMPRESA COMERCIAL SANTO AMARO S.A.

Utilizando os dados abaixo, preparar a demonstração do resultado do exercício findo em 30/09/19XD, sabendo que o capital social dessa empresa naquela data era de $ 2.000.000 (2.000.000 de ações).

Contas	Saldo $
Custo dos serviços prestados	450.000
Receita líquida de serviços	870.000
Receitas de aplicações financeiras	98.000
Correção monetária do balanço (saldo devedor)	16.000
Despesas financeiras	170.000
Despesas gerais	89.000
Prejuízo na venda de ativo imobilizado	36.000
Despesas administrativas	267.000
Despesas com vendas	137.000
Depreciações e amortizações	49.000
Imposto sobre serviço faturado, *incluído na receita bruta de serviços*	87.000

9
A demonstração de lucros (ou prejuízos) acumulados

9.1 – A CONTA DE LUCROS (OU PREJUÍZOS) ACUMULADOS

No Capítulo 8 vimos que, uma vez por ano, a empresa deve apurar o resultado do exercício que se encerra através de conta específica, transferindo o saldo para a conta que acumula os resultados dos anos anteriores, formando, assim, um resultado acumulado. E é sempre esse resultado acumulado que deve aparecer no balanço patrimonial, classificado no grupo do patrimônio líquido. Naturalmente, esse resultado sofre modificações (aumentos ou diminuições) com o decorrer dos anos.

Todas as modificações nos resultados acumulados são registradas numa conta que, dependendo de sua natureza, é chamada de "lucros" ou de "prejuízos acumulados".

Para facilitar, voltemos ao nosso exemplo da Cia. Florada. Observe que no 1º balancete fornecido (Tópico 3.4.5) já existia uma conta de lucros acumulados, proveniente de exercícios anteriores aos de 19XA. Dessa forma, o resultado do exercício de 19XA, apurado na conta de resultado, deverá ser transferido (Tópico 8.15) para a conta de lucros acumulados, de forma a acumular mais esse resultado, através do seguinte lançamento:

			$	$
1.	Débito:	Resultado	13	
	Crédito:	Lucros acumulados		13

Em conta T, o lançamento de transferência da primeira para a segunda conta seria:

Resultado

(1) 13	13 (saldo do exercício)

Lucros acumulados

	27 (saldo de exercícios anteriores)
	13 (1)
	40

Após a transferência, o novo saldo da conta de lucros acumulados será de $ 40, e o balancete de verificação da Cia. Florada será apresentado da seguinte forma:

CIA. FLORADA
Balancete de verificação
em 31/12/19XA

Contas	Saldos devedores $	Saldos credores $
Banco	100	
Duplicatas a receber	300	
Estoque	350	
Móveis e utensílios	40	
Capital social		400
Lucros acumulados		40
Fornecedores		300
Contas a pagar		50
	790	790

9.2 – A DEMONSTRAÇÃO DE LUCROS (OU PREJUÍZOS) ACUMULADOS

Da mesma forma que a demonstração do resultado do exercício, a demonstração de resultados acumulados faz parte integrante do chamado conjunto de "demonstrações financeiras ou contábeis". Se a companhia tiver saldo positivo, a demonstração será chamada "demonstração de lucros acumulados". Caso o resultado acumulado seja um prejuízo, a denominação muda para "demonstração de prejuízos acumulados".

A demonstração de lucros (ou prejuízos) acumulados nada mais é do que a exposição, de forma relativamente padronizada, da movimentação ocorrida na conta de lucros (ou prejuízos) acumulados.

9.3 – A COMPOSIÇÃO DA CONTA DE LUCROS (OU PREJUÍZOS) ACUMULADOS

A principal importância da conta de lucros (ou prejuízos) acumulados consiste em demonstrar a movimentação dos resultados de uma companhia, apurados ano a ano.

A composição da conta de lucros (ou prejuízos) acumulados se resume basicamente nos seguintes tipos de possíveis débitos e créditos:

Débitos

— Prejuízos acumulados no início do exercício (se existirem)
— Ajustes devedores de exercícios anteriores
— Constituição de reservas, e retenção de lucros, incorporações ao capital social e outras apropriações
— Dividendos propostos
— Prejuízo líquido do exercício, transferido da conta de resultado (se houver)
— Correção monetária dos prejuízos acumulados ajustados no início do exercício (se existirem)

Créditos

— Lucros acumulados no início do exercício (se existirem)
— Ajustes credores de exercícios anteriores
— Reversão de reservas
— Lucro líquido do exercício, transferido da conta de resultado (se houver)
— Compensação de prejuízos acumulados
— Correção monetária dos lucros acumulados ajustados no início do exercício (se existirem)

A seguir, comentaremos esses débitos e créditos.

9.4 – SALDO INICIAL DA CONTA DE LUCROS (OU PREJUÍZOS) ACUMULADOS

Obviamente, uma companhia não pode ter simultaneamente prejuízos e lucros acumulados no início do exercício, mas apenas *um* desses resultados acumulados.

Esse resultado acumulado (o saldo inicial da conta) é exatamente o valor que foi apresentado no balanço patrimonial levantado na data de encerramento do exercício social anterior. Assim, o montante final que aparece como lucros (ou prejuízos) acumulados no balanço patrimonial em 31/12/19XC é o saldo inicial da conta em 01/01/19XD

Durante o exercício, esse saldo inicial pode ser modificado por diversas razões: compensação de prejuízos com saldo de reservas, distribuição de dividendos com lucros acumulados anteriormente, ajustes de exercícios anteriores (que veremos a seguir), bem como a correção monetária do balanço patrimonial.

9.5 – AJUSTES DE EXERCÍCIOS ANTERIORES

A Lei nº 6.404/76 estabeleceu que determinados débitos e créditos relacionados com o resultado de exercícios anteriores, mas não computados naqueles exercícios, não podem nem devem afetar o resultado do exercício em que eles foram observados ou percebidos, posteriormente.

Assim, se o contador de uma empresa perceber, no início do exercício de 19XC, que a companhia deixou de fazer em 19XB (por erro) uma provisão para pagamento de encargos sociais relativos àquele exercício (19XB), ele não poderá onerar o resultado do exercício de 19XC com o valor dessa despesa. Portanto, o ideal seria ajustar o resultado de 19XB. Porém, como não é mais possível fazer isso em 19XC, uma vez que o saldo da conta de resultado de 19XB foi transferido naquele exercício para a conta de lucros acumulados, a única possibilidade é ajustar o saldo inicial da conta de resultados acumulados.

Existem, porém, condições para um débito ou crédito ser contabilizado como ajuste de exercício anterior. Consoante a legislação, apenas serão considerados como ajustes de exercícios anteriores:

— Os ajustes decorrentes de efeitos da mudança de critério contábil*;
— Os ajustes resultantes de efeitos da retificação de erro imputável a determinado exercício anterior, e que não possam ser atribuídos a fatos subseqüentes.

9.6 – CONSTITUIÇÃO DE RESERVAS, RETENÇÃO DE LUCROS, INCORPORAÇÕES AO CAPITAL E OUTRAS APROPRIAÇÕES

9.6.1 – Reservas e retenção de lucros

O Tópico 7.12.2.4 foi dedicado à formação de reservas e retenção de lucros. Resta-nos apenas lembrar que qualquer reserva de lucros é sempre constituída mediante um débito à conta de lucros acumulados.

---

* O Capítulo 11 aborda o tema "princípios fundamentais de contabilidade". *Critérios contábeis* também são chamados de princípios contábeis.

9.6.2 – Incorporações ao capital

Quando os acionistas assim o decidirem, uma parcela dos lucros acumulados pode ser utilizada para aumentar o capital social.

O lançamento contábil para tanto, consiste em debitar a conta de lucros acumulados e creditar a conta de capital.

9.6.3 – Outras apropriações

São muito raras as apropriações não abrangidas nos tópicos anteriores. Um exemplo delas é o imposto de renda retido na fonte sobre o lucro líquido, o qual incide (8%) sobre o lucro do exercício já transferido para a conta de lucros acumulados.

Esse imposto tem por fundamento a presunção, por parte da legislação tributária, de que o lucro líquido total do exercício será distribuído aos acionistas e quotistas, portanto, taxado na fonte como ganho de capital, mesmo que não haja qualquer distribuição.

O lançamento contábil de apropriação consiste em debitar a conta de lucros acumulados e creditar uma conta de exigibilidade, do passivo circulante.

9.7 – DIVIDENDOS

No Tópico 7.12.2.4 foi considerada a importância que a Lei nº 6.404/76 atribui aos dividendos, cujo montante mínimo obrigatório deve ser contabilizado como "dividendos propostos"* no mesmo exercício em que o lucro é gerado. Essa mesma Lei disciplina com detalhes aspectos relacionados ao pagamento da remuneração dos acionistas. Portanto, para evitar repetições, vamos abordar aqui apenas dois aspectos desse assunto:

a) A obrigatoriedade do pagamento de dividendos;
b) Os recursos disponíveis para pagamento dos dividendos.

---

* Elaboradas as demonstrações financeiras na data de encerramento do exercício social, para que estas tenham validade é necessário que sejam aprovadas pelos acionistas reunidos em assembléia geral. Parte da destinação dada ao lucro (inclusive dividendo) geralmente está estabelecida pelos estatutos da companhia e parte pode (e deve) ser proposta aos acionistas pela sua administração. Toda a destinação, entretanto, deve ser *proposta* pela administração e aprovada ou não pelos acionistas, que têm inclusive o direito de modificar essa destinação, dentro do que disciplina a Lei, mesmo que as demonstrações financeiras já tenham sido publicadas (quando seria necessária a sua republicação).

9.7.1 – Dividendos obrigatórios

9.7.1.1 – Generalidades

Consoante a Lei, os acionistas de uma companhia têm o direito a receber como dividendo obrigatório em cada exercício a parcela dos lucros estabelecida no estatuto, ou, se este for omisso, metade do lucro líquido do exercício, ajustado conforme explicado adiante.

Quando o estatuto da companhia for omisso e os acionistas, em assembléia geral, deliberarem alterá-lo para estabelecer a forma de cálculo do dividendo, este não poderá ser inferior a 25% do lucro líquido ajustado.

O estatuto da companhia poderá estabelecer a forma de cálculo do dividendo obrigatório utilizando outro critério que não o de uma parcela dos lucros de cada exercício. Por exemplo, o dividendo poderá ser calculado como uma porcentagem do capital social. Para tanto, a única condição exigida em Lei é que os critérios adotados sejam regulados com precisão e minúcia e não sujeitem os acionistas minoritários ao arbítrio dos órgãos de administração ou dos acionistas majoritários.

Nas companhias fechadas, a assembléia geral pode, desde que não haja oposição de qualquer acionista presente, deliberar a distribuição de dividendo inferior ao obrigatório, ou a retenção de todo o lucro.

Finalmente, o dividendo obrigatório poderá deixar de ser pago quando for incompatível com a situação financeira da companhia. Mesmo assim, o valor será calculado e transferido de lucros acumulados para uma reserva especial (Tópico 7.12.2.4).

9.7.1.2 – Ajuste do lucro líquido do exercício para fins de cálculo de dividendo obrigatório

Quando o estatuto for omisso, caso em que o dividendo obrigatório é igual a 50% do lucro, ou quando tiver sido fixado em 25% pelos motivos explicados acima, o valor do lucro líquido do exercício que servirá de base para o cálculo do dividendo deverá ser diminuído ou acrescido dos seguintes valores:

— Prejuízos acumulados de exercícios anteriores (Tópico 8.11.1.1);
— Quota destinada à formação da reserva legal;
— Importância destinada à formação de reserva para contingências, e reversão dessas reservas (Tópico 9.8) formadas em exercícios anteriores*.

* No Tópico 7.12.2, ao estudarmos cada tipo de reserva, estudamos também quais reservas podem afetar o cálculo dos dividendos. Aqui estamos resumindo as condições indicadas naquele tópico e que são estabelecidas pela Lei nº 6.404/76.

— Lucros a realizar transferidos para a respectiva reserva, e lucros anteriormente registrados nessa reserva que tenham sido realizados no exercício*.

9.7.2 – Origem dos recursos para pagamento de dividendos

Existem casos em que, mesmo que a companhia não tenha obtido lucro no exercício, é possível, mas não obrigatório, o pagamento de dividendos. Os recursos (como contabilmente são interpretados) com os quais é permitido o pagamento de dividendo são:

— Lucro líquido do exercício;
— Lucros acumulados;
— Reservas de lucros;
— Reservas de capital (no caso de ações preferenciais).

9.7.2.1 – Lucro líquido do exercício

Esse recurso é auto-explicativo, em face do que já foi dito acima.

9.7.2.2 – Lucros acumulados

Pode ocorrer que, mesmo tendo prejuízo líquido no exercício, o saldo de lucros acumulados anteriores seja suficientemente elevado para compensar o prejuízo e ainda pagar dividendo (desta feita facultativo e não mais obrigatório), por deliberação dos acionistas.

9.7.2.3 – Reservas de lucro

Mesmo que o saldo de lucros acumulados anteriores não seja suficiente, contanto que nenhum prejuízo permaneça registrado na contabilidade, é permitido aos acionistas deliberarem pagar dividendos usando, para tanto, o saldo existente de reservas de lucros. Naturalmente, os acionistas deverão analisar profundamente uma decisão como essa, visto que isso poderá colocar em risco a própria existência da companhia.

9.7.2.4 – Reservas de capital

Consoante a legislação (artigo 17 da Lei nº 6.404/76), existe uma situação em que é permitida a utilização de reservas de capital para pagamento de dividendos: quando o estatuto da companhia confere às ações preferenciais que tenham prioridade na distribuição de dividendo cumulativo* o direito de recebê-lo no exercício em que o lucro for insuficiente.

9.8 – REVERSÃO DE RESERVAS

As reservas de lucros são constituídas basicamente por três motivos:

— Por imposição legal (é o caso da reserva legal);
— Por imposição dos estatutos da companhia (reservas estatutárias) e
— Por deliberação dos acionistas ou proprietários;

Sempre que desaparecer o motivo pelo qual uma reserva de lucros foi constituída, o saldo deve ser revertido (transferido) para a conta de lucros acumulados de onde se originou.

As reservas constituídas por imposição legal ou estatutária têm características que geralmente evitam a reversão:

— São constituídas obrigatoriamente, independentemente da deliberação dos acionistas;
— Têm limite estabelecido para constituição, deixando de ser formadas quando o limite é atingido.

As reservas constituídas por deliberação dos acionistas, por sua vez, geralmente têm por finalidade básica evitar a distribuição de lucros que poderia colocar em difícil situação a própria empresa. Por exemplo, a constituição de uma reserva para contingências ou de reserva de lucros a realizar (criadas conforme explicada no Tópico 7.12.2.4). Como as razões da existência dessas reservas em algum momento da vida da empresa deixarão de existir, nesse momento o saldo remanescente deverá retornar para a conta de lucros acumulados de onde se originou**.

Contabilmente, o lançamento consiste em debitar a conta de reserva e creditar a de lucros acumulados.

---

* O dividendo cumulativo é calculado por critério diferente daquele sobre o lucro (sobre o capital social, por exemplo) e, na ausência de lucro em determinado exercício, fica acumulado para ser pago quando os lucros futuros assim o permitirem.

** Se o valor da reversão tiver sido excluído do cálculo dos dividendos no exercício em que a reserva que estiver sendo revertida foi constituída, no exercício da reversão será acrescentado ao lucro do exercício para fins de cálculo de dividendos (Tópico 9.7.1.2), corrigido monetariamente.

9.9 – TRANSFERÊNCIA DO LUCRO (OU PREJUÍZO) LÍQUIDO DO EXERCÍCIO

Conforme vimos no Tópico 8.15, o resultado de cada exercício é transferido para a conta de lucros (ou prejuízos) acumulados, na data de encerramento do exercício, a qual será creditada ou debitada conforme o tipo de resultado apurado, lucro ou prejuízo.

9.10 – COMPENSAÇÃO DE PREJUÍZOS ACUMULADOS

Em teoria, os eventuais prejuízos de uma companhia em um ou mais exercícios deveriam ser compensados ou absorvidos com os eventuais lucros dos exercícios seguintes. Assim, a conta de prejuízos acumulados continuaria a receber os resultados líquidos de cada exercício até que se transformasse em conta de lucros acumulados.

Ocorre que, muitas vezes, uma empresa lucrativa que vem constituindo reservas de lucros no decorrer dos anos, em determinado exercício é surpreendida com um prejuízo que transforma os lucros em prejuízos acumulados.

Para evitar que em um mesmo balanço patrimonial uma companhia indique prejuízos acumulados ao mesmo tempo em que apresenta reservas de lucros, a legislação estabeleceu que, em cada exercício, se após a transferência do resultado do exercício para a conta de resultados acumulados esta resulta ou permanece com saldo devedor (prejuízo acumulado), a companhia deverá *obrigatoriamente* utilizar as reservas de lucros para compensar esse saldo, observando-se que das reservas de lucros existentes, a última a ser utilizada será a reserva legal (primeiro serão utilizadas as demais reservas de lucros existentes e, restando prejuízo, será utilizada a reserva legal).

Pode ocorrer, também, que os prejuízos acumulados tenham valor tão elevado que, mesmo após utilizar a totalidade das reservas de lucros, a companhia ainda apresente prejuízos acumulados. Nesse caso, e facultativamente, a companhia poderá, de acordo com o artigo 200 da Lei nº 6.404/76, utilizar as reservas de capital para compensar prejuízos acumulados (com exceção da reserva de correção monetária do capital realizado, conforme mencionado no Tópico 7.12.2.2).

O procedimento contábil para compensação de prejuízos acumulados consiste simplesmente em transferir o valor da conta de reserva a ser utilizada para a conta de prejuízos acumulados. Como exemplo, o lançamento indicado por (1) a seguir indica a compensação do saldo de prejuízos acumulados (após a transferência de prejuízo do exercício) com o saldo integral de uma conta, e parcial de outra, de reserva de lucros.

Reservas estatutárias

Débito	Crédito
(1) 85.000	85.000 (saldo)

Reserva legal

Débito	Crédito
(1) 10.000	15.000 (saldo)
5.000	
15.000	15.000
	5.000

Prejuízos acumulados

Débito	Crédito
(saldo anterior) 50.000	95.000 (1)
(prejuízo do exercício) 45.000	
95.000	95.000

9.11 – CORREÇÃO MONETÁRIA DO SALDO INICIAL AJUSTADO DA CONTA DE LUCROS (OU PREJUÍZOS) ACUMULADOS

Assim como qualquer outra conta do grupo do patrimônio líquido, a conta de lucros (ou prejuízos) acumulados é corrigida monetariamente, conforme explicado no Tópico 7.6.4, considerados os eventuais ajustes de exercícios anteriores (Tópico 9.5).

9.12 – O FORMATO DA DEMONSTRAÇÃO DE LUCROS (OU PREJUÍZOS) ACUMULADOS

9.12.1 – Formato da demonstração conforme a Lei nº 6.404/76

Conforme explicado no Tópico 9.2, a demonstração de lucros (ou prejuízos) acumulados é a exposição, de forma relativamente padronizada, da movimentação ocorrida durante o exercício ou período na conta de lucros (ou prejuízos) acumulados.

A Lei nº 6.404/76 estabeleceu, no seu artigo 186, que a demonstração de lucros (ou prejuízos) acumulados discriminará:

— O saldo do início do exercício, os ajustes de exercícios anteriores e a correção monetária do saldo inicial;
— As reversões de reservas e o lucro líquido do exercício;
— As transferências para reservas, os dividendos, a parcela dos lucros incorporada ao capital e o saldo ao final do período;
— O montante do dividendo por ação do capital social.

9.12.2 – Montante do dividendo por ação do capital social

O único dos itens acima ainda não abordado anteriormente é o montante do dividendo por ação do capital social. Assim como na demonstração de resultado deve ser indicado o montante do resultado líquido do exercício por ação do capital social, na demonstração de resultados acumulados deve ser indicado o montante de dividendo destinado a cada ação social. Já que a Lei não especifica a base de cálculo, este pode ser feito pela divisão do total do dividendo debitado à conta de lucros acumulados, pelo número de ações que formam o capital social.

9.12.3 – Exemplo de demonstração da conta de resultados acumulados

Na página seguinte apresentamos, a título de ilustração e comparativamente com as mesmas cifras do exercício anterior (Tópico 3.6.2), um exemplo da referida demonstração.

As seguintes observações merecem ser comentadas:

— A denominação da conta deverá acompanhar o resultado acumulado no final do exercício, ou seja: se houver, por exemplo, lucros acumulados no início do exercício, mas prejuízo acumulado no final, a demonstração chamar-se-á "... de prejuízos acumulados...";
— A demonstração deve sempre indicar o período a que se refere. Se o exercício tiver sido de menos de 12 meses, deverá ser indicado "... do período de "n" meses findo em ...";

— O montante do resultado acumulado no final de um exercício será o mesmo resultado acumulado no início do exercício seguinte;
— No balanço patrimonial, a conta de prejuízos acumulados é apresentada dedutivamente, no grupo do patrimônio líquido.

CIA. EXEMPLO
Demonstração de lucros acumulados

	Exercícios findos em 31 de dezembro de	
	19XA	**19XB**
	$	$
Lucros acumulados no início do exercício	100.000	20.000
Ajustes de exercícios anteriores		
Efeito da mudança de critério de avaliação de estoques	(3.500)	—
Imposto de renda de 19XA calculado a maior	1.400	—
Correção monetária do saldo inicial ajustado	15.000	—
Reversão de reservas		
Realização de lucros a realizar	2.400	1.100
Reversão da reserva para contigências	6.000	—
Lucro líquido do exercício	85.000	140.000
Apropriações do lucro líquido do exercício		
Reserva legal	(4.000)	(7.000)
Reservas estatutárias	(8.000)	(14.000)
Reserva de lucros a realizar originados no exercício	(3.000)	(2.400)
Imposto de renda na fonte sobre o lucro líquido	(4.000)	—
Dividendos propostos ($... e $... por ação do capital social, em 19XB e 19XA, respectivamente)	(21.000)	(37.700)
Lucros acumulados no final do exercício	166.300	100.000

9.12.4 – Opção de apresentar ou não a demonstração de lucros (ou prejuízos) acumulados

Embora a apresentação da movimentação ocorrida na conta de lucros (ou prejuízos) acumulados como parte integrante das demonstrações financeiras seja uma exigência legal, é facultativo, entretanto, deixar de apresentar essa demonstração. Nesse caso, a movimentação ocorrida na conta de resultados acumulados será demonstrada como parte da "demonstração das mutações do patrimônio líquido" (que veremos no próximo capítulo).

Anexo 9

Exercício nº 56

SERVIÇOS CEARÁ S.A.

Preparar a demonstração de resultado (lucro ou prejuízo) *acumulado* do exercício findo em 31/12/19XE da companhia acima, com base nos dados abaixo, sabendo-se que o capital social naquela data era composto de 230.000 ações.

		$
1.	Reversão em 20/12/19XE da reserva de lucros a realizar constituída em 19XD (os lucros realizaram-se)	39.000
2.	Lucro líquido do exercício	180.000
3.	Ajustes de exercícios anteriores	
	a) Mudança de critério contábil na avaliação de estoques	23.000(*)
	b) Encargos financeiros não provisionados em 19XD	29.000(*)
4.	*Lucros* acumulados no início do exercício (antes de qualquer ajuste)	18.000
5.	Correção monetária do resultado acumulado *ajustado* no início do exercício	4.000(*)
6.	Reserva para contingências constituída	60.000
7.	Reserva legal: 5% sobre o lucro líquido	?
8.	Dividendo obrigatório proposto: 25% sobre o lucro líquido ajustado conforme indicado no Tópico 9.7.1.2	?

Exercício nº 57

COMERCIAL GOIABEIRA S.A.

Utilizando os dados a seguir, preparar a demonstração de resultados (lucros ou prejuízos) acumulados da companhia acima em 31/12/19XH, sabendo-se que seu capital social naquela data era de $ 500.000 (500.000 ações).

* Esses valores representam débito à conta de lucros (ou prejuízos) acumulados.

Contas	$
1. Prejuízos acumulados no início do exercício	98.000
2. Correção monetária do saldo inicial: calcular 20% sobre o referido saldo	?
3. Reserva legal: calcular na base de 5% sobre o lucro líquido do exercício ajustado na forma da Lei nº 6.404/76	?
4. Reserva estatutária: 10% sobre o lucro remanescente após deduzidos os dividendos e outras deduções na forma da Lei nº 6.404/76	?
5. Reserva para contingências a ser constituída	20.000
6. Dividendo obrigatório: 25% sobre o lucro líquido ajustado na forma da Lei nº 6.404/76	?
7. Lucro líquido do exercício (valor transferido da conta de resultado)	390.000
8. Dividendo por ação do capital social	?

Exercício nº 58

CIA. SANTA CATARINA

Utilizando os dados abaixo, preparar a demonstração do resultado e a demonstração de lucros acumulados do exercício findo em 31/12/19XB, da Cia. Santa Catarina.

As contas deverão ser divididas entre operacionais e não operacionais, e classificadas dentro dos diversos grupos de despesas e receitas.

Contas	Saldo $
1. Devolução de vendas	30.000
2. Receitas de participações financeiras	150.000
3. Custo das mercadorias vendidas	530.000
4. Despesas de salários e encargos sociais da administração	260.000
5. Despesas com propaganda	100.000
6. Comissões pagas aos vendedores	150.000
7. Vendas brutas	2.000.000
8. Juros pagos	384.000
9. Lucros acumulados no início do exercício	40.000
10. Despesas de salários e encargos sociais dos vendedores	180.000
11. Lucro na venda de ativo imobilizado	40.000
12. Despesas de manutenção e material de escritório da administração	20.000
13. ICMS faturado	160.000

Contas	Saldo $
14. Comissões bancárias sobre empréstimos	20.000
15. Aluguéis pagos pela loja de vendas	18.000
16. Despesas eventuais (não relacionadas com as operações normais)	10.000
17. Outras receitas (não relacionadas com as operações normais)	50.000
18. Honorários da diretoria	110.000
19. Provisão para Imposto de Renda	95.000
20. Transferência para reserva legal	9.000
21. Transferência para reserva estatutária	17.000
22. Transferência para dividendos a pagar	42.000
23. Correção monetária dos lucros acumulados no início do exercício	6.000
24. Resultado da correção monetária do balanço (credor)	4.000

O capital social da empresa em 31/12/19XB era de $ 1.800.000, formado por 1.800.000 ações.

Exercício nº 59

S.A. ARKANSAS

A S.A. Arkansas é uma empresa comercial que compra e vende máquinas e equipamentos para escritório. Em 31/12/19XC as seguintes contas apresentavam saldo após ter sido efetuada a correção monetária do exercício:

	$
Bancos	105.000
Duplicatas a receber	655.000
Estoques	650.000
Participação permanente em ações de outras sociedades	95.000
Imóveis	382.000
Móveis e utensílios	25.000
Veículos	11.000
Capital social (700.000 ações)	700.000
Custo das mercadorias vendidas	590.000
Despesas de comissões bancárias	15.000
Título a pagar (até 180 dias)	118.000
Gastos com honorários da diretoria	25.000
Contas a pagar	42.000
Despesas eventuais	10.000

	$
Lucros acumulados (não inclui o resultado do exercício)	232.000
Receitas de aplicações financeiras	12.000
Descontos financeiros concedidos	2.000
ICMS faturado	120.000
Despesas de comissões sobre vendas	30.000
Despesas de propaganda	18.000
Vendas	1.460.000
Fornecedores	250.000
Despesas de salários dos vendedores	49.000
Reserva de capital – correção monetária do capital social	150.000
Reserva legal	25.000
Reserva estatutária	50.000
Despesas gerais	35.000
Despesas de salários da administração	185.000
Descontos comerciais concedidos	23.000
Resultado (credor) da correção monetária do balanço patrimonial	78.000
Despesas de juros	82.000
Outras despesas operacionais	29.000
Outras receitas operacionais	19.000

O contador da S.A. Arkansas verificou que as seguintes transações (ou lançamentos) relativas ao exercício findo em 31/12/19XC não haviam sido contabilizadas (desconsiderar o valor do ICMS faturado em todas as transações de vendas, para fins de simplificação; considerar unicamente o saldo do exercício):

1. Pagou salário dos vendedores: $ 10.000.
2. Pagou propaganda: $ 16.000.
3. Pagou honorários da diretoria: $ 5.000.
4. Efetuou vendas à vista, concedendo desconto de 6% na nota fiscal: $ 50.000; o custo da mercadoria vendida foi de $ 35.000.
5. Efetuou vendas a prazo: $ 70.000; o CMV foi de $ 55.000.
6. Fez pagamento de títulos a pagar: $ 20.000.
7. Recebeu duplicatas a receber: $ 110.000.
8. Provisionou despesas de comissões sobre vendas: $ 20.000.
9. Provisionou em contas a pagar $ 2.000 referentes a despesas gerais.
10. Pagou $ 3.000 de despesas de comissões bancárias.
11. Devolveu mercadorias compradas à vista no valor de $ 75.000, recebendo o dinheiro de volta.
12. Comprou mercadorias, sendo $ 60.000 a prazo e $ 30.000 à vista (obtendo na nota fiscal o desconto de 10% sobre a compra à vista).
13. Pagou fornecedores: $ 79.000.

14. Provisionou os salários a pagar à administração: $ 12.000.
15. Devolução de vendas (em dinheiro) no valor de $ 20.000; a mercadoria voltou para estoque pelo preço de custo: $ 13.000.
16. Transferiu todas as contas de despesas e receitas para a conta de resultado e extraiu o resultado antes do imposto de renda.
17. Calculou e contabilizou os impostos sobre o lucro com base em 35% sobre o lucro obtido conforme 16 acima.
18. Calculou e contabilizou a participação dos empregados sobre o lucro após impostos: 10%.
19. Calculou e contabilizou a participação dos administradores sobre o lucro após a participação dos empregados: 5%.
20. Transferiu o lucro líquido do exercício para conta de lucros acumulados.
21. Contabilizou a reserva legal 5% sobre o lucro líquido do exercício.
22. Provisionou os dividendos propostos: 25% sobre o lucro líquido do exercício após deduzida a reserva legal.
23. Contabilizou a reserva estatutária: 5% sobre o lucro líquido do exercício após deduzidos reserva legal e dividendos propostos.

Pede-se:

a) Fazer todos os lançamentos necessários em conta T e extrair o saldo de todas as contas.
b) Preparar as demonstrações financeiras (o balanço patrimonial em 31/12/XC e as demonstrações do resultado e de lucros acumulados para o exercício findo nessa mesma data) usando as informações complementares mencionadas abaixo.

Informações complementares:

1. Valor dos lucros acumulados apresentado no balanço patrimonial em 31/12/19XC: $ 180.000.
2. Ajuste de exercício anterior, lançado em 19XC na conta de lucros acumulados: despesas de juros contabilizadas a maior, por erro, em 19XB, $ 13.000.
3. Correção monetária da conta de lucros acumulados ajustados: 39.000.

NOTA: A soma das informações complementares de 1 a 3 acima totaliza $ 232.000, saldo da conta de lucros acumulados que aparece na relação de saldo das contas da S.A. Arkansas antes das transações acima mencionadas.

10
Mutações do patrimônio líquido, origens e aplicações de recursos e notas explicativas

10.1 – MUTAÇÕES DO PATRIMÔNIO LÍQUIDO

10.1.1 – Conceito

Como já dissemos no Capítulo 7, no grupo do patrimônio líquido são classificados, basicamente, três tipos de contas:

— Capital social;
— Lucros (ou prejuízos) acumulados;
— Reservas.

Assim, quando mencionamos "mutações do patrimônio líquido", queremos nos referir às modificações ocorridas durante um exercício social nas contas acima mencionadas, partindo do saldo inicial e chegando ao saldo final (aquele que aparece no balanço patrimonial).

Por exemplo, suponhamos a conta de capital social que sofreu a seguinte movimentação durante o exercício de 19XB:

Essa movimentação é indicada na demonstração das mutações do patrimônio líquido, que engloba a movimentação também das reservas e da conta de resultados acumulados, como ilustrado no tópico seguinte.

Capital Social

	1.000	Saldo inicial em 01/01/19XB
	1.000	Aumento de capital em dinheiro (novas ações)
	400	Idem, com capitalização de reservas
	2.400	Saldo final em 31/12/19XB

10.1.2 – Forma de apresentação

A apresentação da demonstração das mutações do patrimônio líquido pode ser feita da forma ilustrada na página seguinte, usando-se os dados hipotéticos da Cia. Exemplo.

10.1.3 – Faculdade de apresentar ou não a demonstração

A Lei nº 6.404/76 não estabeleceu para as companhias obrigatoriedade de preparação e inclusão da demonstração das mutações do patrimônio líquido entre as demonstrações financeiras básicas que devem ser publicadas anualmente.

Dentro da técnica contábil, porém, a apresentação dessa demonstração tornou-se uma prática geralmente adotada como meio de complementar e apresentar adequadamente as demonstrações financeiras de cada exercício.

10.2 – A DEMONSTRAÇÃO DAS ORIGENS E APLICAÇÕES DE RECURSOS

Antes de explicarmos o conceito de "origens e aplicações de recursos", precisamos compreender o significado de *capital circulante*.

10.2.1 – Conceito de capital circulante

No Tópico 7.4.1 abordamos o conceito de ativo e passivo circulante, ensinando que o *capital circulante (também conhecido como "capital de giro" é o excesso do ativo circulante sobre o passivo circulante.*

Ilustrando:

	$
Ativo circulante (A)	
Disponibilidades	200
Direitos realizáveis	10.500
Aplicações de recursos em despesas do exercício seguinte	600
	11.300
Passivo circulante (B)	
Exigibilidades	(9.300)
Capital circulante (A - B)	2.000

Quando ocorrer o caso em que o valor do passivo circulante for superior ao do ativo circulante, teremos uma *"deficiência de capital circulante"* (também chamada de "capital de giro negativo").

10.2.2 – Efeito das transações no capital circulante

Baseando-nos no conceito de capital circulante já explicado, por analogia podemos dizer que "capital não circulante" é a diferença líquida entre a soma dos grupos do realizável a longo prazo e ativo permanente (*ativos não circulantes)* e a soma dos grupos do exigível a longo prazo, resultados de exercícios futuros e patrimônio líquido *(passivos não circulantes).*

Ilustrando:

	$
Ativo não circulante (A)	
Realizável a longo prazo	2.800
Permanente	5.100
	7.900
Passivo não circulante (B)	
Exigível a longo prazo	(3.550)
Resultados de exercícios futuros	(50)
Patrimônio líquido	(6.300)
	(9.900)
Capital não circulante (A – B)	2.000

CIA. EXEMPLO
Demonstração das mutações do patrimônio líquido do exercício findo em 31/12/19XB*
em $ (000)

		Reservas						
		Reservas de Capital			Reservas de lucros			
	Capital social	Correção Monetária do capital	Outras**	Reservas de reavaliação	Outras**	Outras**	Reserva legal	Lucros acumulados
Saldos em 01/01/19XB	1.000	50	150	20	200	30	10	20
Ajustes de exercícios anteriores (discriminar)	—	—	—	—	—	—	—	10
Aumentos de capital								
Em dinheiro	1.000	—	—	—	—	—	—	—
Com reservas	400	(50)	(150)	—	(170)	(30)	—	—
Correção monetária do exercício	—	210	—	2	18	—	1	3
Lucro do exercício	—	—	—	—	—	—	—	960
Apropriações do lucro								
Reserva legal	—	—	—	—	—	—	48	(48)
Dividendos ($ 0,10 por ação)	—	—	—	—	—	—	—	(240)
Outras	—	—	—	—	48	48	—	(96)
Saldos em 31/12/19XB	2.400	210	—	22	96	48	59	609

* Conforme explicado no Tópico 3.6.2, essa demonstração deveria conter também a movimentação relativa ao exercício anterior (no caso, 19XA), não apresentada para fins de simplificação. Se fôssemos apresentar os dois exercícios, iniciaríamos com os saldos das contas em 01/01/19XA, chegaríamos aos saldos em 31/12/19XA e reiniciaríamos a apresentação da movimentação ocorrida em 19XB, tal como indicado acima.

** A especificação ou não, na demonstração, das "outras" reservas que fazem parte do patrimônio líquido, depende da sua relevância ou importância.

Sabendo tratar-se do balanço patrimonial de uma mesma empresa, devemos observar, agora, que o valor do capital circulante encontrado no Tópico 10.2.1 é idêntico (com sinal contrário) ao valor do capital não circulante indicado neste tópico. Isso não se trata de simples coincidência, mas obedece ao mesmo princípio de equação básica da contabilidade explicado no Tópico 2.3, ou seja: o ativo é igual ao passivo exigível mais o patrimônio líquido. No Tópico 2.3, para simplificar, não mencionamos o grupo "resultado de exercícios futuros" (REF)*, parte integrante da equação básica da contabilidade, que assim poderia ser ligeiramente modificada para A = PE + REF + PL.

Se apresentássemos todos os componentes do balanço patrimonial da empresa em questão teríamos (simplificadamente):

	Total	Circulante	Não Circulante
	$	$	$
Ativo			
Circulante	11.300	11.300	—
Não circulante	7.900	—	7.900
	19.200		
Passivo			
Circulante	(9.300)	(9.300)	—
Não circulante	(9.900)	—	(9.900)
	(19.200)		
Ativo menos passivo	—	2.000	(2.000)

Ficou explicado, portanto, porque a diferença entre ativo e passivo circulante é igual à diferença entre ativo e passivo não circulante. Dessa forma podemos dizer que:

O capital circulante de uma empresa é modificado sempre que qualquer débito ou crédito feito em contas do ativo ou passivo circulante tem como contrapartida uma conta do ativo ou passivo não circulante e vice-versa.

Exemplificando, e ainda tomando por base os dados da empresa em questão, vejamos como as seguintes transações afetariam o capital circulante dessa empresa.

Transações:

1. Efetuada uma venda de mercadorias à vista, no valor de $ 100.
2. É adquirido um veículo para uso da empresa, para pagamento em 30 dias: $ 1.500.

* Veja o Tópico 7.11

Lançamentos*

Bancos (ativo circulante)		Vendas (passivo não circulante)		Veículos (ativo não circulante)	
(1) 100			100 (1)	(2) 1.500	

Contas a pagar (passivo circulante)	
	1.500 (2)

Efeitos no capital circulante

	$
A - Capital circulante antes das transações	2.000
Aumento do capital circulante: Recebimento do numerário relativo à venda de mercadorias (aumento do ativo circulante "bancos")	100
Diminuição do capital circulante: Registro da conta a pagar (passivo circulante) relativo à aquisição do veículo	(1.500)
B - Diminuição líquida do capital circulante	(1.400)
C - Capital circulante após as transações (A – B)	600

Para maior clareza, vejamos ainda as modificações provocadas pelas transações, no balanço patrimonial como um todo:

	Posição antes das transações $	Efeito das transações $	Posição após as transações $
Ativo			
Circulante	11.300	(1) 100	11.400
Realizável a longo prazo	2.800		2.800
Permanente	5.100	(2) 1.500	6.600
	19.200	1.600	20.800
Passivo			
Circulante	9.300	1.500 (2)	10.800
Exigível a longo prazo	3.550		3.550
Resultado de exercícios futuros	50		50
Patrimônio líquido	6.300	100 (1)	6.400
	19.200	1.600	20.800

* Para simplificar, o custo das mercadorias vendidas não está considerado.

Apenas para confirmar, determine agora:

— Qual o capital circulante após as transações?
— Que efeito os débitos e créditos feitos no ativo ou passivo não circulante provocaram no capital circulante?

10.2.3 – Conceito de origem e de aplicação de recursos

Ainda antes de explicar o conceito da "demonstração das origens e aplicações de recursos", devemos conhecer o significado de "origem" e de "aplicação" de recursos.

Contabilmente, qualquer *aumento do capital circulante* proveniente de uma *diminuição do ativo não circulante*, ou de *um aumento do passivo não circulante,* é considerado uma *"origem de recursos"*.

Analogamente, qualquer *diminuição do capital circulante* provocada por um aumento do ativo não circulante ou por uma *redução do passivo não circulante* é denominada *"aplicação de recursos"*.

Para simplificar, podemos usar a seguinte tabelinha:

	Efeitos no capital circulante	
	Origens	**Aplicações**
Aumento do:	Passivo não circulante	Ativo não circulante
Diminuição do:	Ativo não circulante	Passivo não circulante

Verifique agora se os efeitos no capital circulante, provocados pelas transações indicadas no tópico anterior, obedecem à tabelinha acima:

Variação no capital circulante:	$
Origem	
Aumento do passivo não circulante (vendas)	100
Aplicação	
Aumento do ativo não circulante (veículo)	(1.500)
Diminuição líquida do capital circulante	(1.400)

10.2.4 – A demonstração das origens e aplicações de recursos

Considerando o exposto nos tópicos anteriores, podemos dizer que a demonstração das origens e aplicações de recursos é a apresentação, em forma relativamente padronizada, das origens e das aplicações de recursos que modificaram o capital circulante de uma empresa, entre duas determinadas datas. Ou, resumidamente, é a exposição do estudo das modificações na posição financeira de uma empresa (entre duas determinadas datas).

10.2.4.1 – Requisitos legais de apresentação

Por se tratar de uma técnica relativamente especializada, não nos aprofundaremos, neste livro, no método de elaboração da demonstração das origens e aplicações de recursos. Entretanto, transcreveremos a seguir os requisitos legais de apresentação da demonstração, bem como apresentaremos um exemplo no tópico subseqüente.

Os requisitos legais de apresentação estão contidos no artigo 188 da Lei nº 6.404/76, transcrito a seguir:

"Art. 188 – A demonstração das origens e aplicações de recursos indicará as modificações na posição financeira da companhia, discriminando:

I – as origens dos recursos, agrupadas em:
a) lucro do exercício, acrescido de depreciação, amortização ou exaustão e ajustado pela variação nos resultados de exercícios futuros;
b) realização do capital social e contribuições para reservas de capital;
c) recursos de terceiros, originários do aumento do passivo exigível a longo prazo, da redução do ativo realizável a longo prazo e da alienação de investimentos e direitos do ativo imobilizado.

II – as aplicações de recursos, agrupadas em:
a) dividendos distribuídos;
b) aquisição de direitos do ativo imobilizado;
c) aumento do ativo realizável a longo prazo, dos investimentos e do ativo diferido,
d) redução do passivo exigível a longo prazo.

III – o excesso ou insuficiência das origens de recursos em relação às aplicações, representando aumento do capital circulante líquido;

IV – os saldos, no início e no fim do exercício, do ativo e passivo circulantes, o montante do capital circulante líquido e o seu aumento ou redução durante o exercício."

*10.2.4.2 – Exemplo da demonstração**

Na seqüência da abordagem (pág. 360), um exemplo de demonstração que atende aos requisitos estabelecidos pela Lei nº 6.404/76.

10.3 – NOTAS EXPLICATIVAS SOBRE DEMONSTRAÇÕES FINANCEIRAS

As notas explicativas sobre demonstrações financeiras representam a divulgação de informações necessárias à interpretação adequada das peças contábeis e que não estão contidas no corpo das demonstrações apresentadas.

As notas explicativas se originaram da necessidade de fornecer aos leitores das demonstrações financeiras explicações e informações destinadas a esclarecer alguns aspectos não mencionados nelas. Por exemplo, o saldo da conta "financiamentos em moeda estrangeira". Percebeu-se que o saldo apresentado no balanço sob esse título, por si apenas, não era suficiente para que os leitores fossem esclarecidos sobre alguns aspectos do financiamento. A solução foi divulgar essas informações em uma nota explicativa, anexa às demonstrações financeiras, e delas fazendo parte integrante, de maneira a divulgar: valor da dívida em moeda estrangeira, data de vencimento ou prazo de pagamento, encargos incidentes sobre o financiamento, bens que a companhia deu em garantia, etc. Essas informações, portanto, passaram a ser essenciais para a boa leitura e interpretação das demonstrações financeiras.

Dessa forma, analisando o balanço, o leitor pode obter maiores esclarecimentos sobre as contas de seu interesse. Entretanto, deve-se ter cuidado para não divulgar informações desnecessárias, causando "inflação" de notas explicativas. Estas devem ser preparadas observando-se o ponto de vista de que as informações a serem divulgadas são *essenciais* à boa interpretação das demonstrações financeiras apresentadas.

A Lei nº 6.404/76 estabeleceu (art. 176) o que compulsoriamente deve ser divulgado em notas explicativas. A discriminação ali contida, entretanto,

---

* Como não daremos outro exemplo dessa demonstração, foram anotados dados comparativos, em função do exposto no Tópico 3.6.2

CIA. ENSOLARADA

Demonstração das origens e aplicações de recursos

	Exercícios findos em 31 de dezembro de	
	19XD	19XC
	$	$
ORIGENS		
Lucro líquido do exercício	100.000	96.000
Despesas (e receitas) que não afetam o capital circulante:		
Correção monetária do balanço	23.000	18.000
Depreciação	7.000	5.000
Amortização de despesas de implantação	500	300
Lucro contábil na venda de ativo permanente – investimentos	(200)	–
Recursos gerados pelas operações sociais	130.300	119.300
Resgate de empréstimos compulsórios	–	6.900
Valor da venda de investimentos	1.800	–
Aumento de capital em dinheiro	–	10.000
Dividendos recebidos	2.500	1.900
Novos financiamentos a longo prazo	19.000	10.000
Total de origens	153.600	148.100
APLICAÇÕES		
Aquisições de ativo permanente imobilizado	20.000	15.000
Aplicações em empréstimos compulsórios	9.000	7.500
Dividendos propostos	25.000	24.000
Gastos diferidos	11.000	9.800
Total de aplicações	65.000	56.300
EXCESSO DE ORIGENS SOBRE APLICAÇÕES DE RECURSOS, REPRESENTANDO AUMENTO DO CAPITAL CIRCULANTE	88.600	91.800
MODIFICAÇÕES NO CAPITAL CIRCULANTE		
CAPITAL CIRCULANTE NO INÍCIO DO EXERCÍCIO		
Ativo circulante	654.900	518.900
Passivo circulante	(225.600)	(181.400)
Capital circulante	429.300	337.500
CAPITAL CIRCULANTE NO FINAL DO EXERCÍCIO		
Ativo circulante	842.100	654.900
Passivo circulante	(324.200)	(225.600)
Capital circulante	517.900	429.300
AUMENTO DO CAPITAL CIRCULANTE	88.600	91.800

não é limitativa, expressando apenas as informações genericamente necessárias a uma apresentação adequada de demonstrações financeiras. Naturalmente, na fase da elaboração das notas, deve-se usar o bom senso para determinar quais informações merecem ou não ser divulgadas em nota explicativa.

O principal fato a ser levado com consideração na decisão sobre o que deve ser divulgado nessas notas refere-se à importância ou relevância da informação. Por exemplo, se uma empresa adquire um ativo imobilizado de pequeno valor, mas obtém um financiamento de dois anos para seu pagamento, no balanço patrimonial aparecerá uma parcela da dívida no grupo do exigível a longo prazo. Essa parcela pode ser tão insignificante em relação aos outros valores apresentados no balanço, que poderá ser considerado desnecessário divulgar maiores informações (tais como taxa de juros, vencimentos, etc.). Pode ocorrer, entretanto, que valor igualmente pequeno apresentado no exigível a longo prazo seja apenas a primeira parcela liberada de um grande financiamento obtido, quando a divulgação de informações sobre ele seria considerada essencial.

A seguir abordaremos os tipos de informações mais comumente divulgadas em notas explicativas. As informações listadas obedecem à legislação, embora não estejam apresentadas na mesma seqüência em que estão indicadas na Lei nº 6.404/76, bem como não estão limitadas ao que determina a lei.

10.3.1 – Tipos de informações divulgadas em notas explicativas

Embora os tipos de informações a serem divulgadas em notas explicativas sejam da mais variada natureza, as informações mencionadas a seguir geralmente são as mais importantes nas demonstrações financeiras.

10.3.1.1 – Atividades da empresa e fatos relevantes ocorridos

Para que as demonstrações financeiras possam ser bem compreendidas, é necessário divulgar informações atualizadas sobre a companhia, tais como objeto social, principais operações, ramo de negócios, assim como outras informações sobre a empresa que possam ser úteis aos leitores das demonstrações (a mudança, por exemplo, de data de encerramento de exercício social, o fechamento ou inauguração de uma unidade industrial, etc). A seguir é apresentado um exemplo de uma nota desse tipo.

Nota – Atividades da empresa

A empresa tem como atividade principal a comercialização de gêneros alimentícios de primeira necessidade, atuando com maior intensidade na região sul do país, possuindo ao todo 15 centros de venda. Adicionalmente, participa acionariamente em sociedades que se dedicam ao cultivo dos produtos agrícolas que comercializa, as quais são responsáveis pelo fornecimento de cerca de 40% das mercadorias vendidas pela empresa.

A assembléia geral realizada em 28/05/19XD alterou a data de encerramento do exercício social, de 30 de junho para 31 de dezembro de cada ano. Conseqüentemente, a demonstração do resultado do exercício de 19XD compreende as operações da companhia no período de dezoito meses, findo em 31/12/19XD.

*10.3.1.2 – Divulgação de princípios contábeis adotados**

Os princípios contábeis mais importantes adotados pela companhia devem ser divulgados. Essa importância baseia-se na relevância dos componentes das demonstrações financeiras (é desnecessário divulgar princípios contábeis sobre itens insignificantes).

10.3.1.3 – Mudanças de princípios contábeis

Quando uma companhia muda algum princípio contábil, o fato, bem como os efeitos provocados devem ser mencionados nas notas explicativas.

10.3.1.4 – Informações adicionais sobre itens relevantes das demonstrações financeiras

Feita a divulgação dos princípios contábeis mais importantes, adotados na elaboração das demonstrações financeiras, às vezes, em função da relevância de alguns componentes seus, é necessário divulgar detalhes sobre determinadas contas, tais como sobre a composição dos estoques, do imobilizado, dos investimentos, etc.

Deve-se lembrar que, sempre que uma informação adicional é fornecida em nota explicativa, é necessário indicar também as cifras relativas ao exercício anterior.

---

* Veja o capítulo 11.

10.3.1.5 – Informações sobre fatos e eventos importantes

Na vida normal da empresa ocorrem diversos fatos e eventos que ainda não estão ou não são expressos em valores monetários. A seguir abordaremos alguns deles.

Ônus reais sobre elementos do ativo

Sempre que bens do ativo forem dados em garantia (penhor mercantil de estoques, hipoteca de imóveis, alienação fiduciária, duplicatas ou títulos de posse caucionados, etc.), o fato deve estar indicado nas demonstrações financeiras. Normalmente, essas informações são fornecidas na nota explicativa que contém detalhes sobre o ativo onerado, como por exemplo:

— Penhor mercantil, na nota sobre estoques;
— Hipoteca de imóveis, na nota sobre imobilizado;
— Ações (de outras sociedades) caucionadas, na nota sobre investimentos.

Uma vez que, na quase totalidade dos casos, essas garantias são dadas em contrapartida de financiamentos, a divulgação dos ativos onerados também pode ser feita na nota sobre financiamentos.

Outra opção consiste em fazer uma nota explicativa específica para divulgar ônus reais sobre ativos e outras responsabilidades contingentes.

As informações sobre ônus são importantes porque divulgam a indisponibilidade de determinados bens, para fins de alienação.

Responsabilidades reais ou contingentes*

As responsabilidades contingentes podem ter diversas formas:

— Avais e fianças concedidos em benefícios de terceiros – em se tratando de garantias dadas em benefício de sociedades coligadas, controladas, controladora ou ligadas, a informação pode ser divulgada na própria nota explicativa sobre os investimentos e saldos com essas sociedades. Em se tratando de outro tipo de relacionamento, a divulgação pode ser feita por intermédio de nota específica sobre ônus reais e responsabilidades.
— Compromissos vultosos assumidos – pode ser um contrato de construção (ainda não iniciada) de uma nova fábrica ou contrato de financiamento já assinado, mas sem qualquer liberação de parcelas. A divulgação pode ser feita na nota que trata dos detalhes dos contratos, ou numa nota específica.

---

* Deve ser lembrado que essas responsabilidades contingentes muitas vezes são contabilizadas como passivos contingentes (veja o Tópico 5.2.2.2).

— Passivos contingentes – quando não contabilizados sob a forma de provisão para despesas e perdas prováveis, ou mesmo nesse caso, divulgando mais detalhes sobre a contingência existente, tais como chances de sua realização, opinião dos advogados da empresa, etc.

Eventos subseqüentes à data das demonstrações financeiras

Os trabalhos de preparação das demonstrações financeiras geralmente são concluídos algum tempo após a data de encerramento do exercício social. Existem diversos eventos que podem ocorrer entre essa data e aquela em que as demonstrações financeiras são divulgadas. Alguns eventos, porém, são de tal importância que, mesmo ocorridos após a data de encerramento do exercício social, exercem uma influência considerável na interpretação das demonstrações financeiras e, portanto, necessitam ser divulgados em notas explicativas.

Um exemplo: Suponhamos que uma companhia encerre seu exercício social em 31/12/19XC e, antes que divulgue suas demonstrações financeiras, ocorra um incêndio que destrua integralmente suas instalações. Esse evento provoca um efeito de primordial importância sobre as demonstrações financeiras da companhia em 31/12/19XC, mesmo que tenha ocorrido subseqüentemente a essa data. Sim, porque a maior parte dos bens demonstrados como ativos no balanço não existirão mais na data de sua divulgação. Conseqüentemente, quem estiver analisando as demonstrações financeiras não poderá interpretar adequadamente a verdadeira posição econômico-financeira dessa companhia, se não tiver conhecimento de informação tão importante.

Embora possam ser da mais variada natureza, alguns eventos desse tipo estão relacionados abaixo:

— Contingências que se realizaram subseqüentemente à data do balanço;
— Alteração significativa na situação de dívidas a longo prazo (por exemplo, no caso de a companhia não obedecer a exigências contratuais e o financiador requerer a antecipação do vencimento da dívida);
— Alterações substanciais no capital social;
— Modificações sensíveis no capital circulante;
— Decisão de liquidar a companhia;
— Ocorrência de sinistros com conseqüências significativas;
— Lançamentos de debêntures ou contratação de financiamentos de valor substancial.

Sempre que ocorram eventos importantes, subseqüentemente à data das demonstrações financeiras, que afetem a sua interpretação, é necessário divulgar os fatos em nota explicativa.

Reavaliação de ativos

Sendo de valor relevante, o aumento do valor de elementos do ativo, resultante de novas avaliações, deve ser objeto de uma nota, explicando quais ativos foram reavaliados, critérios da avaliação procedida, etc.

Transações não usuais

Determinadas transações feitas por uma empresa, embora legais, não são usuais. Por exemplo, a venda de um valioso imóvel, com um substancial lucro auferido na transação. Para que os leitores das demonstrações financeiras possam bem compreendê-las, é essencial que transações vultosas não usuais sejam divulgadas em notas explicativas. Entretanto, é preciso ter cuidado na interpretação do que seja uma transação não usual, para evitar que eventos de valor substancial, mas típicos das operações e atividades da empresa, sejam desnecessariamente divulgados (às vezes, até com prejuízos para a empresa, em virtude da concorrência no mercado).

Anexo 10

Exercício nº 60

Com base na resolução do exercício nº 59, preparar a demonstração das mutações do patrimônio líquido da S.A. Arkansas para o exercício findo em 31/12/19XC.

As seguintes informações complementares são necessárias:

1. O capital social foi aumentado em 30/10/19XC de $ 600.000 para $ 700.000 com o saldo total existente em 31/12/19XB na conta de reserva de capital – correção monetária do capital.
2. A correção monetária das contas do patrimônio líquido contabilizada no exercício de 19XC foi, respectivamente:

Correção Monetária de	**$**
Capital social	150.000
Reserva legal	4.000
Reserva estatutária	8.000
Lucros acumulados	39.000

11
Princípios fundamentais de contabilidade

11.1 – INTRODUÇÃO

Em expressão bastante resumida, *princípios fundamentais de contabilidade,* também conhecidos por *princípios de contabilidade geralmente aceitos,* representam um conjunto de conceitos, princípios e procedimentos desenvolvidos pela teoria contábil e utilizados como elementos disciplinadores na escrituração de eventos e transações, e na elaboração de demonstrações financeiras.

O termo "geralmente aceito", quando referente a princípios de contabilidade, envolve ponderações quanto aos seguintes aspectos:

— Os princípios da contabilidade originaram-se da necessidade do estabelecimento de normas gerais que não somente orientassem as empresas na elaboração de demonstrações contábeis, mas permitissem aos seus leitores fixar padrões de comparabilidade e credibilidade, em função do conhecimento dos critérios adotados na elaboração dessas demonstrações.

— Um princípio é considerado aceito quando reúne a aprovação das empresas em geral, que passam a adotá-lo como elemento disciplinador no registro de eventos e transações e na elaboração de suas demonstrações financeiras. Um princípio aceito, porém, não significa que seja imutável. Com a evolução da técnica contábil em função de novos eventos sócio-econômicos, modificações na legislação, novos pontos de vista, ou outros fatores, um princípio que hoje é aceito, pode vir a ser abandonado amanhã.

— Os princípios contábeis geralmente aceitos em um país podem, em parte, não ter aceitação em outros países, em vista das diferenças sócio-econômicas existentes entre as nações. Assim, nem todos os princípios reúnem aceitação universal. Por outro lado, em um mesmo país, um princípio contábil pode ser aceito por determinados tipos de empresas e não o ser por outros, como é o caso, no Brasil, das instituições financeiras, das companhias seguradoras, etc. cujo registro de suas respectivas operações é feito de forma padronizada por órgãos específicos do governo.

11.2 – NORMAS BRASILEIRAS DE CONTABILIDADE

No Brasil, os princípios de contabilidade geralmente aceitos estão oficialmente estabelecidos pela Lei nº 6.404/76 que, por sua vez, baseia-se fundamentalmente em princípios contábeis calcados em conceitos amplamente aceitos em grande parte dos países do mundo. Soluções particulares, para problemas originados da nossa economia, foram, entretanto, introduzidas pela Lei, tal como a correção monetária do balanço patrimonial (Tópico 7.6.4).

O órgão que regulamenta a profissão de contador ou contabilista no Brasil, o Conselho Federal de Contabilidade (CFC), promove espaços no sentido de dotar os profissionais da área com normas de adoção obrigatória. Assim é que a Resolução CFC nº 529-81, aprovou as Normas Brasileiras de Contabilidade, cujos artigos são reproduzidos a seguir.

> Art. 1º – As Normas Brasileiras de Contabilidade – NBC – constituem um corpo de doutrina contábil, que serve de orientação técnica ao exercício profissional, em qualquer de seus aspectos de assessoramento, compreendendo consultoria, chefia e direção dos serviços contábeis, atividades didáticas e de magistério de Contabilidade, ao contabilista profissional liberal, empregado ou funcionário público, através da busca, quantificação, registro, relato e análise de dados contábeis, no campo de Auditoria, Organização de Sistemas de Controle Interno, Planejamento Contábil, Perícia, Avaliação e Controle Patrimonial, Planejamento, Apuração e Análise de Custo, Planejamento e Elaboração de Orçamentos, Contabilidade Governamental, Elaboração de Demonstrações Contábeis e Análise Econômico-Financeira das Entidades.
>
> Art 2º – As normas classificam-se em técnicas e profissionais.
> § 1º – Entende-se como Normas Técnicas as que estabelecem conceitos doutrinários e fixam regras ou critérios de Contabilidade, caracterizando-se pelo prefixo NBC-T, numeradas seqüencialmente.
> § 2º – Entende-se como Normas Profissionais as que fixam regras de procedimentos de ordem profissional, caracterizando-se pelo prefixo NBC-P, numeradas seqüencialmente.

Art. 3º – A inobservância de Norma Brasileira de Contabilidade, aprovada pelo CFC, constitui infração, inclusive ao Código de Ética Profissional do Contabilista, e será punida com a multa prevista na alínea "c", do art. 27º, do Decreto-Lei nº 9.295, de 27 de maio de 1946.

Art. 4º – Esta Resolução entra em vigor na data de sua aprovação, revogados o inciso V e o item 1 do inciso VI da Resolução CFC nº 321-72.

Rio de Janeiro, 23 de outubro de 1981.

NILO ANTONIO GAZIRE
Presidente

Na mesma ocasião, através da Resolução CFC nº 500-81, foi aprovada a norma NBC-T-1, referente aos princípios fundamentais de contabilidade para elaboração das demonstrações contábeis, reproduzida a seguir.

NORMAS BRASILEIRAS DE CONTABILIDADE

PRINCÍPIOS FUNDAMENTAIS DE CONTABILIDADE

Para os efeitos destas normas, consideram-se como princípios os conceitos e postulados gerais emanados da doutrina contábil.

Os princípios visam ao tratamento contábil uniforme dos atos e fatos administrativos e das demonstrações deles decorrentes. Havendo mudanças de tratamento, o efeito deve ser informado.

NBC-T-1

1.1 – DA ENTIDADE – O patrimônio da entidade não se confunde com o dos seus sócios ou acionistas, ou proprietário individual.

1.2 – DA QUALIFICAÇÃO E QUANTIFICAÇÃO DOS BENS PATRIMONIAIS – Os componentes do patrimônio da entidade deverão ser diferenciados quantitativa e qualitativamente, sendo suscetíveis de expressão em termos físico e monetário.

1.3 – DA EXPRESSÃO MONETÁRIA – O patrimônio e as operações da entidade devem ser expressos na moeda em vigor no país, convertendo-se nesta as transações realizadas noutras moedas.

1.4 – DA COMPETÊNCIA – As receitas e despesas devem ser reconhecidas na apuração do resultado do período a que pertencerem e, de forma simultânea, quando se correlacionarem. As despesas devem ser reconhecidas independentemente do seu pagamento e as receitas somente quando de sua realização.

1.5 – DA OPORTUNIDADE – As mudanças nos ativos, passivos e na expressão contábil do patrimônio líquido devem reconhecer-se formalmente nos registros contábeis logo que ocorrerem, ainda que os seus valores sejam razoavelmente estimados e as provas documentais posteriormente complementadas.

1.6 – DA FORMALIZAÇÃO DOS REGISTROS CONTÁBEIS – Os atos e fatos administrativos devem estar consubstanciados em registros apropriados. Qualquer que seja o processo adotado para tais registros, devem ser sempre preservados os elementos de comprovação necessários à verificação não só quanto à precisão como à perfeita compreensão das demonstrações contábeis.

1.7 – DA TERMINOLOGIA CONTÁBIL – Os termos utilizados nos registros e nas demonstrações contábeis conseqüentes devem expressar, tanto quanto possível, o verdadeiro significado das transações ocorridas, preservando-se expressões do idioma nacional.

1.8 – DA EQÜIDADE – No registro contábil da transação, o seu efeito deve se sobrepor a quaisquer interesses conflitantes.

1.9 – DA CONTINUIDADE – A vida da entidade é continuada; por conseqüência como as demonstrações contábeis são estáticas, não podem ser desvinculadas dos períodos anteriores e subseqüentes. Ocorrendo a descontinuidade, o fato deve ser divulgado.

1.10 – DA PERIODICIDADE – Os exercícios contábeis deverão ser de igual duração, o que permitirá a sua comparabilidade, a avaliação da eficiência e eficácia da gestão.

1.11 – DA PRUDÊNCIA – O critério de menor valor para os itens do ativo e da receita, e o de maior valor para os itens do passivo e da despesa, com os efeitos correspondentes no Patrimônio Líquido, serão adotados para registro, diante de opções na escolha de valores.

1.12 – DA UNIFORMIDADE – Os critérios aplicados num período, nos registros contábeis e nos levantamentos deles decorrentes devem ser mantidos, nos períodos subseqüentes.

Contudo, em certas circunstâncias, havendo mudanças de critérios, o seu efeito nas demonstrações contábeis deve ser divulgado.

1.13 – DA INFORMAÇÃO – As demonstrações contábeis devem revelar, a quem de direito, todos os fatos que possam influir, significativamente, na sua interpretação.

1.14 – DOS ATOS E FATOS ALEATÓRIOS – Os direitos e obrigações da entidade, de natureza aleatória, devem ser registrados e divulgados nas demonstrações contábeis.

1.15 – DA CORREÇÃO MONETÁRIA – A perda do poder aquisitivo da moeda deve ser reconhecida, em valores que integram as demonstrações contábeis.

1.16 – DA INTEGRAÇÃO – As entidades dependentes, por participação de capital, deverão ter suas demonstrações contábeis integradas, o que originará uma nova demonstração.

Não se pode deixar de reconhecer que os princípios fundamentais de contabilidade, na forma como estão enunciados, são de difícil compreensão para um leigo, face ao hermetismo dos termos empregados. Por essa razão, a seguir explicamos de maneira mais detalhada e abrangente esses princípios (os mais significativos), para o que, visando mais clareza, foram desdobrados em:

— Conceitos fundamentais de contabilidade;
— Princípios contábeis;
— Procedimentos contábeis.

11.3 – CONCEITOS FUNDAMENTAIS DE CONTABILIDADE

Os conceitos fundamentais de contabilidade podem ser encarados como pressupostos de grande amplitude, que norteiam a escrituração de eventos e transações, bem como a elaboração de demonstrações financeiras. Embora possam evoluir e ser modificados com o tempo, no presente esses pressupostos são válidos e integrantes da teoria contábil, sendo aceitos quase que universalmente.

Os conceitos fundamentais de contabilidade a seguir explicados são os que consideramos mais importantes, dentre aqueles listados na NBC-T-1.

— Custo histórico e correção monetária;
— Continuidade de existência;
— Uniformidade;
— Competência de exercícios;
— Conservadorismo.

11.3.1 – Custo histórico e correção monetária

No Brasil, o conceito de custo histórico, há algum tempo, era idêntico ao de outros países que possuem moeda estável. Ou seja, já que as transações de uma companhia são contabilmente expressas em termos monetários, o custo histórico de um bem é o preço pago para adquiri-lo ou fabricá-lo, devendo ser utilizado para registrar a modificação patrimonial. Desde que a moeda em que esses bens são expressos seja estável, as transações registradas pelo custo histórico representarão sempre registros contábeis atualizados.

Alguns países, porém, têm problemas de inflação, que corrói o valor da moeda. Assim, determinadas transações registradas pelo custo histórico, em países com problemas de inflação, rapidamente têm seus registros defasados pela desvalorização da moeda. Por exemplo, um terreno adquirido por uma empresa por $ 200, em um país com inflação situada em 20% ao ano, será registrado pelo custo histórico, ou seja, o preço efetivamente pago. Entretanto, ao final de um ano, esse terreno, sem contar a valorização imobiliária, estará valendo ou custando $ 240, devido à inflação. Não obstante, estará registrado contabilmente por $ 200. Dessa forma, todos os ativos e passivos *não monetários** de uma empresa em pouco tempo estarão demonstrados contabilmente por um valor inferior ao real. Os ativos e passivos *monetários**, por sua vez, não se destinam a permanecer na empresa e, por isso, dentro de mais ou menos tempo, são baixados da contabilidade, ficando, portanto, pouco tempo expostos aos efeitos da inflação.

A solução ideal, nesse caso, seria fazer com que os ativos e passivos não monetários tivessem seu valor periodicamente reajustados, para refletir os efeitos integrais da inflação. No Brasil, a correção monetária do balanço patrimonial, conforme estudamos no Tópico 7.6.4, representa a aplicação do conceito do custo histórico ajustado pelos efeitos da inflação.

11.3.2 – Continuidade de existência

De acordo com esse conceito, a menos que existam fatos indicativos do contrário, a teoria contábil pressupõe que a companhia continuará existindo e operando por um prazo indefinido. Com base nesse pressuposto é que são escriturados os eventos e transações. Em inglês, esse princípio é chamado de "going concern".

Nesse ponto, é interessante ressaltar o motivo da importância do conceito de continuidade de existência. Conforme dissemos acima, as transações são registradas no Brasil pelo seu custo histórico, ajustado pelos efeitos da inflação. Quando da elaboração das demonstrações financeiras, os valores apresentados no balanço patrimonial devem refletir adequadamente

---

* *Simplificadamente*, ativos e passivos *não monetários* são aqueles representados pelas contas classificadas nos grupos do ativo permanente e do patrimônio líquido. Conseqüentemente, os ativos e passivos *monetários* são aqueles representados pelas contas dos grupos de ativo e passivo circulante, realizável e exigível a longo prazo.

a posição patrimonial e financeira da empresa, traduzindo a aceitação geral do conceito de custo histórico corrigido monetariamente, e a crença de que não existem fatos indicativos de que a existência da empresa esteja ameaçada.

Para melhor compreensão, imaginemos uma empresa cuja existência esteja ameaçada, por qualquer motivo. Muito provavelmente, essa empresa possui ativos permanentes que, se forem vendidos, obterão no mercado preço diferente daquele pelo qual estão registrados na contabilidade. Assim, quando uma empresa pretende (voluntária ou involuntariamente) encerrar suas operações, o conceito de custo histórico corrigido monetariamente não pode ser adotado na elaboração das demonstrações financeiras. Nesse caso, passa a ser adotada a base de *valor real:* os ativos permanentes e os demais são avaliados pelo valor de mercado, os passivos são quantificados para pagamento dentro do prazo da liquidação da empresa (e não nos prazos contratuais das obrigações), encontrando-se o patrimônio líquido através da diferença entre o patrimônio real (ativos) e as dívidas da empresa. Os registros contábeis deixam de ter valor, para fins de levantamento do balanço patrimonial que fornecerá a posição patrimonial e financeira efetiva naquela data.

Isso, entretanto, não significa que a adoção do conceito de custo histórico corrigido monetariamente seja um erro ou conduza a demonstrações financeiras enganosas. Ora, se a empresa não vai ser liquidada, não há por que apresentar seus ativos permanentes apresentados no balanço pelo valor real da venda*. Assim; se todas as empresas nortearem o registro de suas transações e a preparação de suas demonstrações financeiras baseadas no conceito de custo histórico corrigido, forçosamente estarão também adotando o conceito de continuidade de existência, tornando comparáveis entre si as respectivas demonstrações financeiras.

11.3.3 – Uniformidade

Conforme esse conceito, os princípios contábeis (Tópico 11.4) adotados por uma companhia para determinado exercício deverão continuar sendo aplicados em exercícios futuros, de forma que possa haver comparabilidade entre as demonstrações financeiras de exercícios diferentes. Por exemplo, se uma empresa vem adotando, até o exercício de 19XA, o princípio contábil de provisionar os impostos sobre o lucro do exercício, e em 19XB erradamente deixa de aplicá-lo na elaboração de suas demonstrações financeiras, ocorre uma quebra de uniformidade na aplicação de princípio contábil. Como resultado, o lucro do exercício de 19XB fica apresentado a maior em relação ao

* Haveria sempre a possibilidade de algumas empresas apresentarem valores irreais, baseadas em julgamentos inescrupulosos.

exercício de 19XA, porque, se o mesmo princípio contábil tivesse sido adotado em 19XB, o lucro do exercício estaria reduzido pelo valor da provisão constituída. Assim, o lucro de 19XA e o de 19XB não apresentariam termos de comparação, já que não houve uniformidade na aplicação de um princípio contábil geralmente aceito.

O exposto não significa, porém, que se uma empresa adotar um determinado princípio contábil em um exercício, não possa vir a modificá-lo no futuro. Mas, se esse fato ocorrer, é importante que a mudança seja destacada nas demonstrações financeiras do mesmo exercício, bem como que seja divulgado qual o efeito provocado nelas pela modificação do princípio contábil. E também é importante que o novo princípio contábil adotado seja *geralmente aceito.*

11.3.4 – Competência de exercícios

As despesas e receitas de uma empresa devem ser anualmente confrontadas para apuração do resultado obtido em cada exercício. De acordo com o conceito de competência de exercícios, o registro de despesas e receitas deve ser feito com base no fato gerador, e não quando ocorre o efetivo pagamento ou recebimento, respectivamente.

Um exemplo típico é o da provisão para impostos a pagar no exercício seguinte ao da apuração de resultado entre as despesas e receitas, mas que são gerados pelo resultado obtido no exercício em que houve a apuração, representando, portanto, uma despesa desse exercício e não do exercício seguinte. Dessa forma, todas as despesas realizadas mas não pagas, bem como as receitas realizadas e não recebidas, devem ser contabilizadas dentro do exercício em que foram geradas.

11.3.5 – Conservadorismo

Esse conceito pressupõe que, por motivos de prudência, na elaboração de demonstrações financeiras todas as despesas e prejuízos devem ser previstos e provisionados, mas as receitas nunca devem ser antecipadas antes que possam ser consideradas como realizadas.

Um exemplo que traduz bem o significado desse conceito é a regra "custo ou mercado, o que for menor". Se, na data do balanço, o valor de mercado dos estoques é superior ao preço de custo, embora haja a possibilidade de ganhos com essa diferença, nenhuma receita é reconhecida antes que a venda efetiva dos estoques seja efetuada. Se o inverso ocorrer, porém, o possível prejuízo futuro deve ser previsto e provisionado dentro do exercício em que os estoques estiverem sendo avaliados.

11.4 – PRINCÍPIOS CONTÁBEIS

Os princípios contábeis propriamente ditos representam as regras e normas através das quais os conceitos fundamentais de contabilidade são traduzidos de maneira mais específica e objetiva.

Para ilustrar, se o conceito de conservadorismo determina que os possíveis prejuízos devem ser previstos, no caso de estoques, por exemplo, a regra "custo ou mercado, o que for menor" é um princípio contábil baseado nesse conceito (bem como no de competência de exercícios). Igualmente, a constituição da provisão para impostos sobre o lucro feita dentro do exercício que o gerou, também é um princípio contábil estabelecido para atender ao conceito de competência de exercícios.

De uma forma geral, neste livro expusemos, em cada capítulo, os princípios mais comuns de contabilidade encontrados no Brasil. Por exemplo, no Capítulo 7 falamos sobre os princípios contábeis adotados para as contas mais freqüentemente encontradas nos grupos do balanço patrimonial, tais como estoques, duplicatas a receber, ativo imobilizado, investimentos permanentes, etc., razão pela qual julgamos desnecessário reproduzi-los aqui.

11.5 – PROCEDIMENTOS CONTÁBEIS

Vimos que os conceitos ou princípios fundamentais de contabilidade representam pressupostos de grande amplitude que norteiam a escrituração de eventos e transações e a elaboração de demonstrações financeiras. Vimos, também, que os princípios contábeis representam as regras e normas pelas quais os conceitos fundamentais de contabilidade são traduzidos de maneira mais específica e objetiva. *Os procedimentos contábeis, por sua vez, representam a forma prática de aplicação dos princípios contábeis.* Para ilustrar:

— O *conceito* de conservadorismo determina que os possíveis prejuízos devem ser previstos;
— A avaliação de estoques pela regra de custo ou mercado, o que for menor, é um *princípio contábil* que traduz de forma objetiva o conceito de conservadorismo, para o item "estoques";

— A forma de contabilizar a desvalorização de estoques é o *procedimento contábil* destinado a aplicar, na elaboração de demonstrações financeiras, o princípio "custo ou mercado, o que for menor", como critério de avaliação de estoques. Observe que, na contabilização de desvalorização de estoques, o procedimento contábil consiste em debitar o valor a uma conta de despesa; *o crédito, porém, deve ser feito em uma conta de provisão e não diretamente na conta de estoques,* como também poderia ser feito para a obtenção dos mesmos resultados, ou seja, trazer os estoques ao seu valor de mercado, inferior ao de custo.

Dessa maneira, os *procedimentos contábeis* representam a forma de aplicar, na prática, os *princípios contábeis* emanados dos *conceitos fundamentais de contabilidade*.

Concluindo, dissemos no Tópico 11.1 que os princípios de contabilidade geralmente aceitos representam um conjunto de conceitos, princípios e procedimentos desenvolvidos pela teoria contábil e utilizados como elementos disciplinadores na escrituração de eventos e transações, e na elaboração de demonstrações financeiras. Nos tópicos anteriores, fizemos uma distinção entre conceitos fundamentais, princípios e procedimentos contábeis. Deve ser compreendido porém que, representando um conjunto, os conceitos, princípios e procedimentos são inseparáveis entre si, pois somente em seu todo podem ser considerados como princípios fundamentais de contabilidade.

Na prática, é bastante difícil uma separação entre esses elementos disciplinadores da teoria contábil. Muito se tem escrito e dito sobre princípios contábeis, havendo, entre outras, discordância quanto ao emprego da palavra "princípio". Alguns autores preferem o termo "convenções", outros utilizam "critérios", "procedimentos", "normas", "diretrizes", etc. Existem ainda, os que fazem distinção entre os diversos termos, enquanto outros os utilizam como sinônimos. O mais importante, porém, é conhecer na prática as determinações existentes no que se refere ao registro de eventos e transações e à elaboração de demonstrações financeiras. E ficar sempre atento para a evolução dos princípios fundamentais de contabilidade.

Anexo 11

Questionário de compreensão de conceitos*

1. Dizer com suas próprias palavras o que os princípios fundamentais de contabilidade representam.

2. Que distinção pode ser feita entre conceitos fundamentais, princípios e procedimentos contábeis?

3. "Todas as despesas e prejuízos devem ser previstos e provisionados, mas as receitas nunca devem ser antecipadas antes que possam ser consideradas realizadas". Dizer em que conceito fundamental de contabilidade se baseia essa afirmação.

4. Explicar com suas próprias palavras o conceito fundamental de uniformidade.

5. Idem, o conceito de competência de exercícios contábeis.

* As respostas a esse questionário devem ser extraídas da própria leitura do texto, não sendo fornecidas no Apêndice deste livro.

Apêndice

Resolução dos exercícios*

Exercício nº 1

Nº de ordem	Classificação
1	PE
2	A
3	A
4	A
5	PL
6	A
7	PE
8	A
9	A
10	PE
11	A
12	A
13	A
14	A
15	PE
16	PE
17	A
18	PE
19	PE
20	PE
21	A
22	A
23	A
24	A
25	A

* **Observação importante:** No caso de você ter errado a resposta a algum exercício proposto, é importante investigar o motivo, procurando no texto do livro a explicação.

Exercício nº 2

Nº de ordem	A	PE	PL
	Variações		
1	(+)	(+)	(SV)
2	{ (+) (–)	(SV)	(SV)
3	(–)	(–)	(SV)
4	(+)	(SV)	(+)
5	(+)	(SV)	(+)
6	{ (+) (–)	(SV)	(SV)
7	(–)	(SV)	(–)
8	(+)	(SV)	(+)
9	(SV)	(+)	(–)
10	(+)	(+)	(SV)
11	(–)	(–)	(SV)
12	(+)	(SV)	(+)
13	(–)	(SV)	(–)
14	(SV)	(+)	(–)
15	(–)	(–)	(SV)
16	(+)	(SV)	(+)
17	(+)	(SV)	(+)
18	(+)	(+)	(SV)
19	{ (+) (–)	(SV)	(SV)
20	(–)	(–)	(SV)

Exercício nº 3

Nº de ordem	Nº de transações	Explicações
1	2	a) A companhia foi constituída, recebendo $ 10.000 em dinheiro, referente ao capital.
		b) Tomou empréstimo bancário de $ 5.000, recebendo o dinheiro.
2	1	Emprestou $ 2.000 em dinheiro aos empregados.
3	2	a) Comprou veículo à vista: $ 5.000.
		b) Comprou mercadorias a prazo: $ 3.000.
4	2	a) Os proprietários entregaram mais $ 6.000, referentes a aumento de capital.
		b) A companhia prestou serviços a terceiros, obtendo uma receita a ser cobrada posteriormente: $ 1.000.

Nº de ordem	Nº de transações	Explicações
5	5	a) Pagou salários: $ 700.
		b) Pagou aluguel: $ 300.
		c) Pagou o empréstimo bancário: $ 5.000.
		d) Pagou contas que estava devendo: $ 2.000.
		e) Recebeu a devolução de parte dos empréstimos concedidos a empregados: $ 1.000.
6	4	a) A companhia prestou novos serviços a terceiros, obtendo a receita a ser cobrada posteriormente: $ 3.000.
		b) Recebeu $ 1.000 de contas a receber.
		c) Recebeu a devolução final dos empréstimos concedidos a empregados: $ 1.000.
		d) Comprou mercadorias a prazo: $ 2.000.
7	3	a) A companhia apurou o resultado entre receitas e despesas do período, constatando que houve lucro de $ 3.000 (receitas $ 4.000 menos despesas $ 1.000).
		b) Tomou novo empréstimo bancário, recebendo $ 6.000 em dinheiro.
		c) Recebeu o valor das contas a receber: $ 3.000.

Exercício nº 4

Determinação da seqüência das transações, de acordo com a ordem de apresentação das variações.

Nº de ordem	Descrições
4	Recebimento de um empréstimo.
6	Cobrança de contas a receber de cliente.
1	Pagamento de uma conta a pagar a fornecedor.
2	Pagamento de despesa de aluguel.
5	Registro de despesa de salários a pagar.
3	Recebimento de numerário por prestação de serviços (receita).

Exercício nº 5

Exemplo de outras transações que podem provocar as variações indicadas no Exercício nº 4.

Nº de ordem	Transações
1	Pagamento de um empréstimo.
2	Pagamento de despesas de comissões sobre vendas.
3	Aumento de capital em dinheiro por parte dos proprietários.
4	Compra de mercadorias a prazo.
5	Registro da obrigação de pagar despesas com frete de mercadorias.
6	Venda à vista de um veículo da empresa.

Exercício nº 6

Lançamentos das transações e respectivas explicações:

1. Compra de uma máquina, a prazo.

Débito: Máquinas
Crédito: Duplicatas a pagar

Explicação: O ativo foi aumentado pela posse da máquina: a conta "máquinas" será debitada. Ao mesmo tempo, foi assumida a obrigação de pagar as duplicatas referentes à compra da máquina, o que implica aumento do passivo exigível: a conta "duplicatas a pagar" será creditada.

2. Uma firma corretora de imóveis recebe numerário referente à comissão sobre a venda de um terreno.

Débito: Caixa (se o dinheiro foi depositado em banco, o débito será em "bancos – conta de movimento")
Crédito: Receita de comissões

Explicação: Aumentou o ativo "caixa" pelo recebimento do numerário, e aumentou o patrimônio líquido sob a forma de receita. O ativo aumenta por débito e o patrimônio líquido, por crédito.

3. Pagamento do salário dos empregados de uma companhia.

Débito: Despesa de salários
Crédito: Caixa (se o pagamento foi em espécie)

Explicação: O patrimônio líquido foi diminuído (por débito) pelo aumento das despesas e o ativo foi diminuído (crédito) pelo pagamento aos empregados, em dinheiro.

4. Formação de uma sociedade, com a subscrição de ações, porém, sem integralização.

Débito: Acionistas – conta de capital a integralizar
Crédito: Capital social

Explicação: Com a subscrição, a companhia passou a ter o direito de receber (que representa um ativo) o valor correspondente às ações adquiridas pelos acionistas: o ativo aumenta por débito. Ao mesmo tempo, a companhia deve registrar o valor do capital social (que integra o patrimônio líquido e cujo aumento é feito por crédito).

5. Recebimento de numerário dos acionistas, referente à integralização de ações subscritas.

Débito: Caixa
Crédito: Acionistas – conta de capital a integralizar

Explicação: O ativo "caixa" aumenta (por débito) pelo recebimento do numerário. Por outro lado, o valor que a companhia tinha a receber dos acionistas (que representava um ativo) foi diminuído, já que foi recebido: o ativo "acionistas – conta de capital a integralizar" foi creditado.

Exercício nº 7

Nº de ordem	Débito	Crédito
1	Despesa de aluguel	Bancos - conta de movimento
2	Matéria-prima	Bancos - conta de movimento
3	Duplicatas a receber	Receita de serviços
4	Bancos – conta de movimento	Duplicatas a receber
5	Empréstimos a empregados	Bancos - conta de movimento
6	Bancos – conta de movimento	Empréstimos a pagar
7	Despesa de material de limpeza	Caixa*
8	Despesa de salários	Bancos - conta de movimento
9	Despesa de material de escritório	Contas a pagar
10	Empréstimos a pagar	Bancos - conta de movimento

* O lançamento na conta de "caixa" ou de "bancos – conta de movimento" depende se o valor do pagamento permaneceu na companhia ou se foi depositado em banco, respectivamente.

Exercício nº 8

Lançamentos após cada transação:

Iº de ordem		Débito	Crédito
1.	a)	Bancos - conta de movimento	Capital
	b)	Bancos - conta de movimento	Empréstimos bancários
2.		Empréstimos a empregados	Bancos - conta de movimento
3.	a)	Veículos	Bancos - conta de movimento
	b)	Mercadorias	Contas a pagar
4.	a)	Bancos - conta de movimento	Capital
	b)	Contas a receber	Receita de serviços
5.	a)	Despesa de salários	Bancos - conta de movimento
	b)	Despesa de aluguel	Bancos - conta de movimento
	c)	Empréstimos bancários	Bancos - conta de movimento
	d)	Contas a pagar	Bancos - conta de movimento
	e)	Bancos - conta de movimento	Empréstimo a empregados
6.	a)	Contas a receber	Receita de serviços
	b)	Bancos - conta de movimento	Contas a receber
	c)	Bancos - conta de movimento	Empréstimos a empregados
	d)	Mercadorias	Contas a pagar
7.	b)	Bancos - conta de movimento	Empréstimos bancários
	c)	Bancos - conta de movimento	Contas a receber

Exercício nº 9

INICIANTE & CIA. LTDA.

a) Explicação das transações ocorridas:

Nº de ordem	Explicações
1	O dinheiro entrou em caixa, aumentando o ativo (por débito). Foi também feito o registro do capital social (por crédito, aumentando o patrimônio líquido).
2	O ativo caixa foi diminuído (por crédito), mas o ativo bancos - conta de movimento aumentou (por débito).
3	A firma adquiriu a posse de um bem (aumentando o ativo por débito), assumindo uma obrigação (por crédito).
4	O dinheiro recebido e depositado representa um aumento do ativo (por débito), enquanto o registro da origem do numerário (receita) aumenta o patrimônio líquido (por crédito).
5	O registro do aumento das despesas (e diminuição do patrimônio líquido) é feito por um débito; a saída do numerário (diminuição do ativo) é registrada através de um crédito.

Nº de ordem	Explicações
6	A firma passou a ter um valor a receber, aumentando o ativo (por débito), devendo registrar a sua origem (receita de serviços, aumento do patrimônio líquido, por crédito).
7	O valor das obrigações foi diminuído (por débito), enquanto o numerário em banco também diminuiu (por crédito).

b) Escrituração no livro diário geral e no razão (conta T):

INICIANTE & CIA. LTDA.
Lançamentos no Livro Diário Geral

Data	Histórico	Débito	Crédito
19XA 05/05	Caixa a Capital Social Constituição da sociedade, de acordo com o contrato social, pelos Srs. C. Mandarim, J. C. Pessoa, P. Asdrubal, A. M. Goudaia e A. B. Magalhães, cada qual integralizando 10.000 cotas de $ 1 cada	50.000	50.000
06/05	Bancos-conta de movimento – Banco Azul S.A. a Caixa Valor referente à integralização das cotas do capital social, depositado nesta data, conforme recibo nº 0001	50.000	50.000
15/05	Móveis e utensílios a Contas a pagar Valor da nota fiscal nº 46527, de Domi S.A.	1.500	1.500
10/06	Bancos-conta de movimento – Banco Azul S.A. a Receita de serviços Valor da nota fiscal nº 001, referente à prestação de serviços de assistência técnica, conforme recibo nº 0002	5.000	5.000
30/06	Despesa de salários a Bancos-conta de movimento – Banco Azul S.A. Pagos os salários do mês de junho, conforme recibos	1.600	1.600
10/07	Duplicatas a receber a Receita de serviços Valor da nota fiscal nº 002, fatura nº 001-A, referente a serviços prestados a Tainha S.A.	6.000	6.000
28/07	Contas a pagar a Bancos-conta de movimento – Banco Azul S.A. Paga duplicata nº 538-A, de Domi, referente à compra de móveis, conforme nota fiscal nº 46527	300	300
		114.400	114.400

INICIANTE & CIA. LTDA.
Lançamentos no razão (Conta T)

Bancos – conta de movimento Banco Azul S.A

Débito	Crédito
(2) 50.000	1.600 (5)
(4) 5.000	300 (7)
55.000	1.900
	53.100
55.000	55.000
53.100	

Caixa

Débito	Crédito
(1) 50.000	50.000 (2)

Capital social

Débito	Crédito
	50.000 (1)

Móveis e utensílios

Débito	Crédito
(3) 1.500	

Contas a pagar

Débito	Crédito
(7) 300	1.500 (3)
1.200	
1.500	1.500
	1.200

Receita de serviços

Débito	Crédito
	5.000 (4)
	6.000 (6)
	11.000

Despesas de salários

Débito	Crédito
(5) 1.600	

Duplicatas a receber

Débito	Crédito
(6) 6.000	

c) Extração do balancete de verificação:

INICIANTE & CIA. LTDA.
Balancete de verificação
em 31/07/19XA

Contas	Saldos devedores $	Saldos credores $
Bancos - conta de movimento	53.100	
Móveis e utensílios	1.500	
Duplicatas a receber	6.000	
Contas a pagar		1.200
Capital social		50.000
Despesa de salários	1.600	
Receita de serviços		11.000
	62.200	62.200

Exercício nº 10

CONSULTOR LTDA.
Lançamentos no livro diário geral

CONSULTOR LTDA. – Diário Geral Fl. 1			
Data	**Histórico**	**Débito**	**Crédito**
19XA 01/02	Bancos – conta de movimento a Capital social (Histórico...)	100.000	 100.000
15/02	Despesa com material de escritório a Contas a pagar (Histórico...)	2.000	 2.000
01/03	Móveis e utensílios a Bancos-conta de movimento (Histórico...)	4.000	 4.000
07/03	Veículos a Diversos Bancos-conta de movimento Contas a pagar (Histórico...)	20.000	 4.000 16.000
08/03	Despesas de salário a Bancos-conta de movimento (Histórico...)	5.000	 5.000
09/03	Despesas de aluguel a Bancos-conta de movimento (Histórico...)	1.500	 1.500
10/04	Bancos-conta de movimento a Receita de serviços (Histórico...)	10.000	 10.000
15/04	Duplicatas a receber a Receita de serviços (Histórico...)	7.000	 7.000
		149.500	149.500

CONSULTOR LTDA. – Diário Geral Fl. 2			
Data	**Histórico**	**Débito**	**Crédito**
19XA 25/04	Contas a pagar a Bancos-conta de movimento (Histórico...)	2.000	2.000
30/04	Contas a pagar a Bancos-conta de movimento (Histórico...)	2.500	2.500
02/05	Diversos Bancos-conta de movimento Duplicatas a receber a Receita de serviços (Histórico...)	7.500 7.500	15.000
15/05	Bancos-conta de movimento a Duplicatas a receber (Histórico...)	7.000	7.000
30/05	Bancos-conta de movimento a Titulos a pagar a bancos (Histórico...)	12.000	12.000
05/06	Caixa a Bancos-conta de movimento (Histórico...)	1.000	1.000
10/06	Despesas diversas a Caixa (Histórico...)	500	500
15/06	Despesas de impostos a Bancos-conta de movimento (Histórico...)	1.600	1.600
30/06	Móveis e utensílios a Contas a pagar (Histórico...)	5.500	5.500
		47.100	47.100

CONSULTOR LTDA.
Lançamento no razão (Conta T)

Bancos - conta de movimento

Débito	Crédito
(1) 100.000	4.000 (3)
(7) 10.000	4.000 (4)
(11) 7.500	5.000 (5)
(12) 7.000	1.500 (6)
(13) 12.000	2.000 (9)
	2.500 (10)
	1.000 (14)
	1.600 (16)
136.500	21.600
	114.900
136.500	136.500
114.900	

Capital social

Débito	Crédito
	100.000 (1)

Despesa material de escritório

Débito	Crédito
(2) 2.000	

Caixa

Débito	Crédito
(14) 1.000	500 (15)
	500
1.000	1.000
500	

Móveis e Utensílios

Débito	Crédito
(3) 4.000	
(17) 5.500	
9.500	

Veículos

Débito	Crédito
(4) 20.000	

CONSULTOR LTDA.
Lançamentos no razão (Conta T) – (continuação)

Contas a pagar

(9) 2.000	2.000 (2)
(10) 2.500	16.000 (4)
	5.500 (17)
4.500	23.500
19.000	
23.500	23.500
	19.000

Despesa de salários

(5) 5.000	

Despesa de aluguel

(6) 1.500	

Receita de serviços

	10.000 (7)
	7.000 (8)
	15.000 (11)
	32.000

Duplicatas a receber

(8) 7.000	7.000 (12)
(11) 7.500	
14.500	7.000
	7.500
14.500	14.500
7.500	

Títulos a pagar

	12.000 (13)

Despesas diversas

(15) 500	

Despesa de impostos

(16) 1.600	

CONSULTOR LTDA.
Balancete de verificação
em 30/06/19XA

Contas	Saldos devedores $	Saldos credores $
Bancos - conta de movimento	114.900	
Caixa	500	
Móveis e utensílios	9.500	
Veículos	20.000	
Duplicatas a receber	7.500	
Capital social		100.000
Contas a pagar		19.000
Títulos a pagar a bancos		12.000
Lucro do período		21.400*
	152.400	152.400

	$
Receita de serviços	32.000
Despesas:	
Despesas de material de escritório	2.000
Despesas de salários	5.000
Despesas de aluguel	1.500
Despesas diversas	500
Despesas de impostos	1.600
Total..	10.600
Lucro (receita menos despesas)	21.400

* Apuração do lucro do período

Exercício nº 11

COMPANHIA VERIFICADA

Balancete de verificação em 31/07/19XA

Contas	Saldos devedores $	Saldos credores $
Caixa	3.000	
Duplicatas a receber	86.500	
Bancos - conta de movimento	137.300	
Imóveis	105.000	
Móveis e utensílios	41.550	
Capital social		200.000
Títulos a pagar		33.400
Duplicatas a pagar		28.300
Despesas de salários	13.200	
Despesas com encargos sociais	5.200	
Despesas de impostos	21.450	
Despesas de juros	12.300	
Receita de serviços		151.800
Receita de aluguel		12.000
	425.500	425.500

Exercício nº 12

EMPRESA BRASILEIRA DE SERVIÇOS S.A.

Balancete de verificação em 28/02/19XA

Contas	Saldos devedores $	Saldos credores $
Móveis e utensílios	35.000	
Caixa	3.700	
Duplicatas a receber	93.100	
Veículos	53.000	
Títulos a receber	38.400	

Contas	Saldos devedores $	Saldos credores $
Imóveis	50.500	
Capital social		70.000
Duplicatas a pagar		23.100
Empréstimos a pagar		48.000
Resultado do período (lucro)		132.600
	273.700	273.700

Exercício nº 13

COMPANHIA DIAMANTE

Balancete de verificação em 31/10/19XA

Contas	Saldos devedores $	Saldos credores $
Ações de outras companhias	40.000	
Veículos	30.000	
Edifícios	100.000	
Outras contas a receber	22.000	
Bancos - conta de movimento	81.000	
Duplicatas a receber	80.000	
Empréstimo bancário		72.000
Capital social		82.000
Salários a pagar		3.000
Duplicatas a pagar		25.000
Despesas de salários	56.000	
Despesas de propaganda	8.000	
Despesas com impostos	30.000	
Despesas de juros	5.000	
Receita de comissões		70.000
Receita de serviços		200.000
	452.000	452.000

Exercícios nº 14

PENINHA & CIA. LTDA.

a) Lançamentos em conta T:

Bancos – conta de movimento	
(1)200.000	47.500 (2)
(7) 25.000	300 (4)
	2.500 (6)
	15.000 (8)
	3.000 (9)
	1.500 (10)
225.000	69.800
	155.200
225.000	225.000
155.200	

Capital social	
	200.000 (1)

Estoque	
(2) 47.500	15.400 (5a)
(3) 1.200	23.000 (7a)
(4) 300	7.000 (11)
(8) 35.000	
84.000	45.400
	38.600
84.000	84.000
38.600	

Fretes a pagar	
	1.200 (3)

Vendas	
	30.000 (5)
	45.000 (7)
	75.000

Duplicatas a receber	
(5) 30.000	
(7) 20.000	
50.000	

Custo das mercadorias vendidas	
(5a) 15.400	
(7a) 23.000	
38.400	

Despesa de aluguéis	
(6) 2.500	

Duplicatas a pagar

Débito	Crédito
(11) 7.000	20.000 (8)
13.000	
20.000	20.000
	13.000

Despesas de salários

Débito	Crédito
(9) 3.000	

Despesas de comissões

Débito	Crédito
(10) 1.500	

b) Balancete de verificação em 31/08/19XA:

Contas	**Saldos devedores** $	**Saldos credores** $
Bancos - conta de movimento	155.200	
Estoque	38.600	
Duplicatas a receber	50.000	
Capital social		200.000
Fretes a pagar		1.200
Duplicatas a pagar		13.000
Custo das mercadorias vendidas	38.400	
Despesas de aluguéis	2.500	
Despesas de salários	3.000	
Despesas de comissões	1.500	
Vendas		75.000
	289.200	289.200

Exercício nº 15

ANDORINHA S.A.

a) Lançamentos em conta T:

Bancos

	50.000	29.400	(1)
(2)	40.000	400	(5)
(3)	34.000	2.000	(6)
(13)	14.500	10.000	(7)
		8.000	(8)
		200	(10)
		15.000	(12)
		12.000	(14)
	138.500	77.000	
		61.500	
	138.500	138.500	
	61.500		

Estoques

	75.000	24.500	(3a)
(1)	29.400	29.400	(4)
(8)	20.000	28.000	(9a)
(11a)	7.000	10.500	(13a)
(15a)	10.500		
	141.900	92.400	
		49.500	
	141.900	141.900	
	49.500		

CMV

	83.000	7.000	(11a)
(3a)	24.500	10.500	(15a)
(9a)	28.000		
(13a)	10.500		
	146.000	17.500	
		128.500	
	146.000	146.000	
	128.500		

Despesas de impostos e taxas

(14)	12.000		

Contas a pagar

		14.500	(15)

Vendas

		120.000	
		35.000	(3)
		40.000	(9)
		15.000	(13)
		210.000	

Duplicatas a receber

	150.000	40.000	(2)
(9)	40.000	10.000	(11)
	190.000	50.000	
		140.000	
	190.000	190.000	
	140.000		

Contas a receber

(4)	29.400		

Despesas de comissões

(5)	400		

Despesas de salário

Débito	Crédito
7.000	
(6) 2.000	
9.000	

Despesa de aluguel

Débito	Crédito
2.000	

Despesas diversas

Débito	Crédito
500	
(10) 200	
700	

Capital

Débito	Crédito
	147.500

Títulos a pagar

Débito	Crédito
(7) 10.000	30.000
20.000	
30.000	30.000
	20.000

Fornecedores

Débito	Crédito
(12) 15.000	70.000
	12.000 (8)
15.000	82.000
67.000	
82.000	82.000
	67.000

Descontos concedidos

Débito	Crédito
(3) 1.000	500 (15)
(13) 500	
1.500	500
	1.000
1.500	1.500
1.000	

Devolução de vendas

Débito	Crédito
(11) 10.000	
(15) 15.000	
25.000	

b) Balancete de verificação em 31/12/19XA:

Contas	Saldos devedores $	Saldos credores $
Bancos	61.500	
Estoque	49.500	
Duplicatas a receber	140.000	
Contas a receber	29.400	

Contas a pagar		14.500
Capital		147.500
Títulos a pagar		20.000
Fornecedores		67.000
CMV	128.500	
Despesas de impostos e taxas	12.000	
Despesas de comissões	400	
Despesas de salário	9.000	
Despesa de aluguel	2.000	
Despesas diversas	700	
Descontos concedidos	1.000	
Devolução de vendas	25.000	
Vendas		210.000
	459.000	459.000

Exercício nº 16

CIA. ALBATROZ

a) Lançamentos em conta T:

Banco Azul

	Débito	Crédito	
	25.000	55.000	(3)
(2)	80.000	50.000	(8)
(5)	30.000	10.000	(9)
(6)	9.000	4.000	(9a)
(7)	180.000	4.000	(11)
(18)	36.000	11.000	(13)
(19)	150.000	2.000	(13a)
(24)	50.000	130.000	(14)
		114.000	(17)
		30.000	(20)
		43.700	(21)
		5.000	(22)
		49.000	(23a)
		15.000	(23b)
		5.000	(23c)
		2.500	(25)
	560.000	530.200	
		29.800	
	560.000	560.000	
	29.800		

Estoque

	Débito	Crédito	
	500.000	105.000	(5a)
(3)	110.000	140.000	(7a)
(10a)	21.000	127.400	(16)
(15)	127.400	126.000	(18a)
(17)	114.000		
(21)	43.700		
(21a)	2.000		
	918.100	498.400	
		419.700	
	918.100	918.100	
	419.700		

Custo das mercadorias vendidas

	Débito	Crédito	
	750.000	21.000	(10a)
(5a)	105.000		
(7a)	140.000		
(18a)	126.000		
	1.121.000	21.000	
		1.100.000	
	1.121.000	1.121.000	
	1.100.000		

Caixa

	5.000	80.000	(2)
(1)	87.000	3.000	(4)
		9.000	(6)
	92.000	92.000	

Duplicatas a receber

	300.500	87.000	(1)
(5)	120.000	30.000	(10)
(18)	144.000	150.000	(19)
	564.500	267.000	
		297.500	
	564.500	564.500	
	297.500		

Vendas

		899.500	
		150.000	(5)
		200.000	(7)
		180.000	(18)
		1.429.500	

Veículos

12.000	

Imóveis

50.000	

Móveis e utensílios

10.000	

Fornecedores

(14)	130.000	250.000	
(16)	127.400	55.000	(3)
(23a)	49.000	127.400	(15)
	306.400	432.400	
	126.000		
	432.400	432.400	
		126.000	

Títulos a pagar

(8)	50.000	75.000
(23c)	5.000	
	55.000	75.000
	20.000	
	75.000	75.000
		20.000

Marcas e patentes

2.000	

Investimentos em sociedades coligadas

100.000	

Financiamentos bacários

	400.000

Despesas de aluguel

	12.000	
(9a)	4.000	
(12a)	2.000	
	18.000	

Despesas de material de escritório

	3.500	
(11)	4.000	
	7.500	

Despesas diversas

	5.000	
(25)	2.500	
	7.500	

Receita de serviços

	13.500

Descontos concedidos

(7)	20.000	

Devolução de vendas

(10)	30.000	

Salários a pagar

(13)	11.000	11.000	(12)

Aluguel a pagar

(13a)	2.000	2.000	(12a)

Despesas de frete

(22)	5.000	

Despesas de salários

	Débito	Crédito
	83.000	
(4)	3.000	
(9)	10.000	
(12)	11.000	
	107.000	

Despesas de propaganda

	Débito	Crédito
(20)	30.000	

Fretes a pagar

Débito	Crédito	
	2.000	(21a)

Capital social

Débito	Crédito	
	250.000	
	50.000	(24)
	300.000	

Contas a pagar

	Débito	Crédito
(23b)	15.000	25.000
	10.000	
	25.000	25.000
		10.000

Despesas de comissões

Débito	Crédito
55.000	

b) Balancete de verificação em 31/11/19XA:

Contas	Saldos devedores $	Saldos credores $
Bancos - conta de movimento	29.800	
Duplicatas a receber	297.500	
Estoque	419.700	
Imóveis	50.000	
Móveis e utensílios	10.000	
Veículos	12.000	
Marcas e patentes	2.000	
Investimentos em sociedades coligadas	100.000	
Fornecedores		126.000
Títulos a pagar		20.000
Contas a pagar		10.000
Financiamentos bancários		400.000
Fretes a pagar		2.000
Capital social		300.000
Custo das mercadorias vendidas	1.100.000	
Despesas de salários	107.000	
Despesas de comissões	55.000	
Despesas de aluguel	18.000	
Despesas de material de escritório	7.500	
Despesas diversas	7.500	
Descontos concedidos	20.000	
Devolução de vendas	30.000	

Despesas de propaganda	30.000	
Despesas de frete	5.000	
Vendas		1.429.500
Receita de serviços		13.500
	2.301.000	2.301.000

Exercício nº 17

PELICANO S.A.

a) Lançamentos em conta T:

Se você não chegou aos mesmos resultados do balancete de verificação abaixo demonstrado, refaça os lançamentos procurando o erro.

b) Balancete de verificação em 30/06/19XA:

Contas	**Saldos devedores** $	**Saldos credores** $
Bancos	47.700	
Duplicatas a receber	338.000	
Estoque	294.100	
Acionistas – capital a integralizar	9.400	
Imóveis	86.000	
Móveis e utensílios	69.500	
Veículos	40.000	
Empréstimos a pagar		50.000
Fornecedores		141.000
Contas a pagar		10.000
Capital social		400.000
Custo de mercadorias vendidas	680.800	
Despesas de salários	46.000	
Despesas de comissões	25.000	
Despesas de viagens	18.000	
Despesas de conservação da loja	3.600	
Honorários da diretoria	36.000	
Despesas de juros	13.100	
Despesas de frete	2.800	
Descontos concedidos	1.000	
Devolução de vendas	12.000	
Vendas		1.122.000
	1.723.000	1.723.000

Exercício nº 18

VERDE MAR S.A. – VEMASA

Contabilização das transações em conta T:

Estoque

(1) 90.000	90.000 (2b)

ICMS - conta corrente

(1) 10.000	25.000 (2a)
(3) 15.000	
25.000	25.000

Fornecedores

	100.000 (1)

Duplicatas a receber

(2)250.000	

CMV

(2b) 90.000	

Bancos

	15.000 (3)

ICMS faturado

(2a) 25.000	

Vendas

	250.000 (2)

Exercício nº 19

AZUL MAR S/A – AZMASA

Contabilização das transações:

Duplicatas a receber

(1) 15.750	

Receita de serviços

	15.750 (1)

ISS faturado

(2) 750	

Despesa com PIS	
(4) 102	

ISS a recolher	
(3) 750	750 (2)

Bancos	
	750 (3)

PIS a recolher	
	102 (4)

Despesa com FINSOCIAL	
(5) 315	

FINSOCIAL a recolher	
	315 (5)

Exercício nº 20

CIA. MANAUS

a) Lançamentos em conta T:

Bancos	
113.000	

Duplicatas a receber	
348.000	

Estoque	
297.000	

Fornecedores	
	192.000

Contas a pagar	
	17.000

Capital social	
	500.000

Despesas de comissões	
28.000	

Despesas de aluguel	
22.000	
(2) 2.000	
24.000	

Despesas de viagens	
15.000	

Provisão para imposto de renda e adicional	
	83.475 (46)

Salários a pagar	
	15.000 (1)

Aluguéis a pagar	
	2.000 (2)

Despesa com imposto de renda

Débito	Crédito
(4b) 83.475	

Despesas de juros

Débito	Crédito
13.000	
(3) 4.000	
17.000	

Empréstimos bancários

Débito	Crédito
	59.000

Imóveis

Débito	Crédito
212.000	

Móveis e utensílios

Débito	Crédito
53.000	

Veículos

Débito	Crédito
31.000	

Custo das mercadorias vendidas

Débito	Crédito
313.000	

Despesas de salários

Débito	Crédito
165.000	
(1) 15.000	
180.000	

Honorários da diretoria

Débito	Crédito
72.000	

Vendas

Débito	Crédito
	914.000

Juros a pagar

Débito	Crédito
	4.000 (3)

Despesa com contribuição social

Débito	Crédito
(4a) 26.500	

Provisão para contribuição social

Débito	Crédito
	26.500 (4a)

	$
Despesas	
Custo das mercadorias vendidas	313.000
Despesas de salários	180.000
Despesas de comissões	28.000
Despesas de aluguel	24.000
Despesas de viagem	15.000

Honorários da diretoria	72.000
Despesas de juros	17.000
	649.000
Receita	
Vendas	914.000
Lucro antes dos impostos	265.000
Contribuição social (10%)	(26.500)
	238.500
Imposto de renda e adicional (35%)	(83.475)
Lucro após impostos	155.025

b) Balancete de verificação:

CIA. MANAUS
Balancete de verificação
em 31/12/19XA

Contas	Saldos devedores $	Saldos credores $
Bancos	113.000	
Duplicatas a receber	348.000	
Estoque	297.000	
Imóveis	212.000	
Móveis e utensílios	53.000	
Veículos	31.000	
Fornecedores		192.000
Contas a pagar		17.000
Empréstimos bancários		59.000
Salários a pagar		15.000
Aluguéis a pagar		2.000
Juros a pagar		4.000
Provisão para contribuição social		26.500
Provisão para imposto de renda e adicional		83.475
Capital social		500.000
Custo das mercadorias vendidas	313.000	
Despesas de salários	180.000	
Despesas de comissões	28.000	
Despesas de aluguel	24.000	
Despesas de viagens	15.000	
Honorários da diretoria	72.000	

Despesas de juros	17.000	
Despesa com imposto de renda e adicional	83.475	
Despesa com contribuição social	26.500	
Vendas		914.000
	1.812.975	1.812.975

Exercício nº 21

CIA. BELÉM

Explicação: Em 31/12/19XA a companhia já havia se utilizado do empréstimo pelo período de dois meses (novembro e dezembro). Portanto, o valor da despesa de juros realizada mas não paga no período corresponde a 2% (12% ao ano ou 1% ao mês) sobre o saldo do empréstimo. Assim, o total de juros a pagar em 31/12/19XA será:

$$\text{Juros} = 2\% \times \$\ 1.000.000 = \$\ 20.000$$

Lançamento:

		$	$
Débito:	Despesa de juros	20.000	
Crédito:	Encargos financeiros a pagar		20.000

Exercício nº 22

COMERCIAL SALVADOR S/A.

1. Resumo das liberações até 31/12/19XA:

Data da liberação	Valor da liberação	Saldo devedor
	$	$
15/08/19XA	1.000.000	1.000.000
15/10/19XA	1.000.000	2.000.000
15/12/19XA	1.000.000	3.000.000

2. Cálculo dos juros (1% ao mês):

a) Juros pagos em 15/11/19XA

Período	Tempo	Taxa de juros do período	X	Saldo devedor	=	Valor dos juros
				$		$
De 15/08/19XA a 15/10/19XA	2 meses	2%		1.000.000		20.000
De 15/10/19XA a 15/11/19XA	1 mês	1%		2.000.000		20.000
						40.000

Os juros do trimestre também poderiam ser calculados da seguinte forma:

1ª liberação: $ 1.000.000, utilizados entre 15/08 e 15/11/19XA = 3 meses = 3%
2ª liberação: $ 1.000.000, utilizados entre 15/10 e 15/11/19XA = 1 mês = 1%

Juros da 1ª liberação: $ 1.000.000 × 3% =	$ 30.000
Juros da 2ª liberação: $ 1.000.000 × 1% =	$ 10.000
	$ 40.000

b) Juros a pagar em 31/12/19XA

1ª e 2ª liberações: $ 2.000.000, utilizados de 15/11 a 31/12/19XA = 1,5 mês = 1,5%
3ª liberação: $ 1.000.000, utilizados de 15/12 a 31/12/19XA = 0,5 mês = 0,5%

Juros da 1ª e 2ª liberações = $ 2.000.000 × 1,5% =	$ 30.000
Juros da 3ª liberação = $ 1.000.000 x 0,5% =	$ 5.000
Juros a serem provisionados em 31/12/19XA =	$ 35.000

3. Lançamento contábil da provisão:

		$	$
Débito:	Despesas de juros	35.000	
Crédito:	Encargos financeiros a pagar		35.000

Exercício nº 23

Afirmativas corretas: **2, 5, 6, 7(b), 7(d), 8, 10**
Afirmativas incorretas:

1. Essa é a definição de *resultado do exercício.*

3. Quanto à natureza, as provisões são de dois tipos: para despesas e perdas e para a redução ou retificação do ativo. As provisões para despesas e perdas são aquelas indicadas nas afirmativas 3(a) e 3(b).

4. Existem dois tipos (ver resposta anterior).

7(a) e 7(c). Essas são provisões para despesas e perdas certas e conhecidas.

9. O crédito do lançamento da provisão para a redução ou retificação de ativos *não* é feito em conta representativa de exigibilidade; o débito, sim, é sempre feito em conta de despesa do exercício.

Exercício nº 24

CIA. PÓLO NORTE

a) Custo das mercadorias vendidas:

CMV = EI + C – EF
CMV = $ 12.000 + $ 63.000 – $ 7.000
CMV = $ 75.000 – $ 7.000 = $ 68.000

b) Contabilização do CMV:

Estoque

Débito	Crédito
(saldo) 75.000	68.000 (1)
	7.000
75.000	75.000
7.000	

CMV

Débito	Crédito
(1) 68.000	

Exercício nº 25

CIA. PÓLO SUL

a) Determinação do valor do estoque final (método PEPS, 25 unidades do produto Y em estoque em 31/12/19XD):

	$
5 unidades adquiridas em 02/11 a $ 382	1.910
10 unidades adquiridas em 08/09 a $ 365	3.650
10 unidades adquiridas em 06/05 a $ 350	3.500
25	9.060

b) Determinação do CMV;

	$
Estoque inicial	12.000
Compras em 19XD	19.560
	31.560
Estoque final em 31/12/19XD	9.060
Custo das vendas	22.500

c) Contabilização do custo das mercadorias vendidas:

Estoque

(*) 31.560	22.500 (1)
	9.060
31.560	31.560
9.060	

CMV

(1) 22.500	

Exercício nº 26

Cálculo do estoque inicial:

EI + C – EF = CMV; EI = CMV – C + EF
EI = $ 93.000 – $ 48.000 + $ 18.000
EI = $ 63.000

Exercício nº 27

Valor da diferença entre estoque físico e contábil:

	$
Estoque físico	39.000
Estoque contábil	42.000
Diferença (falta)	3.000

Contabilização:

Estoque

(**) 42.000	3.000 (1)
	39.000
42.000	42.000
39.000	

CMV

(1) 3.000	

* Estoque inicial mais compras.

** Saldo antes do lançamento.

Exercício nº 28

1. Pelo sistema de inventário permanente

a) Método PEPS:

Ficha de controle de estoque

Data	*Entradas* Q.	C. Unit.	Total	*Saídas* Q.	C. Unit.	Total	*Saldo* Q.	C. Unit.	Total
27/11/19XB							3	200	600
30/12/19XB							1	220	220
							4		820
15/01/19XC				3	200	600			
				1	220	220			
				4		820	0	0	0
28/02/19XC	6	220	1.320				6	220	1.320
18/03/19XC				2	220	440	4	220	880
29/04/19XC	10	215	2.150				4	220	880
							10	215	2.150
							14		3.030
05/05/19XC				4	220	880	6	215	1.290
				4	215	860			
				8		1.740			
10/05/19XC				(3)	215	(645)	9	215	1.935
30/06/19XC				5	215	1.075	4	215	860
05/09/19XC	8	225	1.800				4	215	860
							8	225	1.800
							12		2.660
10/11/19XC				4	215	860	2	225	450
				6	225	1.350			
				10		2.210			
17/11/19XC				(2)	225	(450)	4	225	900
18/11/19XC	4	226	904				4	225	900
							4	226	904
							8		1.804

Resumo

	$
Estoque inicial	820
Compras	6.174
Estoque final	(1.804)
CMV	5.190

	$
Vendas líquidas	11.240
CMV	5.190
Lucro bruto sobre vendas	6.050

b) Método de custo médio corrente:

Ficha de controle de estoque

Data	Entradas Q.	Entradas C. Unit.	Entradas Total	Saídas Q.	Saídas C. Unit.	Saídas Total	Saldo Q.	Saldo Total	Saldo C. Médio
31/12/XB							4	820	205,00
15/01/XC				4	205,00	820	0	0	0
28/02/XC	6	220,00	1.320				6	1.320	220,00
18/03/XC				2	220,00	440	4	880	220,00
29/04/XC	10	215,00	2.150				14	3.030	216,43
05/05/XC				8	216,43	1.731	6	1.299	216,43
10/05/XC				(3)	216,43	(649)	9	1.948	216,43
30/06/XC				5	216,43	1.082	4	866	216,43
05/09/XC	8	225,00	1.800				12	2.666	222,16
10/11/XC				10	222,16	2.222	2	444	222,16
17/11/XC				(2)	222,16	(444)	4	888	222,16
18/11/XC	4	226,00	904				8	1.792	224,00

Resumo

	$
Estoque inicial	820
Compras	6.174
Estoque final	(1.792)
CMV	5.202

	$
Vendas líquidas	11.240
CMV	5.202
Lucro bruto sobre vendas	6.038

2. Pelo sistema de inventário periódico

a) Método PEPS:

APURAÇÃO

Estoque final (valorizado pelas últimas compras)

	$
4 unidades adquiridas em 18/11/19XC a $ 226 cada =	904
4 unidades adquiridas em 05/09/19XC a $ 225 cada =	900
8	1.804

Custo das mercadorias vendidas
CMV = $ 820 + $ 6.174 – $ 1.804 = $ 5.190

Lucro bruto sobre vendas

	$
Vendas líquidas	11.240
CMV	5.190
Lucro bruto	6.050

CONTABILIZAÇÃO

Estoques

	Débito	Crédito	
	820	5.190	(12)
(2)	1.320		
(4)	2.150		
(8)	1.800		
(11)	904		
	6.994	5.190	
		1.804	
	6.994	6.994	
	1.804		

Bancos

	Débito	Crédito	
(1)	1.800	1.320	(2)
(3)	900	2.150	(4)
(5)	3.760	1.410	(6)
(7)	2.350	1.800	(8)
(9)	4.800	960	(10)
		904	(11)
	13.610	8.544	
		5.066	
	13.610	13.610	
	5.066		

Vendas

	Débito	Crédito	
(6)	1.410	1.800	(1)
(10)	960	900	(3)
		3.760	(5)
		2.350	(7)
		4.800	(9)
	2.370	13.610	
	11.240		
	13.610	13.610	
		11.240	

CMV

	Débito	Crédito
(12)	5.190	

b) Método de custo médio periódico:

APURAÇÃO

Estoque final

Cálculo do custo médio unitário

	Q	$
Estoque inicial	4	820
Compras	28	6.174
	32	6.994

Custo médio unitário: $ 6.994 ÷ 32 = $ 218,56

Estoque final = 8 unidades × $ 218,56 = $ 1.748

Custo das mercadorias vendidas

CMV = $ 820 + $ 6.174 – $ 1.748 = $ 5.246

Lucro bruto sobre vendas

	$
Vendas líquidas	11.240
CMV	5.246
Lucro bruto	5.994

CONTABILIZAÇÃO

Estoques

Débito	Crédito
820	5.246 (12)
(2) 1.320	
(4) 2.150	
(8) 1.800	
(11) 904	
6.994	5.246
	1.748
6.994	6.994
1.748	

Bancos

Débito	Crédito
(1) 1.800	1.320 (2)
(3) 900	2.150 (4)
(5) 3.760	1.410 (6)
(7) 2.350	1.800 (8)
(9) 4.800	960 (10)
	904 (11)
13.610	8.544
	5.066
13.610	13.610
5.066	

Vendas

Débito	Crédito
(6) 1.410	1.800 (1)
(10) 960	900 (3)
	3.760 (5)
	2.350 (7)
	4.800 (9)
2.370	13.610
11.240	
13.610	13.610
	11.240

CMV

Débito	Crédito
(12) 5.246	

COMPARAÇÃO DOS RESULTADOS OBTIDOS PELA APLICAÇÃO DE CADA MÉTODO

	Estoque final $	CMV $	Lucro bruto $
1. Sistema de inventário permanente			
a) Método PEPS	1.804	5.190	6.050
b) Método de custo médio corrente	1.792	5.202	6.038
2. Sistema de inventário periódico			
a) Método PEPS	1.804	5.190	6.050
b) Método de custo médio periódico	1.748	5.246	5.994

Exercício nº 29

1. Pelo sistema de inventário permanente

a) Método PEPS:

Ficha de controle de estoque

Data	Entradas Quant.	Entradas C. Unit.	Entradas Total	Saídas Quant.	Saídas C. Unit.	Saídas Total	Saldo Quant.	Saldo C. Unit.	Saldo Total
08/10/19XD							100	100	10.000
02/12/19XD							150	105	15.750
							250		25.750
31/01/19XE				100	100	10.000			
				130	105	13.650	20	105	2.100
				230		23.650			
03/02/19XE	200	108	21.600				20	105	2.100
							200	108	21.600
							220		23.700
08/03/19XE				20	105	2.100			
				160	108	17.280	40	108	4.320
				180		19.380			
08/05/19XE	300	105	31.500				40	108	4.320
							300	105	31.500
							340		35.820

Ficha de controle de estoque (continuação)

Data	Entradas			Saídas			Saldo		
	Quant.	C. Unit.	Total	Quant.	C. Unit.	Total	Quant.	C. Unit.	Total
09/06/19XE				40	108	4.320			
				230	105	24.150	70	105	7.350
				270		28.470			
15/06/19XE				(40)	105	(4.200)	110	105	11.550
13/08/19XE	450	100	45.000				110	105	11.550
							450	100	45.000
							560		56.550
20/11/19XE	150	115	17.250				110	105	11.550
							450	100	45.000
							150	115	17.250
							710		73.800
30/11/19XE				110	105	11.550	80	100	8.000
				370	100	37.000	150	115	17.250
				480		48.550	230		25.250

Resumo

	$		$
Estoque inicial	25.750	Vendas líquidas	278.850
Compras	115.350	CMV	115.850
Estoque final	(25.250)		
CMV	115.850	Lucro bruto sobre vendas	163.000

Contabilização

Estoques

	Débito	Crédito	
	25.750	23.650	(1a)
(2)	21.600	19.380	(3a)
(4)	31.500	28.470	(5a)
(6a)	4.200	48.550	(9a)
(7)	45.000		
(8)	17.250		
	145.300	120.050	
		25.250	
	145.300	145.300	
	25.250		

Duplicatas a receber

	Débito	Crédito	
(1)	57.500	9.800	(6)
(3)	45.000		
(5)	66.150		
(9)	120.000		
	288.650	9.800	
		278.850	
	288.650	288.650	
	278.850		

Fornecedores

	Débito	Crédito	
		21.600	(2)
		31.500	(4)
		45.000	(7)
		17.250	(8)
		115.350	

Vendas

	Débito	Crédito	
(6)	9.800	57.500	(1)
		45.000	(3)
		66.150	(5)
		120.000	(9)
	9.800	288.650	
	278.850		
	288.650	288.650	
		278.850	

CMV

	Débito	Crédito	
(1a)	23.650	4.200	(6a)
(3a)	19.380		
(5a)	28.470		
(9a)	48.550		
	120.050	4.200	
		115.850	
	120.050	120.050	
	115.850		

b) Método PEPS;

Ficha de controle de estoque

Data	Entradas			Saídas			Saldos		
	Quant.	C. Unit.	Total	Quant.	C. Unit.	Total	Quant.	Total	Custo Médio
31/12/19XD							250	25.750	103,00
31/01/19XE				230	103,00	23.690	20	2.060	103,00
03/02/19XE	200	108,00	21.600				220	23.660	107,55
08/03/19XE				180	107,55	19.359	40	4.301	107,55
08/05/19XE	300	105,00	31.500				340	35.801	105,30
09/06/19XE				270	105,30	28.431	70	7.370	105,30
15/06/19XE				(40)	105,30	(4.212)	110	11.582	105,30
13/08/19XE	450	100,00	45.000				560	56.582	101,04
20/11/19XE	150	115,00	17.250				710	73.832	103,99
30/11/19XE				480	103,99	49,915	230	23.917	103,99

Resumo

	$		$
Estoque inicial	25.750	Vendas líquidas	278.850
Compras	115.350	CMV	117.183
Estoque final	(23.917)	Lucro bruto sobre vendas	161.667
CMV	117.183		

Contabilização

Estoques

	Débito	Crédito	
	25.750	23.690	(1a)
(2)	21.600	19.359	(3a)
(4)	31.500	28.431	(5a)
(6a)	4.212	49.915	(9a)
(7)	45.000		
(8)	17.250		
	145.312	121.395	
		23.917	
	145.312	145.312	
	23.917		

Duplicatas a receber

	Débito	Crédito	
(1)	57.500	9.800	(6)
(3)	45.000		
(5)	66.150		
(9)	120.000		
	288.650	9.800	
		278.850	
	288.650	288.650	
	278.850		

Fornecedores

	Débito	Crédito	
		21.600	(2)
		31.500	(4)
		45.000	(7)
		17.250	(8)
		115.350	

Vendas

	Débito	Crédito	
(6)	9.800	57.500	(1)
		45.000	(3)
		66.150	(5)
		120.000	(9)
	9.800	288.650	
	278.850		
	288.650	288.650	
		278.850	

CMV

	Débito	Crédito	
(1a)	23.690	4.212	(6a)
(3a)	19.359		
(5a)	28.431		
(9a)	49.915		
	121.395	4.212	
		117.183	
	121.395	121.395	
	117.183		

2. *Pelo sistema de inventário periódico*

a) Método PEPS:

APURAÇÃO

— Estoque final

	$
150 kg adquiridos em 20/11/19XE a $ 115 cada =	17.250
80 kg adquiridos em 13/08/19XE a $ 100 cada =	8.000
230	25.250

— Custo das mercadorias vendidas

CMV = $ 25.750 + $ 115.350 – $ 25.250 = $ 115.850

— Lucro bruto sobre vendas

	$
Vendas líquidas	278.850
CMV	115.850
Lucro bruto	163.000

b) Método de custo médio periódico:

APURAÇÃO

— Estoque final

Cálculo do custo médio unitário

	$	$
Estoque inicial	250	25.750
Compras	1.100	115.350
	1.350	141.100

Custo médio unitário: $ 104,52
Estoque final = 230 kg × $ 104,52 = $ 24.040

— Custo das mercadorias vendidas

CMV = $ 25.750 + $ 115.350 – $ 24.040 = $ 117.060

— Lucro bruto sobre vendas

	$
Vendas líquidas	278.850
CMV	117.060
Lucro bruto	161.790

COMPARAÇÃO DOS RESULTADOS OBTIDOS PELA APLICAÇÃO DE CADA MÉTODO

	Estoque final $	CMV $	Lucro bruto $
1. Sistema de inventário permanente			
a) Método PEPS	25.250	115.850	163.000
b) Método de custo médio corrente	23.917	117.183	161.667
2. Sistema de inventário periódico			
a) Método PEPS	25.250	115.850	163.000
b) Método de custo médio periódico	24.040	117.060	161.790

Exercício nº 30

Nº de ordem	Classificação no balanço patrimonial
1	Ativo permanente – imobilizado
2	Ativo permanente – investimentos
3	Ativo permanente – investimentos
4	Ativo circulante
5	Patrimônio líquido
6	Passivo circulante
7	Ativo circulante
8	Ativo circulante
9	Ativo realizável a longo prazo
10	Ativo circulante
11	Ativo realizável a longo prazo
12	Passivo circulante
13	Passivo circulante
14	Ativo permanente imobilizado
15	Patrimônio líquido
16	Passivo exigível a longo prazo
17	Passivo circulante
18	Ativo circulante
19	Ativo permanente – investimentos
20	Ativo circulante
21	Ativo circulante
22	Ativo permanente – diferido

Exercício nº 31

CIA. ROSADA
Balanço patrimonial em 31/12/19XA

	$	$
ATIVO		
CIRCULANTE		
Bancos	350.000	
Duplicatas a receber	550.000	
Contas a receber	32.500	
Estoque	400.000	
Seguros pagos antecipadamente	12.000	1.344.500
REALIZÁVEL A LONGO PRAZO		
Títulos a receber		83.000
PERMANENTE		
Imobilizado		
Terrenos	160.000	
Edifícios	230.000	
Móveis e utensílios	28.000	418.000
		1.845.500
PASSIVO		
CIRCULANTE		
Fornecedores	413.000	
Empréstimos bancários	300.000	
Imposto de renda a pagar	63.000	
Contas a pagar	58.300	834.300
EXIGÍVEL A LONGO PRAZO		
Empréstimos bancários		300 000
PATRIMÔNIO LÍQUIDO		
Capital social	350.000	
Lucros acumulados	361.200	711.200
		1.845.500

Exercício nº 32

S.A. APOCALIPSE
Balanço patrimonial em 30/06/19XA

ATIVO	$	$
CIRCULANTE		
Caixa	2.000	
Bancos - conta de movimento	163.000	
Duplicatas a receber	293.000	
Contas a receber	7.500	
Estoque	214.900	
Seguros pagos antecipadamente	6.000	686.400
REALIZÁVEL A LONGO PRAZO		
Aplicações financeiras		87.300
PERMANENTE		
INVESTIMENTOS		
Ações de sociedades coligadas	100.000	
IMOBILIZADO		
Terrenos	50.000	
Edifícios	950.000	
Móveis e utensílios	18.000	
Veículos	20.000	
	1.038.000	1.138.000
		1.911.700
PASSIVO		
CIRCULANTE		
Empréstimos bancários	400.000	
Fornecedores	198.000	
Títulos a pagar	110.000	
Imposto de renda a pagar	40.000	
Contas a pagar	86.800	834.800
EXIGÍVEL A LONGO PRAZO		
Empréstimos bancários		400.000
RESULTADOS DE EXERCÍCIOS FUTUROS		
Receitas de exercícios futuros		48.600
PATRIMÔNIO LÍQUIDO		
Capital social	400.000	
Reserva legal	15.000	
Lucros acumulados	213.300	628.300
		1.911.700

Exercício nº 33

CIA. ERRADINHA

a) Erros na apresentação do balanço patrimonial:

1. O balanço patrimonial não indica a data em que foi levantado.
2. Ações de companhias coligadas devem ser classificadas como ativo permanente – investimentos (não há intenção de venda).
3. O nome do grupo é "Permanente – imobilizado", e não "Imobilizado permanente".
4. Ações de outras empresas devem ser classificadas como ativo permanente – investimentos.
5. A conta de prejuízos acumulados representa uma redução do patrimônio líquido e deve ser apresentada dedutivamente desse grupo do balanço.
6. As exigibilidades a vencer dentro de um ano são classificadas no grupo do passivo circulante e não como "exigível a curto prazo", termo inexistente.
7. 50% de títulos a pagar representam obrigações a longo prazo (exigível a longo prazo).
8. O nome correto do grupo é "patrimônio líquido" e não "patrimônio circulante".
9. Receitas de exercícios futuros devem ser classificadas no grupo "Resultados de exercícios futuros" e não no patrimônio líquido.

Exercício nº 34

CIA. CARAMURU

Reconciliação bancária em 31/08/19XA

CIA. CARAMURU
Reconciliação bancária para agosto de 19XA
Banco Charme S.A.

		$
Saldo do extrato em 31/08/19XA		530.000
Mais		
Débitos no extrato não correspondidos no razão		
20/08/19XA –	Seu aviso nº 11.115, referente à liquidação de nota promissória	10.000
25/08/19XA –	Cheque nº 695.543, nominal a P. César, não contabilizado pela companhia	45.000
28/08/19XA –	Cheque nº 695.548, nominal a Amaral S.A., não contabilizado pela companhia	30.000
30/08/19XA –	Seu aviso nº 12.999, referente à liquidação de nota promissória	15.000
		100.000
Débitos no razão não correspondidos no extrato		
28/08/19XA –	Seu aviso nº 13.100, relativo a cobranças, não contabilizado pelo banco	150.000
29/08/19XA –	Depósito – recibo nº 1.332	100.000
30/08/19XA –	Depósito – recibo nº 1.455	60.000
		310.000
Menos		
Créditos no extrato não correspondidos no razão		
30/08/19XA –	Seu aviso nº 13.412, referente à cobrança de duplicatas	80.000
31/08/19XA –	Seu aviso nº 14.809, relativo a juros cobrados por atraso no pagamento de duplicatas diversas	8.000
		88.000
Créditos no razão não correspondidos no extrato		
25/08/19XA –	Cheque nº 695.541; nominal à Cia. Zulu, não apresentado ao banco	80.000
28/08/19XA –	Seu aviso de débito nº 12.504, referente a despesas com desconto de notas promissórias, não contabilizado pelo banco	5.000
29/08/19XA –	Cheque nº 695.549, nominal à Cia. Caju, não apresentado ao banco	30.000
		115.000
Saldo do razão em 31/08/19XA		737.000

EXERCÍCIO Nº 35

CIA. BREJO RASO

— Cálculo da provisão em 31/12/19XA
$ 820.000 × 3% = $ 24.600

— Cálculo da provisão em 31/12/19XB
$ 750.000 × 3% = 22.500

— Cálculo do complemento a ser contabilizado

	$
Provisão de 19XA	24.600
Utilizada em 19XB (baixa de duplicatas)	(10.000)
	14.600
Provisão de 19XB	22.500
Complemento	7.900

— Contabilização

Duplicatas a receber

Débito	Crédito
	10.000 (2)

Provisão para devedores duvidosos

Débito	Crédito
(2) 10.000	24.600 (1)
	7.900 (3)
10.000	32.500
22.500	
32.500	32.500
	22.500

Exercício de 19XA Despesas com devedores duvidosos

Débito	Crédito
(1) 24.600	

Exercício de 19XB Despesas com devedores duvidosos

Débito	Crédito
(3) 7.900	

Exercício nº 36

CIA. BREJO FUNDO

Lançamento das transações em conta T*

Duplicatas a receber	
(Saldo) 850.000	490.000 (3a)
	150.000 (3c)
850.000	640.000
	210.000
850.000	850.000
210.000	

Bancos - conta de movimento	
(1)498.200	40.000 (3b)
(3c)150.000	
648.200	40.000
	608.200
648.200	648.200
608.200	

Duplicatas descontadas	
(3a)490.000	530.000 (1)
(3b) 40.000	
530.000	530.000

Despesas de juros	
(1) 31.800	

Exercício nº 37

PERIÓDICA S.A. COMÉRCIO E INDÚSTRIA

1. Preço líquido realizável

	$
Preço de venda	7.500
Imposto sobre venda	(375)
Despesas com venda	(300)
Margem de lucro	(2.250)
Preço líquido realizável	4.575

* Nota: as transações de nº 2 e 3d, no enunciado do exercício, não originam lançamentos contábeis; mesmo assim, o registro acima das transações obedeceu à sua ordem seqüencial.

2. Valor do estoque que deverá figurar no balanço patrimonial

Pelo custo: 45 cortadores × 4.700 cada = $ 211.500
Mercado: 5 cortadores × 4.575 cada = $ 205.875

O valor do estoque final a ser considerado é o de mercado, que é inferior ao de custo. Entretanto, no balanço patrimonial será apresentado o valor integral de estoque e, dedutivamente, o valor da provisão (ver item 3 abaixo) para desvalorização.

3. Lançamento contábil necessário

Despesa com desvalorização de estoque	
5.625	

Provisão para desvalorização de estoque	
	5.625

Exercício nº 38

S.A. CORRIGIDA

a) Cálculo da correção monetária do balanço:
— Movimentação das contas

	Movimentação das contas em MCO		
	Saldos 31/12/19XE*	**Adições e baixas em 19XF**	**Saldos 31/12/19XF**
ATIVO			
Terrenos	629	375	1.004
Veículos	233	–	233
Depreciação de veículos	(145)	(46)	(191)
Ações	113	–	113
Provisão para perda	(13)	–	(13)
	817	329	1.146
PATRIMÔNIO LÍQUIDO			
Capital social	1.132**	94	1.226
Reserva legal	126	–	126
Lucros acumulados	94	(94)	–
	1.352	–	1.352

* Valor em $ dividido pela cotação da MCO em dezembro de 19XE.
** Em MCO, o capital engloba as contas de capital social e de reserva de correção monetária do capital.

Valor da correção monetária (em moeda corrente) $

	Saldos em 31/12/19XE	Adições e baixas 19XF	Saldos antes da correção – 31/12/19XF	Saldo corrigido 31/12/19XF (*)	Valor da correção monetária
ATIVO					
Terrenos	100.000	60.000	160.000	171.684	11.684
Veículos	37.000	–	37.000	39.843	2.843
Depreciação de veículos	(23.000)	(7.700)	(30.700)	(32.661)	(1.961)
Ações	18.000	–	18.000	19.323	1.323
Provisão para perda	(2.000)	–	(2.000)	(2.223)	(223)
	130.000	52.300	182.300	195.966	13.666
PATRIMÔNIO LÍQUIDO					
Capital	150.000	45.000	195.000	195.000 (**)	–
Reserva de CM do capital	30.000	(30.000)	–	14.646 (**)	14.646
Reserva legal	20.000		20.000	21.546	1.546
Lucros acumulados	15.000	(15.000)	–	–	–
	215.000	–	215.000	231.192	16.192

Valor líquido da correção monetária = 2.526

* Saldos em MCO multiplicados pela cotação em 31/12/19XF.

** A correção monetária da conta de capital é contabilizada na conta de reserva específica, para posteriormente ser utilizada para aumentar o capital. A soma do saldo corrigido das duas contas, dividida pela cotação em MCO de 31/12/19XF, dará o total da conta de capital em MCO.

b) Contabilização das transações:
— Seqüência dos lançamentos
1. Aquisição do terreno
2. Aumento de capital com reservas e lucros acumulados
3. Registro da depreciação
4. Registro da correção monetária

— Lançamentos em conta T

Terrenos

(*) 100.000	
(1) 60.000	
(4) 11.684	
171.684	

Veículos

(*) 37.000	
(4) 2.843	
39.843	

Depreciação acumulada de veículos

	23.000 (*)
	7.700 (3)
	1.961 (4)
	32.661

Ações

(*) 18.000	
(4) 1.323	
19.323	

Provisão para perda

	2.000 (*)
	223 (4)
	2.223

Capital social

	150.000 (*)
	45.000 (2)
	195.000

Reserva de CM do capital

(2) 30.000	30.000 (*)
	14.646 (4)

Reserva legal

	20.000 (*)
	1.546 (4)
	21.546

Lucros acumulados

(2) 15.000	15.000 (*)

Contas a pagar

	60.000 (1)

Despesa de depreciação

(3) 7.700	

Resultado da correção monetária

(4) 2.526	

* Saldos em 31/12/19XE

Exercício nº 39

CIA. ANATOLE

a) Cálculo da depreciação de 19XC:

Cálculo da depreciação mensal em MCO:

— Máquina de contabilidade ("máquinas e equipamentos")
Taxa de depreciação: 10% ao ano, ou 0,833% ao mês.
Depreciação = 0,833% × 1.200,00 MCO = 10,00 MCO por mês.

— Mesas e cadeiras ("móveis e utensílios")
Taxa de depreciação: 10% ao ano, ou 0,833% ao mês.
Depreciação = 0,833% × 318,18 MCO = 2,65 MCO por mês.

— Automóvel ("veículos")
Taxa de depreciação: 20% ao ano, ou 1,666% ao mês.
Depreciação = 1,666% × 1.679,10 MCO = 27,97 MCO por mês.

— Cálculo da depreciação em moeda corrente

		Depreciação mensal		
Mês de 19XC	**Cotação em $**	**Máquinas e equipamentos (10,00 MCO por mês)**	**Móveis e utensílios (2,65 MCO por mês)**	**Veículos (27,97 MCO por mês)**
		$	$	$
07	130	1.300	–	–
08	131	1.310	–	–
09	132	1.320	350	–
10	133	1.330	352	–
11	134	1.340	355	3.748
12	135	1.350	358	3.776
		7.950	1.415	7.524

b) Cálculo da correção monetária:

	Máquinas e equipamentos	Móveis e utensílios	Veículos
Do custo			
Valor em MCO	1.200,00 ×	318,18 ×	1.679,10 ×
Cotação em dezembro de 19XC	135	135	135
Valor corrigido	162.000	42.954	226.679
Valor antes da correção	156.000	42.000	225.000
Correção monetária	6.000	954	1.679
Da depreciação acumulada			
Valor em MCO	60,00 ×	10,60 ×	55,94 ×
Cotação em dezembro de 19XC	135	135	135
Valor corrigido	8.100	1.431	7.552
Valor antes da correção	7.950	1.415	7.524
Correção monetária	150	16	28

c) Contabilização:

1. Da depreciação
2. Da correção do custo
3. Da correção da depreciação

Máquinas e equipamentos

Débito	Crédito
(*) 156.000	
(2) 6.000	
162.000	

Móveis e utensílios

Débito	Crédito
(*) 42.000	
(2) 954	
42.954	

Veículos

Débito	Crédito
(*) 225.000	
(2) 1.679	
226.679	

Depreciação acumulada – Máquinas e equipamentos

Débito	Crédito
	7.950 (1)
	150 (3)
	8.100

Depreciação acumulada – Móveis e utensílios

Débito	Crédito
	1.415 (1)
	16 (3)
	1.431

Depreciação acumulada – Veículos

Débito	Crédito
	7.524 (1)
	28 (3)
	7.552

* Saldo (registro na data de aquisição).

Despesa de depreciação

(1) 16.889	

Resultado da correção monetária

(3) 194	8.633 (2)
8.439	
8.633	8.633
	8.439

Exercício nº 40

CIA. PERUANA

a) Determinação do valor e contabilização da amortização do direito de uso de processo em 19XA:

— Conversão do valor do direito de uso de processo em MCO
$ 50.000 ÷ $ 100 = 500

— Amortização do direito em MCO:
500 MCO ÷ 5 anos = 100 MCO por ano

— Amortização de 19XA, em moeda corrente:
100 MCO × $ 105 (cotação média do ano de 19XA) = $ 10.500

— Contabilização da amortização em 31/12/19XA

Despesa de amortização de direito de uso de processo

10.500	

Amortização acumulada de direito de uso de processo

	10.500

b) Determinação do valor e contabilização da exaustão do exercício de 19XA:

— Conversão do valor da mina em MCO:
$ 665.000 ÷ $ 100 = 6.650 MCO

— Cálculo da exaustão por tonelada de minério, em MCO:
6.650 MCO ÷ 350.000 toneladas = 0,019 MCO por tonelada

— Cálculo da exaustão de 19XA, em MCO:
0,019 MCO × 87.000 toneladas = 1.653 MCO

— Exaustão de 19XA em moeda corrente:
1.653 MCO × $ 105 = $ 173.565

— Contabilização da exaustão de 31/12/19XA:

Cota de exaustão da mina		Exaustão acumulada da mina	
173.565			173.565

c) Cálculo e contabilização da correção monetária de 19XA:

— Cálculo da correção monetária

	Valor em $	Cotação	Valor em MCO
Direito de uso de processo			
Custo de aquisição	50.000	100	500
Correção monetária	5.500		
Custo corrigido	55.500	111	500
Amortização acumulada	10.500	105	100
Correção monetária	600		
Amortização corrigida	11.100	111	100
Jazida de minério			
Custo de aquisição	665.000	100	6.650
Correção monetária	73.150		
Custo corrigido	738.150	111	6.650
Exaustão acumulada	173.565	105	1.653
Correção monetária	9.918		
Exaustão corrigida	183.483	111	1.653

— Contabilização da correção monetária:

Direito de uso de processo

Débito	Crédito
(*) 50.000	
(1) 5.500	
55.500	

Minas

Débito	Crédito
(*) 665.000	
(1) 73.150	
738.150	

Amortização acumulada de direito de uso de processo

Débito	Crédito
	10.500 (*)
	600 (2)
	11.100

Exaustão acumulada da mina

Débito	Crédito
	173.565 (*)
	9.918 (2)
	183.483

Resultado da correção monetária

Débito	Crédito
(2) 10.518	78.650 (1)
68.132	
	68.132

Exercício nº 41

CIA. AMARGOSA

a) Cálculo da depreciação:

— Conversão dos valores em 31/12/19XD em MCO, à cotação de $ 147 por MCO:

	Valores em MCO		
	Custo	**Depreciação acumulada**	**Taxa anual de depreciação**
Terrenos	1.360,54	–	–
Edifícios	5.442,18	360,54	4%
Móveis e utensílios	435,37	258,50	10%
Veículos	1.224,49	734,69	20%
	8.462,58	1.353,73	

* Saldo antes da correção monetária.

— Cota mensal de depreciação, em MCO:

	Edifícios	Móveis e utensílios	Veículos
Bens existentes em 31/12/19XD			
5.442,18 MCO × 4% =			
= 217,69 MCO ÷ 12 m =	18,14 MCO		
435,37 MCO × 10% =			
= 43,54 MCO ÷ 12 m =		3,63 MCO	
1.224,49 MCO × 20% =			
= 244,90 MCO ÷ 12 m =			20,41 MCO
Adições de 19XE (junho)			
\$ 27.000 ÷ \$ 153 =			
= 176,47 MCO			
176,47 MCO × 10% =			
= 17,65 MCO ÷ 12 m =		1,47 MCO	

— Cálculo da depreciação de 19XE em moeda corrente:

19XE Mês	Cotação	Edifícios		Móveis e utensílios		Veículos	
		\$	MCO	\$	MCO	\$	MCO
1	148	2.685	18,14	537	3,63	3.021	20,41
2	149	2.703	18,14	541	3,63	3.041	20,41
3	150	2.721	18,14	545	3,63	3.062	20,41
4	151	2.739	18,14	548	3,63	3.082	20,41
5	152	2.757	18,14	552	3,63	3.102	20,41
6	153	2.775	18,14	780	5,10	3.123	20,41
7	154	2.794	18,14	785	5,10	3.143	20,41
8	155	2.812	18,14	791	5,10	3.164	20,41
9	156	2.830	18,14	796	5,10	3.184	20,41
10	157	2.848	18,14	801	5,10	3.204	20,41
11	158	2.866	18,14	806	5,10	3.225	20,40
12	159	2.884	18,15	811	5,10	3.245	20,40
Depreciação de 19XE		33.414	217,69	8.293	53,85	37.596	244,90
Depreciação até 31/12/19XD		53.000	360,54	38.000	258,50	108.000	734,69
Acumulado em 31/12/19XE		86.414	578,23	46.293	312,35	145.596	979,59

b) Cálculo da correção monetária do exercício de 19XE (antes da compra do automóvel):

	Terrenos	Edifícios	Móveis e utensílios	Veículos
Movimentação do custo (em MCO) de 19XE				
— Saldo em 31/12/19XD	1.360,54	5.442,18	435,37	1.224,49
— Adição de 19XE	–	–	176,47	
— Saldo em 31/12/19XE	1.360,54 ×	5.442,18 ×	611,84 ×	1.224,49 ×
Conversão para moeda corrente				
Cotação em 31/12/19XE	159	159	159	159
Valor corrigido em 31/12/19XE	$ 216.326	$ 865.307	$ 97.283	$ 194.694
Valor registrado na contabilidade antes da correção monetária	$ 200.000	$ 800.000	$ 91.000 (*)	$ 180.000
Correção monetária do custo	$ 16.326	$ 65.307	$ 6.283	$ 14.694
Movimentação da depreciação acumulada em 19XE (em MCO)				
— Saldo em 31/12/19XD	–	360,54	258,50	734,69
— Adições de 19XE	–	217,69	53,85	244,90
— Saldo final em 31/12/19XE	–	578,23 ×	312,35 ×	979,59 ×
Conversão para a moeda corrente				
Cotação de 31/12/19XE	–	159	159	159
Valor corrigido em 31/12/19XE	–	$ 91.939	$ 49.664	$ 155.755
Valor registrado na contabilidade antes da correção	–	$ 86.414	$ 46.293	$ 145.596
Correção monetária da depreciação acumulada	–	$ 5.525	$ 3.371	$ 10.159

c) Apuração extracontábil do resultado da venda do automóvel:

— Apuração do custo corrigido:
600 MCO × $ 159 = $ 95.400

— Apuração da depreciação acumulada corrigida:
São 37 meses desde a aquisição, à taxa de 1,666% ao mês (20% ÷ 12 meses).

Assim, temos o valor da depreciação até 31/12/19XE:
600 MCO × 1,666% × 37 meses = 369,85 MCO × $ 159 = $ 58.806

* $ 64.000 em 31/12/19XD mais $ 27.000 de adições de 19XE.

— Apuração do resultado:

	$
Custo	95.400
Depreciação	(58.806)
Valor líquido	36.594
Valor da venda	(35.000)
Prejuízo na venda	1.594

d) Contabilização das transações, na ordem estabelecida:

Terrenos

Débito	Crédito
(*) 200.000	
(3) 16.326	
216.326	

Edifícios

Débito	Crédito
(*) 800.000	
(3) 65.307	
865.307	

Móveis e utensílios

Débito	Crédito
(*) 64.000	
(1) 27.000	
(3) 6.283	
97.283	

Veículos

Débito	Crédito
(*) 180.000	95.400 (4a)
(3) 14.694	
(4) 65.000	
259.694	95.400
	164.294
259.694	259.694
164.294	

Depreciação acumulada – edifícios

Débito	Crédito
	53.000 (*)
	33.414 (2)
	5.525 (3a)
	91.939

Depreciação acumulada – móveis e utensílios

Débito	Crédito
	38.000 (*)
	8.293 (2)
	3.371 (3a)
	49.664

* Saldo de 31/12/19XD

Depreciação acumulada – veículos

(4b) 58.806	108.000 (*) 37.596 (2) 10.159 (3a)
58.806 96.949	155.755
155.755	155.755
	96.949

Despesa de depreciação

(2) 79.303	

Venda de ativo imobilizado

(4c) 35.000	35.000 (4)

Apuração do resultado na baixa de ativo imobilizado

(4a) 95.400	58.806 (4b) 35.000 (4c)
95.400	92.240 1.594 (4d)
95.400	95.400

Prejuízo na baixa de ativo imobilizado

(4d) 1.594	

Resultado da correção monetária

(3a) 19.055 83.555	102.610 (3)
102.610	102.610
	83.555

Bancos

	27.000 (1) 30.000 (4)
	57.000

* Saldo em 31/12/19XD

Exercício nº 42

VULCÃO S.A.

a) Cálculo da amortização de 19XD:

— Conversão das despesas de implantação para MCO
$ 700.000 ÷ $ 135 * = 5.185,18 MCO
— Despesas de amortização
5.185,18 MCO × 20% ao ano = 1.037,04 MCO
1.037,04 MCO × $ 141 ** = $ 146.223

b) Correção monetária de 19XD:

— Do saldo das despesas de implantação:

	$	Cotação	MCO
Saldo em 31/12/19XC	700.000	135	5.185,18
Correção monetária	62.221		
Saldo em 31/12/19XD	762.221	147	5.185,18

— Da amortização acumulada

	$	Cotação	MCO
Saldo em 31/12/19XC	140.000	135	1.037,04
Amortização de 19XD	146.223	141	1.037,04
	286.223		2.074,08
Correção monetária	18.667		
Saldo em 31/12/19XD	304.890	147	2.074,08

* Cotação da MCO em 31/12/19XC.
** Cotação média da MCO no ano de 19XD.

c) Contabilização da amortização e da correção monetária:

Despesa de implantação

Débito	Crédito
700.000	
(3) 62.221	
762.221	

Amortização acumulada de despesas de implantação

Débito	Crédito
	140.000
	146.223 (1)
	18.667 (2)
	304.890

Despesa com amortização de despesas de implantação

Débito	Crédito
(1) 146.223	

Resultado da correção monetária

Débito	Crédito
(2) 18.667	62.221 (3)
	43.554

Exercício nº 43

INVESTICOM S.A.

a) Determinação da existência de empresas coligadas ou controladas:

Acam S.A.
A INVESTICOM possui 100% das ações, sendo essa uma *empresa controlada.*

Tora Ltda.
A investidora possui 80% das ações, sendo essa uma *empresa controlada.*

Fibra S.A.
Com apenas 4% das ações dessa empresa, *esta não é* considerada coligada ou controlada.

Marotis & Cia.
Com 20% das ações do seu capital, esta é uma *empresa coligada* da INVESTICOM.

b) Determinação da existência de investimentos que devam ser avaliados pelo método de equivalência patrimonial:

— Investimentos analisados *individualmente:*

Empresa coligada ou controlada	Investimento sujeito ou não ao método	Razões
Acam S.A.	Sim	É empresa controlada e o investimento é relevante (mais de 10% do patrimônio líquido da investidora)
Tora Ltda.	Não	É empresa controlada, mas o investimento não é relevante (representa 0,33% do patrimônio líquido da investidora).
Marotis & Cia.	Não	É coligada, a investidora participa com 20% do capital social, mas não representa investimento relevante (3,33% do patrimônio líquido da investidora)

— Investimentos avaliados *em conjunto:*

Empresa	Valor do investimento
Acam S.A.	85.000
Tora S.A.	2.000
Marotis & Cia.	20.000
	107.000

No conjunto, o investimento em coligada e controladas representa 17,8% do patrimônio líquido da investidora. Logo, o conjunto é relevante (mais do que 15% do patrimônio líquido) e, nesse caso, todas as participações nessas investidas devem ser avaliadas pelo método de equivalência patrimonial, pois Acam e Tora são controladas, e na coligada Marotis a participação é de 20%. Quanto a Fibra S.A., esta não é controlada ou coligada da INVESTICOM, devendo o investimento nela ser avaliado pelo valor de realização ou custo corrigido, o que for menor.

c) Cálculo e contabilização da equivalência patrimonial:

— Cálculo da equivalência

Empresa	Percentual de participação no capital %	Patrimônio líquido da investida $	Valor patrimonial do investimento $	Valor contábil $	Resultado da equivalência $
Acam S.A.	100	95.000	95.000	85.000	10.000
Tora Ltda.	80	40.000	32.000	2.000	30.000
Marotis & Cia.	20	80.000	16.000	20.000	(4.000)
			143.000	107.000	36.000

— Contabilização do resultado da equivalência

Investimentos – Acam S.A.

Débito	Crédito
(*) 85.000	
(1) 10.000	
95.000	

Investimentos – Tora Ltda.

Débito	Crédito
(*) 2.000	
(1) 30.000	
32.000	

Investimentos – Marotis & Cia.

Débito	Crédito
(*) 20.000	4.000 (1)
	16.000
20.000	20.000
16.000	

Receita operacional – resultado da equivalência patrimonial

Débito	Crédito
	36.000 (1)

Exercício nº 44

INVEST TUDO S.A. (Parte I)

Passos para determinar a forma de contabilização:

* Saldo antes do resultado da equivalência.

1. Verificar se o investimento é em empresa controlada ou coligada:
   Com a aquisição de 85,7% (60.000 cotas ÷ 70.000 cotas) do capital social da Invest Nada, esta passou a ser uma controlada da Invest Tudo.

2. Verificar se o investimento é relevante:
   O preço pago ($ 730.000) representa 18,2% do patrimônio líquido da Invest Tudo em 30/06/19XC, o que torna este um investimento relevante.

3. O investimento é em controlada e é relevante; logo, determinar o valor do ágio ou deságio pago na aquisição:
   — Determinação do valor do investimento pelo método de equivalência patrimonial

     Participação no capital social × valor do patrimônio líquido da controlada em 30/06/19XC:
     85,7% × $ 730.000 = $ 625.610

   — Determinação do valor do ágio pago

	$	
Valor pago	730.000	
Valor pelo método de equivalência patrimonial	625.610	(85,7% × $ 730.000)
Ágio pago na aquisição:	104.390	

4. Contabilização da aquisição:

Investimentos – Invest Nada Ltda.		Investimentos – ágio na aquisição da Invest Nada Ltda.		Bancos	
625.610		104.390			730.000

Exercício nº 45

INVEST TUDO S.A. (Parte II)

a) Cálculo da correção monetária do investimento em 31/12/19XC

	$	Cotação	MCO
— Valor pelo patrimônio líquido			
Saldo em 30/06/19XC	625.610	129	4.849,69
Correção monetária	29.098		
Saldo em 31/12/19XC	654.708	135	4.849,69
— Valor do ágio na aquisição			
Saldo em 30/06/19XC	104.390	129	809,22
Correção monetária	4.855		
Saldo em 31/12/19XC	109.245	135	809,22

b) Cálculo da equivalência patrimonial em 31/12/19XC

— Participação no capital × valor do patrimônio líquido da controlada em 31/12/19XC:
85,7% × $ 949.000 = $ 813.293

— Resultado da equivalência patrimonial (oriundo de lucro nas operações da investida):

	$	
Valor pela equivalência	813.293	(85,7% × $ 949.000)
Valor corrigido, pela contabilidade	654.708	
Resultado da equivalência	158.585	

c) Cálculo da amortização do ágio em 31/12/19XC

— Valor corrigido × porcentagem de realização
$ 109.245 × 50% = $ 54.622

d) Contabilização da correção monetária, do resultado da equivalência patrimonial e da amortização do ágio na aquisição do investimento, em 31/12/19XC.

Investimentos – Invest Nada Ltda.

Débito	Crédito
625.610	
(1) 29.098	
(3) 158.585	
813.293	

Resultado da equivalência patrimonial

Débito	Crédito
	158.585 (3)

Investimentos – Ágio na aquisição da Invest Nada Ltda.

Débito	Crédito
104.390	54.622 (4)
(2) 4.855	
109.245	54.622
	54.623
109.245	109.245
54.623	

Despesa de amortização de ágio na aquisição da Invest Nada Ltda.

Débito	Crédito
(4) 54.622	

Resultado da correção monetária

Débito	Crédito
	29.098 (1)
	4.855 (2)
	33.953

Exercício nº 46

CIA. LAGOA BRANCA – CILABRA

a) e b) Determinação do valor unitário médio da ação, em MCO, em 31/12/19XC, e do valor corrigido dos investimentos na mesma data:

Participação em DONESA

Histórico	Data	Nº de ações	Valor em $	Cotação	Valor em MCO	Valor unitário médio em MCO
Aquisição	15/05/19XC	5.000	10.000	128	78,12	0,015624
Aquisição	20/05/19XC	7.000	21.000	128	164,06	0,023437
		12.000	31.000		242,18	0,020182
Aquisição	30/06/19XC	15.000	37.500	129	290,70	0,019380
		27.000	68.500		532,88	0,019736
Bonificação	20/08/19XC	2.700	–		–	
		29.700	68.500		532,88	0,017942
Correção monetária	31/12/19XC	–	3.439		–	
		29.700	71.939	135	532,88	0,017942

Participação em FERTASA

Histórico	Data	Nº de ações	Valor em $	Cotação	Valor em MCO	Valor unitário médio em MCO
Aquisição	20/08/19XC	2.000	16.000	131	122,14	0,06107
Correção monetária	31/12/19XC		489			
		2.000	16.489	135	122,14	0,06107

c) Determinação do valor de avaliação para fins de balanço patrimonial em 31/12/19XC.

Investimentos	Nº de ações	Valor provável de realização – $ Unitário	Total	Valor contábil do investimentos	Perda provável – $
DONESA	29.700	2,90	86.130	71.939	–
FERTASA	2.000	6,00	12.000	16.489	4.489
			98.130	88.428	4.489

Embora, no conjunto, o valor total provável de realização seja superior ao valor contábil dos investimentos, individualmente existe a possibilidade de perda com as ações da FERTASA. Assim, o valor de avaliação dos investimentos para fins de balanço em 31/12/19XC é:

	$
DONESA	71.939
FERTASA	16.489
	88.428
Provisão para perda	(4.489)
	83.939

d) Contabilização dos eventos

— Seqüência dos lançamentos:
1 — Aquisição do 1º lote de ações da DONESA
2 — Idem, do 2º lote
3 — Idem, do 3º lote
4 — Aquisição das ações da FERTASA
5 — Registro da correção monetária dos investimentos
6 — Registro da provisão para perda

— Lançamentos contábeis:

Participações societárias – DONESA	
(1) 10.000	
(2) 21.000	
(3) 37.500	
(5) 3.439	
71.939	

Participações societárias – FERTASA	
(4) 16.000	
(5) 489	
16.489	

Bancos	
	10.000 (1)
	21.000 (2)
	37.500 (3)
	16.000 (4)
	84.500

Provisão para perda com participação societária – FERTASA	
	4.489 (6)

Perda provável com participação societária – FERTASA	
(6) 4.489	

Resultado da correção monetária	
	3.928 (5)

Exercício nº 47

CIA. CAIRU

a) Cálculo da amortização do primeiro exercício

— Cálculo:

Taxa de amortização anual: $\frac{100\%}{5} = 20\%$ ao ano

Amortização mensal: $\frac{1.043,48 \text{ MCO} \times 20\% \text{ ao ano}}{12 \text{ meses}} = 17,39$ MCO por mês

Amortização do exercício:

Mês	MCO	Cotação	$
Setembro	17,39	120	2.087
Outubro	17,39	121	2.104
Novembro	17,39	122	2.122
Dezembro	17,39	123	2.139
	69,56		8.452

b) Cálculo da correção monetária do ativo diferido em 19XB

	$	Cotação	MCO
— Despesas de implantação em 31/08/19XB	120.000		1.043,48
Correção monetária	8.348		–
Valor corrigido em 31/12/19XB	128.348	123	1.043,48
— Amortização acumulada registrada em 19XB	8.452		69,56
Correção monetária	104		–
Valor corrigido em 31/12/19XB	8.556	123	69,56

c) Contabilização da amortização e da correção monetária

Despesas de implantação

Débito	Crédito
(saldo) 120.000	
(2) 8.348	
128.348	

Amortização acumulada de despesas de implantação

Débito	Crédito
	8.452 (1)
	104 (3)
	8.556

Despesas de amortização de despesas de implantação

Débito	Crédito
(1) 8.452	

Resultado da correção monetária

Débito	Crédito
(3) 104	8.348 (2)
8.244	
8.348	8.348
	8.244

Exercício nº 48

S/A FURACÃO

a) Lançamento de ajuste dos juros

— Cálculo dos juros realizados em 19XB:

Valor realizado mensalmente: $\frac{\$\ 48.000}{6 \text{ meses}}$ = \$ 8.000 por mês

— Valor realizado até 31/12/19XB:

	\$
Outubro (15) dias: $\frac{\$\ 8.000}{2 \text{ quinzenas}}$ =	4.000
Novembro e dezembro: \$ 8.000 × 2 meses =	16.000
	20.000

Juros a realizar em 19XC:

	\$
Total dos juros	48.000
Realizados até 19XB	20.000
A realizar em 19XC	28.000

— Contabilização:

Juros pagos antecipadamente

Débito	Crédito
(1) 28.000	

Despesa de juros

Débito	Crédito
(saldo) 48.000	28.000 (1)
	20.000
48.000	48.000
20.000	

b) Cálculo e contabilização da amortização do valor do seguro

— Cálculo:

Amortização mensal: $\frac{\$ 12.000}{12 \text{ meses}} = \$ 1.000$ por mês

Valor realizado até 31/12/19XB:

		$
Fevereiro (15 dias): $\frac{\$ 1.000}{2 \text{ quinzenas}}$	=	500
De março a dezembro: $ 1.000 × 10 meses	=	10.000
		10.500

— Contabilização:

Seguros pagos antecipadamente

Débito	Crédito
(saldo) 12.000	10.500 (1)

Despesa de seguros

Débito	Crédito
(1) 10.500	

Exercício nº 49

CALIXTO & CIA. LTDA.

a) Contabilização do recebimento do empréstimo

Bancos

Débito	Crédito
(1)900.000	

Financiamento em moeda estrangeira

Débito	Crédito
	900.000 (1)

b) Cálculo e contabilização da variação cambial e encargos financeiros

— Atualização do valor do empréstimo:

	$
US$ 150,000 × $ 6,00	900.000
US$ 150,000 × $ 6,50	975.000
Variação cambial	75.000

— Cálculo dos juros:

Nº de meses vencidos: 5 meses (agosto a dezembro)

Taxa de juros de 5 meses: $\frac{12\%}{12 \text{ meses}} \times 5 \text{ meses} = 5\%$

Saldo devedor do principal × 5% = $ 975.000 × 5 % = $ 48.750

— Contabilização:*

Despesa com juros	
(2) 48.750	

Despesa com variação cambial	
(1) 75.000	

Financiamento moeda estrangeira	
	900.000 (saldo)
	75.000 (1)
	975.000

Encargos financeiros a pagar	
	48.750 (2)

c) Apresentação no balanço patrimonial

Vence no exercício seguinte àquele findo em 31/12/19XD apenas uma parcela de US$ 30,000, cujo valor na data do balanço é de $ 195.000 (US$ 30,000 × $ 6,50). Assim, a apresentação seria:

	$
PASSIVO	
Circulante	
Financiamento em moeda estrangeira	195.000
Encargos financeiros a pagar	48.750
Exigível a longo prazo	
Financiamento em moeda estrangeira	780.000

* O procedimento correto seria contabilizar *mensalmente* os juros e a variação cambial, e não somente ao final do exercício, pelo total. De qualquer forma, os resultados seriam idênticos em 31/12/19XD.

Exercício nº 50

DEBENTURADA S.A.

a) Cálculo do deságio

	$	MCO
Valor da emissão	1.780.000	10.000
Valor do deságio (5%)	(89.000)	(500)
Valor recebido	1.691.000	9.500

b) Cálculo dos juros a pagar em 31/12/19XG

Período de 01/07 a 31/12/19XG = 6 meses ou 6%
Juros a pagar em MCO: 10.000 MCO × 6% = 600 MCO
Juros a pagar em moeda corrente, em 31/12/19XG: 600 MCO × $ 183 = $ 109.800

c) Correção monetária das debêntures em 31/12/19XG

	$
10.000 MCO × $ 183 =	1.830.000
Valor original de resgate	(1.780.000)
Correção monetária	50.000

d) Correção monetária do deságio diferido

	$
500 MCO × $ 183 =	91.500
Valor original do deságio	89.000
Correção monetária	2.500

e) Cálculo do valor a amortizar em 31/12/19XG do deságio diferido

Prazo das debêntures: 42 meses (de 01/07/19XG a 31/12/19XJ)
Amortização mensal: 500 MCO ÷ 42 meses = 11,90 MCO

Amortização do exercício e correção monetária:

Mês	**MCO**	**Cotação**	**$**
Julho	11,90	178	2.118
Agosto	11,90	179	2.130
Setembro	11,90	180	2.142
Outubro	11,90	181	2.154
Novembro	11,90	182	2.166
Dezembro	11,90	183	2.178
Amortização mensal	71,40		12.888
Correção monetária			178
Saldo em 31/12/XG	71,40	183	13.066

f) Contabilização das transações

— Seqüência e descrição:
(1) Recebimento do numerário
(2) Provisionamento dos juros a pagar
(3) Correção monetária dos títulos
(4) Correção monetária do deságio diferido
(5) Amortização do deságio diferido
(6) Correção monetária da amortização acumulada

— Lançamentos em conta T:

Bancos

Débito	Crédito
(1) 1.691.000	

Deságio na colocação de debêntures

Débito	Crédito
(1) 89.000	
(4) 2.500	
91.500	

Debêntures a resgatar

Débito	Crédito
	1.780.000 (1)
	50.000 (3)
	1.830.000

Despesa de juros sobre debêntures

Débito	Crédito
(2) 109.800	

Juros sobre debêntures a pagar

Débito	Crédito
	109.800 (2)

Despesa de correção monetária de debêntures*

Débito	Crédito
(3) 50.000	

* Despesa financeira – não confundir com a correção monetária do diferido.

Resultado da correção monetária do balanço

Débito	Crédito
(6) 178	2.500 (4)
2.322	
2.500	2.500
	2.322

Despesa de amortização de deságio na colocação de debêntures

Débito	Crédito
(5) 12.888	

Amortizações acumuladas de deságio na colocação de debêntures

Débito	Crédito
	12.888 (5)
	178 (6)
	13.066

Exercício nº 51

CIA. COMERCIAL ILHÉUS

Lançamento contábil do aumento de capital

		$	$
Débito:	Bancos	1.000.000	
Crédito:	Capital social		500.000
	Reserva de capital – ágio na emissão de ações		500.000
		1.000.000	1.000.000

Exercício nº 52

CIA. RESERVADA

Contabilização do aumento de capital

		$	$
Débito:	Reserva de ágio na emissão de ações	50.000	
	Reserva de subvenções para investimento	85.000	
	Reservas estatutárias	100.000	
	Reserva legal	15.000	
	Lucros acumulados	250.000	
Crédito:	Capital social		500.000
		500.000	500.000

Exercício nº 53

Contas que podem ser agrupadas, e sob que título, para efeito de apresentação do balanço patrimonial:

Título	Englobando as contas
Disponibilidades	Caixa, fundo fixo e bancos-conta de movimento
Honorários e salários a pagar	Salários a pagar e honorários a pagar à diretoria
Contas a receber de diretores e empregados	Empréstimo a diretores, empréstimos a empregados e adiantamentos de salários
Despesas do exercício seguinte	Aluguéis pagos antecipadamente, juros pagos antecipadamente e seguros pagos antecipadamente
Encargos financeiros a pagar	Juros a pagar e correção monetária sobre empréstimos a pagar
Contas a pagar	Honorários a pagar a terceiros e contas a pagar
Imobilizado (fornecendo os detalhes em nota explicativa)*	Veículos, imóveis e móveis e utensílios
Impostos e contribuições a recolher	INSS a recolher, imposto de renda retido na fonte a recolher, ICMS a pagar, FGTS a recolher.
Investimentos (fornecendo os detalhes em nota explicativa, se os valores forem significativos)*	Outras participações societárias e direitos permanentes de qualquer natureza
Diferido (fornecendo os detalhes em nota explicativa, se os valores forem significativos)*	Despesas de implantação e amortização acumulada de despesas de implantação.

Observações:

— Os agrupamentos demonstrados acima representam apenas sugestões. O mais importante para qualquer agrupamento de contas é que o mesmo obedeça aos requisitos mencionados no Tópico 7.13.4.

— As contas: depósito a prazo fixo, banco - conta vinculada, provisão para imposto de renda e dividendos propostos não foram agrupadas.

Exercício nº 54

COMERCIAL SANTA RITA

* Veja o Tópico 10.3.

a) Indicação dos erros:

1. Título da demonstração: não indica a que período ela se refere.
2. Não é indicado se as vendas são brutas ou líquidas; no caso, são vendas líquidas, devendo ser indicado o montante das vendas brutas e as deduções de vendas (ICMS faturado).
3. Receitas de aplicações financeiras não deduzidas das despesas financeiras.
4. Receitas eventuais consideradas como operacionais.
5. Não há indicação dos diversos tipos de resultado (lucro bruto, operacional, líquido, etc.).
6. Prejuízo na venda de ativo imobilizado considerado como despesa operacional.
7. Depreciação considerada como despesa não operacional.
8. O resultado do exercício é lucro líquido do exercício e não lucro bruto.
9. Não é indicado o montante do lucro líquido por ação.

b) Demonstração do resultado apresentada adequadamente:

COMERCIAL SANTA RITA S.A.
Demonstração do resultado do exercício findo em 31/12/19XE

	$
Vendas brutas	120.000
Menos:	
ICMS faturado	(10.000)
Vendas líquidas	110.000
Custo das mercadorias vendidas	(60.000)
Lucro bruto sobre vendas	50.000
(Despesas) e receitas operacionais	
Despesas com venda	(12.000)
Despesas gerais e administrativas	(28.000)
Despesas e receitas financeiras, líquido	17.000
Outras despesas operacionais	(7.000)*
	(30.000)
Lucro operacional	20.000
(Despesas) e receitas não operacionais	
Receitas eventuais	1.000
Prejuízo na venda de ativo permanente imobilizado	(3.000)
Correção monetária do balanço patrimonial	(4.000)
Lucro antes dos impostos	14.000
Provisão para impostos sobre o lucro	(4.000)
Lucro líquido do exercício ($ 0,05 por ação)	10.000

* Depreciação incluída.

Exercício nº 55

EMPRESA COMERCIAL SANTO AMARO S.A.
Demonstração do resultado do exercício findo em 30/09/19XD

	$
Receita bruta de serviços	957.000
Menos:	
ISS faturado	(87.000)
Receita líquida	870.000
Custo dos serviços prestados	(450.000)
Lucro bruto	420.000
(Despesas) e receitas operacionais	
Despesas com vendas	(137.000)
Despesas gerais e administrativas	(356.000)
Despesas e receitas financeiras, líquido	(72.000)
Depreciações e amortizações	(49.000)
	(614.000)
Prejuízo operacional	(194.000)
Correção monetária do balanço patrimonial	(16.000)
Despesa não operacional	
Prejuízo na venda de ativo imobilizado	(36.000)
Prejuízo líquido do exercício ($ 0,12 por ação)	(246.000)

Exercício nº 56

SERVIÇOS CEARÁ S.A.
Demonstração de lucros acumulados do exercício findo em 31/12/19XE

	$
Lucros acumulados no início do exercício	18.000
Ajustes de exercícios anteriores	
Mudança de critério contábil – avaliação de estoques	(23.000)
Encargos financeiros não provisionados em 19XD	(29.000)
Prejuízo acumulado ajustado no início do exercício	(34.000)
Correção monetária do saldo ajustado no início do exercício	(4.000)
	(38.000)
Reversão de reserva de lucros a realizar constituída em 19XD	39.000
	1.000
Lucro líquido do exercício	180.000
	181.000
Apropriações de lucro	
Reserva legal	(9.000)
Dividendo proposto ($ 0,12 por ação)*	(28.000)
Reserva para contingências	(60.000)
	(97.000)
Lucros acumulados no final do exercício	84.000

* Deve-se observar que a reversão da reserva de lucros a realizar absorveu o prejuízo acumulado ajustado no início do exercício, ainda ficando um saldo de $ 1.000. Nos termos do indicado no Tópico 9.7.1.2, o dividendo obrigatório foi calculado da seguinte maneira:

	$	
Lucro líquido do exercício	180.000	
Menos:		
Reserva legal	(9.000)	
Reserva para contingências	(60.000)	
Mais:		
Reversão de lucros realizados (saldo após compensar prejuízo acumulado)	1.000	
	112.000	× 25% = $ 28.000

Exercício nº 57

COMERCIAL GOIABEIRA S.A.

a) Cálculo dos componentes faltantes para elaborar a demonstração de resultado acumulado

	$
Correção monetária do saldo inicial $ 98.000 × 20% =	19.600

	$
Reserva legal	
Lucro líquido do exercício	390.000
Prejuízos acumulados – saldo inicial	(98.000)
Correção monetária do saldo inicial	(19.600)
	(117.600)
Lucro líquido após compensação de prejuízos acumulados	272.400×
Percentual para cálculo	5%
Valor da reserva legal	13.620

	$
Dividendo obrigatório	
Lucro líquido após compensação de prejuízos acumulados	272.400
Menos:	
Reserva legal	(13.620)
Reserva para contingências	(20.000)
Lucro para base de cálculo de dividendo	238.780×
Percentual do dividendo obrigatório	25%
Valor do dividendo a pagar	59.695

	$
Reserva estatutária	
Lucro para base de cálculo de dividendo	238.780
Menos:	
Dividendo obrigatório	(59.695)
Base de cálculo da reserva estatutária	179.085×
Percentual da reserva	10%
Valor da reserva estatutária	17.908

	$
Dividendo proposto por ação do capital social	
$ 59.695 ÷ 500.000 ações =	0,12 (por ação)

b) Demonstração de resultados acumulados

COMERCIAL GOIABEIRA S.A.
Demonstração de lucros acumulados do exercício findo em 31/12/19XH

	$
Prejuízos acumulados no início do exercício	(98.000)
Correção monetária do saldo inicial	(19.600)
	(117.600)
Lucro líquido do exercício	390.000
	272.400
Apropriações	
Reserva legal	(13.620)
Reserva estatutária	(17.908)
Reserva para contingências	(20.000)
Dividendos propostos ($ 0,12 por ação)	(59.695)
	111.223
Lucros acumulados no fim do exercício	161.177

Exercício nº 58

CIA. SANTA CATARINA

a) Demonstração do resultado do exercício

O primeiro passo será separar as despesas e receitas entre operacionais e não operacionais.

Contas de custos e despesas e receitas operacionais: itens 1, 2, 3, 4, 5, 6, 7, 8, 10, 12, 13, 14, 15 e 18.

Contas de despesas e receitas não operacionais: itens 11, 16 e 17.

O segundo passo será agrupar as despesas e receitas operacionais e não operacionais dentro dos diversos títulos:

Despesas com vendas: itens, 5, 6, 10 e 15 = $ 448.000
Despesas gerais e administrativas: itens 4, 12 e 18 = $ 390.000
Despesas e receitas financeiras: itens 2, 8 e 14 = $ 254.000
Outras receitas e despesas eventuais, líquido: item 16 menos 17 = $ 40.000

O terceiro passo será preparar a demonstração, conforme indicado a seguir:

CIA. SANTA CATARINA
Demonstração do resultado do exercício findo em 31/12/19XB

	$
Vendas brutas	2.000.000
Menos deduções de vendas:	
ICMS faturado	(160.000)
Devolução de vendas	(30.000)
Vendas líquidas	1.810.000
Custo das mercadorias vendidas	(530.000)
Lucro bruto sobre vendas	1.280.000
Despesas e receitas operacionais	
Despesas com vendas	(448.000)
Despesas gerais e administrativas	(390.000)
Despesas e receitas financeiras, líquido	(254.000)
	(1.092.000)
Lucro operacional	188.000
Receitas e (despesas) não operacionais	
Lucro na venda de ativo permanente imobilizado	40.000
Outras, líquido	40.000
	80.000
Resultado da correção monetária	4.000
	84.000
Lucro antes dos impostos	272.000
Impostos sobre o lucro	(95.000)
Lucro líquido do exercício ($ 0,10 por ação do capital social)	177.000

b) Demonstração de lucros acumulados

CIA. SANTA CATARINA
Demonstração de lucros acumulados do exercício findo em 31/12/19XB

	$
Lucros acumulados no início do exercício	40.000
Correção monetária do saldo inicial	6.000
	46.000
Lucro líquido do exercício	177.000
Apropriações do lucro líquido	223.000
Reserva legal	(9.000)
Reserva estatutária	(17.000)
Dividendos ($ 0,02 por ação do capital social)	(42.000)
	(68.000)
Lucros acumulados no fim do exercício	155.000

Exercício nº 59

S.A. ARKANSAS

a) Lançamentos em conta T e extração do saldo das contas:

Bancos

105.000	10.000 (1)
(4) 47.000	16.000 (2)
(7) 110.000	5.000 (3)
(11) 75.000	20.000 (6)
	3.000 (10)
	27.000 (12)
	79.000 (13)
	20.000 (15)
337.000	180.000
	157.000
337.000	337.000
157.000	

Duplicatas a receber

655.000	110.000 (7)
(5) 70.000	
725.000	110.000
	615.000
725.000	725.000
615.000	

Estoque

650.000	35.000 (4a)
(12) 87.000	55.000 (5a)
(15) 13.000	75.000 (11)
750.000	165.000
	585.000
750.000	750.000
585.000	

Ações de outras sociedades

95.000	

Honorários da diretoria

25.000	
(3) 5.000	
30.000	30.000 (16c)

Despesas de comissões bancárias

15.000	
(10) 3.000	
18.000	18.000 (16b)

Títulos a pagar

(6a) 20.000	118.000
98.000	
118.000	118.000
	98.000

Vendas

	1.460.000
	50.000 (4)
	70.000 (5)
(16j) 1.580.000	1.580.000

Imóveis

382.000	

ICMS faturado

120.000	120.000 (16g)

Despesas de comissões sobre vendas

30.000	
(8) 20.000	
50.000	50.000 (16h)

Despesas de propaganda

18.000	
(2) 16.000	
34.000	34.000 (16i)

Reserva estatutária

Débito	Crédito
	50.000
	6.098 (23)
	56.098

Outras receitas operacionais

Débito	Crédito
(16s) 19.000	19.000

Provisão para participação dos administradores no lucro

Débito	Crédito
	9.009 (19)

CMV

Débito	Crédito
590.000	13.000 (15)
(4a) 35.000	
(5a) 55.000	
680.000	13.000
	667.000
680.000	680.000
667.000	667.000 (16a)

Contas a pagar

Débito	Crédito
	42.000
	2.000 (9)
	44.000

Despesas gerais

Débito	Crédito
35.000	
(9) 2.000	
37.000	37.000 (16m)

Lucros acumulados

Débito	Crédito
(21) 8.559	232.000
(22) 40.653	171.171 (20)
(23) 6.098	
55.310	403.171
347.861	
403.171	403.171
	347.861

Móveis e utensílios

Débito	Crédito
25.000	

Despesas eventuais

Débito	Crédito
10.000	10.000 (16d)

Despesas de salários da administração

Débito	Crédito
185.000	
(14) 12.000	
197.000	197.000 (16n)

Comissões a pagar

Débito	Crédito
	20.000 (8)

Dividendos a pagar

Débito	Crédito
	40.653 (22)

Veículos

Débito	Crédito
11.000	

Receitas de aplicações financeiras

Débito	Crédito
(16e) 12.000	12.000

Descontos comerciais concedidos

Débito	Crédito
23.000	
(4) 3.000	
26.000	26.000 (16o)

Salários a pagar

Débito	Crédito
	12.000 (14)

Capital social

Débito	Crédito
	700.000

Descontos financeiros concedidos

Débito	Crédito
2.000	2.000 (16f)

Fornecedores

Débito	Crédito
(13) 79.000	250.000
	60.000 (12)
79.000	310.000
231.000	
310.000	310.000
	231.000

Resultado da correção monetária do balanço patrimonial

Débito	Crédito
(16p) 78.000	78.000

Devolução de vendas

Débito	Crédito
(15) 20.000	20.000 (16t)

Despesas de salários de vendedores

Débito	Crédito
49.000	
(1) 10.000	
59.000	59.000 (16l)

Despesas de juros

Débito	Crédito
82.000	82.000 (16q)

Provisão para impostos sobre o lucro

Débito	Crédito
	107.800 (17)

Reserva de capital correção monetária do capital

Débito	Crédito
	150.000

Outras despesas operacionais

Débito	Crédito
29.000	29.000 (16t)

Provisão para participação dos empregados no lucro

Débito	Crédito
	20.020 (18)

Reserva legal

Débito	Crédito
	25.000
	8.559 (21)
	33.559

Resultado

Débito	Crédito
(16a) 667.000	12.000 (16e)
(16b) 18.000	1.580.000 (16j)
(16c) 30.000	78.000 (16p)
(16d) 10.000	19.000 (16s)
(16f) 2.000	
(16g) 120.000	
(16h) 50.000	
(16i) 34.000	
(16l) 59.000	
(16m) 37.000	
(16n) 197.000	
(16o) 26.000	
(16q) 82.000	
(16r) 29.000	
(16t) 20.000	
1.381.000	1.689.000
308.000	
1.689.000	1.689.000
(17) 107.800	308.000
(18) 20.020	
(19) 9.009	
136.829	308.000
171.171	
308.000	308.000
(20) 171.171	171.171

b) Elaboração das demonstrações financeiras

I – Balanço patrimonial

S.A. ARKANSAS
Balanço patrimonial em 31/12/19XC

	$	$
ATIVO		
CIRCULANTE		
Bancos	157.000	
Duplicatas a receber	615.000	
Estoques	585.000	1.357.000
PERMANENTE		
INVESTIMENTOS		
Participações em ações de outras sociedades	95.000	
IMOBILIZADO		
Imóveis	382.000	
Móveis e utensílios	25.000	
Veículos	11.000	
	418.000	513.000
		1.870.000
PASSIVO		
CIRCULANTE		
Títulos a pagar	98.000	
Contas a pagar	44.000	
Fornecedores	231.000	
Comissões a pagar	20.000	
Salários a pagar	12.000	
Provisão para impostos sobre o lucro	107.800	
Provisão para participação dos empregados no lucro	20.020	
Provisão para participação dos administradores no lucro	9.009	
Dividendos a pagar	40.653	582.482
PATRIMÔNIO LÍQUIDO		
Capital social	700.000	
Reserva de capital		
Correção monetária do capital	150.000	
Reservas de lucros		
Reserva legal	33.559	
Reserva estatutária	56.098	
	89.657	
Lucros acumulados	347.861	1.287.518
		1.870.000

II – Demonstração do resultado do exercício

Agrupamento das contas

	$
Despesas com vendas	
Despesas de comissões sobre vendas	50.000
Despesas de propaganda	34.000
Despesas de salários de vendedores	59.000
	143.000
Despesas gerais e administrativas	
Honorários da diretoria	30.000
Despesas gerais	37.000
Despesas de salários da administração	197.000
	264.000
Despesas e (receitas) financeiras	
Despesas de comissões bancárias	18.000
Receita de aplicações financeiras	(12.000)
Descontos financeiros concedidos	2.000
Despesas de juros	82.000
	90.000
Outras despesas e (receitas) operacionais	
Outras despesas operacionais	29.000
Outras receitas operacionais	(19.000)
	10.000

Elaboração da demonstração do resultado

S.A. ARKANSAS
Demonstração do resultado do exercício findo em 31/12/19XC

	$
Vendas brutas	1.580.000
Menos dedução de vendas:	
ICMS faturado	(120.000)
Devolução de vendas	(20.000)
Abatimentos de vendas (descontos comerciais concedidos)	(26.000)
Vendas líquidas	1.414.000
Custo das mercadorias vendidas	(667.000)
Lucro bruto sobre vendas	747.000
Despesas (e receitas) operacionais	
Despesas com vendas	(143.000)
Despesas gerais e administrativas	(264.000)
Despesas e receitas financeiras, líquido	(90.000)
Outras despesas e receitas operacionais	(10.000)
	(507.000)
Lucro operacional	240.000
Receitas (e despesas) não operacionais	
Despesas eventuais	(10.000)
Correção monetária do balanço patrimonial	78.000
Lucro antes dos impostos	308.000
Provisão para impostos sobre o lucro	(107.800)
	200.200
Participações	
Dos empregados	(20.020)
Dos administradores	(9.009)
	(29.029)
Lucro líquido do exercício ($ 0,24 por ação)	171.171

III – Elaboração da demonstração de lucros acumulados

S.A. ARKANSAS
Demonstração de lucros acumulados do exercício findo em 31/12/19XC

	$
Lucros acumulados no início do exercício	180.000
Ajuste de exercício anterior	
Despesas de juros provisionados a maior em 19XB	13.000
	193.000
Correção monetária do saldo ajustado	39.000
	232.000
Lucro líquido do exercício	171.171
	403.171
Apropriações	
Reserva legal	(8.559)
Reserva estatutária	(6.098)
Dividendos propostos ($ 0,06 por ação)	(40.653)
	(55.310)
Lucros acumulados no fim do exercício	347.861

Exercício nº 60

S.A. ARKANSAS
Demonstração das mutações do patrimônio líquido do exercício findo em 31/12/19XC

		Reserva de capital	Reservas de lucros		
	Capital social	Correção monetária do capital	Reserva legal	Reserva estatutária	Lucros acumulados
Saldos em 31/12/19XB	600.000	100.000	21.000	42.000	180.000
Ajuste do exercício anterior					
Juros provisionados a maior em 19XB					13.000
Aumento de capital	100.000	(100.000)			
Correção monetária		150.000	4.000	8.000	39.000
Lucro líquido do exercício					171.171
Apropriações do lucro líquido do exercício					
Reserva legal			8.559		(8.559)
Reserva estatutária				6.098	(6.098)
Dividendos propostos ($ 0,06 por ação do capital)					(40.653)
Saldos em 31/12/19XC	700.000	150.000	33.559	56.098	347.861

Índice Remissivo

GRÁFICA PAYM
Tel. (11) 4392-3344
paym@terra.com.br